DU MÊME AUTEUR

Aux Éditions Gallimard

VOYAGE AU BOUT DE LA NUIT, *roman.*

L'ÉGLISE, *théâtre.*

MORT À CRÉDIT, *roman.*

GUIGNOL'S BAND, *roman.*

LE PONT DE LONDRES (GUIGNOL'S BAND, II), *roman.*

CASSE-PIPE *suivi de* CARNET DU CUIRASSIER DESTOUCHES, *roman.*

FÉERIE POUR UNE AUTRE FOIS, I, *roman.*

NORMANCE (FÉERIE POUR UNE AUTRE FOIS, II), *roman.*

ENTRETIENS AVEC LE PROFESSEUR Y.

D'UN CHÂTEAU L'AUTRE, *roman.*

BALLETS SANS MUSIQUE, SANS PERSONNE, SANS RIEN.

NORD, *roman.*

RIGODON, *roman.*

MAUDITS SOUPIRS POUR UNE AUTRE FOIS, *version primitive de* FÉERIE POUR UNE AUTRE FOIS.

LETTRES À LA N.R.F. (1931-1961).

La Pléiade

ROMANS. *Nouvelle édition présentée, établie et annotée par Henri Godard.*

  I. VOYAGE AU BOUT DE LA NUIT — MORT À CRÉDIT.

  II. D'UN CHÂTEAU L'AUTRE — NORD — RIGODON — APPENDICES : LOUIS-FERDINAND CÉLINE VOUS PARLE — ENTRETIEN AVEC ALBERT ZBINDEN.

  III. CASSE-PIPE — GUIGNOL'S BAND, I — GUIGNOL'S BAND, II.

Suite de la bibliographie en fin de volume

LETTRES À LA N.R.F.
1931-1961

Destouches

98 Rue Lepic

Mons,

Je vous remets mon manuscrit
de " Voyage au bout de la nuit " (Sans de
                                   boulot)

Je vous serais particulièrement obligé de
me faire savoir le plus tôt possible si
vous êtes désireux de l'éditer et dans
quelles conditions.

Vous me demandez de vous donner un
résumé de ce livre. C'est un bizarre effort
en vérité auquel vous me soumettez et jamais
je n'y avais encore songé. C'est le moment
me dis-je vous. Je ne sais trop pourquoi
mais je m'y sens tout à fait inhabile.
(un peu l'impression des plongeurs au cinéma qu'on
                                         de l'estacade
voit ~~plonger~~ rejaillir de l'eau jusqu'à ~~plonger~~ ...)

Lettre n° 3

LOUIS-FERDINAND CÉLINE

LETTRES À LA N.R.F.

1931-1961

*Édition établie,
présentée et annotée
par Pascal Fouché*

*Préface
de Philippe Sollers*

GALLIMARD

Il a été tiré de l'édition originale de cet ouvrage quatre-vingt-sept exemplaires sur vergé blanc de Hollande Van Gelder dont soixante-douze exemplaires numérotés de 1 à 72 et quinze hors commerce marqués HC 1 à HC 15.

© *Éditions Gallimard, 1991.*

STRATÉGIE DE CÉLINE

« Il faut peser les esprits, non les hommes. »

Voltaire

Une date-clé ? 1929. La crise mondiale est alors si profonde, si pleine de conséquences, qu'il faudra des années de bouleversement et de destructions inouïes pour en mesurer l'ampleur. L'avons-nous enfin bien comprise, cette glissade globale dont la première guerre n'était que le lever de rideau ? On peut en douter. En 1922, à la mort de Proust, et après la publication de l'Ulysse *de Joyce, tout un monde semble pourtant sauvé des eaux, tiré vers le haut, lumineux, rationalisé, intact. Mais le voici qui sombre à nouveau dans une brutalité et une obscurité sans espoir. Cette nuit nouvelle trouve immédiatement son écrivain. Il a travaillé pendant cinq ans à un gros roman enregistré sous le numéro 6127 aux Éditions de la N.R.F. Voilà, dit-il, très sûr de lui,* « du pain pour un siècle entier de littérature et le prix Goncourt 1932 pour l'heureux éditeur ». *Cet écrivain sorti de l'ombre, et qui se fera mettre sévèrement à l'ombre pour délit majeur, est encore aujourd'hui le grand spectre de notre époque : Céline.*

Immédiatement, l'attaque : « Il me semble que j'arrive au plus mauvais moment pour me faire éditer, même " à compte d'Auteur ". » *Le* Voyage au bout de la nuit *? C'est* « un récit romancé dans une forme assez singulière et dont je ne vois pas beaucoup d'exemples dans la littérature en général... Il s'agit d'une manière de symphonie littéraire émotive plutôt que d'un véritable roman. »

D'emblée, tout Céline est là : l'émotion, la musique. Il ne cessera pas de répéter ces deux mots pour se différencier de ce qui fera encore semblant de s'écrire. Curieusement, il appelle cette forme révolutionnaire du «communisme avec une âme», et c'est bien ainsi (on se demande avec quels sous-entendus) que son manuscrit est jugé au comité de lecture de la N.R.F. le 24 juin 1932 : « Roman communiste contenant des épisodes de guerre très bien racontés. Écrit en français argotique un peu exaspérant, mais en général avec beaucoup de verve. Serait à élaguer. »

Rendez-vous manqué (et non pas refus, comme on le croit communément). Céline veut bien prendre connaissance des «objections», mais il signe avec Robert Denoël, plus rapide : « Je n'ai rien à dire de la N.R.F... J'ai bien failli " en être "... à une demi-heure près... » *(1947).*

Le Voyage *n'aura pas le Goncourt. De cette publication vient, aux yeux de Céline, sa mise à l'écart définitive par les fonctionnaires de la représentation littéraire :* « J'ai fait tout ce qu'il faut pour me les rendre hostiles à vie et à mort ! Dès 1932 ! Vieux compte ! »

Le roman, devenu « symphonie émotive », a un double but : instruire, amuser. Habilement, Céline le présente comme une machine de guerre contre l'amour « que je traque, abîme, et qui ressort de là pénible, dégonflé, vaincu ». *L'hystérie amoureuse est un chantage social,* « la femme de toujours devant un homme nouveau... elle le tue ». *Autant dire que nous sommes aux antipodes de la poétisation intensive et de ce qu'on pourrait appeler le* féminisme *qui va déferler, à la romantique, dans l'imaginaire ambiant. Pas de romans, prononce le surréalisme ? Réalisme socialiste, dira-t-on bientôt ? Envers et endroit d'une même imposture, semble juger Céline. Il faut raconter vite le fond de l'escroquerie collective, le besoin caricatural de rôles, le mensonge des sentiments.*

La N.R.F. vient donc de manquer un livre essentiel. Cet épisode va laisser dans les relations entre Céline et son futur éditeur des traces profondes. Comme si, en toute mauvaise foi (mais qu'est-ce qu'un écrivain sinon une foi inébranlable qui ne peut paraître que « mauvaise »), l'échec au Goncourt et la dérive ultérieure dans les pamphlets étaient d'une certaine façon imputables à ce premier retard, à cette hésitation initiale dans le Temple du goût. Céline n'en finira pas d'insister : tous ses ennuis avec la Société viennent du Voyage, *si c'était à refaire il n'écrirait pas, son vrai crime est d'avoir renouvelé en direct le roman et sa langue, d'avoir bousculé en une fois des tonnes de conformisme. On l'a copié jusqu'aux fins fonds de la planète, on veut l'éliminer comme étant la preuve par l'original. Il est déjà le dernier des Mohicans français vivants en lutte contre Babel-langue morte. Paulhan a beau essayer, un peu plus tard, de rattraper l'affaire, non, Céline n'écrira pas, pas encore, et d'ailleurs jamais vraiment à l'avenir, dans la N.R.F. :* « J'écris très lentement et seulement dans d'énormes cadres et dans le cours d'années. Ces infirmités me condamnent aux monuments que vous savez. »

Une autre histoire aurait-elle eu lieu si Céline avait été « légitimé » dès son premier livre ? Ce n'est pas impossible. En 1936, moment de Mort à crédit, *roman violemment attaqué par la critique (un véritable « hallali »), on voit Céline, inquiet du Front populaire (Denoël va-t-il sauter ?), se demander s'il ne vaudrait pas mieux passer chez un éditeur plus stable. Mais non, le destin est là. Le grand voyage nocturne de Céline commence. Et nous ne le retrouvons ici qu'après la guerre, c'est-à-dire dans un autre monde, ayant traversé le feu, la prison et le déshonneur.*

En 1947, donc Céline est maudit, exilé, revenant fâcheux, condamné à une mort symbolique totale. Il sort de sa cellule de trois mètres sur trois mètres, à Copenhague, il vit dans des conditions misérables (voir Féerie pour une autre fois). *Personne n'est plus à contretemps que lui (si l'on excepte Artaud, au même moment, rescapé de l'enfermement psychiatrique). C'est le coupable intégral, le bouc émissaire rêvé. Il a eu la vie sauve, il lui reste à sauver ses livres. Et c'est là que s'engage une formidable partie entre un homme seul et pratiquement tout le monde.*

Le correspondant principal de ce moment-là est Paulhan, dont la politique constante est une sorte de « juste milieu ». Après la catastrophe, de ce point de vue, le danger principal n'est plus le fascisme mais le communisme. Ce qui signifie, en littérature, la présence hégémonique de Sartre plutôt que celle d'Aragon. Pour les staliniens stricts (qui n'ont pas oublié le bref et terrible Mea culpa) *comme pour les gaullistes, Céline est mort et enterré. L'affaire est entendue. Pour Sartre, en revanche, qui a subi son influence, le cadavre bouge encore (excellent diagnostic). Avec un flair infaillible, Céline comprend tout de suite le parti qu'il peut tirer de cette situation. La question de fond, dit-il, n'est ni politique ni morale. Le procès que l'on me fera n'aura qu'une seule cause : le style. La bataille pour son droit à l'existence — même honnie — va se confondre de plus en plus avec une revendication de langage.*

Antisémitisme, trahison ? « Procès en sorcellerie. » *La vraie raison viscérale, qu'aucune juridiction ne peut poser ni avouer, est celle de la jalousie verbale, la littérature devenant ainsi une obsession universelle de vie ou de mort. Une telle position peut paraître commode, exorbitante, mégalomaniaque (et elle l'est, bien sûr), mais elle nous intéresse au plus haut point dans la mesure où elle va projeter l'œuvre de Céline dans une dimension renouvelée d'effervescence. Plus que jamais la Société est persuadée d'être bonne, sa tartufferie spontanée fonctionne à travers des stéréotypes autopublicitaires. Son ennemi principal ne sera donc pas, comme elle veut le faire croire, l'individu qui a de mauvaises pensées, l'extrémiste, le terroriste, mais bien celui qui s'exprime autrement, de façon plus nette, plus complexe. Céline lui-même est un virtuose parodique de la publicité, il en renverse et en détourne l'énergie, il sait, en bon stratège, qu'il faut toujours remplacer la justification par l'attaque. Repentez-vous ! Non. Il ne se défend pas, il s'explique à peine, et s'il se plaint, ce n'est jamais de son état psychologique mais de sa contrainte physique. Il ne sortira pas de là : conditions concrètes d'existence, pauvreté, poids lourd.* « Faute d'argent, il faut s'alarmer de tout, avec on peut se foutre de tout, là est le drame, le seul. » *Ou, en raccourci :* « Tout est pèse en ce monde. » *Mais il va plus loin : le bouc émissaire, au moins attend-on de lui qu'il soit grave, pénétré de sa faute, tragique, pathétique, responsable, confit en dévotion ou en repentir. Rien de tel chez Céline qui va développer (bien au-delà de l'acide du* Voyage*) une technique de comique bouffon,* « féerique »*, visant à ridiculiser le monde entier comme s'il s'agissait d'un spectacle trafiqué exprès par des charlatans, des canailles ou des débiles mentaux. Vous me voulez coupable ? Je vous irréalise aussitôt en grotesques grimaces, en parasites sournois, en* « agités du bocal »*. Je vous montre en train de vivre à mes frais, vous êtes ma faune et ma flore intestinale, mes virus, mes microbes, les locataires de ma trouvaille rythmique, mes jaloux butés, bafouilleurs. Les juges se retrouvent exister grâce au criminel, envieux de lui jusqu'au fanatisme, et bientôt ce sera, sur un mode plus farceur encore, l'éditeur lui-même. En effet, le style, le fameux style qui va être la seule valeur métaphysique de Céline — son dogme, son arme atomique — est gratuit. Il ne peut pas être une valeur d'échange, il est une valeur d'usage constante, interne, inappréciable (on ne peut que la donner ou la faire payer très cher). C'est une force de travail permanente, mais aussi de jouissance, ne devant rien à personne. Céline ne s'offusque pas d'avoir été horrible (selon lui, il n'y a pas de justice neutre pour juger un écri-*

vain, même pas une justice divine), mais il ne supporte pas qu'on dise qu'il a agi par intérêt. Affreux, si vous voulez ; stipendié, non. Et la preuve : il n'a pas d'argent, et par conséquent il peut se permettre de tout juger, lui, par ce levier explicatif. « Là, attention, je suis horriblement *cher*, et en *francs suisses*. Je suis ouvrier dans l'âme. Je donne ou je me fais payer à prix d'or. C'est tout l'un ou tout l'autre. » *Gaston Gallimard n'a pas fini d'entendre ce disque : je monte avec qui me plaît, sinon c'est moi qui fixe les prix. Le sens sexuel est ici très clair, revendiqué comme tel, style et savoir faire la chose, c'est pareil :* « Dans les boxons, c'était toujours la plus tocarde qui faisait le plus de pognon. Il faut se placer tocard. »

Céline, spécialiste de l'Enfer (« j'y suis fait à l'enfer »), *se reconnaît donc idiot, mais innocent.* « J'ai fait la connerie suprême, je me suis croisé pour des chacals. Vous voyez, Paulhan, je suis un folkloriste patriote effréné dans un pays de dégénérés, de laquais et de bâtards... » *En effet, pourquoi avoir entamé une croisade aussi folle ? L'antisémitisme est* « stupide » — *voilà ce qu'on peut en dire de plus exact* —, *d'autant plus que* « le Juif, c'est nous ». *Le thème raciste-biologique, toujours présent, est sans cesse associé à une perspective formelle, mais il va prendre une fonction de plus en plus parodique* (« les Chinois à Cognac »), *comme un exorcisme. Le Blanc disparaîtra, le Noir et le Jaune engloutiront tout, à moins que le champagne noie cette apocalypse dans ses* « bulles pétillantes », *au point qu'on croira avoir rêvé ou déliré en plein brassage des corps. Les religions ? Des alibis du grand métissage. Le tissage réel, lui, s'obtient noir sur blanc, sur le papier, à la plume. En réalité, toute la comédie humaine se voit récusée à la pointe du mot, comme si Céline faisait de l'écrivain qui, à l'avenir, n'existera plus (en reste-t-il un ? oui ? où ? qui ?), le dernier souffle vivant en face de l'ordure universelle. Encore une fois, c'est le fait qu'il en* rie *qui nous paraît énorme. La joie de Céline, son paradis infernal sont aussi inacceptables que son jugement renversé.* « Je suis sauvage sur la pureté des textes. » *En effet, il est bien trop tard pour l'être sur celle du sang.*

« J'ai péché en croyant au pacifisme des hitlériens, mais là se borne mon crime. » *Autrement dit :* Bagatelles pour un massacre *avait pour but d'empêcher un massacre et non de massacrer qui que ce soit.* « On joue *avec grande canaillerie* sur le sens de mes pamphlets. » *Mais pourquoi diable avoir cru — ou croire — au pacifisme de qui que ce soit ? Shakespeare* aurait-il commis cette faute ? Amour des Français ? de « ces abrutis cochons vendus à toutes les charcuteries du globe » ? *Ah, c'est vrai,* « je suis effroyablement français » *(souligné trois fois). Or la « croisade » n'était pas pour les individus regroupés sous ce nom, mais pour* « Couperin, Gervaise, Janequin » *(encore des musiciens). L'Allemagne ?* « Elle me fait naturellement horreur. Je la trouve provinciale, lourde, grossière. Je m'y sens Déroulède... C'est la mort, la saucisse, le casque à pointe. » *Bloy avait raison d'en comparer la langue à* « un aboiement de chien et à un grognement de porc ». *De plus en plus, comme s'il voulait effacer le populisme de ses débuts (vraie cause de son antisémitisme explosif), Céline appellera Louis XIV à figurer à l'improviste dans ses lettres. Pourtant, s'agissant de la haine dont il est l'objet — en quoi Sartre avait raison, en parlant de Genet, de dire que la société pardonne plus aisément les mauvaises actions que les mauvaises paroles —, c'est logiquement à Voltaire qu'il a recours :* « Voltaire a tout dit de la haine de cette espèce. Je serais le premier à en rire si cette espèce n'était pas maintenant le Pouvoir, la Justice, la Vertu. Sous Voltaire, il y avait encore des Intendants de Police intelligents, et mettons *même* indépendants. L'Europe était vivable, elle ne l'est plus. »

Il faut se représenter d'où viennent ces lettres de la fin des terribles années 40. J'ai vu les deux petites maisons à toit de chaume habitées par Céline et sa femme au Danemark. La Baltique en contrebas, falaise à pic, brume, un cygne sur l'eau. L'hiver, la neige. Une échelle pour monter à l'étage bas. Les photos ne disent qu'à peine l'extrémité du monde, le silence d'Elseneur, la solitude, la certitude du papier et de l'encre malgré la prison et la déchéance. Longs jours, longues nuits, malveillance rôdeuse, rares amis, lumière du courrier... Ulysse a commis la « connerie suprême ». *Il est encagé là-bas. Il est français. Plus tard, il imaginera Gaston Gallimard transportant des colis* « toujours des Joyce, jamais des Céline ». *Proust, Kafka, Joyce, Céline. D'un château l'autre. Le vrai Procès celui que font au temps tout entier ces quatre cavaliers du Temps dans ses fibres.*

Toutes les Inquisitions se ressemblent, même si elles changent de forme. Voici incarnée celle d'aujourd'hui : « Ce complet idiot ne doute plus de rien. Il fabrique la vérité, tout naturellement. Il n'est plus question de mensonge. Il est la vérité. Il est la mort. Sartre aussi. C'est la maladie du jour. Le con, maintenant, universellement, fabrique comme il pisse, comme il respire, de la vérité et de la mort. »

À une vérité stéréotypée, « sans mensonge » (de mort et pour la mort), va donc s'opposer le style connaissant son mensonge, dont Céline tient qu'il est, avant tout, vérité sexuelle. En quoi il provoque automatiquement, désormais, une jalousie convulsive de la sexualité elle-même. Ce serait l'enjeu de notre époque. Au moindre effet de style, crise de nerfs, de bouderie, de bile. Cette étrange substance de la vérité vivante, contre laquelle se dresse la Vérité devenue la Mort, se dit pour Céline plutôt en français pour des raisons historiques d'accumulation et de goût : « La guerre 39 me semblait imbécile... anachronique, grotesque. Je lui reprochais son mauvais goût. Le mauvais goût conduit au crime, prétendait Stendhal. » *Cette marée noire du mauvais goût est ici prophétisée comme devant être le phénomène dominant de la fin du siècle. Mauvais goût, donc crime en soi.* « La déesse du monde moderne c'est la SITUÂÂÂÂTION. La bourgeoisie n'est pas morte, ni son esprit. Elle a mis la Situaaaation à la place de tous les dieux précédents. » *Ou encore :* « Le monstre va devenir plus vicieux encore... Jeux de Cirque... Nouvelle Religion pour en guérir la foule. » *Est-il besoin de donner des exemples actualisés ? Non, n'est-ce pas ? Quant à Céline,* « empoisonné, spolié, saboté », *il se ressent comme l'ultime habitant d'une langue disparue avec sa sensibilité et ses rêves :* « Un nommé Irving Howe, professeur à Princeton me prend à parti dans un journal de New York... Il me trouve *insensible*, et par là-même *nul*. Ces étrangers sont des ânes présomptueux. Tout mon travail a été précisément de rendre la prose française plus sensible, raidie, voltairisée, cravacheuse et *méchante*, en lui injectant un langage parlé, son rythme, sa sorte de poésie et *la tendresse malgré tout*, du *rendu émotif*, le con ! » *Con, peut-être, mais appliquant le programme qui est celui, planétaire, de l'information : la langue doit être morte, c'est un instrument de communication économique (le français mort est, pour Céline, celui de Romain Rolland, Jules Romains, Gide, mais vous pouvez allonger la liste). Nous voilà donc revenus, en plein « progrès », au quatrième siècle de notre ère, quand Ausone, Rutilius, Sidoine Apollinaire ne se « pamoisaient qu'en latin mort ». Langue mortifiée, marchande, effondrement du goût, mais aussi confiscation sexuelle généralisée, frigidité d'office :* « Cette nénéref m'agace comme les filles qui parlent toujours d'amour et n'ont jamais joui ! » « Autant de frigides qui dissertent à l'infini de stupre. » *Et encore :* « L'incompatibilité entre nos goûts est *totale, irréductible, sans doute ce qui a existé entre les Impressionnistes et le jour d'atelier. Je trouve qu'aucun de ces bafouilleurs n'est " dans la chose ". Ils se branlent éperdument à l'extérieur. »* Tout cela donne des romans horripilants, des « plans de romans », « on regrette, en les lisant, le film ». *Oui, vous avez bien lu : le mauvais écrivain, produit forcé de l'élevage à perte-de-goût, ne sait pas se branler à l'intérieur. Le docteur Céline (au fait, un romancier fera mieux de devenir aussi, à partir de là, expert médical) n'est pas pour rien un homme qui donnait des conseils très crus à ses amies.* « Dans la pratique, on reçoit en gros deux grandes espèces de clientes, celles qui voudraient à tout prix qu'on les avorte et celles qui voudraient à tout prix avoir un enfant. » *Encore une fois, question de style : les femmes, comme les Muses,* « ne rient que branlées » *(formidable formule à faire sauter la mélancolie des siècles). D'où, plus tard, ce propos ironique à Gaston Gallimard :* « Je vous remercie bien sincèrement pour tous les beaux romans NRF que je reçois... Comme le talent court les rues ! » *Ou, plus précis :* « 300 millions par an à l'eau pour la publication de romans parfaitement inutiles, illisibles... » « Que d'argent dépensé dans la culture intensive, interminable, du navet ! » *Et encore :* « Ces romans récents... diable qu'ils semblent tous, pédérastes ou pas, avoir le sexe triste... pire, moralisateur !... Vive Paul de Kock ! » *Basse époque, amnésie, langue de bois, frigidité, inflation organisée, pléthore de marchandises falsifiées, tout le spectacle actuel est ainsi annoncé et radiographié par Céline (livres et lettres du même tissu), c'est-à-dire par un économiste radical, un spécialiste du taux de sensation juste dans le système nerveux. De toutes façons, la mise systématique en images de la réalité ne laisse à l'écrivain que l'intérieur direct qui est donc redevenu le grand mystère, la denrée rare, puisque l'histoire entière est manipulée comme un film.*

On comprend donc que le roman doit également raconter les conditions dans lesquelles il s'écrit. N'en déplaise à ceux qui veulent croire, infantilement, aux romans, cette vérification est exigible : le récit véridique met en scène la malversation de la société comme telle, à chaque instant. Ici, bien entendu, il y a Proust. Mais, justement, Céline ne craint pas la comparaison, il choisit, avec provocation, d'être « hénaurme ». *Proust a écrit en* « franco-yiddish », « hors de toute tradition française », *c'est un* « Juif enculé », « hanté d'enculerie » *(même procès à Racine). Cependant,* « je lui reconnais un petit carat de créateur, ce qui est rarissime ». *Le sarcasme à propos de l'inversion sexuelle est d'ailleurs constant, il participe de la même logique de raisonnement :* « Je tiens beaucoup à *Casse-Pipe*, sans *s* à Pipe. Je ne sais pas pourquoi, par goût. Casse-Pipes : ça ferait NRF. » *Dans le même esprit, pas de photographes* (« j'ai écrit, je crois »)*, ni de journalistes :* « Ils ont le don de rendre bête ce qui est intelligent, méchant ce qui est bête, grotesque ce qui est méchant. » *Les critiques, enfin :* « chiens borgnes, bigles, oreilles fausses, tout faux ! » *Dans le monde renversé où nous sommes plongés, non seulement le vrai est un moment du faux, mais chaque prestation ressemble à celle des pseudo-écrivains de l'artificiel :* « Ils pérorent, rhétorent, moralisent, maximent, mais de *musique* point l'once. La musique seule est un message direct au système nerveux. Le reste blabla. » *Nous avons été condamnés à un immense blabla, à une gigantesque Tour de Blabla. N'espérez pas freiner Céline avec cet enrobage dérisoire :* « Pas de blabla avec moi : j'en vends ! » *Céline ouvre un livre de Genet ? Aussitôt, redéfinition de sa position :* « Le maniaque d'une sorte de façon de penser que le Temps seul compte... celui de la minute qui passe, l'instant, et c'est fini ! Instantanéiste je suis. Le rendu émotif de la seconde, rien d'autre. Déjà c'est du passé... Je n'entends pas là danser le Temps, son air, sa magie, le secret de notre âme chantant... toujours en train de filer... Le mouvement de notre rigodon de vie... Sur le rouet des Parques... » *Tout est fait maintenant pour dérober au sujet vivant son temps, le Temps. Plus de droit à la gratuité du temps : time is money, circulez !* « Français mignon, ludion d'alcool, farci gâteux, blet en discours, à basculer dans les Droits de l'Homme, au torrent d'Oubli, le cœur et l'âme tournés bourriques de dégoûtation d'obéir... » (Guignol's Band).

Le Goncourt 1932 est allé à Guy Mazeline. Mais il est intéressant de voir les résultats d'un vote de 1950 portant sur les douze meilleurs romans français du demi-siècle. Paulhan est membre du jury. Le Voyage au bout de la nuit *est présent au premier tour, mais éliminé au second. On trouve parmi les élus finaux Anatole France, Larbaud, Gide, Proust, Mauriac, Malraux, Bernanos, Sartre. Mais aussi la* Confession de minuit *de Georges Duhamel,* Silbermann *de Jacques de Lacretelle et* La Douceur de la vie *de Jules Romains. Ô classements ! Ô sondages ! Ô prix ! Ô jurys ! La* Confession de minuit *plutôt que le* Voyage au bout de la nuit *! Faut-il avoir la cruauté d'insister ? Sourire de ce palmarès ? Nous aurions tort : il est probablement en train de reproduire la même erreur sous nos yeux. Céline, en protestant à l'époque contre l'ostracisme dont il est l'objet, n'hésite pas à se comparer à*

Courbet, exilé après la Commune : la littérature académique le trouve gênant à juste titre pour continuer sa restauration des pompiers. Bientôt, dit Céline, je ne serai plus présenté que comme le suiveur de Sartre, Miller, Genet, Dos Passos, Faulkner, « alors que je suis, moi, l'inventeur, le défonceur de la porte de cette chambre où stagnait le roman jusqu'au *Voyage*... » *Rien que de normal, pourtant. Vous attaquez la Société ? Elle se défend. Vous démasquez le mensonge ? Il redouble, il vous fabrique aussitôt des faux doubles. Après tout, devant une telle mauvaise foi, Céline aurait pu douter, se décourager. Mais non, il est lancé en pleine écriture, à nous deux Vingtième Siècle ! S'il le faut, il descendra jusqu'aux Enfers remuer les ombres (l'admirable début de* D'un château l'autre*), il traitera les vivants comme des déjà-morts qu'ils sont, pâles squelettes vicieux ambulants, passagers d'écume, ectoplasmes. Rira bien qui rira le dernier :* « Je ne regarde que l'imprimé. Je me fous des individus, de leurs chichis trouducuteux... »

La vérité, c'est que les Français, depuis 1940, sont dans la honte et la haine d'eux-mêmes. « Cet accablement des vaincus, ce renchérissement sur le destin, me paraît monstrueux, invivable. » *Les Français ont-ils donc été pour la plupart antisémites ? Collaborateurs ? Et leur progéniture, et la progéniture de leur progéniture ont-elles ce cadavre dans leur placard ? S'agit-il ici du massif et misérable secret des familles ? Nous savons bien que oui. Les survivants, les descendants, vont donc tout faire pour effacer cette culpabilité mal sue, souvent à peine soupçonnée, rentrée, pourrissante, non dite. Céline sera le* « bouc qui pue » *idéal :* « Vous verrez que je finirai par être l'auteur le plus maudit du siècle. » *Honte et haine de soi, la mécanique, d'un conformisme et d'une bien-pensance à toute épreuve, est en marche.* « Ils me décrivent, ils me pensent, comme ils sont eux-mêmes (ce qu'ils auraient fait à ma place !). Ils s'acharnent contre un fantôme de leur fièvre de haine. Pas sur moi du tout ! » « Ils m'outragent encore par l'ignorance de mon caractère, tout granit. » *Le caractère* « tout granit » *de Céline ?* « Je suis aussi fantasque dans mes livres que je suis expérimental, immuable, prosaïque, dans la vie. » *Rien de tel qu'une culpabilité familiale — père et mère destitués de toute valeur — pour engendrer la réprobation de sa propre langue et du libre jeu personnel dans cette langue. Par projection, Céline est donc l'auteur du récit à refouler sans arrêt : pas de manifestation du secret ! pas de mots pour ces choses ! ce que nous voulons, avant tout, c'est nous faire pardonner ! Surgirait-il un autre écrivain remuant français, on peut être sûr que les Français feraient le maximum pour le cacher, l'escamoter, le sous-estimer, lui prêter* a priori *les pires intentions, lui préférer deux cents traductions ou n'importe quel ronron pathologique maison plutôt que d'affronter ce rappel épineux de leur plaie à demi consciente.* « Je suis tout à fait de votre avis pour ce qui concerne la censure occulte, l'ordre moral, l'anathème qui m'accable en France, en Argentine, ou en Chine... Mais en examinant bien cette censure occulte, je vois qu'elle ne s'exerce que contre moi... » *France veut dire péché originel. Quand on pense à* « cette Europe dont les montres ne prenaient que l'heure d'ici ! honte ! »

Il faut donc se faire imprimer et réimprimer de toutes les façons possibles. La confiance de Céline est ici totale, la langue et sa mémoire ne peuvent pas être désintégrées, même s'il faut attendre quelques siècles (après tout, le grec a disparu pendant plus de mille ans et l'hébreu, lui, a tenu, c'est le moins que l'on puisse dire). C'est une question de foi, il le rappelle dans l'enregistrement de sa voix, avec une drôle d'émotion vibrante. « D'où vous me voyez en hâte d'être imprimé répandu. » *Règle : échapper aux proches, aux amis, aux faux-amis, aux vrais-faux-amis, aux surveillants, aux contrôles. Obsession : faire rééditer le* Voyage *et obtenir la* Pléiade *de son vivant,* « entre Bergson et Cervantès », *de même que Malraux (« Dur-de-mèche ») et Montherlant (« Buste-à-pattes »). Céline sera* « Moi-qui-râle ». *C'est en insistant comme un sourd qu'il l'obtient, cette* Pléiade, *comme s'il se méfiait, avec raison, des difficultés ou de l'impossibilité de la réaliser après sa mort. On n'est jamais trop prudent sur les calculs de durée, un carré tombeau blanc est vite arrivé. Sa demande est lancinante, coriace, ses réclamations ne se comptent plus. On ne le diffuse pas, on le dissimule, on l'enterre vivant* (« L'essentiel semble être que moi et mes livres soient bien étouffés, annulés, oubliés, inexistants »), *le complot est partout, immédiat, génétique* (« Les saboteurs n'ont pas besoin de se concerter... ils agissent selon le même instinct... au même instant... 25 ans d'expérience »). *Paranoïaque, Céline ? Mais quand avez-vous vu un paranoïaque aussi gai, c'est-à-dire n'ayant pas besoin d'avoir raison pour avoir raison ?* « D'où je sais tout ? Et bien plus encore ? Mais en écoutant mon petit doigt ! » *Céline fait confiance aux ondes, ses livres existent dans les ondes à égalité avec l'imprimé.*

Gaston Gallimard a beau lui répondre chiffres à l'appui, rien à faire, l'éditeur est fautif par définition, et cela nous vaut des échanges à la Molière, petits impromptus à mourir de rire. L'humour de « Gaston » est d'ailleurs à la hauteur de l'enjeu, ce qui n'est pas rien. « Vous n'écoutez pas vos interlocuteurs, *dit-il à Céline*, votre humeur n'est que de la rhétorique. » *Eh, bien sûr ! Les lettres sont vraies, elles n'ont pas besoin d'être vraisemblables. Gaston, dans ce théâtre, sera tour à tour* « pharaon des prix littéraires », « vieux chocolatier », « Père Déficit », « coffre-fort », « Gaston d'alibi », « merlan frit lubrique », « désastreux épicier ». *C'est pourtant un homme responsable, et pour cause :* « Gaston ne se vexe et n'a de chagrin que lorsqu'on lui fait verser du pognon. Le reste il s'en fout, et il a raison. » *On sait comment tous ces thèmes se retrouvent dans les étourdissants* Entretiens avec le Professeur Y *et dans la trilogie de la fin,* D'un château l'autre, Nord, Rigodon *(26 127 exemplaires vendus de* D'un château l'autre, *ce n'est pas si mal). Le psychodrame ou la scapinade avec les Gallimard galvanise Céline, lui offre l'occasion inespérée de développer cette* « écriture en direct » *qui est sa grande trouvaille, épopée instantanée de l'Ulysse de Meudon et de sa fidèle Pénélope ramenée d'un voyage d'enfer. Imagine-t-on les rapports de Céline avec un autre éditeur raidi par l'esprit administratif et la surestimation de ses comptes ? Non. Il n'y a qu'à remarquer comment réagissent des personnalités aussi différentes que Malraux ou Paulhan aux algarades céliniennes. Pour Malraux, Céline est* « un pauvre type », *mais un* « grand écrivain » *(argument classique, mais qui évite de poser la seule question intéressante : comment peut-on être réellement un pauvre type si l'on est un grand écrivain ?). Pour Paulhan, pourtant si longtemps merveilleux avec Céline dans le contexte de l'après-guerre, la coupe sera bientôt pleine, il va se fâcher carrément. Il faut reconnaître que Céline a trouvé en lui — et dans sa revue — une tête de turc, un* « modèle » *qui l'anime.* « Partez en vacances, vacant ! J'œuvre, moi, pendant que vous pérorez ! » « Je vous embrasse, pauvre asservi ! » « Languide Anémone » « Landru proustreux » « Formidable limace » « Vous fréquentez trop l'art abstrait ! » *Quant à* « l'esprit NRF », *celui de la* « clique Brottin », *il est profondément* « décourageant ». « Ô entortillées algues sur fond de vase ! » « Smala d'abrutis minus ! » « Bande de tricheurs faux fuyeurs frôleurs... Tas de farceurs zéro ! » « Roueries inutiles, subtilités méfiantes, arrogance on ne sait d'où » « Prêts à tout ! Gibelins alcooliques fédérés fous jaloux ! » *Bien entendu, ces flatteuses descriptions s'appliquent immédiatement à n'importe quel milieu social de nos jours, vérification facile. N'empêche,*

Paulhan se rebiffe. Le 14 janvier 1955, il écrit à Céline de ne plus lui écrire et ajoute : « Vos lettres sont amusantes comme peuvent être amusantes des lettres d'enfant ou de fou. » *Ce qui revient à récuser tout ce qu'écrit Céline depuis des années, et sans doute depuis toujours. Céline n'est évidemment ni un enfant ni un fou. Paulhan, pincé, montre là qu'il s'intéressait davantage au cas politique ou moral de Céline — à l'injustice dont il avait pu faire l'objet — qu'à sa littérature. Or, pour Céline, sa littérature est tout. D'où ce cri du cœur à Gaston Gallimard :* « Eh, diable, vous êtes le seul homme d'esprit dans votre bazar ! Où irais-je ? » *Gaston Gallimard a d'ailleurs sa vision personnelle — et très révélatrice — de Céline :* « Vous avez toujours 18 ans, et c'est ce que j'aime en vous — et c'est ma faiblesse vis-à-vis de vous. » *Pour Céline, c'est clair : une lettre de lui, ou un paragraphe de ses livres, c'est la même affaire :* « Je tiens Musée, vous le savez, de toutes les injures possibles... » *Ni pauvre type, ni enfant, ni adolescent, ni fou, Céline est un homme qui n'écrit rien au hasard, et c'est le moment de rappeler que* Féerie pour une autre fois, II (Normance) *est dédiée simultanément à Pline l'Ancien et à Gaston Gallimard. Un cadeau fondamental enveloppé d'injures, quoi de plus sincère, de plus tendre, de plus précieux ? Violent, Céline ? Le mot est faible. Ce qui ne signifie pas impoli :* « J'ai longtemps, en médecin, fréquenté les Asiles, il y a là de quoi vous écœurer à vie de toutes les discourtoisies. »

Le correspondant de la confiance sans réserve sera, à partir de 1956, Roger Nimier. Encore le style. Pour Nimier, Céline sera Ferdinand et même Louis. Il sait le prendre à la légère et du tac au tac. Ne vous plaignez pas, dit-il à Céline, « les prosateurs ne sont plus lus que par les vicieux. » *À Nimier, Céline envoie des* « baisers évanescents », « goulus », *et signe même un jour, plus logique que l'on ne croit,* « bibliquement ». *C'est la jeunesse, la fête. Céline peut trouver, en Nimier, l'acteur désabusé du monde technique et abruti qu'il vomit, chaos d'alcool et d'autos,* « plus de sens... angines, enfants, vacances, et publicité sur le tout ». *C'est Nimier, surtout, qui organise avec ténacité la mise en valeur de l'œuvre de Céline (*« Que ce Nimier est admirable !... Les Temps sont venus ! »*). Il y a du* « chevalier » *chez Nimier, et Céline l'a déjà noté :* « Chevalerie d'abord ! Cela est français ! La Chevalerie était la grande création française chrétienne, à mon avis la seule !... » *Lorsque Nimier lui annonce la naissance de sa fille Marie, il est étonnant de trouver en réponse, sous la plume du définitif* *incroyant Céline, une phrase du genre :* « Oui ! oui ! oui ! Parfaitement ! "Marie pleine de grâce"... Qui trouve à dire ? » *Ou encore, une autre fois :* « Vous avez reçu, Dieu merci ! assez d'instruction chrétienne pour ne point méconnaître le plus subtil et perfide des péchés : *par omission.* »

Qu'au commencement Dieu ait créé le ciel et la terre n'a rien d'évident. Que le Verbe y ait participé reste à démontrer par le talent et la verve. Au commencement était l'action, dit Goethe. Au commencement, répond Céline, était l'émotion et le galop (encore une histoire de cheval). C'est cette allure d'avant la domestication qu'il faut retrouver, ce mouvement raffiné en tous sens, bonds, saut, vitesse, encolure, frisson, bride abattue — contre le trot, le bafouillage et la dialectique. On nous fait avoir le trot ou la marche, dressage des familles, de l'école, de l'armée, de l'argent. Paradoxalement, le « galop » ne se retrouve pas dans le naturel automatique mais dans une mise au point minutieuse, une vie de forçat. Il faut mille précisions pour raconter l'immédiat. Le roman et l'histoire, en accéléré par concentration, deviennent alors comiques, opéra-bouffe du déluge, vaudeville grave par-delà le bien et le mal. L'esprit de sérieux, ce crime des crimes, se décompose, la chronique de la vie et des opinions est non seulement relativisée mais explosée dans l'instant. Les livres de Céline sont-ils de vrais romans ? demandent les militants de l'imaginaire compassé et lent. Et la poésie ? soupirent les confus précieux du sentiment. Réponse : « Le jazz a renversé la valse, l'Impressionnisme a tué le faux-jour, vous écrirez " télégraphique " ou vous écrirez plus du tout. » *L'émotivité directe, le rendu émotif, les trois points qui font voltiger la page (la comparaison qu'en fait Céline lui-même avec le mesuré Seurat paraît artificielle), les rails profilés du métro, le bâton cassé avant d'être introduit dans l'eau, bref l'étude et l'utilisation de la* réfraction, *autant d'images pour indiquer un art qui rafle la surface au lieu de s'y traîner, qui traverse la réalité au lieu de la subir. L'illusion règne, le roman rétablit la vérité. Dans* Guignol's Band :

« L'Émoi c'est tout dans la Vie !
Faut savoir en profiter !
L'Émoi c'est tout dans la Vie !
Quand on est mort c'est fini ! »

Ou encore, plus focal : « Trouvez la palpite, nom de foutre !... Transposez ou c'est la mort ! » *Il faut bien reconnaître que le don de « la palpite »* ne court pas les rues. Bouffonnerie, horreur gaie, mobilité, excitabilité de chaque moment, c'est un autre récit du voyage humain qui s'ouvre ici et qui peut commencer n'importe où. Le Destin est romanesque et il s'agit bien d'être le Destin. Je suis un type dans le genre de Ben Gourion, finit par dire Céline, j'irai me faire éditer en Israël rien que pour emmerder Gaston, je ne lâcherai mon Sinaï (le manuscrit auquel il travaille) que contre un territoire sûr (la Pléiade). Les derniers noms qu'il évoque sont Balzac et Poquelin, présents en scène jusqu'au bout. Rien de plus émouvant que sa dernière lettre à Gaston Gallimard pour lui annoncer qu'il a terminé Rigodon (longtemps intitulé Colin-Maillard), et qu'il va lui réclamer un nouveau contrat. Nous sommes le 30 juin 1961 : « Je n'ai pas une minute à perdre, je veux passer la 70ème borne en plein effort, en trombe, au diable le public ! » *Le lendemain, il est mort. Il a pris ses risques. Il a vu et dit. Il a payé. Cartes sur table. Les dévots ne l'aimeront jamais. Lecteur de bonne foi, lis-le.*

PHILIPPE SOLLERS

INTRODUCTION

1: *Présentation*

L'œuvre de Louis-Ferdinand Céline est maintenant bien connue et largement diffusée et sa correspondance, qui parfois l'éclaire d'un jour nouveau, contribue surtout à la biographie de cet éternel écorché. Celle qu'il échange avec ses différents éditeurs permet non seulement de suivre la genèse de ses livres mais aussi leurs conditions de production sur lesquelles Céline a toujours son mot à dire. De la présentation matérielle au règlement de ses droits d'auteur, l'écrivain intervient sans cesse.

C'est en 1927 que Céline prend pour la première fois contact avec Gallimard. En octobre, alors qu'il a obtenu un congé de la Société des Nations qu'il quittera définitivement à la fin de l'année, il envoie aux Éditions Gallimard le manuscrit de *L'Église*, une pièce qui préfigure *Voyage au bout de la nuit* et qui ne sera finalement publiée qu'après celui-ci[1]. La fiche de lecture remplie par le lecteur de la maison mentionne simplement ce qui a dû servir à motiver le refus en demandant à l'auteur de présenter un autre manuscrit : « *De la vigueur satirique, mais manque de suite. Don de la peinture des milieux très divers.* » Seule cette fiche subsiste, aucun dossier n'a alors été constitué.

Il n'y en aura pas non plus l'année suivante, en juillet 1928, lorsque Céline envoie le manuscrit de la thèse qu'il a soutenue en 1924, *La Vie et l'œuvre de Philippe Ignace Semmelweis*, pour tenter de la faire publier

---

1. Voir *Céline et les Éditions Denoël, 1932-1948*, correspondance et documents réunis et présentés par Pierre-Edmond Robert, IMEC, 1991.

dans la collection « Vie des Hommes illustres ». La note que signe Ramon Fernandez de ses initiales est ainsi rédigée : « *Ne me paraît pas convenir aux V.H.I. L'illustration de Semmelweis est un peu spéciale.* »

La correspondance avec la N.R.F. commence donc réellement à la fin de l'année 1931 quand, le 9 décembre, le Dr Louis Destouches demande s'il peut envoyer le manuscrit du roman qu'il vient de terminer. C'est le *Voyage au bout de la nuit* qui connaîtra le sort que l'on sait.

Ces *Lettres à la N.R.F.* regroupent ainsi l'ensemble des lettres retrouvées envoyées aux divers responsables de ses publications aux Éditions Gallimard. Principalement Gaston Gallimard bien sûr, qui a suivi toute sa carrière, mais aussi Jean Paulhan, le premier à le republier après la guerre, et Roger Nimier, qui s'est occupé de ses livres à partir de *D'un château l'autre* et lui a véritablement fait renouer avec la faveur du public. Lorsqu'elles existent figurent également ici les lettres de ses interlocuteurs car c'est le croisement de cette correspondance qui permet de suivre les rapports entre les auteurs et leurs évolutions.

Les lettres de Céline à Gaston Gallimard proviennent des archives des Éditions Gallimard ainsi que les réponses de Gaston Gallimard dont les doubles ont été conservés ; Céline lui-même ne gardait pas les lettres qu'il recevait. Les lettres à Jean Paulhan sont conservées dans les Archives Paulhan ; nous reproduisons très peu de lettres de celui-ci car il envoyait des lettres manuscrites, donc sans doubles. Les lettres à Roger Nimier sont la propriété de ses héritiers ; les doubles de celles qu'il écrivait quand elles étaient tapées par le secrétariat des Éditions Gallimard ont été conservés dans les Archives Gallimard. Les lettres à Marcel Arland ont été communiquées par sa succession. Enfin les lettres des autres collaborateurs de la maison, André Malraux, Pierre Drieu La Rochelle, Claude Gallimard, Robert Gallimard, Odette Laigle, et des différents services, figurent dans le dossier Gallimard.

2. *Note sur l'établissement du texte*

Toutes les lettres de Céline sont manuscrites ; celles de Jean Paulhan également, sauf indication contraire ; celles de Gaston Gallimard et de Roger Nimier sont dactylographiées, sauf indication contraire. Tous les en-têtes professionnels ont été supprimés.

L'orthographe et la présentation des lettres de Céline ont été respectées au mieux ; nous avons cependant rectifié certaines fautes dues le plus souvent à l'empressement de l'écrivain et uniformisé des écritures : Céline écrit indifféremment « *vôtre* » ou « *votre* », nous avons choisi le deuxième ; « *afft* » a été systématiquement retranscrit : « *affectueusement* » ; les « .. » transformés en « ... ».

Nous avons respecté l'anonymat de quatre personnes en remplaçant leurs noms par ***.

Pour distinguer la maison d'édition de la revue, nous écrivons la N.R.F. pour la première et *La N.R.F.* pour la seconde.

La première note de chaque lettre indique la collection dans laquelle elle est conservée. Des notices particulières consacrées aux principaux correspondants de Céline sont regroupées page XXI.

Toutes les réfections de notre fait, dates ou omissions, sont placées entre crochets. Les citations en notes renvoient à une table des références bibliographiques page XXI.

3. *Remerciements*

Nous tenons à remercier tout particulièrement :

Lucette Destouches qui nous a autorisé à reproduire toutes les lettres de Céline et Mᵉ François Gibault qui nous a communiqué celles que Céline avait conservées ;

Jacqueline Paulhan qui nous a donné l'accès aux lettres de Céline qui se trouvent dans les Archives Paulhan et autorisé à publier les lettres de Paulhan ;

Marie et Martin Nimier pour les lettres de Céline à Nimier et l'autorisation de publier les lettres de Nimier ;

Antoine Gallimard qui a souhaité la publication de cette correspondance et nous a ouvert les archives de sa Maison sans lesquelles ce travail n'aurait pas été possible ;

Jean-Pierre Dauphin qui, à la fois comme meilleur spécialiste de Céline et chef du service historique des Éditions Gallimard, a suivi, relu et corrigé cette édition, ne ménageant pas ses efforts pour nous venir en aide et nous conseiller.

Nous devons y associer, pour leur autorisation ou pour leur aide, Mᵉ Georges Kiejman ; M. Claude Mauriac ; Mme Brigitte Drieu La Rochelle ; Mme Florence Malraux et M. Jean Grosjean ; Mme Dominique Aury, M. Gerald Calderon et Mᵉ Yannick Guillou ; M. Francis Crémieux ; M. Thierry Bodin ; M. Marc Laudelout ; et M. Pascal Mercier.

PASCAL FOUCHÉ

NOTICES
SUR LES PRINCIPAUX CORRESPONDANTS DE CÉLINE

Arland, Marcel (1899-1986). Écrivain. Membre du Comité de lecture des Éditions de 1938 à 1977. Codirecteur avec Paulhan de *La N.R.F.* à partir de janvier 1953.

Gallimard, Claude (1910-1991). Fils de Gaston Gallimard. Entré aux côtés de son père en 1937, il assiste au Comité de lecture dès cette date.

Gallimard, Gaston (1881-1975). Cofondateur des Éditions de la N.R.F. puis de la Librairie Gallimard dont il est devenu Président-Directeur général en 1941.

Nimier, Roger (1925-1962). Écrivain. Conseiller littéraire des Éditions à partir de décembre 1956.

Paulhan, Jean (1884-1968). Secrétaire de *La N.R.F.* de juillet 1920 à mars 1925 ; rédacteur en chef d'avril 1925 à décembre 1934 ; directeur de janvier 1935 à juin 1940. Membre du Comité de lecture des Éditions de 1925 à 1965. Directeur des *Cahiers de la Pléiade* de 1946 à 1952. Codirecteur, avec Arland, de *La N.N.R.F.* à partir de janvier 1953.

RÉFÉRENCES BIBLIOGRAPHIQUES
Seuls sont répertoriés les ouvrages cités en note
et indiqués par abréviation

Cahiers Céline	Volumes 1 à 8 publiés chez Gallimard de 1976 à 1988.
Dambre	Dambre (Marc), *Roger Nimier Hussard du demi-siècle*, Flammarion, 1989.
Dauphin et Fouché	Dauphin (Jean-Pierre) et Fouché (Pascal), *Bibliographie des écrits de L.-F. Céline*, Bibliothèque de Littérature française contemporaine, 1985.
Ferdinand furieux	Monnier (Pierre), *Ferdinand furieux*, L'Âge d'homme, 1979.
Gibault	Gibault (François), *Céline*, trois volumes, Mercure de France, 1977-1985.
Pléiade	Céline, *Œuvres*, Bibliothèque de la Pléiade, nouvelle édition, trois volumes, Gallimard, 1981-1988.
Tixier	Céline, *Lettres à Tixier*, La Flûte de Pan, 1985.

CORRESPONDANCE

1931

1. — AUX ÉDITIONS DE LA N.R.F.[1]

Le 9. 12. [1931]

Monsieur,

Je viens de terminer un travail, une sorte de Roman, dont la rédaction m'a pris plusieurs années[2]. Il me semble que j'arrive au plus mauvais moment pour me faire éditer, même « à compte d'Auteur »[3]... ? Toutefois je vous serais obligé de me faire savoir si vous jugez possible de faire lire mon manuscrit, à tout hasard !...

Je vous ai porté autrefois, un manuscrit « *L'Église* » que vous m'avez fait retourner en me demandant de vous soumettre autre chose[4]...

Étant très pris ici toute la journée[5], pourriez-vous m'écrire où je dois déposer mon manuscrit de façon à perdre un minimum de temps. Bien entendu si vous pensez que cette lecture n'est pas absolument inutile.

1. Archives Gallimard.
2. Sur la durée de la rédaction de *Voyage au bout de la nuit*, Céline a donné des indications variables. Il l'a probablement commencé en 1929. Voir la notice d'Henri Godard sur le roman dans « Pléiade », I, et notamment pp. 1145-1156.
3. Allusion à la crise industrielle de 1929 qui commence à atteindre la France et en particulier l'édition.
4. En octobre 1927. Seule la fiche de lecture de la pièce a été conservée ; elle porte pour seul commentaire : « *De la vigueur satirique, mais manque de suite. Don de la peinture des milieux très divers.* »
5. Céline était médecin généraliste au dispensaire municipal de Clichy depuis 1929. Il démissionnera en 1937 après la publication de *Bagatelles pour un massacre*.

Veuillez agréer je vous prie Mons[ieur] l'assurance de mes sentiments très distingués

Dr Louis Destouches.
Dispensaire municipal.
Clichy. Seine

2. — À LOUIS DESTOUCHES[1]

Paris, le 14 Décembre 1931

Dr Louis Destouches
Dispensaire Municipal
Clichy (Seine)

Monsieur,

Je vous accuse réception de votre lettre du 9 Décembre 1931[2]. Il m'est impossible de vous répondre au sujet du manuscrit dont vous me parlez sans le connaître. Voudriez-vous me le faire parvenir à mon bureau 5, rue Sébastien-Bottin. Je le lirai et vous répondrai le plus rapidement possible.

Étant donné l'afflux sans cesse croissant de manuscrits, je voudrais vous demander de joindre à votre envoi un résumé aussi précis et complet que possible de votre œuvre. Il s'agit là d'une mesure générale que j'ai été obligé de prendre pour faciliter le classement des manuscrits et leur répartition entre les différents lecteurs. Il arrivait en effet souvent qu'un lecteur spécialisé lût un livre qu'il n'avait pas compétence pour juger, ce qui obligeait à une seconde lecture et retardait la réponse.

En m'envoyant votre résumé, qui me servira simplement à donner les manuscrits aux personnes compétentes, vous assurerez une lecture plus rapide et plus autorisée de votre manuscrit.

---

1. Archives Gallimard.
2. La date d'envoi, le nom et l'adresse du destinataire et la date de réception sont ajoutés à la machine sur une lettre type.

Croyez, Monsieur, à mes sentiments très distingués.

L[ouis] Chevasson[1]
pour Gaston Gallimard.

P.S. – Je vous serais également reconnaissant de bien vouloir m'adresser le « prière d'insérer » éventuel du volume (notice biographique et bibliographique) accompagné d'un texte court présentant l'ouvrage au lecteur.

---

1. Louis Chevasson (1900-1967) dirige le secrétariat littéraire de 1930 à 1939.

1932

3. — AUX ÉDITIONS DE LA N.R.F.[1]

Le [peu avant le 14 avril 1932]

Mons[ieur],

Je vous remets mon manuscrit du « *Voyage au bout de la nuit* » (5 ans de boulot).

Je vous serais particulièrement obligé de me faire savoir le plus tôt possible si vous êtes désireux de l'éditer et dans quelles conditions.

―――

Vous me demandez de vous donner un résumé de ce livre. C'est un bizarre effort en vérité auquel vous me soumettez et jamais je n'y avais encore songé[2]. C'est le moment me direz-vous. Je ne sais trop pourquoi mais je m'y sens tout à fait inhabile. (Un peu l'impression des plongeurs au cinéma qu'on voit rejaillir de l'eau jusqu'à l'estacade...) Je vais m'y essayer toutefois, mais sans manières. Je ne crois pas que mon résumé vous donnera grand goût pour l'ouvrage.

―――

1. Archives Gallimard.
2. Il n'est plus courant de demander à un auteur un résumé et la prière d'insérer de son texte avant de l'avoir accepté. Cela permettait de répondre aussitôt s'il s'agissait d'un genre que la maison ne publiait pas.

En fait ce « Voyage au Bout de la nuit » est un récit romancé, dans une forme assez singulière et dont je ne vois pas beaucoup d'exemples dans la littérature en général. Je ne l'ai pas voulu ainsi. C'est ainsi. Il s'agit d'une manière de symphonie littéraire, émotive plutôt que d'un véritable roman. L'écueil du genre c'est l'ennui. Je ne crois pas que mon machin soit ennuyeux. Au point de vue émotif ce récit est assez voisin de ce qu'on obtient ou devrait obtenir avec de la musique[1]. Cela se tient sans cesse aux confins des émotions et des mots, des représentations pieuses, sauf aux moments d'accents, eux impitoyablement précis.

D'où quantité de diversions qui entrent peu à peu dans le thème et le font chanter finalement comme en composition musicale. Tout cela demeure fort prétentieux et mieux que ridicule si le travail est raté. À vous d'en juger. Pour moi c'est réussi. C'est ainsi que je sens les gens et les choses. Tant pis pour eux.

———

L'intrigue est à la fois complexe et simplette. Elle appartient aussi au genre Opéra. (Ce n'est pas une référence !) C'est de la grande fresque du populisme lyrique, du communisme avec une âme, coquin donc, vivant.

———

Le récit commence *Place Clichy*, au début de la guerre, et finit quinze ans plus tard à *la fête de Clichy*. 700 pages[2] de voyages à travers le monde, les hommes et la nuit, et l'amour, l'amour surtout que je traque, abîme, et qui ressort de là, pénible, dégonflé, vaincu... Du crime, du délire, du dostoïevskysme, il y a de tout dans mon machin, pour s'instruire et pour s'amuser.

Les faits.

Robinson mon ami, vaguement ouvrier, part à la guerre, (je pense la guerre à sa place)[3] il se défile des batailles on ne sait trop comment... Il

---

1. Déjà la petite musique qui deviendra un thème récurrent chez Céline.
2. Céline donne ici une indication sur le nombre de pages définitif de la dactylographie de son roman qui n'est pas connue. Le seul manuscrit retrouvé, première dactylographie abondamment corrigée, fait près de 900 pages.
3. Dans la première version du manuscrit les propos des personnages de Bardamu et de Robinson sont inversés (voir l'édition de cette première version, Louis-Ferdinand Céline, *Une Version initiale du premier chapitre de* Voyage au bout de la nuit, Balbec, 1987).

passe en Afrique Tropicale... puis en Amérique... descriptions... descriptions... sensations... Partout, toujours il n'est pas à son aise (romantisme, mal du XXIe siècle...) Il revient en France, vaseux... Il en [a] marre de voyager, d'être exploité partout et de crever d'inhibitions et de faim. C'est un prolétaire moderne. Il va se décider à estourbir une vieille dame pour une fois pour toutes posséder un petit capital, c'est-à-dire un début de liberté. Il la rate la vieille dame une première fois. Il se blesse. Il s'aveugle temporairement. Comme la famille de la vieille dame était de mèche, on les envoie ensemble dans le midi pour éteindre l'affaire. C'est même la vieille qui le soigne à présent. Ils font dans le midi ensemble un drôle de commerce. Ils montrent des momies dans une cave (Ça rapporte). Robinson recommence à voir clair. Il se fiance aussi avec une jeune fille de Toulouse. Il va tomber dans la vie régulière. Pour que la vie soye tout à fait régulière il faut encore un petit capital. Alors cette fois encore l'idée lui revient de buter la vieille dame. Et cette fois il ne la rate pas. Elle est bien morte. Ils vont donc hériter lui et sa future femme. C'est le bonheur bourgeois qui s'annonce. Mais quelque chose le retient de s'installer dans le bonheur bourgeois, dans l'amour et la sécurité matérielle. *Quelque chose !* Ah ! Ah ! *C'est tout le roman ce quelque chose !* Attention ! Il fuit sa fiancée et le bonheur. Elle le relance. Elle lui fait des scènes, scènes sur scènes. Des scènes de jalousie. Elle est la femme de toujours devant un homme nouveau... Elle le tue...

———

Tout cela est parfaitement amené. Je ne voudrais pour rien au monde que ce sujet me soye soufflé. C'est du pain pour un siècle entier de littérature. C'est le prix Goncourt 1932 dans un fauteuil pour l'Heureux éditeur qui saura retenir cette œuvre sans pareil[1], ce moment capital de la nature humaine...

Avec mes meilleurs sentiments

Louis Destouches

---

1. On sait comment Céline ratera le Goncourt huit mois plus tard ! Si Gallimard l'avait publié, il l'aurait sans doute obtenu.

4. — À LOUIS DESTOUCHES[1]

14 avril 1932

Dr Louis Destouches
Dispensaire Municipal
Clichy (Seine)

onsieur,

« VOYAGE AU BOUT DE LA NUIT »

6127

onsieur
[Louis Chevasson[2]]

5. — AUX ÉDITIONS DE LA N.R.F.[3]

Le 25 - 4 [1932]

Monsieur

Je serais très heureux d'être fixé le plus tôt possible quant au sort de mon manuscrit

Voyage au bout de la nuit – n° 6127

Je ne suis pas tout à fait pressé mais cependant je voudrais bien connaître votre décision de manière à pouvoir le soumettre au cas de refus à un autre éditeur avant les vacances[4].

Je vous prie d'agréer Monsieur l'assurance de mes sentiments très distingués

Destouches

---

1. Archives Gallimard. Double dactylographié ne portant que la date, le nom et l'adresse du destinataire, le titre du roman et le numéro attribué au manuscrit.
2. Probablement signé par Louis Chevasson pour Gaston Gallimard.
3. Archives Gallimard.
4. Céline soumettra notamment son manuscrit aux Éditions Bossard et Figuière. On ne sait pas s'il le fit successivement ou en même temps. La date de dépôt du manuscrit chez Denoël et Steele n'est pas connue mais c'est probablement avril ou mai.

6. – À LOUIS DESTOUCHES[1]

Paris, le 29 Avril 1932

Monsieur Destouches
10, rue Fanny
Paris

Monsieur,

J'ai bien reçu votre lettre du 29 avril.
Votre manuscrit intitulé « VOYAGE AU BOUT DE LA NUIT » est actuellement en lecture. Notre collaborateur chargé de l'examiner ne m'a pas encore fait connaître son avis, mais j'espère qu'il ne tardera pas à le faire maintenant et je vous donnerai ma réponse aussitôt après.
Croyez Monsieur, à mes sentiments les meilleurs.

Gaston Gallimard[2].

7. – AUX ÉDITIONS DE LA N.R.F.[3]

Le 13. [juin 1932]

Monsieur,

Voici deux mois que je vous ai remis mon manuscrit[4]
Voyage au bout de la nuit *n° 6127*
et je me demande si je peux aller le reprendre ou bien si vous n'avez pas encore pu le faire lire ?
Veuillez agréer je vous prie l'assurance de mes sentiments distingués

Louis Destouches.

---

1. Archives Gallimard. Double de lettre dactylographiée.
2. Probablement signée pour Louis Chevasson pour Gaston Gallimard.
3. Archives Gallimard.
4. C'est la durée moyenne de lecture chez les éditeurs.

8. – À LOUIS DESTOUCHES[1]

Paris, le 13 Juin 1932.

Monsieur Louis Destouches
98, rue Lepic, 98
Paris.

Monsieur,

J'ai bien reçu votre lettre du 13 Juin. Votre manuscrit intitulé : « VOYAGE AU BOUT DE LA NUIT » est actuellement en lecture. Notre collaborateur chargé de l'examiner ne m'a pas encore fait connaître son avis. J'espère qu'il ne tardera pas à le faire maintenant et je vous donnerai ma réponse aussitôt après.

Je vous prie de croire, Monsieur, à mes sentiments distingués.

Gaston Gallimard[2].

9. – AUX ÉDITIONS DE LA N.R.F.[3]

Le 29. [juin 1932]

Monsieur.

Depuis 2 mois et demi, vous avez en lecture mon manuscrit « *Voyage au Bout de la nuit* ».

Je vous serais très obligé de le remettre à ma disposition. N'ayant pas reçu votre réponse j'ai accepté la proposition d'un autre éditeur[4].

Je vous prie d'agréer Monsieur l'assurance de mes sentiments très distingués

L.F. Destouches

---

1. Archives Gallimard. Double de lettre dactylographiée.
2. Probablement signée par Louis Chevasson pour Gaston Gallimard.
3. Archives Gallimard.
4. Céline ne ment pas car il signera son contrat avec Denoël et Steele le lendemain 30 juin.

10. — À LOUIS DESTOUCHES[1]

Paris, le 2 Juillet 1932.

Pneumatique.
Monsieur Louis Destouches
98, rue Lepic
Paris.

Monsieur,

Notre lecteur Monsieur Benjamin Crémieux[2] nous a rendu compte, avec de grands éloges, de votre manuscrit intitulé : « VOYAGE AU BOUT DE LA NUIT ».

Toutefois il aurait quelques objections à vous présenter et serait heureux de vous voir[3]. Vous serait-il possible de passer à son bureau du service de la presse au Ministère des Affaires Étrangères[4], jeudi prochain entre 6 et 7 heures, ou lui téléphoner à la même heure n'importe quel autre jour ?

Veuillez croire, Monsieur, à l'assurance de mes sentiments les plus distingués.

Louis Chevasson.

---

1. Archives Gallimard. Double de lettre dactylographiée.
2. Benjamin Crémieux (1888-1944), lecteur aux Éditions de la N.R.F. depuis 1923 puis membre du Comité de lecture de 1925 à 1939.
3. La fiche de lecture du roman est vierge. Benjamin Crémieux a sans doute fait son rapport oralement comme le confirment les éléments retrouvés dans ses archives par son fils, Francis Crémieux : le 24 juin, Benjamin Crémieux n'avait pas achevé la lecture du manuscrit mais le compte rendu du Comité de lecture le qualifie de « *roman communiste contenant des épisodes de guerre très bien racontés. Écrit par moment en français argotique un peu exaspérant, mais en général avec beaucoup de verve. Serait à élaguer* » ; le 1er juillet il est décidé que « *Crémieux verra* [l'auteur] », mais *Voyage* n'est plus mentionné.
4. Benjamin Crémieux est chef du bureau italien du ministère des Affaires Étrangères.

11. — À BENJAMIN CRÉMIEUX[1]

Le 2 [juillet 1932]

98 Rue Lepic

Monsieur,

Je vous prie de me croire très sensible à l'opinion élogieuse que vous avez donné du manuscrit de « Voyage au Bout de la Nuit » à la N.R.F. et je serais très heureux de prendre bonne note des objections que vous voulez bien me présenter mais je dois absolument partir demain pour Marseille où je resterai jusqu'au 25 courant[2]. Voulez-vous avoir l'amabilité de me faire savoir si vous pouvez me recevoir à mon retour entre le 25 et le 2 août[3] ?

Je repartirai ensuite en Bretagne.

Veuillez agréer je vous prie l'assurance de mes sentiments les plus distingués.

L.D.

Dr L. Destouches
Poste Restante
Marseille

1. Coll. Francis Crémieux.
2. Céline ne fait pas état de la signature de son contrat avec Denoël et Steele mais accepte de prendre note des objections !
3. On ignore si la rencontre eut lieu ou non.

12. — À LOUIS DESTOUCHES[1]

Paris, le 7 Juillet 1932.

Monsieur Louis Destouches
98, rue Lepic, 98
Paris.

Monsieur,

Monsieur Benjamin Crémieux a beaucoup regretté de ne pouvoir vous entretenir de votre manuscrit avant votre départ.

Ce qu'il désirait vous dire c'est que cet ouvrage nous avait vivement intéressé. Il y a en effet des parties tout à fait remarquables mais qui sont malheureusement noyées parmi d'autres un peu monotones qui risqueraient de lasser le lecteur.

Il désirait donc vous conseiller d'alléger votre manuscrit en supprimant les passages qui en rendent la lecture difficile et qui gâtent un livre des plus sympathiques et remarquable en beaucoup d'endroits. Notre Comité de Lecture a été unanime à apprécier votre manuscrit et si comme nous l'espérons vous voulez consentir à l'élaguer nous serions heureux d'en envisager la publication[2].

Veuillez croire, Monsieur, à mes sentiments les plus distingués.

Louis Chevasson.

---

1. Archives Gallimard. Double de lettre dactylographiée.
2. S'il n'avait pas encore trouvé d'éditeur, le fait de proposer à Céline d'élaguer son manuscrit aurait-il reçu son assentiment ? Après la signature de son contrat avec Denoël et Steele cette proposition ne pouvait l'inciter à poursuivre ses relations avec Gallimard.

1933

13. — À JEAN PAULHAN[1]

[18 janvier 1933]

Monsieur.

Denoël a sans doute répondu à votre très aimable lettre du 12 Déc. en mon absence[2]. Je suis tout à fait flatté par la proposition que vous me faites mais j'écris très lentement et seulement dans d'énormes cadres et dans le cours d'années[3]. Ces infirmités diverses me condamnent aux monuments que vous savez.

Tout à fait sympathiquement je vous prie

Céline.

---

1. Archives Paulhan.
2. Cette lettre n'a pas été retrouvée.
3. Sans doute Paulhan proposait-il à Céline d'écrire dans La N.R.F.

14. — À MARCEL ARLAND[1]

Le lundi [6 mars 1933]

Monsieur

Votre très bel article de la NRF m'a fait le très vif plaisir que vous pouvez penser[2]. Non seulement parce qu'il contient cent choses justes (c'est-à-dire pour moi flatteuses !) mais encore et surtout parce qu'il marquera peut-être la fin de l'ère des niaiseries sommaires dont on m'a régalé depuis le début. On n'osera plus après votre article être aussi bête. C'est énorme.

Quant à la fabrication même je m'explique à ce sujet[3] dans un article prochain de Candide[4] (pour la première et la dernière fois). Mais vous n'êtes pas loin d'avoir tout deviné.

Bien cordialement et reconnaissant.

L.F Céline.

1. Archives Marcel Arland.
2. Après un article d'Eugène Dabit en décembre 1932, Marcel Arland est revenu sur *Voyage* dans la « Chronique des romans » de *La N.R.F.* de mars 1933.
3. Marcel Arland écrit notamment : « *J'aime que M. Céline se soit lancé tête baissée dans son histoire, sans plan, sans souci de règles, sentant bien qu'un livre où un homme se met tout entier trouve et impose son architecture.* »
4. L.-F. Céline, « Postface au *Voyage au bout de la nuit*. Qu'on s'explique... », *Candide*, 9ᵉ an., n° 470, 16 mars 1933, p. 3. Repris dans *Cahiers Céline*, 1.

15. — À LOUIS-FERDINAND CÉLINE[1]

Paris, le 8.9.33

Monsieur L.F. Céline
Poste Restante
Dinard[2]
(I. et V.)

[...]

Je reçois un mot de Berl qui me demande si vous seriez hostile à donner à « Marianne » le texte du discours que vous avez prononcé sur Zola[3] ?

D'autre part, je vous envoie La Jeune Fille en Soie Artificielle dont je vous ai parlé lorsque nous nous sommes vus. Accepteriez-vous d'écrire une préface à ce volume[4] ? Je l'aurais fait moi-même s'il n'était traduit par ma femme[5].

Si cela ne vous dit rien vous me rendriez service en me répondant rapidement.

[...]

[André] Malraux[6]

---

1. Archives Gallimard. Double de lettre dactylographiée. Extraits publiés avec l'aimable autorisation des exécuteurs testamentaires d'André Malraux.
2. Céline est à Dinard en août et septembre de cette année. C'est probablement là qu'il commence à écrire *Mort à crédit*.
3. Emmanuel Berl a été chargé par Gaston Gallimard de diriger l'hebdomadaire politique et culturel *Marianne* qu'il a créé l'année précédente. En fait Céline ne prononcera le discours pour le 31e anniversaire du décès de Zola que le 1er octobre à Médan. L'hebdomadaire le publiera dans son numéro du 4.
4. Gallimard publiera *La Jeune fille en soie artificielle* d'Irmgard Keun l'année suivante mais Céline a refusé d'en écrire la préface.
5. C'est Clara Malraux qui l'a traduit de l'allemand.
6. André Malraux est membre du Comité de lecture des Éditions de la N.R.F. depuis 1928 et directeur artistique depuis 1929.

1935

16. — À GASTON GALLIMARD[1]

Joinville, le 24 Janvier 1935.

Monsieur Gaston Gallimard
Nouvelle Revue Française
5, rue Sébastien Bottin
Paris

Cher Monsieur,

Je viens de lire le scénario de Céline[2].

La matière dramatique en est extrêmement intéressante mais, comme vous me l'aviez dit, difficile pour ne pas dire impossible à réaliser au Cinéma.

Je vous le retourne donc ci-joint.

Seuls des mécènes pourraient financer un tel film que la censure, par ailleurs, empêcherait d'être projeté publiquement.

D'autre part, je vous remercie de bien vouloir me faire le service de vos Éditions, j'espère y trouver plusieurs scénarios intéressants chaque année.

---

1. Archives Gallimard. En-tête Pathé Cinéma.
2. On ne sait de quel « scénario » il s'agit. Peut-être *Secrets dans l'île* qui sera publié dans le recueil *Neuf et une* l'année suivante ?

Veuillez agréer, Cher Monsieur, l'expression de mes sentiments les meilleurs.

R. Tual[1].

Pièce jointe : 1 scénario.

17. — À LOUIS-FERDINAND CÉLINE[2]

Paris, le 21.3.35.

Monsieur Louis-Ferdinand Céline
98, rue Lepic
Paris

Monsieur,

À la demande de Monsieur Fernandez[3], je vous renvoie ci-joint le manuscrit de votre scénario.

Veuillez croire, Monsieur, à mes sentiments les meilleurs.

L. Chevasson

---

1. Avec Roland Tual (1902-1954), Gaston Gallimard lancera en 1936 la société Synops qui aura pour but d'adapter des livres de la N.R.F. et de les proposer à des producteurs et des metteurs en scène. Roland Tual sera gérant de cette société de 1936 à 1947 ; à partir de 1941, Synops se consacrera exclusivement à la production cinématographique.
2. Archives Gallimard. Double de lettre dactylographiée.
3. Ramon Fernandez (1894-1944), membre du Comité de lecture des Éditions de la N.R.F. de 1925 à 1937 et de 1941 à 1943.

1936

18. — À LOUIS-FERDINAND CÉLINE[1]

Paris, le 30 Avril 1936.

Monsieur L.F. Céline
c/o Denoël et Steele
Paris

Monsieur,

Conformément aux instructions que nous a données M. François de Roux[2], nous vous adressons sous ce pli un chèque de Frs. : 1.000, – – qui représente le dixième de l'à valoir de Frs. : 10.000, – – prévu au contrat que vous avez récemment signé pour un recueil de nouvelles intitulé : « NEUF ET UNE »[3].

Croyez, Monsieur, à nos sentiments distingués.

Un Administrateur-Délégué :
[Raymond Gallimard[4]]

P.J. 1 chèque

---

1. Archives Gallimard. Double de lettre dactylographiée.
2. François de Roux est le lauréat du prix Renaudot 1935 pour *Jours sans gloire* publié chez Gallimard. Il participe avec Céline au recueil des lauréats du Renaudot, *Neuf et une*, qui sera publié en novembre par Gallimard pour le dixième anniversaire du prix.
3. En fait Céline devrait toucher 1 % de droit sur les 6 000 exemplaires vendus 15 F, soit 900 F, mais son à-valoir a été fixé à 1 000 F.
4. Sans doute signé par Jacques Festy (né en 1907), secrétaire de Raymond Gallimard de 1930 à 1941 puis chef de la Fabrication jusqu'en 1960. Raymond Gallimard (1883-1966), frère de Gaston Gallimard, est l'un des trois principaux actionnaires de la Librairie Gallimard depuis 1919 ; il s'occupe des questions financières.

19. — À LA N.R.F.[1]

[Peu avant le 4 mai 1936]

98 Rue Lepic
Paris
18ᵉ

Monsieur.

Lors de la signature récente de mon contrat pour le « Recueil Renaudot »[2] Philippe Hériat m'avait parlé d'un chèque *de 1 000 frs* que je devais recevoir de chez vous. S'est-il égaré ?...
Bien cordialement

LF Céline.

20. — À LOUIS-FERDINAND CÉLINE[3]

Paris, le 4 Mai 1936.

Monsieur L.F. Céline
98, rue Lepic
Paris

Monsieur,

Je vous accuse réception de votre lettre et ai l'avantage de vous informer que conformément aux indications qui m'ont été données par M. François de Roux je vous ai adressé, le 1ᵉʳ mai, aux bons soins de Denoël et Steele, le chèque de Frs. : 1.000, − − prévu pour le recueil de Nouvelles RENAUDOT.
Croyez, Monsieur, à mes sentiments distingués.

J[acques] Festy

1. Archives Gallimard.
2. Philippe Hériat (Raymond Payelle, dit), 1898-1971, autre lauréat du prix Renaudot (en 1931 pour *L'Innocent* paru chez Denoël et Steele).
3. Archives Gallimard. Double de lettre dactylographiée.

21. — À GASTON GALLIMARD[1]

1 septembre 1936.

Avant de partir pour Aix, Fernandez est venu apporter l'information suivante :

L. F Céline est convaincu que Denoël va sauter[2]. Il est prêt à traiter avec nous sur la base d'une mensualité. Il prétend que « Mort à Crédit » s'est vendu à 40.000[3] mais Hirsch[4] et Fernandez sont sceptiques.

D'autre part, il faudrait faire cadrer le contrat de Céline avec le futur contrat d'édition[5].

Pierre Seeligmann[6]

L.F. Céline
98 rue Lepic XVIIIe

1. Archives Gallimard. Note manuscrite sur un formulaire des Éditions.
2. L'avènement du Front populaire a accentué la crise que connaît l'édition dans ces années. Les Éditions Denoël et Steele en souffrent particulièrement comme toutes les « jeunes » maisons. Son bilan 1936 sera particulièrement désastreux mais Denoël choisira la fuite en avant pour résister et parviendra à maintenir sa maison jusqu'à la guerre qui bouleversera toute l'édition.
3. En fait il en est sorti de chez Denoël près de 35 000 exemplaires.
4. Louis-Daniel Hirsch (1891-1974), directeur commercial des Éditions de 1922 à 1974.
5. Le 13 août 1936, Jean Zay, ministre de l'Éducation nationale, a déposé un projet de loi régissant les rapports entre les auteurs et les éditeurs. Très controversé, il ne commencera à être discuté par la Chambre des députés qu'en juin 1939 et abandonné du fait des événements.
6. Pierre Seeligmann (né en 1914), lecteur à la N.R.F. à partir de 1932, puis membre du Comité de lecture de 1933 à 1940.

22. — À LOUIS-FERDINAND CÉLINE[1]

Paris le 4 Septembre 1936

Monsieur Louis Ferdinand Céline
98, rue Lepic
Paris

Cher Monsieur,

M. Gaston Gallimard pendant un court passage à Paris a été informé que vous désiriez entrer en relations commerciales avec lui. Il a été très heureux de cette nouvelle et a beaucoup regretté d'être obligé de partir pour quelque temps. Il ne manquera pas de vous faire signe dès son retour ; mais si vous désiriez le voir très prochainement et à une date précise, dites le moi, je pense que je pourrai le joindre et qu'il rentrera plus tôt[2].

Votre bien dévoué,

P.P. Seeligmann

---

1. Archives Gallimard. Double de lettre dactylographiée.
2. On ne sait si la rencontre eut finalement lieu.

1937

23. – À LOUIS-FERDINAND CÉLINE[1]

Paris, le 15 Janvier 1937.

M. Louis Ferdinand Céline
98, rue Lepic
Paris

Monsieur,

Par notre lettre du 10 courant[2] nous vous avions avisé que nous vous déclarerions au fisc pour une somme de Frs. : 1.000, – – que nous vous avons versés dans le courant de l'année 1936.

Les déclarations au fisc ne devant porter que sur les sommes supérieures à Frs. : 1.000, – –, nous nous empressons de vous faire savoir que nous rayons votre nom et la somme de Frs. : 1.000, – – de la liste que nous remettrons prochainement à l'Administration fiscale.

Vous voudrez bien nous excuser de cette erreur et croire à nos sentiments distingués.

UN ADMINISTRATEUR-DÉLÉGUÉ :
[Raymond Gallimard[3]]

---

1. Archives Gallimard. Double de lettre dactylographiée.
2. Lettre non retrouvée.
3. Sans doute signée par Jacques Festy pour Raymond Gallimard.

24. — À LOUIS-FERDINAND CÉLINE[1]

Paris, le 7 Septembre 1937.

Monsieur L. F. Céline
98, rue Lepic
Paris

Cher Monsieur,

Nous vous prions de trouver ci-joint le relevé de votre compte au 30 juin dernier[2].

Veuillez croire, cher Monsieur, à nos sentiments les meilleurs.

Un Administrateur-Délégué
[Raymond Gallimard[3]]

---

1. Archives Gallimard. Double de lettre dactylographiée.
2. Céline n'ayant rien publié chez Gallimard depuis sa participation à *Neuf et une*, son compte n'a pas pu évoluer.
3. Sans doute signée par Jacques Festy pour Raymond Gallimard.

1941

25. — À PIERRE DRIEU LA ROCHELLE[1]

Le 5 [mai] 1941

Mon cher Drieu[2],

Voici une admirable et combien flatteuse analyse de mes grossières manifestations[3]. Ces circonstances si ambiguës actuelles me valent ce petit retour ! Dieu comme tout ceci EST AMUSANT ! Je m'attends d'être enseveli tout vif sous tombereaux, sous ordures encore jamais égalées au premier retour de girouette !

Notre futilité ne peut se gonfler que de vent. Il souffle par trombes et de tous les côtés !

Je nous vois tous gros poissons japonais tout en haut des pylones tantôt flappis, vieilles liquettes, tantôt fantastiques, bouffis, formidables ! Et puis à la boîte ! Fini joujou !

À vous bien amicalement

L.F. Céline

---

1. Collection Brigitte Drieu La Rochelle. Lettre publiée dans Céline, *Textes & documents*, 1, Bibliothèque L.-F. Céline, 1979, p. 79.
2. Drieu assura la direction de *La N.R.F.* de décembre 1940 à juin 1943.
3. Céline répond à un compte rendu élogieux des *Beaux draps* paru dans *La N.R.F.* de mai 1941.

1947

26. — À JEAN PAULHAN[1]

Le 29 [octobre 1947[2]]

Oh. cher ami, je n'ai rien à dire de la NRF... J'ai bien failli « en être » !... à une 1/2 heure près... vous le savez... le pneu... Crémieux se réveillant à temps... « j'en étais » !... Le pauvre Denoël qui le jalousait l'admirait à en crever... À propos de Voyage il me répétait toujours « Paulhan m'a écrit... lui qui n'écrit jamais... »

À ce propos faites je vous prie tout ce que vous pouvez pour ma pauvre amie Marie Canavaggia[3], le talent la modestie en personne, le dévouement incarné, que les éditeurs grugent, esquintent, malmènent... une honte !

Votre bien amical

LF Céline

1. Archives Paulhan.
2. Probablement octobre. Au mois d'août, Albert Paraz (1899-1957) et Jean Paulhan échangent une correspondance au sujet de Céline. En octobre, Paraz envoie à Céline un exemplaire des *Cahiers de la Pléiade*, revue lancée en avril 1946 par Gallimard pour remplacer *La N.R.F.* Céline lui répond alors qu'il va écrire à Paulhan (voir *Cahiers Céline*, 6, p. 38).
3. Marie Canavaggia, secrétaire de Céline à partir de 1936, se chargeait plus particulièrement de la mise au point des manuscrits et de la correction des épreuves. Elle était connue également comme traductrice de l'anglais et de l'italien.

27. — À JEAN PAULHAN[1]

Le 10 Déc[embre 19]47

Mon cher Paulhan.

Bien heureux et honoré de prendre place dans vos Cahiers[2]. Mais j'ai été malade encore et retardé[3]. Je voulais vous envoyer une lettre-mouchoir pour ce sale petit morveux de Sartre bourrique à ses heures[4] ! C'est partie remise pour votre prochaine parution, si vous le permettez.

Bien cordialement et sincèrement à vous

LF Céline

28. — À JEAN PAULHAN[5]

Le 19 [décembre 1947]

Cher Paulhan

L'épitre « À l'agité du Bocal »[6] est terminée je la fais taper. Mais quelle est votre date limite[7] ?

---

1. Archives Paulhan.
2. Paulhan lui a probablement proposé d'y publier ce qu'il souhaiterait.
3. « *J'ai été malade comme une vache non à bouffer putain mais d'insomnies et de rhumagos* », écrit Céline à Paraz le 9 décembre (*Cahiers Céline*, 6, p. 45).
4. Céline veut repondre à Sartre dont il vient de découvrir le passage qui le concerne dans *Réflexions sur la question juive* où il l'accuse d'avoir été à la solde des Allemands. Le 26 novembre, il écrit à Paraz : « *Une fessée pour Sartre est là toute prête. Mais il me faut l'accord de Naud à Paris et de mon avocat ici. Je la crois assez bien venue cette fessée.* » Et le 29 : « *Je réserve à la Pléiade le torchon pour Sartre. Quelle est la limite d'envoi m'as-tu dit ?* » Puis le 9 décembre : « *J'ai bien peur de ne pas être prêt pour les Cahiers. [...] Je leur enverrai plus tard. C'est entendu je réponds à Paulhan. Très aimable. Enfin s'il y a un autre numéro* » (*Cahiers Céline*, 6, pp. 44-45).
5. Archives Paulhan.
6. Titre qu'il a donné à sa réponse à Sartre.
7. Le prochain numéro des *Cahiers de la Pléiade* sera achevé d'imprimer le 4 février 1948.

Bien cordialement à vous

LF Céline

C/ Mikkelsen[1]
45ᴬ Bredgade
Copenhague

29. – À JEAN PAULHAN[2]

Le 27 - 12 [1947]

Mon cher Paulhan.

Je vous demande de garder absolument pour vous le nom de mon excellente amie et collaboratrice *Marie Canavaggia* qui vous portera l'article promis. Je le désire imprimé *tel quel*. C'est une lettre. Elle se chargera des corrections si vous le voulez bien. Je le trouve encore bénin par rapport au crime ignoble commis contre moi par JBS. Je le vois JBS. J'ai le droit d'appeler mon tænia par le nom que je veux[3].

Votre bien cordial

LF Céline

---

1. Mᵉ Thorvald Mikkelsen (1885-1962), avocat danois qui a participé à la Résistance. Il s'occupa de Céline pendant son séjour au Danemark. Le 45ᴬ Bredgade était l'adresse de son cabinet.
2. Archives Paulhan.
3. L'édition originale de cette réponse, publiée en plaquette par Lanauve de Tartas à la fin de 1948, portera en page de couverture le titre *Lettre à J.-B. Sartre* qui sera aussitôt remplacé par *À l'agité du bocal*. Dans son texte, Céline interpelle Sartre en l'appelant Jean-Baptiste Sartre et en le qualifiant de tænia. Le texte en a été republié dans *Cahiers Céline*, 7, pp. 382-387.

1948

30. — À JEAN PAULHAN[1]

Le 7 - 1 [1948]

Cher Paulhan

Vous avez raison. Il faut renoncer. Classez donc l'« Agité » on y reviendra en temps plus propices[2]... Puisque l'ordure règne il faut se taire bien sûr... mais c'est terrible. Je n'ai pas une tête à gifles. Dans l'anodin alors, je vois un *ballet* que vous pourriez faire passer *« foudres et flèches »*[3]. Daragnès[4] l'a en ce moment mais il n'y tient pas. C'est du Florian c'est du cucul. Rien à redire. Marie C. vous le soumettra. J'ai l'idée d'une nouvelle plus corsée, mais pas encore écrite. Il faut du temps. Mais c'est promis si je l'achève. Seulement je suis sur cette foutue

---

1. Archives Paulhan.
2. Dès le 2 janvier, Céline écrivait à Paraz : « *J'ai envoyé un papier à Paulhan pour ses Cahiers. Je crains qu'il foire. Tant pis !* » ; puis le 10, il lui écrira : « *L'affaire de la Réponse à Sartre a foiré — Paulhan pense que c'est trop tôt... que les répercussions seraient terribles etc... Il y a du vrai bien sûr. Moi qui suis enchaîné au rebord de la bascule je n'ai qu'à fermer ma gueule... c'est évident... au-dessus de la fosse aux caïmans... alors... Mille fois merde !* » (*Cahiers Céline*, 6, pp. 50-51.)
3. Paulhan lui a sans doute répondu que le fait de faire sa rentrée littéraire serait suffisamment remarqué sans qu'il en fasse un règlement de comptes. *Foudres et flèches* est un ballet auquel Céline travaillait lors de son arrestation et qu'il avait repris en mars 1947.
4. Jean-Gabriel Daragnès (1886-1950), graveur et imprimeur, ami de Céline.

féerie[1] ! Allez-y donc pour *Foudres et Flèches,* c'est du légume cuit. Ce n'est pas mal venu. Ce n'est pas déshonorant. Rien à redire, du Giraudoux plus la danse et l'élan, ce qui lui manquait l'emmerdeur ! Entre nous !

Bien amicalement

LF Céline

31. – À JEAN PAULHAN[2]

Le Jeudi [8 janvier 1948]

Mon cher Paulhan

Je ne voudrais point que mes dernières lignes vous donnent à penser que fou de prétention je méprise à présent Giraudoux ! oh là non ! Je ne méprise personne ! (Surtout que Marie Canavaggia l'adule, l'idolâtre, le béatifie !) Seulement quant à travailler dans l'Olympe je lui préfère Offenbach ! Offenbach me grise. Et même Phi Phi[3] dans l'ordre ! Il est vrai que toute ma jeunesse s'est passée dans le Passage Choiseul ! alors n'est-ce pas les « Bouffes »[4] ! Votre Bien amicalement

LF Céline

---

1. Céline a commencé à écrire *Féerie pour une autre fois* en prison.
2. Archives Paulhan.
3. Opérette en trois actes de Henri Christiné sur un livret d'Albert Willemetz et Fabien Sollar, créée aux Bouffes-Parisiens le 12 novembre 1918.
4. Passage Choiseul se trouve le théâtre des Bouffes-Parisiens créé par Offenbach en 1855.

32. — À JEAN PAULHAN[1]

Le 15 - Janvier [1948]

Mon cher Paulhan.

Vous avez mille fois raison, sur tous les tableaux. Oublions ces « foudres » ! On verra dans q[uel]q[ues] mois d'où souffle le vent... et l'Esprit[2] ! Ce n'est pas grave. Mille reconnaissances pour ces bons conseils. Sagesse et Amitié. Il ne faut pas troubler les esprits français en ce moment... où les corps vont recevoir je le présume avant q[uel]q[ues] lunes de ces dégelées de coups de pied au cul d'une intensité qui ne s'imagine pas... Je me rends bien compte que sans tempête je suis à peu près impossible à repêcher... ni au miel ni au vitriol ! Il faut attendre. Patience, vertu des ânes et des cocus disait Mirabeau. Ah que je suis bien l'un et l'autre !

Mon royaume pour un siècle !
Votre bien amical

LF Céline

1. Archives Paulhan.
2. Paulhan a sans doute trouvé le style de *Foudres et flèches* trop loin de celui des romans de Céline. Céline écrit le 18 à Paraz : « *Je comprends Paulhan. Je ne suis pas un écrivain pour revues. Je fais mal. D'une façon ou d'une autre — Il est bien gentil et en somme courageux* » (*Cahiers Céline*, 6, pp. 52-53). Le ballet paraîtra au début de l'année suivante chez Charles de Jonquières grâce à Daragnès (repris dans *Cahiers Céline*, 8, pp. 169-204).

33. — À JEAN PAULHAN[1]

Le 17 - 1 [1948]

C/ Mikkelsen
45^A Bredgade
Copenhague

Mon cher Paulhan.

Peut-être auriez-vous l'extrême gentillesse de faire taper mon « *Agité du Bocal* » dont vous tenez le texte définitif et d'en envoyer un exemplaire à Marie Canavaggia 16 Square Port Royal ?
L'affaire devient amusante. Vous en serez bientôt averti par un ami de Lyon (*Deshayes*)[2] qui a reçu une réponse dégonfleuse de Sartre, qui est impayable[3]...
Votre bien amical

LF Céline

1. Archives Paulhan.
2. Charles Deshayes, journaliste lyonnais avec qui Céline sera en correspondance suivie de juin 1947 à mars 1951. Ces lettres ont été publiées sous le titre *Lettres à Charles Deshayes* (B.L.F.C., 1988).
3. Le 29 novembre 1947, alerté par Céline sur le texte des *Temps modernes*, Charles Deshayes avait écrit à Sartre pour lui demander des preuves de ce qu'il avançait. C'est Jean Cau, alors secrétaire de Sartre, qui répondra à Deshayes le 26 décembre (lettres publiées dans *Lettres à Charles Deshayes*, pp. 65-66 et 70-71). Le même jour que cette lettre à Paulhan, Céline demande à Deshayes de faire des photos de ces lettres et de les envoyer à Paulhan.

34. — À JEAN PAULHAN[1]

Le 4 - 2 [1948]

Cher Ami.

Tout à fait d'accord pour Casse Pipe dans vos Cahiers[2], mis *gracieusement*, seulement *gracieusement*, seulement à *toute reproduction, traduction, absolument interdites*. Et je vous demande.

2 Cahiers pour moi
1 " pour Marie Canavaggia
1 " pour MILTON HINDUS[3]
    5459 Blackstone Avenue
    Chicago
    Illinois
    U.S.A.

Il n'y aura jamais ni suite ni fin à Casse pipe, hélas ! Il était bon. Mes « occupants » Rue Girardon en ont foutu 15 ou 20 chapitres aux ordures[4] ! Quand on exorcise !

Votre bien amical

LF Céline

---

1. Archives Paulhan.
2. C'est Marie Canavaggia qui, après le refus de Paulhan de publier *À l'agité du bocal*, puis *Foudres et flèches* a eu l'idée de proposer *Casse-pipe* à Paulhan. C'est elle qui en avait en effet conservé la dactylographie que lui avait confiée Céline.
3. Milton Hindus, universitaire américain qui entretint une correspondance avec Céline en 1947-1948 et lui rendit visite au Danemark du 20 juillet au 12 août 1948 ce qui mit fin à leurs relations. La publication par Hindus de ses lettres et notes en 1949 rendra Céline furieux.
4. *Casse-pipe* est un roman probablement rédigé en 1936-1937 dont ne subsiste que l'ouverture. La suite aurait disparu selon Céline dans son appartement de la rue Girardon qu'il avait dû quitter précipitamment en 1944. Voir la notice de présentation d'Henri Godard dans « Pléiade », III, pp. 862-897.

35. — À JEAN PAULHAN[1]

Le 5 Fév[rier 1948]

Mon cher Paulhan

Tout à vous pour Casse Pipe à votre disposition, mais *bien gracieusement* je vous prie. Je ne veux pas *un sou*. J'ai fait serment de ma vie de ne jamais gagner *un sou* hors de mes livres[2]. Une manie. Ne me renvoyez pas non plus ces feuilles.
    1° Il me peine de les relire
    2° Marie Canavaggia fera toutes les corrections.
Votre bien amical

LF Céline

36. — À JEAN PAULHAN[3]

Le 18 - 2 [1948]

Mon cher Paulhan

Ci-joint TOUTE L'ACCUSATION et mes réponses[4]. Si vous voulez en connaître davantage un coup de téléphone à M*e* *Naud*[5] *28 Rue Franqueville*, et vous serez fixé ; le Dossier ne contient que des conneries... Quant à Sartre c'est une petite canaille, pour mal foutues que soient ses accusa-

---

1. Archives Paulhan.
2. On sait bien que Céline a tout de même gagné sa vie comme médecin même si c'est surtout comme écrivain qu'il eut des revenus importants. Il se défend surtout là d'avoir pu toucher de l'argent pour des articles que l'on lui reproche pour la période de l'Occupation.
3. Archives Paulhan.
4. « Réponses aux accusations formulées contre moi par la justice française au titre de trahison et reproduite par la police judiciaire danoise au cours de mes interrogatoires, pendant mon incarcération 1945-1946 à Copenhague » ; factum destiné au président de la Cour de justice de la Seine et envoyé également à des personnalités et rédactions de journaux (repris dans *Cahiers Céline*, 7, pp. 245-258).
5. Albert Naud (1904-1977) avait été l'avocat de Pierre Laval. Il avait accepté en avril 1947 de défendre Céline. Les lettres de Céline à Naud ont été publiées par Frédéric Monnier sous le titre *Lettres à son avocat* (La Flûte de Pan, 1984).

tions celles-ci me dirigent quand même très directement vers le poteau. Il écrit mal c'est entendu mais il bourrique bien. La Haine que me voue *l'ordre*[1] n'est pas d'Hier un certain *Stibio*[2] que je ne connais ni d'Ève ni d'Adam m'y diffamait avec rage, assiduité, délire dès 1936[3] ! C'est l'air de cette maison. En résumé mon cher Paulhan je crois que le mieux est de s'en foutre... Je suis las, je dégueule d'être obligé de [me] défendre... Depuis 4 ans que dure cette imbécile persécution je suis à bout, j'en baille... « Ils m'embêtent »... Je vois une bande de rabacheurs déconneurs haineux à mes trousses... Sartre et la clique... Je n'ai rien de commun avec ces chiens, mon tort est de [ne] m'être jamais occupé de leur sort. Quand s'ouvrira la prochaine boucherie je vous assure qu'on me trouvera dans le camp des bouchers... plus jamais du côté des veaux... plus jamais... C'est tout. Donc je trouve toute polémique inutile, lassante, inepte. Il s'agit de procès en sorcellerie. Que peut y foutre la raison ? la justice ? Faire rigoler. Énerver les tricoteuses... Tout mon vœu se borne à être enterré au Père Lachaise toute mon ambition... Si j'arrive à ne pas laisser mes os au Danemark ce sera magnifique. Rien de plus. J'ai fait la connerie suprême je me suis croisé pour des chacals. Vous voyez Paulhan je suis un folkloriste patriote effréné dans un pays de dégénérés de laquais et de bâtards. Ah il s'agit de toute autre chose que de trahison il s'agit précisément de tout le contraire. Ce sont les autres, tous les autres qui galopent en hurlant au drapeau se faire enculer qui mieux mieux au plus offrant ! Et de me brûler bien sûr ça s'impose ! la gueule de conscience ! Ils le savent bien les saloperies ! Oh le différend est profond. *Irrémédiable !* Pour cela voyez vous que mon cas est inexpiable... Que je me taise cela suffit... Et puis en plus le *Voyage* à faire digérer qu'on ne me PARDONNERA JAMAIS encore *moins* que tout le reste ! Ah le cas est pendable, le plus pendable *de tous les cas*. Mais laissons Sartre, laissez-le. Point de lances en ma faveur. Sans avoir rien commis de crime je ne survis que par miracle. J'en suis parfaitement conscient. Donc juste

---

1. *L'Ordre* a publié dans son édition des 8-9 février une interview de Céline par François Nadaud sous le titre « L.-F. Céline ne rentrera pas en France ». François Nadaud commente sans complaisance les propos de Céline (repris dans *Cahiers Céline*, 7, pp. 273-276).
2. André Stibio avait repris dans *L'Ordre*, en juillet 1939, les accusations lancées par Lucien Sampaix dans *L'Humanité* selon lesquelles l'écrivain « C. » aurait fourni aux ligues antijuives un *« nouveau plan d'action antisémite »*.
3. En fait, 1939.

faire paraître Casse Pipe. Sans un mot. Et qu'« ils » en disent ce qu'ils veulent.

Les outrages, menaces, insultes ne sont plus maintenant pour moi qu'aboyages de chiens... Chiens d'enfer c'est vrai mais j'y suis fait à l'enfer.

Votre bien amical

LF Céline

J'ai envoyé 75 *Défenses* à diverses personnes amies en France. 27 de ces défenses ont été transmises « refilées » au Parquet ! Il doit bien rigoler le Parquet !

J'apprends pour terminer que l'Ambassadeur ici *Guy de la Charbonnière*[1] est le fils d'un trafiquant d'or etc... ayant bureau à Annemasse pris lui même dans un scandale du Dupont qui roule sur des milliards... (électricité). Ce *Guy de la Charbonnière* m'a persécuté pendant 3 ans (18 mois de réclusion) à *boulets rouges*[2]. Il représentait le Comte de Paris à Vichy[3]. Tout cela est de l'écurie Bidault...

Oh youyouye !
Amen !

---

1. Guy de Girard de Charbonnières (1907-1990), directeur de Cabinet du ministre des Affaires étrangères Georges Bidault en 1944-1945, puis nommé en septembre 1945 ambassadeur de France à Copenhague.
2. Céline a été arrêté le 17 décembre 1945 à son domicile à Copenhague et incarcéré à la prison de Vestre Faengsel jusqu'au 8 novembre 1946 où il fut transféré au Sundby Hospital ; il retourna à Vestre Faengsel du 24 janvier au 25 février 1947, puis fut transféré au Rigshospital où il resta jusqu'au 24 juin. Il avait ainsi effectivement passé 18 mois en prison. C'est à la demande des autorités françaises et grâce à l'adresse de Céline communiquée par Guy de Girard de Charbonnières que Céline fut arrêté. L'ambassadeur s'est montré très zélé dans toute cette affaire.
3. Guy de Girard de Charbonnières était secrétaire d'ambassade à Londres de 1938 à 1941 ; il adhéra au Comité national de de Gaulle, puis fut Premier conseiller à Londres avant de devenir le directeur de Cabinet de Georges Bidault.

37. — À JEAN PAULHAN[1]

Le Vendredi [février 1948[2]]

C/ Mikkelsen
45^A Bredgade
Copenhague

Cher Ami.

Marie C. doit être à Paris. Elle aura mis la dernière main au premier chapitre de Casse-Pipe, que je désire lui voir corriger au « micron » ! Je suis sauvage sur la pureté des textes... Il est bien entendu que vous le publiez *intégral*, sans aucune coupure. Pour les autres chapitres, *on verra*... Réactions, etc... J'ai ici tout prêt le 2ème *Livre de Guignols Band*[3]... qui n'est pas mal, mais je veux que le fumier de lecteur raque et *dur* ! Il becte assez de merdes et goulûment pour ne point compter sur mes grâces... Ne m'oubliez pas pour q[uel]q[ues] exemplaires des *Cahiers* lorsque paraîtra *Casse Pipe*.

En quel maquis s'inscrit la NRF pour le prochain coup ? que j'y fonce !

En fait de Dabit moi j'ai connu le Consul de France à Moscou qui a reçu son urne de cendres dans un papier du journal « La Pravda »[4]... Ce fut un « transfèrement » assez marrant... « transfèrement » ! pas transfert ! ah ! NRF ! le précis mot !

Bien votre ami

LF Céline

1. Archives Paulhan.
2. Probablement février 1948, peu après l'acceptation de Céline de donner *Casse-pipe* aux *Cahiers de la Pléiade*. À partir du 17 février il répondra aux questions posées par Marie Canavaggia qui corrige le texte.
3. La suite de *Guignol's Band* publié en 1944 chez Denoël, dont la rédaction est largement avancée mais en fait pas complètement terminée. Céline l'a abandonné pour écrire *Féerie*. Voir la notice d'Henri Godard sur *Guignol's Band* dans « Pléiade », III, pp. 952-958.
4. Eugène Dabit (1898-1936). La publication de *L'Hôtel du Nord* aurait incité Céline à écrire *Voyage au bout de la nuit*. Il accompagna André Gide en U.R.S.S. et mourut pendant le voyage à Sébastopol le 21 août 1936. Après son incinération, ses cendres furent remises à l'Ambassade de France à Moscou qui les fit rapatrier. Céline a pu connaître le consul de France à Moscou lors du voyage qu'il fit en U.R.S.S. en septembre 1936.

38. — À JEAN PAULHAN[1]

Le Dimanche [28 mars 1948]

Mon cher Paulhan.

Je tiens beaucoup à *Casse-Pipe*. sans s à Pipe[2]. Je ne sais pas pourquoi, par goût. Casse Pipes : ça ferait NRF.

Je me sens en train d'écrire un conte exprès : Tue-mouche pour ne pas mettre d's ! Mais vais-je déshonorer vos Cahiers ? avec s eux !

Votre bien amical

LF Céline

39. — À JEAN PAULHAN[3]

Le Jeudi [mars ou avril 1948[4]]

Mon cher Paulhan.

Je viens de renvoyer corrigées les épreuves de Casse-Pipe. (Il y a je crois une suite...) Ces bouts de Parthénon feront bien dans vos Cahiers je pense... pour ce qu'ils valent... Je voudrais bien lorsqu'ils paraîtront que *Me Naud* et mon bon ami le *Dr Camus* reçoivent aussi un exemplaire[5]...

Pour *Voyage*... à paraître... où ? comment ? sous quelle forme[6] ? Là attention je suis horriblement *cher*, et *en francs suisses*. Je suis ouvrier

---

1. Archives Paulhan.
2. Le 27 mars, Céline écrivait à Marie Canavaggia : « *C'est* CASSE-PIPE *sans s. J'y tiens. Je ne sais pourquoi mais j'y tiens — ainsi soit-il. Que les jean-foutre respectent mes textes et merde du reste !* » (cité par Henri Godard dans « Pléiade », III, p. 890). Comme Céline écrit souvent la même chose à plusieurs correspondants pour être sûr d'être bien compris il a sans doute écrit cette lettre à Paulhan dès le lendemain.
3. Archives Paulhan.
4. Sans doute mars ou avril, lorsque Céline corrige les épreuves de *Casse-pipe*.
5. Le Dr Clément Camus, médecin militaire, vieil ami de Céline.
6. Céline se préoccupe depuis qu'il est au Danemark de voir reparaître ses œuvres en France, ce qui pense-t-il lui assurerait des revenus. Depuis la Libération, ses œuvres ne sont plus exploitées chez Denoël et Céline ne s'estime plus lié par contrat à cet éditeur.

dans l'âme. Je donne ou je me fais payer à prix d'or, c'est tout l'un tout l'autre.

Mais tant qu'à faire je préférerais s'il s'agit d'un feuilleton que reparaisse *Guignols* I[1]. Je me suis toujours demandé pourquoi les abrutis glaireux du CNÉ l'avaient interdit[2] ? Quelle lubie ? Plus chatouilleux que Bernard Shaw[3] ? Grotesques « de-quoi-je-me-mêle !! » Il faut interdire alors la *« Rue à Londres »* de Vallès[4] ! Vite au galop ! qu'on y pense ! alertez Aragon ! Bridel[5] ! La Garde ! Triolet ! Il faudrait que je vive mille ans pour dégueuler tout ce que je pense de mes confrères ! Plus il prend d'instruction décidément plus l'homme est ignoble ! et artiste donc !

Votre bien amical

LF Céline

Il faut interdire aussi *Volpone* et les mémoires de *Pepys*[6] ! Scandaleux ! Les CNÉ, mômiers flics ! « L'archevêque de Canterbury avec nous ! »

---

1. Paulhan lui a sans doute soumis l'idée d'intervenir pour faire reparaître *Voyage*. Pensant qu'il pourrait s'agir d'un feuilleton, Céline pense plutôt à *Guignol's Band* qui, paru en mars 1944, est passé presque inaperçu.
2. Ce n'est pas le Comité National des Écrivains (CNÉ) qui a fait retirer *Guignol's Band* de la vente mais le Contrôle militaire des informations qui a diffusé en 1945 des listes d' « Ouvrages à retirer de la vente » pour leur esprit collaborationniste. La première liste contient les trois pamphlets de Céline et la seconde *Guignol's Band* sans que l'on sache exactement pourquoi étant donné qu'il s'agit d'un roman. C'est sans doute sa date de publication qui a attiré l'attention des autorités.
3. L'écrivain irlandais, prix Nobel de Littérature en 1925, symbolise pour Céline tout le puritanisme anglo-saxon.
4. *La Rue à Londres* de Jules Vallès, publiée en 1884, reprend des chroniques de celui qui avait fondé l'hebdomadaire *La Rue* et qui vécut en exil à Londres après sa condamnation à mort en France après la Commune.
5. Jacques Debû-Bridel (né en 1902), auteur des Éditions de Minuit pendant l'Occupation sous le pseudonyme d'Argonne et membre influent du CNÉ.
6. *Volpone ou le Renard*, comédie cynique de Ben Jonson, adaptée en 1928 par Jules Romains et Stefan Zweig. Le *Journal* de l'écrivain anglais Samuel Pepys (1633-1703), qui fit une carrière de fonctionnaire, surprit à sa publication par sa vision audacieuse du monde.

40. — À LOUIS-FERDINAND CÉLINE[1]

[Peu avant le 15 avril 1948]

Cher ami,

Peut-être l'ironie des dernières lignes est-elle un peu lourde ? En ce cas, corrigez, je vous prie. Mais la note s'impose (je la placerai, dans les *Cahiers*, aussi loin du Casse-pipe que vous le souhaiterez). Une indiscrétion (d'ailleurs inexacte et sotte) venue je ne sais d'où, de *Samedi-Soir*, a enragé pas mal de gens[2] : il me faut leur répondre.

Je suis de plus en plus ravi de ce *Casse-pipe* (sans s, évidemment). Je soumettrai à Marie Canavaggia les secondes épreuves.

Avec amitié.

Jean Paulhan

Entre les diverses affaires de sorcellerie, que l'on a vues depuis quatre ans, le procès Céline a été l'un des plus légers, ou des plus abjects.

Il s'est passé loin de France. Notons simplement ici :

1. — Que Louis-Ferdinand Céline est engagé volontaire des deux guerres, et médaillé militaire.

2. — Que le seul livre qu'il ait publié durant l'occupation, *Guignol's Band*, est un récit fantastique : que Céline n'a pas une seule fois écrit dans un journal, parlé à la radio, ni tenu une conférence.

3. — Qu'il n'a jamais été invité à se rendre en Allemagne ; qu'il n'a pas mis les pieds à l'Ambassade ; qu'il n'a appartenu à aucun cercle, association ni parti collaborationniste.

4. — Que tous ses romans, dès l'arrivée d'Hitler au pouvoir, ont été interdits en Allemagne ; que ses mots sur Hitler : « mage pour le Brandebourg », et sur Abetz : « emplâtre de vanité, clown pour cataclysme », ont couru Paris.

---

1. Lettre publiée dans le *Cahier de l'Herne*, n° 5, consacré à Céline en 1965 (p. 312 ; réédition de 1972, p. 479), avec le texte rédigé par Paulhan.
2. *Samedi-soir* dans son numéro du 27 mars 1948 avait publié un article intitulé : « Paulhan veut arbitrer le duel Céline-Sartre » annonçant que les *Cahiers de la Pléiade* publieraient la réponse de Céline.

Cela dit, il faut reconnaître que Céline a montré, avant guerre, un grand dégoût de l'homme en général ; et des Juifs en particulier : jusqu'à faire grief de leur sang israélite à Racine, à Louis XIV et même à Hitler ; jusqu'à envisager sans regrets la disparition de la race humaine. Mais, sauf erreur, il n'existe pas encore de loi qui punisse de tels crimes, dont les *Cahiers* ne songent pas à nier la gravité.

J. Paulhan[1].

41. — À JEAN PAULHAN[2]

Le 15 - Avril [1948]

Mon cher Paulhan

Bravo, très bravo pour cette très brave note pleine d'esprit et bardée de courage.

Mais la méprise essentielle subsiste ou plutôt l'équivoque entretenue à dessein par mes ennemis, mes chacals.

Lorsque j'attaquais les Juifs. Lorsque j'écrivais Bagat. pour un massacre je ne voulais pas dire ou recommander qu'on massacre les juifs. *Eh foutre tout le contraire*. Je demandais aux juifs à ce qu'ils ne nous lancent pas par hystérie dans un autre massacre plus désastreux que celui de 14-18 !

C'est bien différent.

On joue *avec grande canaillerie* sur le sens de mes pamphlets. On s'acharne à me vouloir considérer comme un massacreur de juifs. Je suis un préservateur *patriote acharné* de *français* et *d'aryens* — et en même temps *d'ailleurs de Juifs* ! Je n'ai pas voulu Auchwitz, Buchenwald. Foutre ! Baste ! Je savais bien que déclarant *la guerre* on irait automatiquement à ces effroyables « Petioteries »[3] ! Demain si on déclare encore

---

1. Texte publié dans le *Cahier de l'Herne*, n° 5 (p. 312 ; réédition de 1972, p. 478).
2. Archives Paulhan.
3. Céline aime à créer son propre vocabulaire, parfois comme ici à partir de noms propres.

la guerre, on verra cent fois mieux, ou pire ! C'est l'évidence ! Dire d'autre part qu'il n'y a pas de juifs bellicistes, provocateurs, hystériques, c'est nier l'évidence. J'ai péché en croyant au pacifisme des hitlériens, — *mais là se borne mon crime.* Un coup d'œil sur la Palestine nous montre que les juifs sont tout aussi belliqueux que les pires aryens, ou les pires arabes ! Foutre !

J'ai cru que l'on pouvait s'entendre avec Hitler, l'envoyer sur le Baïkal faire la guerre je l'ai écrit. Mais je n'écris pas d'Évangile nom de Dieu ! Je n'empêche personne de me répondre ! de m'affirmer que je déconne ! la belle histoire !

La haine qui me poursuit me recherche le plus stupidement du monde et le plus lâchement surtout, me traque en tous continents. Exemple la lettre ci-joint de *Milton Hindus* professeur juif à Chicago, qui mouche l'ambassade de France à Washington, à mon propos[1].

Il faudrait que les français finalement se mettent dans leur tête d'abrutis cochons vendus à toutes les charcuteries du globe que je suis un des très rares imbéciles à avoir tout perdu, tout risqué, tout souffert, pour qu'on épargne, préserve, perpétue leur sale dégénérée espèce.

Je ne le fais pas pour eux je le fais pour Couperin, Gervaise, Jacquin[2] !

Votre bien affect[ueux]

LF Céline

Ah j'oubliais encore le fameux grief, preuve de ma culpabilité *Il est parti à Sigmaringen ! Ah ! Sigmaringen*[3] *!*

Que se passait-il foutre à Sigmaringen ! Ils voudraient bien tous y avoir été les damnés voyeurs à Sigmaringen ! Ils en enragent de déconner à vide, toujours, sur Sigmaringen, à se décerveler la nénette !

Je suis descendu à Sigmaringen par patriotisme parce qu'on y parlait français et que je ne peux souffrir l'allemand ni l'anglais d'ailleurs,

---

1. Hindus prend la défense de Céline attaqué par le Consulat de France à Chicago qui l'accuse d'avoir voulu se faire naturaliser allemand et d'avoir soigné Pétain (voir Milton Hindus, *L.-F. Céline tel que je l'ai vu*, L'Herne, réédition 1969, pp. 184-185).

2. Pour Clément Janequin. Tous trois compositeurs français des XVIe et XVIIe siècles.

3. Céline rejoignit Sigmaringen dans les derniers jours d'octobre 1944, pour assister le médecin de la colonie française constituée autour de Pétain et de Laval. Il quitta Sigmaringen à destination du Danemark le 22 mars 1945.

que je parle pourtant l'un et l'autre parfaitement[1]. Allez y voir ! Je SUIS EFFROYABLEMENT FRANÇAIS. Je suis parti en Allemagne ? Où serais-je parti ? Qui voulait de moi nulle part ? J'avais demandé la Suisse à Laval[2]. REFUSÉ. Si j'étais resté à Paris... qui a le culot de me prétendre, entre quatzyeux — que je n'aurais pas été automatiquement, arrêté, torturé, assassiné, dès les premiers jours[3] ?

Allons donc !

Quelle farce !

Alors oui l'on aurait eu beau jeu de me couvrir de toutes les merdes posthumes. Quelles trahisons, documentées, archiprouvées, témoignées ! etc.

Quel nanan !

L'Allemagne me fait naturellement horreur. Je la trouve provinciale, lourde, grossière. Je m'y sens Déroulède[4]. Ah, je ne suis point germanisant nom de Dieu ! Lorsque j'étais médecin à la SDN[5], j'avais toute l'Europe à parcourir sans cesse. Je faisais d'infinis détours pour ne pas passer par l'Allemagne[6]. Pour moi l'Allemagne c'est celle des hommes de 14, la gare de l'Est ! la ligne des Vosges, la mort, la saucisse, le casque à pointe, les livres de Jules Huret[7], et puis Charleroi et puis l'invalidité 75 p 100, à 20 piges[8] ! Claudel lui aime l'Allemagne ! et Poncet[9] !

---

1. Céline parlait certainement mieux l'anglais que l'allemand car il s'était rendu à plusieurs reprises aux États-Unis avant la guerre alors que ses séjours en Allemagne, à part un très bref pendant l'Occupation, remontaient à son adolescence.
2. C'est seulement après son arrivée à Sigmaringen que Céline essaya de gagner la Suisse (voir Gibault, III, pp. 61-63).
3. Céline ne peut s'empêcher de penser au sort de Robert Brasillach, fusillé le 6 février 1945.
4. Paul Déroulède (1846-1914), écrivain et homme politique. Volontaire lors de la guerre franco-allemande de 1870-1871, il publia des œuvres qui expriment un patriotisme revanchard.
5. Voir Gibault, I, pp. 245 et suiv.
6. Céline n'alla effectivement pas en Allemagne pour la SDN.
7. Jules Huret (1864-1915), écrivain qui publia plusieurs livres sur l'Allemagne entre 1897 et 1914.
8. Engagé pour trois ans par devancement d'appel en 1912, Céline participa aux premiers combats de la guerre et fut blessé au bras le 27 octobre 1914 près de Poëlkapelle. Son dossier de réforme lui accordera un taux invalidité de 70 %.
9. André François-Poncet (1887-1978), diplomate, ambassadeur à Berlin de 1931 à 1938.

42. — À JEAN PAULHAN[1]

Le 7 mai [1948]

Mon cher Paulhan.

Le dénommé Jean Texcier[2] (d'où me sort-il ce pignouf ? Que lui ai-je fait ?) s'acharne particulièrement à mes trousses... Il n'arrête pas de vouloir me livrer au bourreau... toujours aussi idiotement d'ailleurs... mais enfin il moucharde... Il est couvert par le mandat d'arrêt[3]. Quel veine pour un salopiaud lâche bourrique ! Je lui ai écrit une lettre très correcte pour lui signifier qu'il déconnait... qu'il ne savait rien de mon affaire, qu'il s'adresse à vous. Son article est foutu de telle façon qu'il a l'air de m'offrir au bourreau en rachat des crimes des constructeurs du mur Atlantique ! c'est complet. Quel con ! Mais il est acharné l'ordure.

Le sale foutu laquais. Qu'attend-il des juifs ? encore un pourboire ? une subvention ? ou des constructeurs du mur ? Il m'en a tout l'air. Que ne s'engage-t-il à l'Irgun[4] ? s'il les adule à ce point ?

Et l'idiot ? Pense-t-il que les Russes seront aussi stupides que les Frisés ? Ah il l'aura la latitude, la fredaine de refaire joujou aux libelles... On lui passera le goût dès la première minute. Ces gens là sont sérieux. À moins qu'il ne soit déjà en plein cominform... Il en donne l'air après tout... Cet acharnement... Je me souviens de NIZAN... même jalousie, même raterie, même archivenduisme en toutes boutiques... Et Dieu s'il me haïssait aussi celui-là ! Pendant la drôle de guerre, il me réclamait

---

1. Archives Paulhan.
2. Jean Texcier, journaliste à *Franc-Tireur*. Céline lui avait écrit, le 17 mars 1933, à la suite d'un compte rendu de *Voyage* : « *Ce que vous m'envoyez est admirablement édité, conçu, pensé... Je vous trouve dans l'ensemble bien indulgent* » (*Textes & documents*, 2, B.L.F.C., 1982, p. 39). Mais, de 1948 à 1950, Céline le mettra régulièrement en cause dans sa correspondance, souvent brutalement (voir *Lettres à Charles Deshayes 1947-1951*, B.L.F.C., 1988).
3. Un mandat d'arrêt avait été lancé contre Céline le 19 avril 1945.
4. En fait Irgoun, organisation extrémiste juive fondée en Palestine en 1935 qui prit une part active à la résistance juive à la Grande-Bretagne et se signala par des actions terroristes dirigées contre la population arabe. Au mois d'avril, le massacre des habitants du village de Deir Yassin lui attira la réprobation internationale. L'Irgoun fut dissous après la proclamation de l'État d'Israël.

chaque jour au Poteau dans « Ce Soir »[1]... le même jour il passait rue de Lille au guichet[2].

Dites-lui par téléphone qu'il me donne la même impression. NIZAN... la famille du Pope Gapone[3]. Azor... Azor !

Votre bien amical

LF Céline

43. — À JEAN PAULHAN[4]

Dimanche [9 mai ? 1948]

Hé nom de Jéricho l'ordure ! Ce sont les arabes qui *délirent massacrent* leurs frères de race juifs ! PAS MOI. Que n'en parle-t-il ce chien dans son maudit torchon[5] ? de cet effroyable scandale ? Et les juifs ce sont *eux*, pas moi, qui massacrent les *Anglais*, leurs grands protecteurs depuis Cromwel ! En terre Sainte ! et sur le globe ! L'est-il lâche ce cochon ! mille sujets de nasardes, dénonciations, mouchardéries, provocations... Comme il les évite !

Mais les gens du *Pilori*[6] font figure noble, chevaleresque, digne à côté de ce chacal ! Eux au moins savaient ce qu'ils risquaient, la haine et les persécutions du monde entier. *Lui*, en temps de paix, sans aucun risque, triomphal, glorieux, moucharde, provoque, diffame à tour de bras. Voilà bien l'espèce la plus basse d'argousin d'encrier qui se puisse concevoir. Tomber plus bas c'est impossible. Mon mandat d'arrêt ? Et

---

1. Paul Nizan, dès 1932 avait reproché à Céline d'être très loin des véritables révolutionnaires (*L'Humanité*, 9 décembre 1932) ; à la parution de *Mort à crédit*, il avait condamné l'idéologie de Céline (*L'Humanité*, 15 juillet 1936) ; le 15 juillet 1939, il évoqua, dans *Ce soir*, la compromission de Céline dans l'affaire de propagande nazie Aubin-Poirier.
2. La rue de Lille était le siège de l'Ambassade d'Allemagne.
3. Gueorgui Gapone (1872-1906), pope russe qui conduisit en 1905 une manifestation pacifique des ouvriers russes jusqu'au palais des tsars à Saint-Pétersbourg où la garde tira sur la foule. Il fut finalement exécuté comme agent provocateur.
4. Archives Paulhan.
5. Probablement Jean Texcier.
6. L'hebdomadaire *Au pilori* qui se singularisa pendant l'Occupation par son violent antisémitisme.

celui décerné contre *Chautemps* aux U.S.A., il est je pense d'une autre valeur[1] ! Condamné : s'il s'en fout ! Il tient un magasin de modes à Washington. En voilà un joli motif à gavrocheries ! mais là : bourrique devient prudente. Chautemps n'est pas *seul* il a l'Univers ∴ à sa dévotion[2].

Contre moi on peut tout se permettre. Je suis la victime expiatoire idéale. On peut m'accuser de tout. Que ce porc me montre *un seul article* écrit par moi, de ma vie[3] ?

Enfin Voltaire a tout dit de la haine de cette espèce.

Je serais le premier à en rire si cette espèce n'était pas à présent le Pouvoir, la Justice, la Vertu. Sous Voltaire il y avait encore des Intendants de Police intelligents, et mettons *même* indépendants. L'Europe était vivable elle ne l'est plus. Texcier est presque Dieu. Ses arrêts de cour auront je vous le dis bientôt force de Loi, de Tonnerre, de Foudre. Il pontifie déjà d'entre les nuages... Ce ton ! le con !

Ce complet idiot ne doute plus de rien. Il fabrique la VÉRITÉ, tout naturellement. Il n'est plus question de mensonge. Il est la vérité. Il est la mort. Sartre aussi. C'est la maladie du jour. Le con maintenant, universellement fabrique comme il pisse, comme il respire, de la vérité et de la mort.

Vous verrez comme ça finira !

LF Céline

---

1. Camille Chautemps, vice-président du Conseil depuis 1938, poussa à la capitulation en juin 1940 mais quitta le premier le gouvernement de Pétain en démissionnant dès juillet et en s'exilant aux États-Unis. En juin 1944 à Alger, il fut exclu du parti radical-socialiste.

2. Camille Chautemps était connu pour être franc-maçon.

3. Céline a beaucoup écrit dans les journaux (voir en particulier dans Dauphin et Fouché les années de guerre) mais il veut dire qu'il ne se faisait pas payer pour écrire des articles.

44. — À JEAN PAULHAN[1]

Le mercredi [mai 1948]

Mon cher Paulhan.

Ci joint la lettre à cet ignoble argousin de Texcier[2]. Vous jugerez s'il est convenable de la lui faire parvenir ou non. Je suis trop loin des lieux pour me rendre compte. Doit-on laisser tomber ce flic ou le botter ?

Je vais lire votre si précieux ouvrage[3]. Si le contenu vaut la présentation ! Diantre c'est du Pascal ! Vous jouez gros !

Bien aff[ectueusement] à vous

LF Céline

45. — À JEAN PAULHAN[4]

Le 18 Mai [1948]

Mon cher Ami.

Ci-joint lettre de Marie Canavaggia[5]. Tout réfléchi, elle a raison. Votre très courageuse et intelligente préface serait tout de même *une erreur*... un pavé de l'ours. Mes ennemis ont trop d'avantage. Je suis en position trop faible. La bataille d'avance mille fois perdue. Il ne s'agit pas de justice mais de procès de sorcière vous l'avez écrit et mes ennemis ont eu grand soin de me tenir et *maintenir* in æternam SOUS MANDAT

---

1. Archives Paulhan.
2. La lettre qu'il évoquait dans la précédente du 7.
3. *De la paille et du grain*, achevé d'imprimer chez Gallimard le 25 février.
4. Archives Paulhan.
5. Dans cette lettre du 16 mai, Marie Canavaggia indique qu'elle a lu la note envoyée par Paulhan : « *Attention au paragraphe 3 " Jamais invité à se rendre en Allemagne — jamais mis les pieds à l'ambassade " et à la 2 : " publié seulement Guignol "... Il y a eu aussi le précédent " jamais écrit dans un journal " jamais des articles payés en effet... mais... Cette histoire me plonge dans le souci. Vous crier ainsi Casse Cou... désigner d'avance les réponses de vos ennemis est un rôle bien ingrat vous vous en doutez... je ne me vois pas bien non plus disant tout ça à Paulhan... et pourtant... je rentre demain à Paris et je tâcherai de le voir dimanche. Engager ces controverses est à mon sens une erreur* » (Archives Paulhan).

D'ARRÊT. Je remue je trémousse on me serre le quiqui *et tout est dit* !
Il faut donc je crois faire passer Casse Pipe *sans aucun commentaire*. Sans aucun *plaidoyer*. Que croassent [*sic*] les crapauds ce qu'ils veulent ! Je n'aurais rien provoqué. Vous non plus. Que toute cette charognerie déconne à qui mieux mieux ! Leur nature leur destin est d'accabler le juste et le désarmé. *De là viendra l'Apocalypse*. Il ne faut rien faire pour la retarder.

Votre bien amical

LF Céline

46. — À JEAN PAULHAN[1]

Le 18 [mai 1948]

Mon cher Paulhan.

Toute rigolade à part. Je n'ai fait qu'accuser Racine d'être obscène avec sa déification[2], lyrisme éperdu pantelant des histoires de culs entre grands judaïques. Je trouve bouffon de placer si haut si précieuses si soi-disant (et là est la grossièreté) épurées ces turlupinades si banales du rut, ces galipettes versifiées autour du si trivial instrument de reproduction. Hé foutre les moindres mouches font l'amour 215 fois par minute ! la belle histoire ! Parce que c'est nous alors ? Quel narcissisme ! Quant à Racine lui-même je ne lui ai trouvé qu'une grand-mère *Sconin* donc scandinave, dans ma manie[3] ! Peut-être plus drôle est un gouvernement français libéré dont les chefs sont : Schuman Moch et Mayer, Rotschild[4].

---

1. Archives Paulhan.
2. Dans *Bagatelles pour un massacre*, Céline écrit : « Racine ? Quel emberlificoté tremblotant exhibitionniste ! Quel obscène, farfouilleux pâmoisant chiot ! Au demi-quart juif d'ailleurs !... » (p. 219). C'est l'une des assertions des pamphlets qui choqua le plus.
3. Céline dit dans une lettre à Karl Epting avoir trouvé cela dans la *Vie de Jean Racine* de François Mauriac (Plon, 1928) et cite de mémoire : « *La mère de Racine, Jeanne Sconin, les Sconins, violents, brutaux, de race franque et peut-être scandinave* » (lettre citée dans Gibault, II, p. 262).
4. Dans le gouvernement de Robert Schuman formé le 22 novembre 1947, Jules Moch occupe le ministère de l'Intérieur, René Mayer les Finances et Affaires économiques et Daniel Mayer le ministère du Travail mais il n'y a pas de Rothschild au gouvernement.

Quel gouvernement AU MONDE si *progressiste* soit-il se montrerait aussi international ? même à Tel Aviv ? Oh quant à moi je trouve tout cela plus que parfait nom de Dieu ! maniaque comme je suis ! Vive la 4ème République dont je ne connais que les mandats d'amener, les spoliations et les persécutions. Vive ma médaille militaire aussi ! Et vive Boileau... Vous savez...

Chacun en son secret se complaît et s'admire
Regarde l'autre en dessous et se retient d'en rire...
Vive le Franc Tireur des Ternes !
Vive le ballon de Bronze ! envolé !
Vive un peu aussi si vous me le permettez le Rouleau compresseur ! on me le promet depuis 14 ! Vive mon bras si je le retrouve ! Honneur aux hommes et mort aux vaches !

Votre bien amical

LF Céline

47. — À JEAN PAULHAN[1]

Le 20 Mai [1948]

Ah certes vous avez bien raison Paulhan ce « Voyage » est un véritable « Classique ». Mais foutre qui qui n'en veut ? Je me réédite et le douille[2] ? Je meurs de « soëf auprès de la fontaine » ! Cent là qui se tâtent se touchent et ne se finissent pas !... même la Voilier toute Julotte qu'elle est, flageole au but[3]... Le Fasquelle flanelle[4]... fiasque... et la nénéref ? Ils ne veulent traiter qu'avec ma veuve. Pour la guerre voyez-vous j'y crois

---

1. Archives Paulhan.
2. Les retirages et rééditions de *Voyage* se sont épuisés pendant la guerre alors qu'il y avait peu de papier et peu de livres à lire. Depuis la Libération et la mort de Robert Denoël, il n'a pas été réédité.
3. Jeanne Loviton, dite Jean Voilier, née en 1903. À la mort de Robert Denoël, elle fait valoir ses droits sur la société Denoël car Robert Denoël lui aurait cédé toutes ses parts peu avant son décès ; après un procès à rebondissements intenté par la veuve de Denoël, elle obtiendra la validation définitive de cette cession par jugement du 13 décembre 1950.
4. Charles Fasquelle (1897-1965), éditeur. Contacté par le journaliste Henri Philippon, il se dit prêt à rééditer Céline.

mal[1], on ne trouve plus de fous comme Hitler. Le monde n'est plus aux croisades, ni même aux risques... on vend du coup dur. Le monde le trèpe les grands entièrement matérialistes ne croient plus qu'à leur situâââtion. La déesse du monde moderne c'est la SITUÂÂÂÂTION. La bourgeoisie n'est pas morte ni son esprit. Elle a mis la Situâââtion à la place de tous les Dieux précédents. Molotov ne veut pas plus risquer de perdre sa Situâââtion que Truman ou Bidault, ni Thorez, ni Blum[2]. Je suis le dernier con qui a perdu ma situaaaation pour des prunes. Je ne m'en console ni ne m'en relève.

———

Vous avez raison Mikkelsen est la justice et le bon cœur même. Il vous admire hautement, et la NRF, ces antichambres bondées de collaborate[ur]s, solliciteurs... Il a l'impression d'avoir été reçu chez Pontchartrain à Versailles un jour de fièvre et 2 siècles plus tôt[3]. Ah cette NRF ! Ce style !

———

Très bien pour J. Follain[4]. Je le recevrai au mieux de ma condition mais il faudra d'abord qu'il passe chez Mikkelsen 45^A Bredgade à Copenhague, pour raisons d'étiquette... Je suis toujours « prisonnier sur parole... », très discrètement mais enfin[5]...

Votre bien amical et reconnaissant

LF Céline

---

1. En pleine guerre froide, de Gaulle brandit régulièrement la menace d'un conflit planétaire.
2. Molotov est alors vice-président du Comité d'État à la Défense d'U.R.S.S. ; Truman est président des États-Unis depuis la mort de Roosevelt ; Georges Bidault est ministre des Affaires étrangères du gouvernement de Robert Schuman ; Maurice Thorez a quitté le gouvernement avec les ministres communistes en mai 1947, il est secrétaire général du Parti communiste français ; Léon Blum a dirigé le gouvernement socialiste de décembre 1946 à janvier 1947 et a manqué l'investiture de 9 voix en novembre 1947.
3. Louis Phélypeaux, comte de Pontchartrain (1643-1727), contrôleur général des Finances, connu pour avoir multiplié les expédients douteux dans le cadre de ses fonctions.
4. Jean Follain (1903-1971), poète publié chez Gallimard.
5. À sa libération, le 24 juin 1947, Céline avait signé l'engagement suivant : « *Je soussigné Louis Ferdinand Destouches déclare sur l'honneur ne pas quitter le Danemark sans le consentement des autorités danoises.* »

48. – À JEAN PAULHAN[1]

Le 28 [mai ? 1948]

Mon cher Paulhan.

Je relis votre Grain[2]. Ah je vous approuve éperdument quant à votre défense du français. Certes les langues étrangères sont agaçantes au possible. Je parle l'anglais moi-même et l'écris presque comme le français. Et mon Dieu que je l'évite ! comme la peste ! et l'allemand donc ! Je l'ai en horreur « aboiement de chien et grognements de porc » « Bloy »[3]. Penser en deux langues c'est penser sûrement de travers, vous avez mille fois raison, mais le français lui-même est un *lieu de bataille*. *Lot* dans son livre *La Gaule*[4] (récent) est plein d'intérêt sur ce point, la lutte permanente entre le latin et le celte au fond même du français.

———

Je repense à cette saloperie de Texcier. Il serait trop long de répondre à toutes les calomnies de ce flic, mais il est idiot surtout et bien mal renseigné. En quelles poubelles va-t-il chercher ses ragots ! Moi responsable de la carrière radiophonique du malheu[reu]x Le Vigan[5] ! Quelle ignominie ! J'ai tout fait au contraire pour l'empêcher d'aborder cette galère, aussi bien à Paris qu'à Sigmaringen. Tout le monde le sait à Montmartre. Et lui-même le malheureux s'est récrié au Tribunal lorsque le Président, aussi bourrique que Texcier, voulant m'attirer dans le bain lui tendait la perche

— Alors n'est-ce pas c'est Céline qui vous a fait descendre à Sigmaringen ?

---

1. Archives Paulhan.
2. *De la paille et du grain*. Voir note 3, p. 59.
3. Depuis sa libération Céline a lu avec passion le *Journal* de Léon Bloy qui s'était également exilé au Danemark (voir Gibault, III, pp. 181-183).
4. Ferdinand Lot, *La Gaule, les fondements éthiques, sociaux et politiques de la nation française*, Fayard, 1947.
5. L'acteur Robert Le Vigan (1900-1972), vieil ami de Céline, le retrouva à Baden-Baden en août 1944 et ils gagnèrent Sigmaringen ensemble. Là il accepta de devenir l'un des speakers de la « radio gouvernementale française ». Il se rendit aux troupes françaises le 3 mai 1945. Il fut jugé et condamné le 16 novembre 1946 à dix ans de travaux forcés.

Le Vigan : *Ah non alors M. le Président Céline m'a dit au contraire : si tu vas à la radio de Sigmaringen ce sera bien la dernière connerie que tu feras de ta vie !*

Bien entendu tous les journalistes aussi provocateurs, pourvoyeurs et flics que ce Texcier ont inséré tout le contraire dans leurs canards, mais j'avais plusieurs auditeurs dans la salle, dont le Dr Jacquot de Remiremont, qui pratiquait avec moi à Sigmaringen[1].

Je vous le dis tous ces gens me font regretter le Pilori[2]. Ils me font regretter aussi de n'avoir pas réglé mes comptes pendant l'occupation... Si c'était à refaire... la prochaine fois.

———

En attendant je suis le seul à m'occuper encore de Le Vigan. C'est Texcier et les siens qu'ils [*sic*] l'ont fait mettre au bagne. Charognes ils ont le culot de pleurnicher sur son compte !

Et je le connais un petit peu Le Vigan. Oh dans les coins ! Sans illusion aucune ! Si vous venez me voir je vous en raconterais des savoureuses, d'inimaginables ! et bien marrantes ! *Le principal c'est qu'il sorte.* Ce n'est pas Texcier qui le fera sortir. J'ai mis en branle pour lui les curés de Belgique et les Pasteurs d'ici. Mais je peux peu. Vous vous en doutez[3].

Le Vigan m'a toujours personnellement dénoncé comme traître à toutes les polices françaises, allemandes, anglaises. À Sigmaringen, à Paris, ici, partout. C'est le côté marrant et sa femme aussi *Tinou* et l'amant de sa femme *Gaydon*, aviateur gaulliste[4] ! C'est le côté rigolo.

---

1. André Jacquot (1898-1970), médecin qui soigna avec Céline la colonie française de Sigmaringen. C'est lui qui raconta en effet à Céline cet épisode du procès de Le Vigan : « *Vous ai-je signalé l'attitude courageuse — contre toute attente — de Le Vigan au cours de son procès, j'y étais. À la question du Président : C'est bien sur les conseils de Céline et sur sa recommandation auprès du gouvernement de Sigmaringen que vous avez été embauché comme speaker à la Radio ? Réponse : C'est absolument faux — Céline ignorait tout de cela. S'il l'avait appris il m'aurait dit : Espèce de con ; c'est la dernière connerie que tu peux faire !* » (lettre du Dr Jacquot à Céline du 13 janvier 1947, citée dans Gibault, 3, p. 44.)
2. Voir note 6, p. 57.
3. La peine de Le Vigan sera finalement commuée en cinq ans de prison le 26 juin 1948 et il sera libéré en octobre. Il émigrera en Argentine.
4. Marié en 1933, Le Vigan a rencontré Tinou, figurante algérienne, lors du tournage de *Golgotha* de Julien Duvivier en 1935. Elle restera sa maîtresse jusqu'à la fin de la guerre. Le Vigan indiqua également à Céline qu'il soupçonnait Tinou de vendre clandestinement des roulements à billes aux bureaux d'achats à la solde des Allemands...

Quel con ce Texcier ! Et qu'il veut jouer les Daudet, les terreurs en police[1] ! Il ne sait rien. C'est un pauvre idiot puceau.
   Votre bien amical

LF Céline

49. — À JEAN PAULHAN[2]

Le Jeudi [mai ou juin 1948]

Voilà mon cher Paulhan qui est admirable. Votre dissection du monstre Épuration est parfaite, minutieuse, sans à coups, présentation sobre, de main de maître. C'est un petit chef-d'œuvre[3]. Un petit mot cependant : C'est *nous* qui avons déclaré la guerre à l'Allemagne, pour Dantzig. Je crois même que nous avons décliné 2 offres de Paix d'Hitler pendant la drôle de guerre ! Puisqu'on « cause Histoire ». Vous voilà dans un joli pétrin ! tout près du banc d'infamie[4] !
   Mais j'y songe, que ces CNÉ sont donc fats, et d'une fatuité bien naturelle, toute française. Il ne leur est jamais venu à l'idée que leur voisinage ne pouvait pas être particulièrement ragoûtant précisément pour ceux qu'ils proscrivent. Eh foutre ! je ferais je pense un immense honneur à un con Debû-Bridel, une bourrique comme Aveline ou Texcier en signant à leurs côtés[5]. Je l'ai toujours dit, moi qui n'écris jamais dans les gazettes, horreur de ces feuilles où on sait qui vous écrit dans le dos, avant, pendant, ou après la guerre, toujours ! Et merde alors ! Pour qui se prennent ces trous du cul ligués ! de l'essence divine ? Pour moi vous

---

   1. La mort de son fils Philippe entraîna Léon Daudet, le codirecteur de *L'Action française*, à un procès en diffamation qui le conduisit en prison. Il s'échappa pour se réfugier en Belgique.
   2. Archives Paulhan.
   3. Dans *De la paille et du grain*, Paulhan publie « Sept lettres aux écrivains blancs » qui constituent ses réponses au CNÉ sur l'épuration.
   4. La polémique entre Paulhan et le CNÉ n'est pas prête de se terminer. En 1952, il publiera aux Éditions de Minuit sa *Lettre aux Directeurs de la Résistance* qui fera grand bruit.
   5. L'écrivain Claude Aveline est aussi un membre influent du CNÉ.

savez vendus c'est tout un, à l'Intelligence Service ou à Goebbels ou à Roosevelt. Aucune différence entre Ferdonnet ou Jean Marin[1]. Si. Ferdonnet a payé. Jean Marin triomphe. Il porte lauriers. D'autant plus dégueulasse. Il récolte. Ferdonnet n'a jamais dressé de listes d'assassinats par radio, provoqué les massacres entre français. Laubraux est tocard soit ! mais il est vaincu[2]. Schuman pavoise. Laubraux avait de la plume Schuman est un pied. Ah que je n'aime pas les vainqueurs !

Oh puis je réfléchis, nous avons dégénéré en tout, même en sectarisme, en cruauté. Il nous faut à présent mille chichis. Je préfère le maréchal de Tavannes que cite Voltaire, galopant à travers les rues de la St Barthélémy hurlant. Pointez ! Taillez ! La saignée fait autant de bien au mois d'Août qu'au mois de mai ! Et Charles IX : Vous le voulez ? Eh bien, qu'on les tue, mais qu'on les tue tous !...

Voilà des gens au moins qui parlaient et agissaient franchement. Chevalerie d'abord ! cela est français. La Chevalerie était la grande création française chrétienne à mon sens la seule. L'Histoire de la France commence à Rolland à Roncevaux et finit à Verdun 17. Après tout devient ignoble. Cet accablement des vaincus, ce renchérissement sur le destin me paraît monstrueux, invivable.

―――

La guerre 39 me semblait imbécile, une reprise de 14-18, de 70... anachronique, grotesque. Cela surtout. Je lui reprochais : Son mauvais goût. Le mauvais goût conduit au crime, prétendait Stendhal.

Tout ceci au fil de la plume à la rigolade, mais j'y reviendrai. Maintenant que le monstre est disséqué, s'en porte-t-il plus mal ? un peu sans doute mais pas beaucoup. Il va devenir sans doute plus vicieux encore.

Une fois que l'on commence à jouer les jeux du cirque il faut au moins une nouvelle Religion pour en guérir la foule.

Votre bien affectueux

LF Céline

---

1. Paul Ferdonnet (1901-1945) avait travaillé à Berlin pendant la guerre et fut accusé d'avoir rédigé des textes de propagande pour la radio allemande. Il fut jugé en juillet 1945 et fusillé au mois d'août. Jean Marin (pseudonyme d'Yves Morvan, né en 1910) fut correspondant de l'Agence Havas à Londres en 1939-1940 ; il anima l'émission « Les Français parlent aux Français » à la BBC pendant la guerre.

2. Alain Laubreaux, journaliste à *Je suis partout*, s'exila à Madrid après la guerre.

50. — À JEAN PAULHAN[1]

Le 24 Juillet [1948]

Mon cher Paulhan.

Je suis empoisonné, spolié, saboté à qui mieux mieux par les gangster Voilier-Denoël-Tosi[2]. On ne me réédite pas, malgré cent mille promesses formelles... Ils se foutent de moi énormément en large et en travers. Il faut en finir. Mikkelsen se lasse... 5 ans que je suis à sa charge[3] ! La Voilier joue un jeu ignoble et canaille je n'en sors pas... Elle remet tout à présent en Octobre en Janvier... à la St Glinglin, avec objectif attentiste... une ordure... Je voudrais avoir à Paris, peut-être par la Société des Gens de Lettres, un avocat spécialiste de ces questions qui entreprendrait de défendre sérieusement mes intérêts... Je lui donnerais 10 p. 100 de ce qu'il pourrait me faire verser... Est-ce possible ? Je n'ose m'adresser à Bedel un peu chinois sans doute[4]... Mais auriez-vous la grande gentillesse et amitié de me mettre en cheville avec un *dur* de la question. Je lui écrirai, et Mikkelsen irait le voir en octobre.

Je meurs de souëf auprès de la fontaine...

Les éditeurs peigne-cul sont des fléaux.

Plus on en détruit mieux ça vaut.

On n'a pas détruit la charogne ***. Elle suce trop bien paraît-il.

Votre bien amical

LF Céline

C/ Mikkelsen
45^A Bredgade   *Copenhague*

---

1. Archives Paulhan.
2. Guy Tosi (né en 1910), directeur littéraire des Éditions Denoël de 1943 à 1952. Il rendit visite à Céline en novembre 1947 pour tenter de faire annuler ses anciens contrats et lui en faire signer de nouveaux.
3. Mikkelsen aide beaucoup Céline mais celui-ci vit essentiellement de l'or qu'il avait déposé au Danemark avant la guerre.
4. Maurice Bedel (1883-1954), écrivain, prix Goncourt 1927 pour *Jérôme, 60° latitude nord* publié chez Gallimard, est alors président de la Société des Gens de Lettres.

51. – À JEAN PAULHAN[1]

Le 27 Juillet [1948]

Mon cher Paulhan

Vous avez mille fois raison. Garçon ne me semble guère possible[2], d'abord il ne m'aime pas, prétentieux de « lettres », précieux, et au fond con, (front bas et buté) il a toujours, même chez Descaves[3] il y a longtemps, marqué pour mon genre une nette aversion. C'est un fat de la race Mondor[4]... Des bêtes académiques comme on est faisan ou pintade. Non il me faudrait un *petit avocat* d'affaire sérieux et rageur et compétent, de la Société des Gens de Lettres, qui ne doublerait pas *Naud* qui s'occupe lui de ma défense au titre de l'article 75[5]. Si l'on peut dire !

Gallimard est bien gentil mais que vais-je foutre de 100 000 francs qui vont tomber automatiquement dans la caisse du fisc, auquel je dois depuis 1944, 600 000 F[6] ! Je préfère m'éditer en Suisse *ou pas du tout*, mais engraisser Marie ! Con je suis certes mais cavaler offrir mon sang à mes bourreaux ! c'est trop ! Redoublement de rigueur dites-vous ! Hé certes ! hé pourquoi pas ! Puisque ces rigueurs sont à l'avis de la majorité des français ! A-t-on vu jamais Caliban désirer autre chose que la grève et encore plus de grève ? Rétablissez le cirque, les tortures publiques, vous aurez toute la France derrière vous. Quant à la fille Voilier elle me paraît engagée dans un bourbier de haines et de vindictes, Bidault abattu, dont elle sortira mal[7]... D'abord comment

---

1. Archives Paulhan.
2. Maurice Garçon (1889-1967), avocat de nombreux éditeurs, spécialisé dans les affaires littéraires.
3. Lucien Descaves (1861-1949), écrivain membre du jury du prix Goncourt qui soutint Céline en 1932 et resta en relations suivies avec lui.
4. Henri Mondor (1885-1962), chirurgien et écrivain, membre de l'Académie française.
5. L'article 75 du Code pénal est celui qui a permis de juger ceux qui ont été accusés de collaboration après la guerre ; il définit les limites de la trahison contre l'État (reproduit dans *Cahiers Céline*, 7, pp. 348-349).
6. En quittant Paris, Céline avait vidé son compte et emporté tout son avoir. Il ne laissa pas de quoi payer ses impôts.
7. Jeanne Loviton était très liée avec la femme de Georges Bidault ; avec la démission du gouvernement Schuman le 19 juillet, Bidault n'est plus au gouvernement.

peut tenir cette maison[1] ? C'est une rigolade. La NRF a déjà bien du mal !

Vive les Cahiers donc ! Oh Casse Pipe ne casse rien c'est du réchauffé, du tout repos, du bon devoir. C'est mieux que de la traduction ou du Sartre bien sûr. Mais on a pris l'habitude en France de salir le papier avec de l'encre avant de se torcher le cul avec. Cela s'appelle l'Humble attitude d'une littérature de trahison.

Votre bien aff[ectueux]

LF Céline

52. — À JEAN PAULHAN[2]

Le Jeudi [Août 1948]

Mon cher Paulhan.

Je me suis donc gourré ! J'ai reçu un fort joli petit livre intitulé « *Lettre à un médecin* » que je croyais de vous[3] ! d'où ma réponse abracadabrante.

———

Oh laissons Sartre tranquille ! Pas un centime pour ce bout de fumier ! Ce serait encore de la réclame pour cette fiente ! Je m'intéresse beaucoup plus à ma réédition... Je ne vois rien venir, tout m'est bloqué. La pétasse Voilier a bien gagné son procès[4], mais ne me réimprime pas

---

1. La Société Denoël n'a été acquittée que le 30 avril 1948 des poursuites engagées contre elle à la Libération. Elle a eu bien du mal à conserver des auteurs et à poursuivre son activité en particulier après l'assassinat de Robert Denoël.
2. Archives Paulhan.
3. Nous ne voyons pas de quel texte il s'agit.
4. L'instruction sur le meurtre de Robert Denoël a été close par un non-lieu le 28 décembre 1947 ; elle sera réouverte un an plus tard. La société a été définitivement acquittée le 30 avril.

pour si peu... Elle attend que je crève pour me rééditer à l'œil. Les bordels sont fermés, mais Thémis française a bien repris la suite[1].

———

Oh je connais des cas plus touchants que celui de Grasset, imbécile hyper satisfait de soi et qui s'en tire fort bien au prix que moi je paye[2]. Je pleurerai une autre fois. Quant à ses auteurs ils se débrouillent parfaitement, persécutés et martyrs à la mord-moi le zob.

———

Évident que les tribunaux sont devenus voyous et canailles, comme toute la nation avec un nouveau goût pour l'imprévu et l'épate. Samedi-Soir donne le ton à la France. Texcier Caton révéré redoutable. En vérité les français n'ont pas de couilles, ils sont mûrs pour toutes les servitudes — et toutes les chiasses — et tous les mensonges. Et que ça pleurniche en plus ! Ce fiel ! mais foutre Dieu ! Ces malheurs ne tombent pas du ciel ! Ce sont les français qui les œuvrent, qui s'y vautrent, gorgent, saoulent ! Ils n'ont qu'à dégueuler et me foutre la paix !

———

Marcel Aymé avec son nouveau livre va se faire empaler[3]. Je le lui écris.

———

Suarès va mourir dans son lit, c'est déjà une drôle de veine[4]. Il ne faut pas vouloir péter trop haut ni mourir trop haut. Ça revient au même.

---

1. Thémis symbolise l'impartialité de la justice.
2. L'éditeur Bernard Grasset a été condamné le 20 mai 1948 par contumace à la dégradation nationale à vie, cinq ans d'interdiction de séjour et la confiscation de ses biens. Il a fait appel et l'affaire reviendra régulièrement devant la Cour de justice jusqu'au 23 octobre 1953, date à laquelle il sera amnistié. Sa société a été jugée le 16 juin 1948 et condamnée à la dissolution et la confiscation à 99 %. Après un recours en grâce, le président de la République Vincent Auriol prononcera le 16 décembre la remise de la dissolution et la limitation de la confiscation à une amende de dix millions de francs.
3. Le livre de Marcel Aymé, *Uranus*, a été achevé d'imprimer le 24 mai 1948 chez Gallimard.
4. André Suarès mourra à Saint-Maur-des-Fossés le 7 septembre 1948.

Bien aff[ectueusemen]t à vous

                                            LF Céline

Ce poète n'a pas beaucoup cherché *Thorvald* Mikkelsen[1]. Sauvage l'a parfaitement trouvé[2]. Il y a 50 000 Mikkelsen à Copenhague, mais l'adresse ?

53. — À JEAN PAULHAN[3]

Le Jeudi. [Août 1948]

Mon cher Paulhan.

Votre lettre.
Mon Dieu, dans la pratique, on en reçoit des centaines de la sorte, moins bien tournées bien sûr, mais à peine moins tarabiscotées, et identiques au fond[4]... Elles veulent dire : je suis inquiet. Grossièrement vous le savez Farabeuf prétendait « que l'état de santé est un état précaire qui ne présage rien de bon »[5]. C'est du Gaudissart[6]. Mais les médecins n'arrêtent pas de citer ce trait. Il y a beaucoup de Gaudissart chez les médecins. Dans la pratique on reçoit en gros deux grandes espèces de clientes celles qui voudraient à tout prix qu'on les avorte et celles qui voudraient à tout prix avoir un enfant. De même des malades : ceux qui veulent qu'on les débarrasse de leur maladie, et ceux qui veulent qu'on les cajole, dorlote, mijote, préserve, éternise. Leur maladie : Icône. Ils l'adorent. Tout a été dit, dans les bibliothèques littéraires et médicales

---

    1. Probablement Jean Follain dont il était question dans la lettre de Céline du 20 mai.
    2. Probablement le journaliste Léo Sauvage (1913-1988), collaborateur de *Franc-Tireur*, puis directeur de *La Rue*.
    3. Archives Paulhan.
    4. Céline parle des lettres que le médecin reçoit de ses malades ; Paulhan lui en a-t-il envoyé une pour se plaindre de son état de santé, ou lui en a-t-il communiqué une de quelqu'un qui est malade. Ou bien reparle-t-il de la *Lettre à un médecin* qu'il a reçue ?
    5. Louis-Hubert Farabeuf (1841-1910), célèbre médecin.
    6. Personnage de *La Comédie humaine* de Balzac ; l'« illustre Gaudissart » est le type du commis-voyageur verbeux et superficiel.

sur cette misère... Bourget et Dupré[1]. Et de vraies maladies aussi, nullement d'Hystérie, et chez de très pauvres gens nullement zoisifs. Évidemment qu'un coup de St Barthélémy soulage, polarise à la divinité, toutes ces boussoles neurotiques, d'où qu'on trouve tant de fous et de dames dans les tribunaux révolutionnaires. Ce leur est de véritables Lourdes. Janet avait découvert je crois le plus marrant de tous[2]. Il souffrait pour le département de la Seine, perpétuellement encerclé, étranglé pour le Département de Seine et Oise. Il en suffoquait étranglait lui-même par sympathie, bon cœur.

Il faisait réveiller Janet des deux fois par nuit.

Ce n'était pas un fou, c'était un anxieux émotif qui avait des rentes.

Votre bien aff[ec]t[ueux]

LF C

54. — À JEAN PAULHAN[3]

Le 24 Août [1948]

Allons cher Paulhan les gaulois ne changeront donc jamais... ! César aura toujours raison !

Ils promettent, ils rient, tout est dit...

Les fameux Cahiers qu'attendent-ils ? que Charlot passe le Rubicon ? en avion ? Ce n'est pas la Pléiade c'est le Plésiosaure, fantastique aussi, si long, si long, qu'il en est mort[4] !

Votre bien amical

LF Céline

---

1. Les premiers romans de Paul Bourget ont été qualifiés de *« planches d'anatomie morale »* ; Ernest Dupré (1862-1921), médecin spécialiste en neurologie et psychiatrie, étudia la mythomanie.
2. Le neurologue et psychologue Pierre Janet (1859-1947) s'attacha à l'étude de la pathologie mentale.
3. Archives Paulhan.
4. Le numéro des *Cahiers de la Pléiade* qui contient *Casse-pipe*, daté été 1948, ne paraîtra que fin octobre.

55. – À JEAN PAULHAN[1]

Le 29 [été 1948]

Mon cher Paulhan.

Puisque vous êtes intéressé par le Danois vous savez que Regnard qui est venu ici[2] prétendait que c'était « une langue idéale pour les mendiants... les danois quand ils parlent ont toujours l'air de pleurer[3] ».

C'est un peu vrai mais en réalité c'est la moins rapeuse et la moins blessante *pour nous* des langues germaniques. En vérité c'est un dialecte — patois allemand, mais construit comme l'anglais, très rudimentaire, et *sans conjugaison. Passy* la parlait bien[4]. Ils ont un auteur sympathique, *Holberg*[5]. *La Chambre de l'accouchée* son « chef d'œuvre » vous donne tout le Danemark et tout le danois[6]. C'est du normand de chez nous, *en brutal*, Pont Audemer, sans latinisme, sans renaissance, sans Versailles, mais savoureux en somme. Ils détestent les allemands comme les Polonais détestent les russes, mais combien cousins et frères ! la moitié des habitants de Copenhague ont un grand-père allemand, et cependant si semblables à nos normands, même avarice, même subtilité, même prosaïsme. Corneille cependant, mais Andersen... Toujours vous le savez le grand homme est le *contraire* absolu de son milieu, l'envers de la pièce...

À vous bien amicalement

LF Céline

La librairie, l'imprimerie, ont été créées au Danemark par un dénommé *Huguetan* libraire réfugié de Lyon, France, vers 1680, avec un mandat d'arrêt au cul pour escroquerie au détriment de l'Armée, fournitures de

---

1. Archives Paulhan.
2. Jean-François Regnard (1655-1709), auteur dramatique qui parcourut l'Europe.
3. Dans *Voyage en Flandre, en Hollande, en Danemark et en Suède*, publié en 1731.
4. Frédéric Passy (1822-1912), économiste, prix Nobel de la Paix en 1901.
5. Ludvig Holberg (1684-1754), écrivain danois d'origine norvégienne.
6. En fait *La Ruelle de l'accouchée* publiée en 1723.

guerre... Non seulement il n'a pas été extradé, mais il a été fait *Comte* en raison des éclatants services rendus au Danemark[1].

Quel précédent !

———

À propos des *Beaux draps*. Je n'ai pas eu un seul article de critique dans la presse parisienne de l'époque, sauf un éreintement par Espiau dans les Nouveaux Temps[2].

À propos que sont devenus les membres du Jury Littéraire des Nouveaux Temps[3] ?

Je suis sûr qu'ils se portent comme le Pont neuf !

56. – À JEAN PAULHAN[4]

Le 16 [septembre 1948]

C/ Mikkelsen
45^A Bredgade

Mon cher Paulhan.

Mon incomparable ami et défenseur *Thorwald Mikkelsen* (45^A Bredgade) va arriver à Paris le 20 courant (au Regina). Th. Mikkelsen est un patricien danois de grande lignée, avocat des Ambassades d'Amérique et d'Angleterre, frère du célèbre explorateur, homme de grand cœur et de génie juridique, *fin lettré français*. J'aimerais fort qu'il vous rencontre.

---

1. Jean-Henri Huguetan (1665-1749), originaire d'une famille de libraires de Lyon, réfugié en Hollande après la révocation de l'Édit de Nantes, y fit fortune. Revenu en France, il acquit la confiance de Louis XIV mais, accusé de malversation par ses ministres, fut contraint de s'exiler au Danemark. Il y créa des compagnies maritimes, des manufactures et des banques et Frédéric IV le fit comte de Gyldensteen.
2. Céline confond ; bien que Marcel Espiau écrive effectivement dans ce journal, le seul compte rendu qui y figure (le 14 mars 1941) est de Pierre Mac Orlan et est plutôt louangeur.
3. *Les Nouveaux temps*, le quotidien de Jean Luchaire, créèrent le Prix de la Nouvelle France en 1941 dans le but d'« *encourager le roman français* » ; le secrétaire général du Prix est Marcel Espiau, le critique littéraire du journal.
4. Archives Paulhan.

Dans ce dessein je prie mon excellent ami *Daragnès* 14 avenue Junot Paris, qu'il vous prie avec lui à déjeuner. Voulez-vous accepter ? Mikkelsen viendra avec son très bon ami Johanes Jensen, le prix Nobel de littérature (danois)[1]. Voilà bien des intrigues ! Oh les motifs sont élevés, nobles, cependant un peu égoïstes, je voudrais qu'il se dise bien du bien de moi ! Je suis fatigué d'être objet d'horreur !

Votre bien amical

LF Céline

57. — À LOUIS-FERDINAND CÉLINE[2]

1er décembre [1948]

Cher Céline,

et vous ai-je assez remercié ? Je suis rudement content d'avoir, dans mes *Cahiers*, ce casse-pipe.

Premières réactions : dans l'*Huma*, M. Hervé (à propos du livre de Paraz) me traite d'araignée, et menace Arletty de la faire tondre[3].

Pourquoi ce nigaud de Paraz me reproche-t-il d'avoir « refusé Proust et Céline » ? Or :

1. Quand je suis entré à la NRF en 1920, Proust était depuis longtemps l'une des « grandes têtes » de la maison. Évidemment je n'ai eu ni à l'accepter, ni à le refuser.

2. Je n'ai connu le *Voyage* que par les épreuves, que m'a envoyées Denoël. J'ai trouvé ça extrêmement fort, je l'ai écrit à Denoël, vous m'en avez gentiment remercié quand le livre a paru. C'est tout. Au diable les gens qui parlent à tort et à travers[4].

[Jean Paulhan]

---

1. Johannès Vilhelm Jensen (1873-1950), prix Nobel de Littérature 1944 ; Céline le rencontra chez Mikkelsen le 25 août 1948.
2. Lettre publiée par François Gibault (tome III, p. 174) et probablement incomplète.
3. Pierre Hervé, « Les Librairies de la trahison », *L'Humanité*, 1er décembre 1948, p. 6.
4. Voir lettre 13, p. 23.

58. — À JEAN PAULHAN[1]

Le Samedi [4 décembre 1948]

Ah mon cher Paulhan quelle importance tout ceci ? Le pauvre Paraz[2] est moribond... Un dialogue entre deux moribonds lui = 100 p 100, moi 75 %... et pire !... Burlesque et macabre. Nous sommes l'un et l'autre j'imagine de telle faiblesse que *juger* de tels débris, déjetures, souffrances (et ce qu'il en sort de blasphèmes, anathèmes) ce n'est pas sérieux ! J'ai entendu beaucoup d'agoniques déconner. Je reconnais le ton, notre ton. Des bouts de vérité, et plus d'injures, déjà gâteux !

———

Ah certes ce Casse Pipe est bien admirablement édité, pour la première fois de ma vie, je suis imprimé proprement[3].

———

Mais je râle encore ! Toujours ce = *Le Casse-Pipe*[4]. J'ai écrit mille fois à Marie *Casse-Pipe*. On en a discuté avec vous. Les jeunes Bachis de la nénéref tiennent absolument à m'ajouter quelque chose ! *Ils sont effrayants.*

———

J'espère que mon éditeur postulant[5] s'est mis en cheville avec votre avocat. Moi c'est la 100ᵉ fois que l'on me renifle et me rejette ! On me trouve encore trop vif, pas assez inerte charogne. C'est m'hériter qu'on veut !
Votre bien amical

LF Céline

1. Archives Paulhan.
2. Albert Paraz, écrivain, échange une correspondance régulière avec Céline depuis 1947 (publiée dans *Cahiers Céline*, 6). Il avait été accidentellement gazé en 1939 et fut réformé à 100 %. Il vient de publier, aux Éditions de l'Élan, *Le Gala des vaches* dans lequel il prend la défense de Céline en publiant ses lettres et donne *À l'agité du bocal* en prépublication.
3. Céline vient de recevoir le *Cahiers de la Pléiade* achevé d'imprimer le 30 octobre.
4. Le titre a effectivement été fautivement écrit *Le Casse-pipe*.
5. Peut-être Charles Frémanger qui va republier *Voyage au bout de la nuit* en 1949 ou Pierre Monnier qui va reprendre *Casse-pipe* en volume en 1949.

1949

59. — À JEAN PAULHAN[1]

Le 4 [début 1949]

Mon cher Ami.

Vous serait-il possible de faire envoyer un Cahier *Casse Pipe* à
> Milton Hindus
> Professeur
> Bandeis University
> Waltham
> Massachussets
> U.S.A.

c'est le juif qui me défend là bas, par le prépuce, l'éloquence et le stylo ardent[2].

Votre ami

LF Céline

---

1. Archives Paulhan.
2. Cette lettre est forcément du tout début de l'année 1949 puisque Hindus date le refroidissement de leurs relations de février 1949 lorsqu'il annonça qu'il allait publier le récit de son voyage au Danemark.

60. — À JEAN PAULHAN[1]

Le 17 [début 1949]

Mon cher Paulhan

Vous êtes un magnifique esprit et je vous aime ! Qu'on se le dise !

Vive les arabes nom de Dieu. Ma femme normande, a nom de famille ALMANZOR[2]. Qu'est venu foutre un arabe un jour en normandie ! Et d'ailleurs elle en possède des qualités profondeur, grâce, courage. Et elle les adore les arabes, danses et tout.

Un dénommé *Irving Howe* Professeur à Princetown me prend à parti dans un journal de New York nommé *Books*[3]. Il me trouve *insensible*, et par là-même *nul*. Ces étrangers sont des ânes présomptueux. Tout mon travail a été précisément d'essayer de rendre la prose française plus sensible « raidie, voltairisée, pétante, cravacheuse et *méchante* » en lui injectant un langage parlé, son rythme, sa sorte de poésie et de *tendresse malgré tout*, du *rendu émotif*, le con !

Les étrangers sont faits pour ne comprendre que Romain Rolland, Jules Romains, Gide, ces guides modèles Berlitz. Les étrangers veulent du français *mort* qui ne les déconcerte pas. Ainsi les auteurs français du 4ème Siècle, Ausone, Rutilius, Sidoine Apo[llinaire] ne se pamoisaient qu'en latin *mort, parfait*.

Je vous embrasse

LF Céline

---

1. Archives Paulhan.
2. Lucette Destouches, née Almansor.
3. Irving Howe, « Céline : Novelist of the Underground », publié en fait dans la rubrique « Books » de la revue *Tomorrow* dans son numéro de novembre 1948.

61. — À JEAN PAULHAN[1]

Le 10 [janvier 1949]

Mon cher Ami

Les trompettes de la Renommée sont un peu gelées par ici. Les fanfares de votre Commanderie me parviennent avec un de ces retards[2] ! Je vous voyais déjà mitraillé par ma faute, c'est bombardé que vous êtes ! lauré ! diamanté ! panthéonisé ! Ah je connais décidément tout de même des gens « biens » ! et en plus de nénéref ! J'ai beau être « en fuite » comme on dit au Parquet, « contumax » et patati... on est tout de même content d'avoir des amis au Zénith !

Votre bien sincère

LF Céline

62. — À JEAN PAULHAN[3]

Le 17 [janvier 1949]

Mon cher Ami.

Certes il faudra tout de même arriver à nous rencontrer, un coup de train et vous y êtes ! *Il s'arrête à Korsør*, ou bien retour avec Mikkelsen au printemps en auto[4] ? Ah cette nénéref elle m'agace comme les filles qui parlent toujours d'amour et n'ont jamais joui ! qui donnent des cours d'amour ! Enfin c'est un tic, mais toute la littérature en général qui m'horripile. Je vois et lis toujours dans l'horripilant ! Tous ces romans y compris Balzac me semblent toujours autant *d'impostures* (que dire de Gide ou Proust !) Ce sont pour moi des *plans* de roman, mais tout reste à faire, l'essentiel, le rendu émotif ! Tous ces gens bavachent à 25 kil du *nerf*, persuadés qu'ils y sont ! et le *nerf c'est la vie*. Ils pérorent, rhétorent,

---

1. Archives Paulhan.
2. Paulhan vient de recevoir la Légion d'Honneur.
3. Archives Paulhan.
4. Mikkelsen se rendra effectivement à Paris au mois de mai.

moralisent, maximent, mais *de musique* point *l'once*. La musique seule est un message direct au système nerveux. Le reste blabla. Ils ne sont point bâtis pour *transposer émotivement*. Ce sont des goujats et des brutes, des brutes maniérées alambiquées, dissertantes. Mais des brutes, et des *narcisses*. Si *heureux* de leurs « ébauches » de *romans* ! si contents d'eux mêmes ! Je vous le dis autant de frigides qui dissertent à l'infini de stupre. Terribles ! Féroces ! La critique est faite pour servir ces *impuissants*, les flatter, les consoler. J'en ferais une boucherie ! Dieu m'en garde ! L'incompatibilité entre nos goûts est *totale*, irréductible, sans doute ce qui a existé entre les *impressionnistes* et le *jour d'atelier*. Je trouve *qu'aucun de ces bafouilleurs* n'est « DANS LA CHOSE ». Ils se branlent éperdument À L'EXTÉRIEUR.

———

Mais vous savez au surplus en personne je m'en fous ! au Zénith ! Je rentre là dedans comme un âne au harnais ! L'effort d'écrire m'est odieux. Je ne me connais aucune vanité. Je n'écrirais jamais plus une ligne je supprimerais avec enthousiasme *tous mes livres* si j'entrevoyais une autre façon de sortir de ma mistoufle ! Mais foutre il faut que j'avise, et comment ! Il faut être riche pour mépriser 3 sous !

———

Très bien ce projet d'entente avec *Gaston,* mais une thune au fisc JAMAIS. J'aime mieux crever. C'est au fisc à Pétain que je dois 500 sacs[1]. Pour le bien que ce vieux salaud m'a fait. Quant à la IVème ! Elle n'a jamais pensé qu'à me perdre ! Non on m'a tout volé, pillé, y compris ma pension de mutilé et ma médaille militaire. *Ça suffit.* Merde à Pétain, merde à la IVème !

———

Mais ce que je vois c'est un contrat en effet avec Gaston, pour par exemple
— 10 000 Voyages et
— 10 000 Mort à crédit

———

1. Voir note 6, p. 68.

(sans droits d'auteur). Tous les droits d'auteur passés *sous la table* à Daragnès, ni vu ni connu, *pas un papier*. Si Gaston veut vraiment causer sérieusement alors il faudra que je prévienne un petit pote à moi, un dessinateur nommé Pierre Monnier 41 Rue Lecourbe Paris[1]. Il a étudié l'affaire de ma *réédition*, fort sous tous les angles, juridiques, pesos, etc. Il est venu me voir *ici*. Un jeune éditeur nommé *Frémanger* était sur l'affaire[2], mais il a fondu devant la réalité : manque *d'espèces*. Mais en tous cas Monnier est très au courant de tout l'imbroglio et des possibilités. Il a vu mes 3 avocats. Ils ont longuement étudié TOUT.

Mais pas de question d'un seul pétard au fisc !
18 p 100. 250 000, pour commencer et le reste en mensualités (toujours sous la table).

Soi-disant je ne veux pas de droits d'auteur je veux être publié pour *l'amélioration du goût littéraire français*. Voilà comme je suis, un grand bienfaiteur et patriote. Ou plus trivialement : *Pour pas qu'on m'oublie !* ou : *Pour emmerder le monde !* ou alors en maison *fictive* à Bruxelles. Ma volonté. Le fisc n'a rien à y voir. C'est une affaire entre Gaston et son caissier ! Il a dû en voir d'autres son caissier !

Votre bien affect[ueu]x

LF Céline

---

1. Pierre Monnier qui deviendra éditeur de Céline sous le nom de Frédéric Chambriand. Voir ses souvenirs publiés sous le titre *Ferdinand furieux* (L'Âge d'Homme, 1979).
2. Charles Frémanger (1924-1960) qui publiera *Voyage au bout de la nuit* au mois de juin dans sa maison, les Éditions Froissart, mais avec une mention fictive d'édition à Bruxelles.

63. — À JEAN PAULHAN[1]

Le 19 [janvier 1949]

Cher Ami

Je serai bien content de recevoir *le Vent* et la *montagne* même défraîchis[2] !

Je vais vous demander une grâce, s'il y a des « retours » de la Pléiade[3].
Voulez-vous en envoyer *un* exemplaire, aux adresses suivantes :
— Antonio Zuloaga[4]
    54 Rue Caulaincourt Paris
— Georges Geoffroy[5]
    23 Rue Danielle Casanova Paris
et P. Levi directeur d'*Aux Écoutes*[6].
et *Arletty* Hôtel Plaza Athénée. Avenue Montaigne[7].

À propos de ma lettre d'Hier[8] j'ajoute que tout s'est *effondré* dans la littérature DEPUIS le cinéma, sans que les écrivains semblent l'avoir pressenti, admis, *rien du tout*. Sans le vouloir ils fabriquent tous à présent des plans de *scénarios*. On regrette en les lisant : le *film*. Scénarios aussi les romans Flaubert, Hugo, Loti, Balzac ! Le cinéma fait *beaucoup*

---

1. Archives Paulhan.
2. *L'Homme et le vent* d'Edgar Aubert de La Rüe et *L'Homme et la montagne* de Jules Blache publiés respectivement en 1941 et en 1934 dans la collection « Géographie humaine » chez Gallimard.
3. Céline n'ose sans doute plus demander des exemplaires en service de presse. Les « retours » sont les exemplaires qui reviennent invendus de chez les libraires.
4. Antonio Zuloaga, ami espagnol de Céline, attaché de presse à l'ambassade d'Espagne à Paris, qui avait proposé en 1944 à Céline de se réfugier à Madrid.
5. Georges Geoffroy, bijoutier, que Céline avait rencontré à Londres pendant la Première Guerre alors qu'il était attaché au bureau des passeports du Consulat.
6. Pierre Monnier était alors dessinateur pour cet hebdomadaire. C'est auprès de Paul Lévy, son directeur, que Pierre Monnier trouvera un premier soutien à Céline.
7. Céline et Arletty sont tous deux nés à Courbevoie et se sont rencontrés pendant l'Occupation.
8. Probablement celle datée du 17.

mieux. Il n'y a plus qu'un *espace* réservé au roman, *l'émotivité directe*. Tout le reste est pris et comment! par le film. Autrefois on pouvait demander (avant le film) au lecteur des efforts d'imagination... auxquels il *se refuse* absolument *aujourd'hui*.

« Gertrude entre par la porte de droite... tout en larmes... son fiancé, maussade, bougonne sur le sofa etc... »

Tout ceci le cinéma s'en charge *une fois pour toutes*. Pour faire mieux que le cinéma, pour être *lisible* il faut être à présent *dans* Gertrude et *dans* le fiancé, sans les *décrire*. Ah surtout ne pas les décrire. Sinon on chie dans le *pot*. Crochet!

———

Je ne trouve plus lisible que Louise Labé, Christine de Pisan... un peu Villon... par passages l'abbé Brémond[1]...

———

Avec votre cravate vous êtes mûr pour l'Agagadémie! Compère-Lauriol vous embrassera[2]!

Donnez-moi je vous prie des nouvelles de Gaston, des ronds, du contrat.

Et je vous embrasse aussi comme Compère Lauriol!

Votre fidèle et *très éprouvé*

LF Céline

---

1. Céline défend par là l'art poétique.
2. Vincent Auriol est président de la République depuis le 16 janvier 1947.

64. — À JEAN PAULHAN[1]

Le 21 [janvier 1949]

Mon cher Paulhan

En dernière minute voici un éditeur belge qui m'arrive, et me fait une proposition joliment ensorcelante. J'ai accepté[2]. Donc *remise* pour ce qui nous concerne. La nénéref me porte veine. Elle fait bander mes clients.

Mais ceci TRÈS ENTRE NOUS — RIEN À GASTON. Et puis ce n'était pas une affaire pour la nénéref ce ministère !

———

Ah mais il faut nous voir quand même ! au contraire ! Les Deux Mondes me boudent[3]. Ils ont tort. Je les adore. Leur Revue est mon *vice*. J'ai la collection depuis 1850. Je m'en gorge, j'y trouve une joie interminable, un plaisir divin et démoniaque. Je LIS TOUT. Les comptes rendus de la Chambre 1905, les comédies 1892... Je sais *d'avance* tout ce qui *va se passer*. Dans quelle trappe vont disparaître tous ces guignols ! leurs promesses ! leurs certitudes ! *Je suis le Destin.*

Et puis quels talents ! Avez-vous lu les reportages d'Élisée Reclus sur l'amérique du nord[4] ?

Ah fadeurs, platitudes de nos journalistes actuels !

Votre bien amical

LFC

---

1. Archives Paulhan.
2. Dans une lettre du 20 janvier, Céline écrit à Paraz : « *Ah oui j'ai vu Frémanger hier. TRÈS BIEN mais ATTENTION — PAS MOUFTER — Paulhan est sur le coup. Très gentiment aussi. (pour Gaston —) Il ne faut pas découvrir Frémanger. Je dirai qu'un éditeur belge m'a séduit — une fois les LIVRES EN VENTE* » (*Cahiers Céline*, 6, p. 124).
3. La *Revue des deux mondes*.
4. Élisée Reclus publia des reportages sur l'esclavage aux États-Unis en 1860-1861 et sur les Noirs américains en 1863.

65. — À JEAN PAULHAN[1]

Le 1. [février ? 1949]

Mon cher Ami.

Ah que je bande énormément sur vos livres de *géographie* !
On peut pas me retrouver ?
— Géographie des villes par *Pierre Lavedan*
— Géographie des frontières de *Jacques Ancel*
— La chasse des animaux à fourrures au Canada par *Brouillette*
— La Civilisation du Renne par *Leroi*
— La Civilisation de la Vigne par *Perrin*
— La Civilisation du miel par *Vellard*[2]

Je ferai n'importe quelle folie pour acquérir ces ouvrages par exemple vous passer gracieusement tout un chapitre de *Féerie* pour un prochain *Plésiosaure* ? Pacte ?

Votre bien amical

LF Céline

66. — À JEAN PAULHAN[3]

Le 27 [février ? 1949]

Mon cher Paulhan.

Qui parlerait *de ce Texcier* jamais s'il n'avait trouvé moyen de stercorer dans mes écrits ? Alors moi vous comprenez je ne m'en occupe plus.

---

1. Archives Paulhan.
2. Tous ces volumes ont été publiés chez Gallimard dans la collection « Géographie humaine », *Géographie des villes* en 1937, *Géographie des frontières* en 1939, *La Chasse des animaux à fourrures au Canada* de Benoît Brouillette en 1934, *La Civilisation du renne* d'André Leroi-Gourhan en 1936, *La Civilisation de la vigne* d'Armand Perrin en 1938 et *Une Civilisation du miel* de Jean-Albert Vellard en 1939.
3. Archives Paulhan.

Les Juifs ? Eh bigre il y en [a] autant, *et aux postes de commande*, à Paris, qu'à Moscou, qu'à Washington, qu'à Tel Aviv, qu'à Londres ? Qu'ai je à y foutre ? Vous ont-ils invité à arbitrer leurs querelles ? Banquiers contre Commissaires du Peuple. Vous comptez là dedans pour des nèfles et moi aussi. Retournons à notre jardin ! Indiscrétion. Les juifs *fonderont avec nous* dans le panorama des Temps, (pas longtemps,) dans l'océan nègre et jaune. Les juifs ne tiennent *leur ethnie* qu'en symbiose aryenne, une fois mêlés aux jaunes ou aux noirs, ILS FONDENT. Ils sont « *dominants* » biologiquement par rapport à nous, ils sont « *dominés* » par les sangs noirs et jaunes. Notre lutte antisémite est *stupide*. *Le juif c'est nous* si j'ose dire. Le noir a pour le juif un *attrait* (tropisme) *irrésistible*. S'il était question de revanche (à Dieu ne plaise !) on peut jouer à *coup sûr* sur l'empire juif du moyen orient. Là aura lieu la défaite *biologique du juif*, par *métissage*, et retour à ses hérédités jaunes et nègres. Comme la Rose ne demande qu'à redevenir *aubépine*. Le Juif est un être absolument *artificiel,* un croisement, et un hybride très fragile. Les dirigeants de Tel Aviv *le savent d'ailleurs* et s'opposent aux mariages *arabes*. Mais le régime des *Castes* ne préserve jamais *rien*. *Voir Gobineau*[1]. La promiscuité amène fatalement les coïts, et le retour à *l'aubépine* ! Voir *les Indes* ! La Palestine est le périmètre de la fonte, de lyse[2] de l'ethnie juive. Quant à nous mon Dieu c'est déjà fait ! *Nous périrons racialement avec le juif.*

Non même pour vous faire plaisir je ne peux pas vous dire que j'aime écrire. Shakespeare prétend que « nous sommes faits de la même étoffe que nos rêves[3] ». Le mien n'était certainement pas d'écrire des romans. Don et Vocation ça fait deux et peuvent très bien s'opposer dans le même être. La plupart des écrivains se supposent des dons et des vocations... narcissisme fait le reste ! Oui j'ai horreur *d'écrire* comme les médiums ont presque toujours horreur de faire tourner les tables. Cela m'éreinte de même et m'écœure, mais *je sais les faire tourner*... Les autres trichent. Et combien pensez-vous qu'un écrivain même authentique

---

1. Arthur de Gobineau reste heureusement plus connu pour ses récits et nouvelles que pour son *Essai sur l'inégalité des races humaines* réédité dès l'automne 1940.
2. La « crise salutaire » en médecine.
3. Plus exactement : « *Nous sommes de l'étoffe dont les rêves sont faits* » (*La Tempête*, III, 1, traduction de Letourneur).

puisse faire tourner de tables dans sa vie ? allons donc ! une, deux fois au plus ! Et vivre ? Et la marmite ?

———

Vous voyez que le drame de l'épicerie Grasset s'est très bien arrangé[1]. Les drames d'épicerie tournent rarement mal. Ce Texcier par exemple qui doit bien avoir plusieurs illisibles dans ses tiroirs doit compter beaucoup sur Grasset... et mille autres crouillats du même flacon ! Cette bonne blague !

———

Je ne sais rien du *Voyage*, ni du reste, tout est occulte, clandestin... évasif, évanescent comme le veut votre Bergson. Ah le « devenir » ! L'article 75 aussi est un « devenir »...
Bardèche entre au trou, c'est plus grave[2].
À la fin tous ces jeux que l'Athéisme élève conduisent tristement le plaisant à la grève...
Êtes-vous pêcheur à la ligne ?
Votre bien affectionné

LF Céline

Ah pouvez-vous faire envoyer un exemplaire de *Casse Pipe* Pléiade à
    Bendz[3]
    18 Kastellgatan
    Göteborg
    Suède
C'est un fada des lettres françaises, lecteur à l'Université de cette ville. *Il me défend !* c'est un anti-Texcier ! Oultre ! Foultre !
Justement reçu l'admirable géographie de la circulation[4]. Mille mercis !

———

1. Voir note 2, p. 70.
2. Maurice Bardèche, né en 1909, beau-frère de Robert Brasillach, fut arrêté le 16 février et inculpé d'apologie du crime à la suite de la publication en octobre 1948 de son livre *Nuremberg ou la Terre promise* (Les Sept Couleurs) dans lequel il critique le procès. Le livre avait été saisi et pilonné.
3. Ernz Bendz, écrivain et médecin suédois qui rendit visite à Céline à Korsor et participa à sa défense en publiant notamment un essai sur lui à Stockholm (**Fallet Céline**, 1949).
4. Robert Capot-Rey, *Géographie de la circulation sur les continents*, Gallimard, 1946, collection « Géographie humaine ».

J'ai acquis toute la collection des *Deux Mondes* depuis *ses débuts* à Copenhague, pour un morceau de pain !

Oh Proust s'il n'avait pas été juif personne n'en parlerait plus ! et enculé ! et hanté d'enculerie. Il n'écrit pas en français mais en franco yiddich tarabiscoté absolument *hors de toute tradition française*. Il faut revenir aux mérovingiens pour retrouver un galimatias aussi rebutant. Ah ça ne coule pas ! Quant aux profonds problèmes ! Ma Doué ! Et la sensibilité ! Pic Poul ! Cependant je lui reconnais un petit carat *de créateur* ce qui est RARISSIME, il faut l'avouer. Lui et Morand, mais qu'y reconnaissent les critiques ? Ces chiens borgnes, bigles, oreilles fausses, tout faux ! Pitié.

---

67. — À JEAN PAULHAN[1]

Le 30 [printemps 1949]

Mon cher Paulhan

Ah laissons Casse Pipe tranquille ! Il serait boykotté comme le reste ! Ce serait une funeste affaire, l'éditeur serait roulé[2]. Mon nom à présent porte la poisse. On ne sait plus comment me détruire. Dorgelès et Carco me trouvent paraît-il et l'écrivent grotesque et insignifiant[3]. Les Lettres françaises n'arrêtent pas de me trouver imbécile et criminel à la fois. C'est un jeu de massacre ! presqu'unanime et enfin le *Silence*, cette pierre tombale. Le boykott est trop bien orchestré *et instinctif* pour que j'y résiste ! C'est un délire *cohérent*. Dupré le grand psychiatre aimait à retrouver chez ses malades le délire *cohérent*[4]. Il y trouvait une marque

---

1. Archives Paulhan.
2. *Casse-pipe* sera pourtant publié par Pierre Monnier en décembre 1948.
3. Roland Dorgelès n'avait pas voté pour Céline lors de l'attribution du prix Goncourt en 1932 ; Céline lui en voudra toujours. Francis Carco, lui, devait apparaître à Céline comme un timide conteur.
4. Voir note 1, p. 72.

logique, française, raisonnable, cartésienne *malgré tout* ! Le délire cohérent aussi moi m'enchante. Je ne suis pas voyez-vous mon cher Paulhan aussi malheureux que j'en ai l'air et pourtant les apparences... et même les réalités !...

Oh par ici il n'y a pas de printemps. Il y a 15 jours d'été et c'est tout... 15 jours torrides. Le reste est affreux, sans nom. Ciel comme en Angleterre, moins de brume, moins de pluie et surtout moins de poésie, *aucune*. Le pays fastidieux.

Les « *Provinces obscures* » des vieilles chroniques.

———

Bien entendu je ne trouve pas une seule page de Carco ou de Dorgelès digne de me torcher le cul ! Il va sans dire ! Ces deux minables sont aussi croquants que fats. Encore et toujours épatés d'avoir découvert Bourget, la Butte, la guerre, le milieu, Paris ! Ils n'en reviennent pas et n'en reviendront jamais !

Hein que c'est épatant ! écriront-ils sur cent airs divers jusqu'à leur mort. Hein qu'on est épatants ! Hein que vous êtes épatés ? autrefois vers 1900 on appelait ça des « parisiens gris becs ». Ils demeurent toujours dans le ton des articles émerveillés sur l'Exposition Universelle.

Les *bas fonds* de Paris ! J'avais un oncle, *René*, qui frimait à la porte sapé en « coquillard » truand bariolé... Il bonnissait. Entrez ! Entrez ! bourgeois de la Capitale[1] !

C'est du Carco. Ça se passait au bord de la Seine, au pont de l'Alma. Les parents de Dorgelès et Carco ont dû les mener là. Et la Javalave madame ! Et que je te joue de l'accordéon comme Fayard et Maurois parlent l'anglais[2] ! C'est à dire !...

Votre bien am[ical]

LFC

---

1. René Destouches, frères de Fernand, le père de Céline, dont il fera l'oncle Rodolphe dans *Mort à crédit*, fut barnum à l'Exposition Universelle de 1900.
2. Probablement Jean Fayard, écrivain qui reçut le prix Goncourt en 1931 pour un roman publié chez son père. André Maurois, après la publication de ses biographies de Shelley et de Disraeli, avait été accusé de plagiat par Auriant dans le *Mercure de France* en 1928.

68. — À JEAN PAULHAN[1]

Le 30 [avril 1949]

Mon cher Paulhan.

Paraz m'apprend que *Casse Pipe* est annoncé dans le *Crapouillot*[2] ? Mystère ! Par qui édité ? publié ? Le savez-vous[3] ?

Votre bien amical

LF Céline

C/ Th. Mikkelsen
Klarskovgaard
Korsør
Danemark

69. — À JEAN PAULHAN[4]

Le 4. [mai ? 1949]

Cher Ami.

Je vais lancer mes limiers sur cette affaire Casse Pipe, où je me sens effrontément escroqué, une fois de plus.

———

Certes le Pédalo est un instrument ubutique. Paul Boncour au temps de Vichy en était champion sur l'Allier[5] et toute l'Ambassade d'Allemagne réfugiée à Gerardmer en Août 44 se donnait entièrement au pédalo. (Petite Histoire[6] !) Epting[7] était champion aussi comme Paul

---

1. Archives Paulhan.
2. Le 26 avril, Albert Paraz avait écrit à Céline : « *Es-tu au courant de la sortie prochaine de Casse Pipe qui est annoncée par Crapouillot et pour laquelle des amateurs me demandent des précisions* [...] *?* » ; et Céline lui répond le 30 : « *Je ne suis au courant de rien du tout. Sortie prochaine de Casse Pipe ? Rien. Chez qui ? par qui ?* » (*Cahiers Céline*, 6, p. 153).
3. Pierre Monnier ne prendra la décision de publier *Casse-Pipe* qu'à l'automne.
4. Archives Paulhan.
5. Joseph Paul-Boncour (1873-1972), fondateur de l'Union socialiste républicaine ; sénateur, il vota contre les pleins pouvoirs au maréchal Pétain en 1940.
6. À la suite de son évacuation le 17 août 1944, l'Ambassade d'Allemagne suivit le gouvernement français transféré à Belfort avant de gagner Sigmaringen.
7. Karl Epting (1906-1979), directeur de l'Institut allemand pendant toute l'Occupation.

Boncour — on en donnerait un à Pétain, je le verrais facilement battre les records. C'est un instrument dans ce ton.

Vienne la Paix sommes-nous prêts ? Vous souvenez-vous du vieux slogan de Bonnefon 1917[1]. Tout ce qui concerne la Russie est dans *Custine* et tout ce qu'on peut en attendre. Cet éminent voyageur 1834 a découvert les bases, les essences de notre Destin[2].

Oh Paraz vous aurait reçu très affectueusement. Vous en êtes encore à retenir les déconnages d'écrivains ? foucades, hurluberluteries ! Grand Ciel ! Pauvres torturés babilleurs ! Cris de souffrance c'est tout ! Entre le mensonge, la vanité et le pal ! Malheureux enfants branleurs, délirants de lustucreries ! Povoîtes ! Je ne sais rien du monde si ce n'est que Gog et Magog me semblent bien déchaînés...
    Pauvre monde qui manque horriblement d'Henri IV !... au pluriel... de politique *constructifs*...
    Il n'y a plus que de chétifs clowns ! haineux ! rabâcheurs, ennuyeux
    Bien affectueusement

LF Céline

---

[1]. Charles Bonnefon (1871-1935), ancien correspondant à Berlin du *Figaro* et de *L'Écho de Paris*, poursuivit du front son métier de journaliste. Il pensait que la fin de la guerre ne résoudrait pas l'envie d'hégémonie allemande et qu'il faudrait l'empêcher de se relever (*Croyez en la France*, Berger-Levrault, 1915).
[2]. Les récits de voyage de Custine l'ont rendu célèbre et en particulier celui en Russie en 1839.

70. — À JEAN PAULHAN[1]

Le 3 Août [1949]

Destouches
C/ Mikkelsen
Klarskovgaard
Korsør

Cher Ami

Je viens de recevoir *le Sol*, livre admirable, je l'ai feuilleté[2]. Mille gratitudes. Mon horreur pour la campagne va s'en accroître énormément. Je reconnais à la campagne de l'oxygène, c'est tout. Il en faut bien sûr ! il en faut ! mais pourquoi souffle-t-il en tempête ? Et glacial déjà !
Autre sujet.
Vous verrez que je finirai par être l'auteur le plus *maudit* du Siècle... Damné pour péché *irrémissible* et *indicible*. La preuve : on ne me condamne pas en droit mais *en fait* à une sorte de mort par menace et éloignement. Vivement les tanks Kirgizes Place de la Concorde ! Là on sortira des faux semblants !
Votre ami fidèle

LF Céline

---

1. Archives Paulhan.
2. Henri Prat, *L'Homme et le sol*, Gallimard, 1949, collection « Géographie humaine ».

71. — À JEAN PAULHAN[1]

Le 18 [septembre ou octobre 1949]

Mon cher Ami

Merci encore pour ces admirables géographies qui me rendent d'un de ces savants ! Oh que je vais être puant d'orgueil prochainement ! Péché mortel !

———

Vous savez cette rocambolesque plainte du gang miteux véreux des faux héritiers Denoël me semble à la réflexion couvrir encore un surcroît de carambouille à mes dépens. Les bougres aux abois n'ont rien trouvé de mieux que de hurler au « Voleur » et au Parquet pour escamoter le fait qu'ils me soldent et comment au marché noir ! le vieux truc ! Tosi leur directeur littéraire me l'avait dit venant ici me voir *en avion* (pour m'enlever Féerie !) nous vous vendons en sous main aux libraires sûrs... c'est-à-dire : *carambouilleurs* oh les petits futés ! Je raconte tout ceci à M. Baurès le Juge d'Instruction[2].

En attendant voilà 6 ans que ces crapules ni ne m'éditent ni me payent *un sou* ! Et veulent ma foi me tenir en « *esclavage* » ! en vertu de ce torche chose contrat qui n'a plus aucun sens ! Nous allons voir ! Je vais te faire aboyer tous ces chiens ! une bonne *inculpation pour outrage à Magistrat* ferait du bien à ces voyous ! Je le suggère à M. Baurès. Ils se servent de lui pour *publicité gratuite* à leur carambouille ! Oh mais je ne suis pas dupe ! Et puis nous avons ce jugement *Véry*[3] ! notre tabou !

Vive la nénéref !

Votre bien amical

LF Céline

1. Archives Paulhan.
2. Denoël déposa en septembre une plainte en contrefaçon à la suite de la publication de *Voyage* par Frémanger. L'instruction, confiée au juge Guy Baurès, s'acheva par une Ordonnance de non-lieu, rendue le 29 janvier 1951, Mme Jean Voilier s'étant finalement désistée de sa plainte.
3. Pierre Véry, auteur de romans policiers, avait assigné Gallimard le 13 mai 1946 pour non-réimpression de ses titres ; par jugement du 31 mai 1947, il reprit la libre disposition de ses œuvres et obtint quarante mille francs de dommages.

72. — À JEAN PAULHAN[1]

[Fin 1949]

Mon cher Paulhan

À la réflexion, si la NRF songeait *sérieusement* à me reprendre, et mes livres, il faudrait qu'elle se grouille (pour une fois ! cesse de se contempler le nombril !) et me dégage de la fille ***. Cette pétasse d'aventure et d'assassinat semble mal partie. La veuve Denoël lui intente procès etc[2]. D'autre part je lui ai résilié mon contrat il y a plusieurs mois[3]... Elle a certainement du plomb dans l'aile. Elle est bête. Moins épaisse elle aurait déjà liquidé une situation aussi louche depuis longtemps. Elle tenait par la femme *** qu'elle a dû sucer à son tour anciennement. Bidault en l'air elle ne tient plus guère. Elle repasserait sans doute ses pseudo-droits pourris à la NRF pour un bol de riz. Car elle sait que je suis *décidé* à ne JAMAIS à AUCUN PRIX être réédité chez elle. *Je le lui écris encore ce jour même.* Je ne veux pas de cette morue idiote, affairiste. Elle attendait surtout *Féerie* ! Mais évidemment il faut parler cash et pas de quelque misérable 100 000 francs ! (1 000 fr. 1914 ?) Voilà tout le hic ! Je préfère m'arranger en Suisse, c'est facile, où on ne me payera pas en participes infinis et en courants d'air. Depuis 6 ans que je vis de prétéritions et de courants d'air ! Il faut des billes, et je crois que la NRF est aussi fauchée que Denoël, où sont les éditeurs opulents ? déjà avant 39 je crois que c'était Hachette qui soldait les ardoises NRF[4]. Philippaqui (Bibliobus) y jouait les mécènes ! Il soupirait en pensant au peigne cul Gallimard qu'il renflouait selon lui chaque fin de mois ! Bibliobus, Smyrnote faisan le prenait en pitié[5] !

---

1. Archives Gallimard.
2. Voir note 4, p. 69.
3. Le 8 décembre 1947, Céline a fait savoir aux Éditions Denoël que son contrat était rompu du fait du non-respect de l'article 11 qui prévoyait qu'en cas de non-réimpression de ses ouvrages pendant un an l'auteur recouvrerait purement et simplement la libre disposition de ses droits.
4. Hypothèse malveillante couramment répandue depuis que Gallimard a confié sa distribution à Hachette en 1932.
5. Henri Filipacchi (1900-1961), originaire de Smyrne, parcourt la France dans une « librairie-bibliobus » avant d'être embauché chez Hachette dont il devient secrétaire général des Messageries en 1936.

Peut-être tout cela a-t-il changé, mais j'en doute. En tous cas vous voyez, je serais libre si on 1° me payait en francs suisses et en Suisse, et pas 25 fr ! une passe !
Bien votre ami

LF Céline

1950

73. — À JEAN PAULHAN[1]

Le 5 [janvier 1950]

Mon cher Paulhan

Je crois que je serai encore trop malade pour venir faire le pitre d'Arène à la séance du 21 Fév[rier]... Enfin j'essayerai. Mille gratitudes pour votre témoignage[2] mais vous pensez bien que le Duc de Montrouge-Vendôme ferait donner l'élite des échappés « des fours » et que votre voix serait largement couverte[3] ! sans compter les néo-faux bordereaux dont il tient usine ! Cet adultéreur de devises ! Ah en avant le procès Dreyfus à l'envers ! Toute la haine hystérique diabolique d'orgueil ! Le Scalp ! À quand Parisgrad ? À quand le nouvel Offenbach... de la « Vie Parigrasdienne » ? Je l'ai demandé à Georges Bidault ! Il doit le savoir cet historien ? Les décadences c'est pas drôle et ça dure longtemps... Byzance 7 siècles ! Mayer de Byzance de Montrouge il jouit, et de Rothschild et autres lieux ! C'est une grosse ficelle un peu voyante bien sûr mais « Tout Caliban » est pour lui... on peut rétablir « la Grève », la Roue... Quel monde ! La boxe

---

1. Archives Paulhan.
2. Paulhan répondra à une enquête de Maurice Lemaître publiée dans *Le Libertaire* des 13, 20 et 27 janvier 1950 : « Que pensez-vous du procès Céline ? »
3. René Mayer, alors garde des Sceaux du gouvernement Bidault, était qualifié par Céline de palestinien de la place Vendôme, ou duc de Montrouge car les exécutions capitales avaient alors lieu au fort de Montrouge. Son arrivée à la Chancellerie avait relancé le procès Céline.

fera faillite... Oh je ne sais plus où j'en suis des éditions. Je vais bientôt être saisi pour tous mes biens présents et à venir, donc mes livres avec ! Quand on spolie... ! mon éditeur sera le Duc de Vendôme Mayer et ses sbires j'imagine... Duc avec droits de haute et basse justice ! Oh ! la tradition ! et les faux poids dans la « Balance » ! Tout ! Vous verrez le 21 février !

Votre bon ami

LF Céline

74. — À JEAN PAULHAN[1]

Le 10 [janvier 1950]

Mon cher Paulhan

Tout de même il faut que je vous *mobilise* pour le 21 Fév[rier][2]. Allez y. Toute la sauce ! Si je tiens encore debout j'irai, mais je ne suis plus vivant guère que dans la fièvre[3]. Et même pour la curée il faut que la Bête tienne encore à peu près sur pattes.

Blaise Cendrars.

Daragnès Marie Canavaggia

Marcel Aymé

doivent témoigner, en ma faveur[4]. Voulez-vous vous mettre en rapport avec *Naud* ? Monnier fera les liaisons s'il est besoin.

Votre bien amical

LFC

Certes, vous aurez un *chapitre* de *Féerie* en *essai* dans les Cahiers. Ça va de soi.

---

1. Archives Paulhan.
2. Le procès de Céline devant la Cour de justice de la Seine, fixé une première fois au 15 décembre 1949, fut renvoyé au 29 décembre puis au 21 février 1950.
3. Le 14 février Céline écrira au président de la Cour de justice que, malade, il ne pourra se rendre à l'audience. Il sera jugé par contumace.
4. C'est Paraz qui avait pris contact avec Blaise Cendrars qui lui avait promis d'intervenir mais n'en fit rien. Daragnès, Marie Canavaggia et Marcel Aymé écrivirent au président de la Cour de justice.

75. — À JEAN PAULHAN[1]

Le 16 [janvier 1950]

Mon cher Paulhan

Je vous admire et je vous aime et j'ai foutrement besoin de votre autorité pour me tirer des tenailles du Duc Mayer de Vendôme-Montrouge qui a dû promettre mon scalp à une douzaine de sanhédrins ! Ils vont enculer la mouche au vol pour me trouver criminel de je ne sais quel crime... mais ils vont y parvenir ! Y a de fameux acrobates à Vendôme-Montrouge !

Ah très bien reçu le Journal du Voleur[2]... mais foutre j'ouvre une page et voilà « on le chuchote la nuit à l'oreille, d'une voix rauque... » Ce n'est rien encore mais « outre ses teintes par sa ruguosité, l'étoffe évoque... »[3] merde je crève. Me voilà knock out ! Et le cinéma alors ? et ses bons fauteuils qu'est ce qu'on va y faire ? S'y branler à mort ? « L'endroit était sombre et peu sûr... » c'est effrayant ! Je suis sûr qu'il est pourri de génie Genet ! C'est moi l'infirme sans doute. Le maniaque d'une sorte de façon de penser que le *Temps* seul compte, qui nous offre une trame, sa trame, pour y broder un certain Style, un certain rythme. Celui de la minute qui passe, l'instant, et c'est fini ! *instantanéiste*, je suis. Le *rendu émotif* de la *Seconde*, rien d'autre. Déjà c'est du Passé. Le Temps l'emporte... Je n'entends pas là danser le Temps, son air, sa magie. Le secret de notre âme, chantant... toujours en train de filer... le mouvement de notre rigodon de vie... Sur le rouet des Parques

Bien affectueusement

LF Céline

---

1. Archives Paulhan.
2. De Jean Genet, achevé d'imprimer le 16 juin 1949 chez Gallimard.
3. Deuxième page du texte de Genet, page 10 de l'édition originale, pour ces deux citations.

76. — À JEAN PAULHAN[1]

Le 6 [février 1950]

Destouches
Mikkelsen
Klarskovgaard
Korsør
Danemark

Cher Ami

Voilà une *Tragédie*. Les yeux ! Œdipe à Juan les Pins[2] ! Gardez en effet les Énigmes pour le 21 ! Mais il sera très tard je crains ! Tout doit être joué déjà dans les labyrinthes du Duc Mayer de Vendôme-Montrouge ! La rage des chacals veut la Bête ! Toutes les calomnies, fables, idioties ! C'est drôle vous voyez d'être en butte à la meute... Toute cette horde d'épileptiques croit me découvrir et ils *se découvrent* EUX à moi au contraire !

Ils me décrivent, ils me pensent comme il sont *eux-mêmes* (ce qu'ils auraient fait à ma place !) Ils s'acharnent après un fantôme de leur fièvre de haine. *Pas après moi du tout !* C'est en effet amusant comme les *glaces* de Robert Houdin où me menait ma grand-mère sur le Boulevard vers 1905[3] ! Je voudrais certes *vous voir ici*, quand vous pourrez. *Aucun frais* et grande joie ! pour nous deux !

Et puis vœux de rapide guérison ! mais donnez-moi des détails *cliniques* !

Votre ami

LF Céline

1. Archives Paulhan.
2. Paulhan souffre alors des yeux. Il est parti se soigner à Juan-les-Pins.
3. Céline Guillou, sa grand-mère, emmena souvent son petit-fils, jusqu'à sa mort le 18 décembre 1904, au cinéma Robert-Houdin devenu le musée Grévin.

77. — À JEAN PAULHAN[1]

Le 2 [mars 1950]

Bien cher Ami.

Vous êtes trop malade pour vous payer de tels héroïsmes ! Je vais être l'occasion d'une « rechute » !... Par mes sottises ! Et encore on ne vous a pas convoqué[2] ! Enfin tout le monde vous a *cité* quand même !... Et pour en enrager ! Le verdict est d'une admirable bénignité grâce à vous tous mes admirables amis[3]. Il est bien rare qu'un bourreau ne vous coupe le cou qu'à moitié, mais avec un cou mi-tranché on n'est cependant pas très fier... ni très vaillant. Et la meute tire toujours sur ce demi-col en plus ! Mais donnez-moi de vos nouvelles ! précises ?

―

Oh ce Milton Hindus est un furieux petit scorpion et menteur[4]. Je l'ai vu en tout et pour tout *2 heures — pas trois semaines du tout*[5] *!* — ici pour l'engueuler et le foutre dehors ! Il venait d'ailleurs chercher les éléments d'un livre pour se racheter lui-même auprès de ses coreligionnaires, une pirouette !

Votre bien fidèle ami et reconnaissant

LFC

1. Archives Paulhan.
2. Au procès le 21 février.
3. Après avoir protesté contre le jugement, Céline a reconnu qu'il ne s'en était pas trop mal tiré.
4. Le 23 février, *Combat* a publié des bonnes feuilles du livre de Milton Hindus qui vient de paraître à New York.
5. Milton Hindus a passé trois semaines du 20 juillet au 11 août 1948 à Korsör, pendant lesquelles il a vu Céline presque tous les jours.

78. — À JEAN PAULHAN[1]

Le 27 [avril 1950]
Cher Ami.

Tout réfléchi ce serait folie de tenter Copenhague... nul plaisir... ni même Korsör[2]. Notre état ne nous permet *aucune fantaisie, prisonniers sur parole* donc *lépreux*, et d'ailleurs vêtus comme *vos dessins*. On n'a pas été à Korsör depuis 6 mois, *pas présentables*, à Copenhague depuis 2 ans[3] ! Copenhague est un sous sous Bordeaux craneur protestant idiot. Le Scandale c'est la mort. Lisez *Mon Journal* de Léon Bloy. C'est notre vie *en bien pire*[4]. Lui n'avait pas l'étiquette d'infamie politique au cul. Non pas question de jouer les « fantaisistes ». D'ailleurs nous n'avons pas *un sou* même pour le dur ! Vous n'avez pas idée de notre misère physique et morale, l'abjection, et la maladie, et depuis *7 ans* !

STOP

Kefekle ceci dit est bien marrant, mais ça manque dans vos dessins. Tous les argots ont pour âme : la haine. Là votre haine semble être celle de la langue codifiée. Vous êtes un Bolivar, le grand Libérateur des opprimés de l'École maternelle. Oh c'est chouette ! Bioutifoule ! mais savant quand même, c'est le hic, le petit hic. Y a du labeur. Sans les dessins ça devient hermétique. Faut aviser, *du dessin*. Ça ne va qu'avec le dessin comme l'égyptien, votre œuvre ! Des baths hiégroglifes. Alors on jouit. Comme Madame Bébert.

Votre bien affectueux

LF Céline

1. Archives Paulhan.
2. Céline, toujours à Klarskovgaard, avait peut-être envisagé d'aller passer quelques jours chez Mikkelsen à Korsör ou à Copenhague.
3. En fait il était allé passer quelques jours avec Lucette à Copenhague début février 1949.
4. Voir note 3, p. 63.

79. — À JEAN PAULHAN[1]

Le 29 [mai 1950]

Eh bien mon vieux c'est pas bien gentil de m'avoir fait le coup du deuxième tour[2]. Encore un coup ! Kif au Goncourt ! Kif à mon « non lieu ». *J'y coupe pas.* Je suis l'assommé obligatoire du 2ème tour ! Je rigole parce que peau de vache pareille j'ai déjà eu bien du succès considérant le genre du monde... On ne décore jamais que les gentils garçons bien placés qui ne cassent rien. Tous vos lauréats iront retrouver Mazeline[3]. Mais toutes les coteries auront été équitablement servies. Les Enculés, les Palestiniens, les Jésuites, les Garçons, les Garçonnes, le RPF, l'Alsace Lorraine, l'Académie, les Rien du tout. C'est rigolo de tous ces chefs-d'œuvre je n'ai lu que les Dieux ont soif et il y a longtemps[4]. J'ai vécu un demi-siècle pour rien. Vous savez Paulhan dans toutes les grandes villes du monde, Chicago, Paris, Copenhague, Milan ou Moscou, il y a de grands marchands de tableaux qui occupent de très beaux magasins. Ils exposent en peinture *l'Éternelle beauté.* Le goût de l'Éternelle beauté ne change pas, il est d'une constance, d'une stabilité *extraordinaires.* Les mêmes tableaux d'éternelle beauté se vendent aussi bien en 1900 qu'en 1950, qu'en l'an *2000.* Kif en livres. Vous devrez créer le Prix de l'*Éternelle Beauté.* Je veux être Président de ce prix. Les meilleurs romans *du Siècle.* Voilà l'Éternelle Beauté. J'en vois des chouettes ! D'avoir oublié Romain Rolland, c'est vache[5]. *L'Enfance* de J[ean] Christophe. Et puis

---

1. Archives Paulhan.
2. Un jury dont fait partie Paulhan a effectué le 26 mai un choix des douze meilleurs romans du demi-siècle. Une première sélection avait retenu vingt-cinq noms dont celui de Céline mais il ne fait pas partie de la liste finale bien qu'il l'ait espéré un moment comme il l'écrit à Paraz le 28 mai : « *Je vois dans le figaro que je fais vachement tintin pour le prix du 1/2 siècle ! C'était trop bouffon aussi. Je m'en fous tu penses mais pour la vente c'eut été bien. et c'est mon souci : la vente : Il y a de quoi !* » (*Cahiers Céline,* 6, p. 255).
3. Guy Mazeline, le lauréat du prix Goncourt 1932.
4. Par ordre chronologique, les titres retenus ont été les suivants : *Fermina Marquez* de Valery Larbaud ; *Les Dieux ont soif* d'Anatole France ; *La Colline inspirée* de Maurice Barrès ; *Un amour de Swann* de Marcel Proust ; *La Confession de minuit* de Georges Duhamel ; *Silbermann* de Jacques de Lacretelle ; *Les Faux-Monnayeurs* d'André Gide ; *Thérèse Desqueyroux* de François Mauriac ; *La Condition humaine* d'André Malraux ; *Le Journal d'un curé de campagne* de Georges Bernanos ; *La Nausée* de Jean-Paul Sartre ; *La Douceur de la vie* de Jules Romains.
5. Il faisait également partie des vingt-cinq noms retenus après la première sélection.

c'est *bon en plus*. C'est là *le vice*. Là on emmerde le monde. Rien à dire. C'est pas joli ? c'est pas indéniable ? Chiez donc ! C'est l'Éternelle Beauté.

    Bien votre pote et bien affectueusement

LFC

Oh je [ne] dis pas de mal des Prix. Ça fait marcher l'Épicerie, même les rotatives profitent. Seulement c'est la cochonnerie « du deuxième tour » qui me fait chier parce qu'on me le refait toujours.

    Je vous écris de l'Hôpital au chevet de ma femme — qui vient d'être opérée — qui va mieux[1].

80. — À JEAN PAULHAN[2]

Le 2 [juin 1950]

Mon cher Ami.

    Je suis toujours auprès de ma femme à l'Hôpital, une petite infection, abcès de suture... Votre vue rétablie. Voilà dans le cauchemar humain une jolie éclaircie... *Bravo !* Pensez que ce serait un travail d'Hercule d'amener un Jury quelconque à me « couronner » ! Rigolade ! Bonne farce ! J'ai fait tout ce qu'il faut pour me les rendre hostiles à vie et à mort ! dès 1932 ! Vieux compte ! Et je n'ai fait qu'en rajouter ! Je m'étonne que Cahen ou Cain ou Carco ou Sarrault n'aient point fait d'ictus[3] !

---

1. Lucette Destouches avait dû entrer à l'hôpital pour l'ablation d'un kyste ovarien. Céline resta avec elle à Copenhague du 16 mai au 1er ou 2 juillet et ils durent y retourner pour une nouvelle intervention le 10 juillet.
2. Archives Paulhan.
3. D'attaque. Nous ne voyons pas qui est Cahen ; Julien Cain, administrateur de la Bibliothèque nationale, dut s'enfuir en 1940 pour ne revenir qu'en 1944 ; Albert Sarraut fut plusieurs fois ministre et président du Conseil.

Il me semble pourtant que Sarrault était à l'Intérieur au moment de la sortie du Voyage et qu'il s'est montré *hostile*, à ce moment, aux Poursuites, que l'on réclamait bien entendu dans les bons milieux[1].
Petit point de toute petite Histoire !
Votre bien affectueux

LFC

81. — À JEAN PAULHAN[2]

Le 5. [juin 1950]

Ah mon cher Paulhan j'ai très bien reçu le *Sol*, et bravo pour les *Religions*[3] ! Comme cette nénéref est juteuse savoureuse prolifique... Que je jouis d'avance !

Oh pour Colette vous savez je suis tout prêt à la trouver la plus grande écrivaine de tous les Siècles[4] ! Kif pour Gide ! Sartre ! Rintintin ! et Julot nabot Romains ! Si ça peut les faire jouir ! Tous ! Je les vois méli mélo s'entremêlant s'enculant en grande partouze de vanité ! tout foutrant ! nageant dans la sauce des « soi-soi » ! des malades ! Moi vous savez le grrrand écrivain me fait bien chier, le brasseur de fresques !... Je trouve tous ces gens *impuissants* à barrir, agaçants, irritants, rabâchants à l'infini des topos archifatigués, des bouts d'Évangile en somme, jazzés un peu... à peine et mal. Je ne suis qu'un « *petit inventeur* » et ça ne m'amuse pas au surplus ! C'est le pire ! Je me livre à ce sale boulot dans l'espoir un jour de pouvoir me racheter un lit-cage q[uel]q[ue] part où les gens (dans quel pays ?) n'auront pas la rage de m'égorger, où je pourrais crever tranquille. Mes ambitions sont miteuses et très limitées,

---

1. Albert Sarraut fut ministre de l'Intérieur de 1926 à 1928, puis en 1934-1935 ; en 1932, il était ministre des Colonies.
2. Archives Paulhan.
3. Henri Prat, *L'Homme et le sol*, 1949, et Pierre Deffontaines, *Géographie et religions*, 1948, tous deux publiés chez Gallimard dans la collection « Géographie humaine ».
4. Paulhan a peut-être regretté qu'aucun roman de Colette ne figure dans les douze meilleurs romans du demi-siècle.

infimes. Ces gens écrivains ne marchent pas sur terre... ils évoluent dans les nuées de mots. Et ils ne savent rien faire à mon sens avec les mots, ressassent les clichés. Ils sont ivres de vanité, et ivrognes sans fantaisie. La Colette à mon petit sens a eu une idée géniale *La Chatte*[1], une petite idée, mais une trouvaille, au délayage c'est de la merde académique, dite limpide incomparable etc. (le bafouillage critique). On la prône surtout d'être une vieille acharnée gonzesse comme Mistinguett et aussi d'être mariée avec un youtron[2]. L'Ambassade Abetz et l'Institut Epting portaient la Colette aux nues ! Ils la trouvaient eux la *1ère écrivain* de France, juste après *Giraudoux* qui leur avait bien craché dans la gueule[3]. Les boches aiment le fouet, le juif, et le crachat. Ils adoraient leurs ennemis. C'est Mme Abetz qui a fait dédouaner tout de suite le mari [de] Colette de Drancy[4] ! Pensez donc ! Elle-même ne s'habillait que chez Schiaparelli, ne couchait qu'avec Lifar, ne faisait meubler l'Ambassade que par Jensen[5]. Colette je crois jouait aux « Résistances ». Du coup ce fut de l'Hystérie chez les Frisés (dont l'Idéal eut été que Poincaré revint en personne sur terre leur botter le cul). J'avais une dentiste juive, Mlle Mayer à mon dispensaire de Sartrouville[6] qui passait ses nuits d'angoisse chez Colette au Palais Royal, avec Mme Leibovici la femme du chirurgien. Il s'agissait de retrouver Leibovici (foireux s'il en fut), de sauver le mari [de] Colette... Dieu qu'on s'est amusé ! Tout a très bien fini grâce à Mme Abetz ! C'est moi qui paye finalement pour toute cette faribole ! et

---

1. Publié par Grasset en 1933.
2. Colette s'est mariée trois fois, la dernière avec Maurice Goudeket.
3. Colette avait une chronique tout à fait apolitique le jeudi dans *Le Petit Parisien* qui s'était mis au service de l'Occupant. Giraudoux avait été chef de la Propagande de guerre du gouvernement français mais après l'armistice il ne dédaigna pas fréquenter les officiers allemands.
4. Maurice Goudeket avait été arrêté le 12 décembre 1941 et interné dans un centre de détention à Compiègne. Colette avait connu Otto Abetz et sa femme Suzanne avant la guerre avec Bertrand de Jouvenel ; elle continua à les voir pendant l'Occupation. Maurice Goudeket fut libéré le 6 février 1942. Voir la biographie de Colette par Herbert Lottman (Fayard, 1990).
5. Elsa Schiaparelli dirigeait depuis 1935 une célèbre maison de couture place Vendôme ; Suzanne Abetz en était effectivement une bonne cliente (voir Dominique Veillon, *La Mode sous l'Occupation*, Payot, 1990). Serge Lifar, premier danseur puis maître de ballets à l'Opéra, était, dit-on, très apprécié des Allemands.
6. Céline avait effectué quelques vacations de médecine scolaire au dispensaire de Sartrouville en octobre 1939 ; à partir du mois de mars 1940, il y remplaça le médecin-chef du dispensaire qui avait été mobilisé et le 10 juin il quitta Sartrouville avec le convoi d'évacuation de la mairie.

q[uel]q[ues] autres illuminés de mon espèce ! Quand ça recommencera je vous jure ami d'être du *bon côté*.

Je me sortirai de la tombe pour hurler avec les loups !

Bien affectueusement à vous

LF Céline

82. – À JEAN PAULHAN[1]

Le 22 [juin 1950]

Mon cher Ami.

Le Temps passe et les malheurs cliniques l'accompagnent d'une façon... à se suicider !

Vous voici encore malade et Daragnès en clinique[2] ! Ma femme à peine debout... La vie est effroyable de bien des façons mais le bazar pathologique donne encore de plus épuisants cauchemars. Ce ne sont que des répits. J'espère que le vôtre sera long et agréable. Canavaggia souffre aussi des yeux.

Disait Louis XIV à Villars : M^r le Maréchal on n'est plus heureux à notre âge[3]...

Rabâché mot hélas hélas pas à démentir !

Mon affaire judiciaire n'avance pas[4]. Je suis finalement dans le même état qu'il y a 6 ans. Prisonnier sur Parole. Pas besoin de Bastille ! On fait très bien Latude chez soi[5] ! et pour des prunes !

En pleine absurde connerie !

Votre bien fidèle ami

LF Céline

1. Archives Paulhan.
2. Daragnès doit subir une intervention chirurgicale ; il décédera le 25 juillet à la suite de cette opération.
3. Le duc de Villars, maréchal de France, conduisit les dernières troupes françaises à la victoire de Denain sur les Austro-Hollandais commandés par le prince Eugène en 1712 et permit à Louis XIV d'obtenir de meilleures conditions de paix l'année suivante.
4. Il faudra attendre le 15 mars 1951 pour que le mandat d'arrêt délivré contre Céline en 1945 soit levé et le 20 avril 1951 pour que Céline soit amnistié.
5. Jean Henri, dit Masers de Latude (1725-1805), aventurier, accusé d'intrigues contre Mme de Pompadour, fut emprisonné pendant trente-cinq ans et libéré par la Révolution.

83. — À JEAN PAULHAN[1]

Le 2 Sept[embre 1950]

Destouches
C/ Mikkelsen
Klarskovgaard
Korsør

Cher Ami.

Bien merci pour les Revues de géographie. Voilà mon genre. Je suis féru de « lumières ». L'âme d'un sous sous sous Flammarion, para para para Raspail, un D^r Le Bon raté[2] !

Mikkelsen sera à Paris vers le *15* Sept. Il ira vous voir. Ah j'aurais voulu qu'il rencontre ce Directeur de la Sûreté, votre ami[3]. De telles connaissances, entrevues, sont riches d'aperçus, de tours d'horizon. Ah puis le principal : mon éditeur belge planche énormément... Le *Voyage* se vend certes et *très bien* et *partout* comme une bonne petite *Traviata* qu'il est ! Toujours prêt à remonter n'importe quel théâtre, mais moi je fais tintin ! *Hors la Loi* je n'ai rien à dire !

J'ai un bon ami à Paris.

Pierre Monnier. 41 Rue Lecourbe.

Il ira peut-être vous voir. Il connaît *tout* de cette aventure bruxelloise. Elle a assez duré. Pierre Monnier a tout mon dossier (Denoël)... Il l'a placé en lieu sûr. C'est le moment que Gaston propose q[uel]q[ue] chose. Ça m'ennuie d'être édité en Suisse, par les Suisses ! On me propose, mais ça m'amuse pas.

Mikkelsen *n'entrave rien aux trucs d'édition*, lui c'est la partie *mandat d'arrêt*. Ne pas *mélanger les compétences*. Pour l'édition c'est *Monnier*.

Votre ami.

LFC

---

1. Archives Paulhan.
2. L'astronome Camille Flammarion, le biologiste François-Vincent Raspail et le médecin et sociologue Gustave Le Bon.
3. Peut-être André Dubois, ancien directeur de la Police, qui était intervenu pour faire libérer Jean Genet en 1944 ou Maurice Toesca, préfet, ami de Jean Paulhan.

84. — À JEAN PAULHAN[1]

Le 19 [septembre 1950]

Oh certes *non* cher Ami. *Pas de photographes !* Pas de *Journalistes*[2] ! Sacristi ! J'ai écrit je crois.
 Ils ont le don de rendre bête ce qui est intelligent, méchant ce qui est bête, grotesque ce qui est méchant...
 C'est tout. Restons-en là ! Je ne suis pas vedette pour un sou !

———

Et qu'il aille se faire tâter Gaston ! Que de chichis[3] !

———

Mille mercis pour les géographies, voilà du sérieux !
 Votre bien amical

LF Céline

85. — À JEAN PAULHAN[4]

Le 28 [septembre 1950]
 Mon cher Paulhan.

Je suis joliment heureux de lire ces beaux ouvrages vulgarisateurs prétentieux[5]... J'aurais toujours l'âme d'un petit instituteur « arrivé », petit inventeur et... primaire pédant emmerdant d'infinie bonne volonté et dont tout le monde se marre ! Ainsi soit-il !

1. Archives Paulhan.
2. On ne sait pour quelle raison Paulhan envisagea d'envoyer photographes et journalistes voir Céline ; peut-être en vue de sa défense ?
3. Dans sa lettre du 2 septembre, Céline souhaitait que Gaston Gallimard lui fît des propositions ; c'est peut-être ce qui a été fait par l'intermédiaire de Paulhan.
4. Archives Paulhan.
5. Les livres de la collection « Géographie humaine » que Paulhan lui envoyait.

Pas de veine avec mon éditeur de Bruxelles, le voyou (comme il fallait s'y attendre dans mes conditions) cavale, esbigne, n'est jamais là ! Courant d'air, on l'appelle. Je fais tintin[1]...

Il aura toujours servi à démontrer que le gang Denoël (miteux), bluffait, n'avait aucune prise, *aucun droit*[2].

Le *Voyage se vend* et *fort bien* et *c'est tout*[3]. Je saute à la corde *par exemple* ! Le tout est que mon mandat d'arrêt saute aussi à la corde ! Ce n'est pas dans les moyens du Directeur de la Sûreté ! Ça vient de plus haut ou de plus bas, selon ! Z'alors !

Tout ça finira à la *nénéref* après les avatars actuels ! Il l'aura Gaston mon trésor ! mes « *immortels* » mes « *clâasssiques* » ! Il bande depuis assez longtemps ! Mais bille[s] sur Table ! Oh làlà ! Je suis méchant à la chanson ! Quand je serai sorti d'être hors la loi je me vois encore comme mille fois plus chiant ! Il a pas fini le Gaston !

Votre ami fidèle

L Ferdinand

86. — À LOUIS-FERDINAND CÉLINE[4]

14 - X. 1950

Bien cher ami

Ne voulez-vous pas donner à Gaston Gallimard le livre que vous venez d'achever ? Il vous enverrait un million tout de suite. Enfin, il y tiendrait beaucoup. (Je ne sais pas trop ce que vous pensez de lui. Je le connais tout de même depuis longtemps : il me semble que je l'ai toujours vu très chic : un type bien.)

---

1. Céline ne touchera aucuns droits sur la publication de *Voyage* par Frémanger hormis une avance de 3 000 couronnes remise par celui-ci en janvier 1948.
2. La plainte en contrefaçon se terminera par un non-lieu le 29 janvier 1951.
3. Tiré à 10 000 exemplaires, vendu à 5 000 et le reste ayant été cédé en solde à Chaix en décembre 1949.
4. Collection particulière.

Vous devriez aussi me donner un texte pour les *Cahiers*. On le donnerait en tête du numéro, avec à la suite une étude sur vous (de qui ? Pourquoi pas de Jean Dubuffet ?) On frapperait un grand coup.

*

Nous avons passé deux mois aux champs sous des arbres pluvieux. J'ai renoncé, peu s'en faut, à souffrir des yeux. Il paraît que j'avais un maxillaire attaqué, où l'on divise et découpe. C'est gênant. Cela donne une sorte de fièvre continuelle, très humiliante.

La conclusion logique serait que mes maux d'yeux venaient de ce maxillaire (il y a une dent, d'ailleurs, que l'on appelle « dent de l'œil ») : Mais les médecins — du moins le mien — se refusent à la logique. Assez là-dessus.

*

La mort de Daragnès m'a fait de la peine. Je suppose qu'il la sentait venir. Il était dans ses propos, depuis un an, sombre, désolé.

Je suis bien content que votre femme se soit aussi vite remise. Vous, comment allez-vous ? Je vous embrasse

Jean Paulhan.

L'effet de quelques faux-bruits (d'origine américaine) a été que plus d'un parmi nos amis a décidé d'aller d'urgence s'établir en Uruguay ou Brésil. Il y a eu toute une période où l'on était tout prêt, il me semble, à vous accueillir avec bals et arcs de triomphe. Tout s'est calmé. Mais vraiment, ne reviendrez-vous pas ?

Le chef de la Sûreté est un vieil ami à moi (ancien collaborateur de la *nrf*). Dois-je le voir, et que lui dire exactement ? À vous,

J

87. — À JEAN PAULHAN[1]

Le 16 [octobre 1950]

Mon cher Paulhan.

Oui c'est une atroce perte que nous faisons tous avec la mort de notre *admirable* Daragnès[2], un cœur, une si fine fibre ! un courage ! une dignité des « temps honorables ». Maintenant que tout n'est plus que fumier grouillement d'immondes où ne plus dégueuler ? Il sentait sa fin venir... Cette opération je le crains a été un peu saboulée... Les chirurgiens sont souvent dingues... Le métier de découpeur en viandes vivantes rend plus fou qu'on l'admet. Il ne faut s'engager vers eux et sous eux qu'en compagnie d'un *médecin* bien équilibré *et de bon sens*. Les chirurgiens perdent le bon sens. Le métier le veut.

———

Ah j'aurais aimé vous voir que vous vinssiez jusqu'ici, mais comment ? Les voyages y sont ruineux. Et nous n'avons même pas de lits, d'infects grabats et peu à bouffer ! misère ! Mik[kelsen] est charmant mais c'est un clown marchand d'orviétan[3], tout à fait un type pour Dubuffet[4]. Ce qu'il vous raconte sur notre vie doit être absolument fantastique ! Ma femme n'est pas du tout rétablie hélas. Ils ont loupé ces chirurgiens d'ici l'opération. Il lui demeure une éventration dont elle souffre beaucoup. C'est une âme et un corps d'une rare vaillance mais on se serait passé de ce surcroît de supplice ! (Je ne force pas !)

Je suis l'objet d'ailleurs d'une persécution réellement délirante. La chancellerie avait admis paraît-il l'équivalence de mes 18 mois de réclusion *ici* avec *mon année* de condamnation (faveur !). Mais après un an de chichis le Procureur général de la Seine refuse *sec* d'annuler mon mandat d'arrêt de juin 44[5] ! Total c'est comme si je n'avais *pas été jugé*.

---

1. Archives Paulhan.
2. Décédé le 25 juillet.
3. Drogue inventée par un charlatan d'Orvieto en Italie au XVIIe siècle.
4. Le peintre Jean Dubuffet, qui s'est mis en rapport avec Céline par l'intermédiaire de Paulhan et qui s'est vu refuser son aide financière.
5. Voir note 3, p. 56.

On m'attend au Bourget pour tout *recommencer* réinstruite etc. Voulez-vous téléphoner à Naud (qui a bien déconné en l'occurrence[1]) il vous donnera les précisions. Le verdict cependant est valable pour les saisies etc. Les *sbires traquent* mes rares livres qui se trouvent encore ci et là ! Je ne compte plus *mes millions* d'amendes ! C'est le cas de Courbet, *repetita*. La France libérale ! Et encore lui il avait foutu la colonne en l'air[2].

Vous pensez que dans ces conditions de harcèlement sans merci, je vais pas me mettre à publier ! Pour engraisser Auriol ?

Autre chose : pensons à la Pléiade, alors dans le *gratuit*. J'y pense. Je vous donnerais par exemple une cinquantaine de pages, *le début*[3]. Juste pour faire chier lecteurs et critiques, *que j'existe encore*, et encore il est assez aimable le début. Ah j'ai reçu un livre de *Nimier* joliment réjouissant[4] ! giclé ! il crève la prose ! c'est beau ! c'est ce qu'il faut, rattraper les muses aux miches. Les femmes ne rient que branlées. Muses, femmes, c'est pareil.

Votre ami fidèle

LF Céline

---

1. Les rapports avec Albert Naud se détériorèrent très vite après le jugement du 21 février ; c'est Jean-Louis Tixier-Vignancour qui deviendra le principal défenseur de Céline et obtiendra son amnistie.
2. Le peintre Gustave Courbet participa activement à la Commune ; président de la Commission des Beaux-Arts, il fut condamné à six mois de prison et accusé d'avoir ordonné le renversement de la colonne Vendôme ; il devra payer pour sa restauration.
3. De *Féerie*.
4. Probablement *Le Hussard bleu* qui parut en septembre chez Gallimard.

88. — À JEAN PAULHAN[1]

Le 7 [décembre 1950]

Cher Ami.

Je vais vous demander un cadeau, pas pour moi, pour Le Vigan, l'acteur, d'un « *En arrière* » de Marcey Aymé[2], où il figure précisément,
à l'adresse suivante (et nom)
Robert Coquillaud
C/ Reuillard
Bartolome Mitre
1791
ADROGUE
Afueras de Buenos Aires
La Republica Argentina

Le malheureux crève là-bas de difficultés, de maladie, et d'âge[3]... J'ai essayé de lui faire écrire ses mémoires. (Il le peut, il a une plume.) Il n'a pas voulu pour Monnier il le voudra peut-être pour vous[4]. Il a « payé » pour tous les acteurs, vous le savez. Il a connu la tragédie de la Butte à la Cordillère passant par tous les bagnes.

Votre bien amical et fidèle

LF Céline

---

1. Archives Paulhan.
2. Achevé d'imprimer chez Gallimard le 16 novembre 1950.
3. Voir note 3, p. 64.
4. Robert Le Vigan refusera toujours d'écrire ses mémoires.

89. – À JEAN PAULHAN[1]

26 Déc[embre 1950]

Mon cher Paulhan

Il n'est pas du tout question que je rentre ! ma situation est la même ou pire qu'avant le procès[2] ! Je suis « contumace » donc hors la loi. Je dois revenir purger ça en France ! *Salut !* En attendant je suis saisi de *tout*, ma pension militaire mutilé 75 p. 100, ma médaille, *le lit de ma mère* ! mon seul héritage, *tout vendu* ! C'est une immonde farce, atomique ! Naud m'a foutu des blablas. Très brave mec mais blablateux. Pas fait un pas vers mon retour. Il a vu Mayer ! Ils ont dû se trouver *très intéressants* ! et puis c'est tout !

Pour *Féerie* je peux pas vous donner ça dans Cahiers ? vous iriez tout de suite aux poursuites avec la nouvelle Loi, dite d'Amnistie[3] ! Pas que j'y fasse de l'antirésistance, mais je peux pas dire qu'on m'a dorloté. Alors, vous pensez le Parquet ! Pour Gaston oui je suis d'accord. Je sors pas des carambouilleurs j'en ai marre, mais il faudra me rééditer illico *tous* mes livres, y compris le *Voyage* chiot du procès[4] ! pas *un seul*, et me *faire paquet-cash* sur la table, pas ce que vous annonciez l'autre jour ! le prix d'un vélo ! et puis un contrat *d'acier*, moi je vous dis. Dans la 57 année[5], on a l'eau méchante puisque je bois que ça !

Votre fidèle ami

LF Céline

1. Archives Gallimard.
2. Voir note 4, p. 107.
3. Dans *Féerie*, Céline raconte sa vie en prison et évoque son passé ; il a peur que la parution d'un nouveau livre de lui fasse réagir et qu'il soit attaqué pour diffamation. Peut-être pense-t-il que publié d'abord en revue il passera plus inaperçu ?
4. Intenté par Denoël pour la réédition par Frémanger.
5. Céline est né le 27 mai 1894, il est donc bien dans sa cinquante-septième année.

90. — À JEAN PAULHAN[1]

Le 27 [décembre 1950 ?]

Mon cher Paulhan

Gaston parle de parler etc... faut le fixer d'avance. Si je retourne dans la vie, et dans l'édition, voilà mes conditions, et *j'en sortirai jamais*. Moi je suis régulier, mais personne n'est régulier. Deux espèces, les canailles et les imbéciles. Moi je suis ni l'un ni l'autre, mais seulement *ouvrier* et ouvrier qui veut être payé comptant, à la livraison de son boulot, net, sec, cash, pas d'Histoire. Je dis donc pour Gaston ou tout autre ! c'est pas les amateurs qui manquent ! y en a trop ! Je vous donne le droit d'imprimer et vendre

20 000 Voyages.
20 000 Casse-Pipe.
20 000 Mort à Crédit.
20 000 Guignols.
30 000 Féerie

et le tout ENSEMBLE !

Je ne veux qu'une preuve : la *facture de l'Imprimeur* et tout de suite, à la signature *18 p. 100* de droits d'auteur[2], *cash* en *dur* sur la table ! d'avance ! Pas de boniments, traites, contrats, flaflas, passe 10 p. 100[3] Patata ! merde ! Je suis ouvrier *c'est tout*. Quand vous aurez épuisé vos tirages, on se reverra, on refera un contrat, et *cash* sur table. Si vous en voulez pas ! Carrez ! Comme ça pas de tribulations commerciales, comptables, patati. Du franc, du net, de l'honnête. Il gagne sa vie. Je gagne la

---

1. Archives Gallimard.
2. C'est le pourcentage qu'avait fini par obtenir Céline de Denoël après la parution de *Mort à crédit* (voir dans Dauphin et Fouché les contrats de 1936).
3. ˙Les contrats d'auteur ont longtemps contenu une clause comme quoi un certain nombre d'exemplaires dits « *de passe* » étaient exonérés de droits d'auteur ; ces exemplaires représentaient les volumes non commercialisables parce que défectueux ou abîmés. Les auteurs ont souvent protesté contre cette pratique car ils ne pouvaient pas contrôler le nombre d'exemplaires concernés, d'autant plus que le pourcentage était fixé d'avance et l'usage en a finalement été abandonné. Céline, dans son premier contrat avec Denoël, s'était vu imposer une passe de 5 % ; dans son nouveau contrat de 1936, cette clause avait été supprimée.

mienne. Je suis le tintin toujours fatalement, lui il fout rien et moi je produis. Enfin les limites. Vous verrez le Gaston il va être moins impatient ! Et si y a pas de suite, je fais comme *Racine* ! je me retire du putanat ! Gi !
   Vostre amy

                                                       Louis Ferdinand

1951

91. — À JEAN PAULHAN[1]

Le 12 [janvier 1951]

Mon cher Paulhan,

Vous venez d'être couronné paraît-il (Radio dixit) par je ne sais quelle Ville de Paris[2] ? Ça c'est chouette !

Moi je crois que c'est ça qui m'a aigri de jamais parvenir à être couronné sérieusement ! Vous savez je suis un enfant de l'École communale Rue Louvois Rue d'Argenteuil[3]. Et à l'École communale les Prix ça compte ! J'ai jamais été au Lycée. J'ai préparé et passé mon *bachot tout seul* tout en gagnant ma vie, livreur, porteur, triporteur, etc. 12 métiers avant 14 c'était du tapin[4] ! Un drôle de fils du Peuple ! merde ! Et pas un Prix ! Y a de la vacherie ! Je dis ! Jaloux ! Voilà ! Mais il paraît que vous avez été chercheur d'or ! alors forcément !

Enfin je vous félicite quand même.

Mayer qui est finalement non ministre de la Justice française mais ministre des vengeances palestiniennes et qui m'a fait casser *4 non lieu*, et condamner *par ordre*, ne veut absolument pas me lever mon mandat

---
1. Archives Paulhan.
2. Paulhan vient de recevoir le Grand Prix littéraire de la Ville de Paris.
3. Louis Destouches resta quatre ans et demi à l'école communale de la rue de Louvois ; puis, après un passage à l'École Saint-Joseph des Tuileries, il passa sa dernière année de scolarité à l'école communale de la rue d'Argenteuil.
4. Céline ne passera en fait son baccalauréat qu'en 1919 après plusieurs apprentissages en effet et la guerre... (voir François Gibault, tome I).

d'arrêt et compte pour des nèfles mes 18 mois de réclusion *ici*. *Qu'il crève*, qu'il pense [ce] qu'il veut. D'autre part les 40 millions de français sont bien d'accord. Ce ne sont pas les tyrans qui font les esclaves mais bien les esclaves les tyrans. C'est Dupont-Durand qu'est responsable pas Mayer en définitive !

Ah je pense à la Pléiade ! Je pense à Gaston ! Je voudrais bien vous voir en personne. Y en a marre. Eisenhower s'est fait vachement huer à Copenhague. Ici ils veulent pas de Corée ! Vive Moch ! il va faire crever toute l'Europe !

Votre bon ami

LF Céline

92. — À JEAN PAULHAN[1]

Le 31 [janvier 1951]
Mon cher Paulhan.

Oh vous avez bien raison ! *Prudence !* C'est pas encore Thermidor ! Et celui qui rentre avant Thermidor on lui coupe la tête. Tant pis pour lui le con ! Il avait qu'à regarder l'Histoire[2] ! Ça veut pas dire qu'on soit bien ainsi ! ah flûte ! Si on crève ! Mais aller se foutre en transe à Paris pour aller faire marrer la galerie sadique ? Naud m'invite pas trop à rentrer mais Tixier est plus nerveux. J'en ai filé le petit Quatrain genre Lamartine.

> *C'est un Destin bien sévère*
> *De tomber en Moch de Mayer*
> *mais ce serait encore bien pis*
> *D'aller de Moch en Paradis*[3] *!*

1. Archives Paulhan.
2. Dans une lettre à Céline, le 29 janvier, Jean-Louis Tixier-Vignancour l'incitait à venir se présenter devant le tribunal militaire le 20 février en lui assurant qu'il ne risque plus rien ; le 2 février Céline lui écrira qu'il trouve sa lettre encourageante : « *Seulement vous voyez je suis un homme historique, je veux dire féru d'Histoire. Et c'est écrit en lettres de sang dans l'Histoire :* " *Celui qui rentre avant Thermidor est un sale con — il mérite qu'on lui coupe la tête.* " »
3. Céline a déjà utilisé ce quatrain dans une lettre à Tixier-Vignancour du 26 janvier.

Car enfin la justice militaire la nouvelle, c'est Moch[1].

Le Sartre rerésiste il paraît dans les mouches[2]. C'est malheureux que Stupnagel s'est suicidé. Il y retournerait avec médéme[3] !

Ah je vais vachement bluffer Mik avec vos preuves de chercheur d'or[4] ! Il vous voyait qu'aux « participes »... Minute ! Les miens au Cameroun, où j'ai cultivé le cacao, ils avaient rien de poètes, misérables paoins abrutis. Ils préféraient même le « cassoulet de conserve » à bouffer leur grand-mère. Vous dire[5] !

Votre pote bien fidèle

Ferd

93. — À JEAN PAULHAN[6]

Le 30 [avril 1951]

Bien cher Ami.

Vous allez voir Monnier bientôt. Il va vous parler de mes rééditions[2]. Je pense à la Pléiade[7] mais si vous permettez moi qui n'ai pas gagné un rond depuis 8 ans avec ces écrits qui m'emmerdent, je voudrais d'abord les vendre et *cash* et pas haricots ! ni rien gagn[er] avec

---

1. Jules Moch est alors ministre de la Défense et en cela ministre de tutelle du tribunal militaire dont dépend Céline maintenant.
2. *Les Mouches* vient d'être repris au Vieux Colombier dans une mise en scène de Raymond Hermantier.
3. *Les Mouches* avaient été créées en juin 1943 au Théâtre Sarah-Bernhardt rebaptisé Théâtre de la Cité. Otto von Stulpnagel était commandant militaire en France occupée.
4. Nous ne savons pas de quelles preuves il s'agit.
5. Céline a séjourné au Cameroun de mars 1916 à avril 1917 où il a dirigé une plantation.
6. Archives Paulhan.
7. Pierre Monnier a rendu visite à Céline pour la dernière fois à Klarskovgaard du 6 au 10 janvier. Il a été chargé par lui de négocier la reprise de ses livres par la N.R.F. Voir leur correspondance dans *Ferdinand furieux*. Le 18 juillet Céline signera un contrat avec Gallimard pour la réédition de ses œuvres et la publication de *Féerie*.
8. Figurer dans la « Bibliothèque de la Pléiade » au côté des auteurs classiques deviendra le leitmotiv de Céline pour plusieurs années. Sans doute y espère-t-il une reconnaissance définitive de sa qualité d'écrivain et une façon de mettre un terme à une déjà longue période de purgatoire.

autre chose ! *Rien,* c'est ça le miracle vivre 8 ans sans gagner un rond, très mal, mais vivre ! Seulement j'en ai marre du miracle.

———

Oh le Danemark il existe pour ainsi dire plus, c'est une espèce de Lituanie, *un* tank russe et c'est enveloppé ! adjugé ! pas d'Histoire.

———

Vous avez des pensées du Barryste[1] comme tous les Européens, *« encore une minute !* » rien de fondé, du blabla.

———

On va s'arrêter de faire des guerres (depuis des millions d'années qui n'arrêtent *jamais*) parce que ça plaît pas à Paulhan qui vit en 1950 ! le même truc que les croyants = un petit Jésus né pour eux *juste il y a 1950 ans* ! Jésus eux-mêmes ! Pas sérieux.

———

Si on rouvre les bobinards la fille Voilier va trouver de l'emploi. Elle peut vendre sa tôle d'assassinat[2].

———

Merde et la Pléiade ! de la douille !
Votre frère en pensées

LF Céline

---

1. La comtesse du Barry, favorite de Louis XV ; Céline rentrera en France le 1er juillet.
2. Le jugement du 13 décembre déclarant régulière la cession de parts consentie par Robert Denoël aux Éditions Domat-Monchrestien permet à Jeanne Loviton de vendre les Éditions Denoël, ce qu'elle fera le 15 octobre 1951.

94. — À JEAN PAULHAN[1]

Le 1[er mai 1951]

Mon cher Paulhan.

La belle branlette ! J'ai fait 18 mois de réclusion ici, et ils m'amnistient d'un an de prison[2] ! Enfin il faut se réjouir je pense, mais je l'ai mou le parallèle ! Encore on reviendrait à la vie ! (7 ans de cauchemar) dans un monde vivable, mais les voilà ou revoilà en pleine hystérie ! Et que je te napalise ! et que je te désosse ! Ils pensent qu'à ça. Vilains fous ! La mort les contente. C'est comme la morphine tant qu'il y en a [à] la traîne les morphinés se morphinent. Tant qu'il y aura des guerres *possibles* ils s'y jetteront avec chichis ou sans chichis !

À vous votre bien sincère ami et reconnaissant ! bougrement !

LF Céline

95. — À CLAUDE GALLIMARD[3]

26 mai 1951

[...] Je crois que Céline a une grande envie de passer chez vous ; je crois par ailleurs que ce qu'on lui reprochait sur le plan personnel était faux ; et, sur le plan littéraire, l'amnistie semble maintenant certaine, quel que soit le résultat des élections.

Inutile de vous dire que je m'en fous complètement, car je crois qu'il m'a naguère couvert d'injures (que je n'ai d'ailleurs pas lues...) Mais si c'est sans doute un pauvre type, c'est certainement un grand écrivain. Donc, si vous voulez que je vous le fasse parachuter, dites-le moi. [...]

André Malraux

1. Archives Paulhan.
2. Céline a été amnistié le 20 avril.
3. Archives Gallimard. Extraits publiés avec l'aimable autorisation des exécuteurs testamentaires d'André Malraux.

96. — À JEAN PAULHAN[1]

Le 22 [octobre 1951]

Mon cher Paulhan.

Tous ces gens animés d'un soudain très vif intérêt pour ma tranquillité auraient bien fait d'y penser à ma tranquillité avant de me couvrir d'outrages, de dénonciations, de calomnies atroces... Ce jeu avec Céline, contre Céline, tout est permis ! dure depuis 10 ans ! 12 ans ! Ça suffit. Il me tombe justement précisément le cas Julliard Jünger[2] (que je ne connais ni d'Ève ni d'Adam et qui ne sont, ô providence ! pas Palestiniens, c'est le moment que je fasse bien connaître qu'il faut à mon égard que le moindre jeu de la persécution *gratuite* CESSE et une bonne fois pour *toutes*. Voilà ce que mon petit esprit médical, pas tarabiscoté, m'indique nettement. Diagnostic. Traitement.

Je me fous énormément vous le pensez de tous les avis latéraux, conjecturaux, etc. S'il n'y a pas faux et *il y a faux*, il y a grossièreté et criminelle calomnie *provocatrice*. C'est encore pire. Je ne regarde que *l'imprimé*. Je me fous des individus, de leurs chichis, trouducuteux. « À qui qu'ils causent ? » Ils ne me connaissent pas du tout, vraiment ! Ils m'outragent encore par l'ignorance de mon caractère, tout granit. Vous comprenez bien que ce n'est pas moi foutre qui embête les Tribunaux avec mes petites histoires ! Il faut que l'affaire ait été aussi *énorme et criminelle* que celle-ci, pour que je consente moi qui ai la tête bien ailleurs à sortir de ma tranquillité, *précisément*. Le monde est grossier, pataud, gaffeur. Les pavés leur retombent sur les gueules ! Ça braille ! Idiots ! Il m'est absolument douloureux de cavaler en Justice vous le pensez ! Oh je m'en passerais bien de cette ultime corvée ! mais il *faut*.

---

1. Archives Paulhan.
2. Dans la traduction du *Journal de guerre* d'Ernst Jünger parue chez Julliard en septembre, celui-ci prête à Céline des propos racistes qu'il aurait tenus à l'Institut allemand en 1941. Poussé par Tixier, Céline assigne Julliard le 12 octobre pour *« faux, usage de faux et dénonciation calomnieuse »*. Il s'avère que dans la version allemande du livre le nom de Céline n'apparaît pas remplacé par Merline. Jünger affirme que c'est une erreur faite à son insu et qu'il n'a jamais voulu mettre Céline en cause. (Voir les pièces du dossier dans *Lettres à Tixier*, pp. 102-121.)

Bien sûr je ne tiens pas du tout à faire condamner Julliard ni personne ! mais je veux une *sentence de Justice* (pas des journaux obliques fourbes, appareils à bêtise mensonges crimes) *Non* noir sur blanc *en justice* que je n'ai jamais prononcé ces fameux mots, ni d'autres du genre. Ce n'est ni ma plume ni mon esprit. JAMAIS. On ne trouvera rien même d'approchant dans mes *livres* on VOUDRAIT (et avec quelle rage !) qu'ils aient été par moi prononcés. *NON. Jamais.* Curieuse rigolade. C'est St *Louis* qui a je crois prononcé des mots semblables vers Damiette... Ils sont connus de tous les lettrés ! Réminiscence sans doute. Joinville ou autre... mais je ne suis ni roi ni saint.[1] D'ailleurs le style, le ton est d'époque ! on n'écrit plus, on ne parle plus ainsi. Ces méchants sont de répugnants cons. Ils pataugent dans l'anachronisme, s'empêtrent dans les tapisseries (jusqu'à la garde etc.) des *étrangers* en somme, qui confondent auditivement *tout*, salades !

Je vous dis cher Paulhan qu'ils sont ignobles par tous les bouts

À vous bien affectueusement

LF Céline

Il va sans dire que si ces bourriques écopent d'une amende je verserai le tout à l'Assistance Publique ! Vous le pensez bien[2] !

L.F. Céline

---

1. En 1249, Saint Louis débarqua en Égypte pour la septième croisade et prit le port de Damiette. Joinville rapporte qu'il disait des Juifs que nul *« ne doit disputer avec eux »*.
2. Après avoir traîné en longueur, l'affaire se terminera par un non-lieu le 16 avril 1953.

97. — À GASTON GALLIMARD[1]

Le 24 Oct[obre 1951]

Cher Monsieur

Le titre du prochain ouvrage est exactement

FÉERIE POUR UNE AUTRE FOIS

pas de pluriel !
Bien votre amical et dévoué[2]

LF Destouches
LF Céline

98. — À LOUIS-FERDINAND CÉLINE[3]

Le 25. X. 51

Cher L-F,

Ah, bien sûr ! Et si le jour du procès je puis être utile à quelque chose, faites-moi signe. Mais d'ici là, je crois qu'il n'est pas mauvais de recueillir le plus de détails possible. On n'a pas idée de quoi un avocat peut tirer parti.

Tout ce que je sais, c'est que la traduction a été entreprise par Henri Thomas (quelqu'un de *très bien*) sur un texte où votre nom ne figurait pas ; puis abandonnée par lui ; puis, sur un refus d'Armand Petitjean, confiée à un certain Séchan, et revue par Banine[4]. (Pas un seul Palesti-

---

1. Archives Gallimard.
2. Céline a pour la première fois rencontré Gaston Gallimard à dîner chez Paul Marteau à Neuilly chez lequel il réside depuis le 23 juillet.
3. Lettre publiée en fac-similé dans *Lettres à Tixier*, pp. 136-137. Céline a communiqué cette lettre à Tixier le 12 novembre.
4. Curieusement la traduction ne mentionne pas le nom du traducteur, sans doute parce qu'elle est œuvre collective. Elle a été effectivement entreprise par Henri Thomas qui dira, lui, avoir travaillé sur une dactylographie du texte de Jünger portant effectivement le nom de Céline, ce que dément Paulhan ici. Banine, romancière, amie et secrétaire de Jünger, reconnaîtra qu'il y a eu falsification.

nien là-dedans.) Qui a pu ajouter votre nom ? Sans doute le Séchan en question. Mais on finira bien par savoir où sont les salauds.

À vous, très affectueusement

Jean Paulhan.

99. — À GASTON GALLIMARD[1]

Le 27 Oct[obre 1951]

Destouches
C/ Marteau
66bis B[d] Maurice Barrès
Neuilly s Seine

Cher Monsieur, Éditeur,
(et je l'espère : ami !)

J'entends parler d'édition de mes chers ouvrages... Dieu que cela m'intéresse ! (Intérêt moral et pratique !) mais je n'entends pas parler de la réédition du *Voyage* pourtant œuvre *majeure*, clef de voûte ! Il doit être assez facile de racheter le stock actuel au grossiste[2] ! Monnier MONNIER connaît tous les détails, les précisions de *l'escroquerie* par l'effet de laquelle le dénommé Frémanger (Éditions Froissart) a tiré *10 000 Voyage*, revendu ceux-ci à vil prix, sans m'honorer le moins du monde.

Ce n'est pas avant d'avoir vu tous mes chers ouvrages en vente chez les libraires que je me déciderai à terminer *Féerie*. Je ne suis pas de ces auteurs hâtifs qui « bourrent » le marché !

Par instinct naturel je cherche tous les prétextes à ne rien publier... mais comme je suis loyal et besogneux (ô combien) je vous livrerai cet

---

1. Archives Gallimard.
2. Chaix. Voir note 3, p. 110.

ours, Féerie, léché bien, quand j'aurai vu tous mes vieux « autres » en vitrine !

Je vous prie de me croire bien sincèrement dévoué et plein de sympathie.

LF Destouches

100. — À LOUIS-FERDINAND CÉLINE[1]

2 Novembre 1951

Docteur Destouches
c/o Monsieur Marteau
66, Boulevard Maurice Barrès
Neuilly-sur-Seine

Cher Monsieur, et moi aussi je l'espère : ami !

Tout d'abord, je m'excuse de n'avoir pas répondu plus tôt à votre lettre, mais j'ai dû aller en Bretagne pour les obsèques d'une personne de ma famille et je viens seulement de rentrer.

Dès maintenant, je puis vous dire que j'ai racheté à Monsieur Monnier-Chambriand les stocks de « CASSE-PIPE », « MORT À CRÉDIT », « GUIGNOL'S BAND »[2] — Tous ces volumes sont à la recouvrure et seront bientôt chez les libraires. Naturellement, dès épuisement, et même dès que j'en prévoierai l'épuisement je les ferai réimprimer. Comptez sur mon impatience et mon désir de mériter votre confiance.

En ce qui concerne « LE VOYAGE AU BOUT DE LA NUIT », Monnier a conseillé à mon fils de nous mettre en rapport avec M. Tixier-Vignancourt pour intervenir auprès de Chaix qui détient le stock que nous

---

1. Archives Gallimard. Copie dactylographiée.
2. Monnier avait publié *Casse-pipe* en décembre 1949, il lui restait 1 912 exemplaires ; il a réédité *Mort à crédit* en avril 1950 et en cédera 1 038 à Gallimard ; enfin, ce dernier reprend 400 exemplaires invendus de *Guignol's Band* à Denoël. Ces trois titres sont remis en vente en novembre (*Bulletin de la N.R.F.*, n° 53).

proposons de racheter immédiatement. Si tout se passe bien, tous vos livres devraient être en vente bientôt[1].

Et je souhaite que vous vous décidiez alors à terminer « FÉERIE... ».

Je souhaite aussi que nous ayons prochainement l'occasion de nous revoir. Je peux bien dire que notre première rencontre a bien été celle que je dois à Paul Marteau — Je vous ai trop avidement écouté pour n'être pas impatient de vous entendre encore.

Il faut que vous me croyiez si je vous dis que je suis fier d'être votre éditeur et que je me sens déjà votre tout dévoué.

Gaston Gallimard

101. — À JEAN PAULHAN[2]

Le Jeudi [8 novembre 1951]

Destouches
C/ Marteau
66bis B^d Maurice Barrès
Neuilly sur Seine

Mon cher Ami.

Me ferez-vous l'amitié de demander à Jouhandeau s'il trouve bon que nous communiquions à Tixier la lettre adressée à lui par « Jünger » à propos *de Merlin n'étant pas Céline*, etc...[3] ?

---

1. En décembre, Gallimard étudiera la possibilité de recouvrir 2 000 exemplaires de la réédition de *Voyage* par Frémanger mais y renoncera finalement et rééditera le roman en mars 1952.
2. Archives Paulhan.
3. La veille, le 7 novembre, Céline avait écrit à Tixier : « *Je demande à Jouhandeau la permission de faire état de la lettre à lui adressée par Jünger dans laquelle ce dernier réaffirme qu'il s'agit de Merlin, et pas de Céline* » (*Lettres à Tixier*, p. 113) ; cette lettre, du 11 septembre, est reproduite dans *Lettres à Tixier*, pp. 110-111.

Nous avons pris photocopie de cette lettre, mais c'est tout...

Je vois annoncée par la NRF : *Féerie*[1]. C'est une belle peau d'ours ! Mais *Voyage* ? et mes autres vieux opéras ? Honte ? Prudence ? subtils calculs ?
Ô byzantins Éditeurs !
À vous fraternellement

LF Destouches

102. — À GASTON GALLIMARD[2]

Le 11 Novembre 51

Destouches
C/ Marteau
66bis Bd Maurice Barrès
Neuilly-s-Seine

Mon cher Ami.

Voici la première fois et *la dernière* que je vous demande un service bien personnel ! un piston pour mon très bon et jeune et vieil ami :
JEAN BONVILLIERS
Comédien[3]
plein de talent et de culture (et rare en l'espèce) d'intelligence. Il va jouer dans la pièce prochaine de *Marcel Aymé*[4] mais son ambition de toujours (et conforme à sa culture) c'est la *Comédie Française* ou à défaut l'*Odéon*.

1. Voir note 3, p. 115.
2. Archives Gallimard.
3. Jean Dauvilliers, dit Bonvilliers, fut l'un des plus proches amis de Céline à Montmartre qu'il connut par Gen Paul. Il tint de nombreux seconds rôles en particulier à l'Atelier avec Charles Dullin. Sous le nom de Loiret, il se fit également un nom dans la peinture.
4. *Vogue la galère* au Théâtre de la Madeleine.

Je ne veux pas vous donner plus de détails par lettre. Une petite entrevue avec Bonvilliers lui-même vous ferait connaître tout son passé... sa carrière... etc.

Il demeure

3 Rue Montcalm

à Paris (18ᵉ)

Tél. Mont. 49-99

Je vous serai *très très* amicalement reconnaissant pour tout ce que vous pourrez faire pour *Bonvilliers*, qui en des temps tragiques m'a été très fidèle et très adroitement utile, son ingéniosité a fait merveille[1] !

Votre bien amical

Destouches

103. — À LOUIS-FERDINAND CÉLINE[2]

[12 novembre 1951]

Monsieur Destouches
66, Boul. Maurice Barrès
Neuilly-sur-Seine

Mon cher Ami,

J'espère bien que ce n'est pas la dernière fois que vous me demandez de vous être agréable — Je demande aujourd'hui même un rendez-vous à votre ami BONVILLIERS — Si je puis quelque chose pour lui, soyez certain que je le ferai de tout cœur.

En ce qui concerne « LE VOYAGE... » il nous faut le dossier pour

---

1. La fidélité constante de Bonvilliers à l'égard de Céline le conduisit jusqu'à lire des passages des *Beaux draps* à la radio pendant l'Occupation ce qui lui causera quelques soucis à la Libération.
2. Archives Gallimard. Copie dactylographiée d'une lettre manuscrite.

faire une démarche chez Chaix[1], Tixier-Vignancourt était absent. Mais MONNIER va aujourd'hui même chez lui prendre ce dossier.

Ensuite les choses se feront rapidement, je pense.

Votre amicalement dévoué

Gaston Gallimard

104. — À JEAN PAULHAN[2]

Le 15 - 11 [1951]

Mon cher Paulhan

Voilà une Lettre aux Résistants qui me paraît joliment forte et caustique et logique en diable[3] ! Le diable est logicien. Vous me faites rigoler avec votre nasarde à l'Art. 75[4]. On me l'avait aussi souligné au *crayon rouge* les forts passages en m'extrayant de cellule (avec menottes) pour m'interroger. J'étais effaré, je restai baba devant tant d'énormes crimes auxquels je n'avais jamais même rêvé ! *moi de cela ?* On m'a renfourné dans le panier à salade épaté je crois pour la première fois de ma vie. Le plus chouette c'est que c'est l'Ambassadeur *Charbonnière* (Vichyssois) qui avait souligné les passages. Ce Charbonnière vient d'être nommé ambassadeur à *Buenos Ayres*. La *Persécution* rapporte *très bien* et le *double jeu* donc ! et la *délation* !

———

Vous comprenez mon cher Paulhan que je ne sois pas un fervent de Bergson. Tout de même il y a un passage chez lui où il raconte qu'il y a 2 façons de comprendre un entonnoir (ou d'essayer de comprendre) dans une boîte contenant de la limaille de fer.

---

1. Qui a racheté en décembre 1949 les 5 000 exemplaires restant de l'édition Frémanger.
2. Archives Paulhan.
3. La *Lettre aux Directeurs de la Résistance*, de Paulhan, paraîtra aux Éditions de Minuit au début de 1952.
4. Paulhan l'analyse et le cite.

— la première façon, celle de la fourmi qui se demande comment chaque brin de limaille a pu être mis en équilibre ainsi si parfait, si risqué en entonnoir

l'autre — simplement du poing qu'on enfonce dans la limaille et moule ainsi tout simplement l'entonnoir.

———

Moi je me dis tout simplement que la guerre 39 était une guerre imbécile anachronique. Bah toutes les horreurs anarchiques cabotines imbéciles qui s'ensuivent sont limailles écroulées sur moule mal pratiqué...

———

Si le Protestantisme est né c'est que la foi chancelait... le Quiétisme le Jansémisme etc. bibliothèques de blablas... on peut ainsi ratiociner à l'infini sur les loupailles, limailles, croulures... Je suis pas intéressé.

———

Je fais suivre votre lettre pleine de talent dialectique et de courageuse verve à Tixier. Je crois qu'il aime la limaille.

———

Bien cher ami je suis malade et je travaille sans entrain plein de vieillesse et de chieries sur ma grosse loupaille (sans doute !) Féerie... alors pensez que les dîners !

Je vous embrasse bien sincèrement

LF Céline

105. — À JEAN PAULHAN[1]

Le 2 Déc. [1951]
Mon très cher ami.

Vous seriez le plus délicieux des éditeurs si vous vouliez bien envoyer un de vos ouvrages (NRF) à
        Mme Marteau
        66bis B^d Maurice Barrès
        Neuilly-sur-Seine
   Je dis = *Le* SOL
de votre collection géographique[2] ! Je le relirai là-bas avec grand plaisir ! quel enchantement ! Ce livre vous donne le goût agréable de la mort. Il vous montre si joliment où nous allons ! On y prend de l'enthousiasme pour le pissenlit ! par sa racine !

———

   J'ai reçu quelques exemplaires de mes livres recouverts NRF[3] ! me voilà bien avancé ! quelques juteux fonds de tiroirs radoubés ! Ça va pas me chercher beaucoup à briffer tout ça ! moi qui m'attendait à des rééditions massives de mes ours ! Ah rendez-nous les Princes, les Bourses ! les Pensions ! on [n']estime plus [le] travail en France ni les travailleurs !
   Couronnons Blabla ! Digest ! et la merde !
   Votre bien affectueux

                                    LF Céline

---

1. Archives Paulhan.
2. Voir note 2, p. 92.
3. Voir note 2, p. 128.

106. — À GASTON GALLIMARD[1]

Le 4 Déc[embre 1951]

Mon cher Ami

Je crois savoir que les Amiot-Dumont revendiquent je ne sais quoi sur le *Voyage*. OR je n'ai jamais *rien signé* avec les Amiot-Dumont[2]. Pure esbrouffe. Je ne sais pas ce qu'a promis Monnier !... pure esbrouffe aussi ! tout à mon *insu*. Ne tenez aucun compte de toute cette crypto carambouille ! Qu'on vous montre un papier signé de moi *l'auteur*, et seul autorisé à signer des contrats. Tout le reste est *papier chiott* ! Pas d'histoires !

Je voudrais bien voir le *Voyage* réimprimé et vendu *en vitesse* par la *NRF*, UN POINT C'EST TOUT ! Marre de tous ces chacals de la 18e heure ! Virez-moi tout ça à coups de pieds !

Bien votre ami

LF Céline

1. Archives Gallimard.
2. La maison d'édition qu'avait créée Pierre Monnier sous le nom de Frédéric Chambriand avait reçu dès le départ le soutien des Éditions Amiot-Dumont et s'était engagée vis-à-vis d'eux à les associer à la publication des livres de Céline. Ils se sentaient donc des droits sur ses ouvrages (voir Jean Paul Louis, « Frédéric Chambriand, éditeur de Céline », *Le Lérot rêveur*, n° 33, février 1982, pp. 5-8). En définitive, ils laisseront Pierre Monnier négocier seul avec Gallimard.

107. — À LOUIS-FERDINAND CÉLINE[1]

Paris, le 6 Décembre 1951

Dr Destouches
c/o Monsieur Marteau
68, Boul. Maurice Barrès
Neuilly-sur-Seine

    Cher Ami,

    Voici le manuscrit d'un roman intitulé « LE MIRACLE » qu'une dame que je ne connais pas et qui dit être de vos amies, me charge de vous faire parvenir[2].

    Je ne me suis pas cru autorisé à lui donner votre adresse.

    Croyez, Cher Ami, à mes sentiments dévoués.

Gaston Gallimard

P.S. J'ai des difficultés avec la maison Amiot-Dumont pour la reprise du « VOYAGE AU BOUT DE LA NUIT ».

---

1. Archives Gallimard. Double de lettre dactylographiée.
2. Nous ne voyons pas de qui il s'agit ; ce manuscrit n'a pas été enregistré chez Gallimard.

108. — À GASTON GALLIMARD[1]

Le 12 - 12 - 51

Destouches
25ter Route des Gardes
Meudon
S et O
Obs. 19-79

(nouvelle adresse temporaire[2] !)

Mon cher Éditeur et Ami.

Je me demande ce qui « accroche » dans la réédition de mes ouvrages « inestimables » mais bien négligés et oubliés !... allons droit où ça flanche... *au prix* j'imagine de la *recomposition* de ceux-ci ! que le jeu ne vaut plus la chandelle ! qu'il n'y a plus d'éditeurs... qu'on ne suit plus un auteur... mais des *Magasins de Nouveautés ! du nouveau ! du nouveau !* des livres comme des Samedi Soir ou des chansons de Trenet « une autre ! une autre ! » Les Catalogues, ces Cimetières, sont remplis *« d'autres »* ! Aucun malheureux écrivain ne peut tenir à ce régime, aucun ne tient ! pour ma part et pour le temps qui me reste à claudiquer sur cette vilaine croûte, si mes livres anciens ne me *font pas vivre* j'irai chercher ma très modeste pitance ailleurs ! Flûte et la plume ! Si la NRF et mes vieux ours ne font plus recette, ah tant pis (je serais bien content de finir dans la peau d'un vieux médecin *« remplaçant »* c'est tout de même du 4 000 fr par jour ! et nourri[3] !) mais pensez que les frais de *papier*, de *dactylo*, de *secrétaire*, vont chercher déjà bien au-delà de tout ce que je pourrais vous demander pour un nouveau livre !

1. Archives Gallimard.
2. Céline avait acheté au mois de septembre une maison à Meudon dans laquelle il habitera jusqu'à sa mort. Bien qu'installé dès la fin d'octobre il continua un temps à se faire écrire chez Paul Marteau puis divulgua son adresse à ses correspondants en leur affirmant qu'elle n'était que temporaire. Sans doute ne voulait-il pas que l'on puisse croire qu'il avait les moyens de s'offrir une maison.
3. Céline ne reprendra l'exercice de la médecine qu'en 1953 et en grande partie pour bénéficier d'une retraite qu'il prendra en 1959.

Vous pensez bien, cher ami et éditeur, que je ne suis pas étonné par les conditions désormais *impossibles* faites à l'écrivain dans mon genre ! styliste, pensez ! lyrique ! oh la la... donc fait pour crever, de misère ou en prison. (Je parle pas en l'air hélas ! je sais ce que je cause !) seulement j'ai une petite corde de secours à mon arc (médecin). Si vous voyez que pas avant d'entrer dans la « Pléiade » (*3 siècles* !) on puisse se débrouiller matériellement alors je vais gentiment plaquer l'écritoire avant d'avoir atteint l'âge d'être aussi impossible, caduc, en médecine qu'en bouquin.

Votre bien amical et sincère et loyal

Destouches

109. — À LOUIS-FERDINAND CÉLINE[1]

Paris le 18 Décembre 1951

Docteur Destouches
25ter Route des Gardes
Meudon

Cher Ami,

Rien n'« accroche » de mon côté — Rien ne « flanche » — Je ne suis nullement arrêté par le prix de recomposition — et je vous assure que j'estime que le jeu en vaut la chandelle ! — Donc pas d'hésitation, les ordres de réimprimer ont déjà été donnés, les volumes seront prêts au début de la nouvelle année.

Je vous ai dit que j'avais racheté tous les exemplaires en stock de vos ouvrages : CASSE-PIPE — MORT À CRÉDIT — GUIGNOL'S BAND — Ils sont en vente — Je ne suis arrêté que pour « LE VOYAGE AU BOUT DE LA NUIT » — C'est une histoire compliquée :

Chambriand nous a déclaré que Frémanger (Éditions Froissart) avait vendu à Chaix 5 000 exemplaires de « LE VOYAGE AU BOUT DE LA NUIT » pour le prix d'un million — Chaix que notre homme d'affaires a

---

1. Archives Gallimard. Double de lettre dactylographiée.

vu le 12 Décembre pour lui offrir le rachat des exemplaires lui restant (nous supposons 2 000 exemplaires) au prix de 200 Frs l'exemplaire a prétendu les avoir achetés 300 Frs et ne pouvoir en conséquence envisager une cession. Cette affirmation me semble inexacte et leur position nous met, évidemment, en difficulté puisque nous ne pouvons pas mettre en vente une réimpression au même prix qu'eux (750 Frs)[1].

D'autre part, Amiot-Dumont (lié à Chaix[2]) prétendant que le contrat que vous avez signé avec Chambriand vous interdit toute réimpression avant épuisement.

Pourriez-vous me communiquer vos contrats avec Chambriand et aussi avec Froissard qui est capable d'élever la même objection[3].

Il est important de savoir si sur cette édition à 10 000 exemplaires, Fremanger (des Éditions Froissart) vous redoit, selon ce qu'affirme Monnier, 700 000 Frs.

Si la chose est exacte, et si vous me chargiez du recouvrement de cette somme, pour vous, je pourrais faire pression sur Amiot-Dumont.

Mais tout ceci ne m'empêche pas de réimprimer « LE VOYAGE AU BOUT DE LA NUIT ». Travaillez donc en toute confiance.

Votre,

Gaston Gallimard

110. — À GASTON GALLIMARD[4]

Le Jeudi 20 - 12 [1951]

Mon cher Éditeur et Ami

Je m'empresse de faire suivre votre lettre à Monnier 45 Rue du Rocher (Laborde 71-81). Celui-ci avait en effet remis à votre bureau

---

1. La nouvelle édition de *Voyage*, achevée d'imprimer chez Gallimard le 14 mars 1952, sera mise en vente au prix de 950 francs.
2. Chaix distribue les ouvrages d'Amiot-Dumont.
3. Céline n'avait pas signé de contrat avec Pierre Monnier ; en ce qui concerne Froissart le contrat, traditionnel, confirme le droit de Frémanger sur *Voyage* mais comme il n'a pas payé les droits d'auteur et qu'il a soldé le livre Céline peut recouvrer sa liberté.
4. Archives Gallimard.

TOUT le Dossier concernant mes rapports, contrats etc. avec Frémanger. Ce dossier est actuellement chez Tixier-Vignancour. Tant mieux si vous imprimez mes ouvrages mais n'était-il point convenu que Marie Canavaggia, 15 Square Port Royal Paris devait être chargée des vérifications et corrections ? Mes textes vous le savez sont pourris d'embûches...

Je vous serais bien obligé de recevoir Monnier qui vous mettra encore une fois au courant de l'état exact, précis, de mes rapports avec Amiot-Dumont, Frémanger etc.

Je n'ai jamais eu d'ailleurs AUCUN *engagement* avec Amiot-Dumont ! Je n'ai jamais traité qu'avec Monnier-Chambriand.

Quant à Frémanger il me doit je crois 4 ou 500 000 francs[1].

Votre bien amical

Destouches

---

1. Sur un tirage de 10 000 exemplaires à 600 francs avec 8 % de droits sur ce premier tirage comme le prévoit le contrat, Céline aurait dû toucher 480 000 francs mais la moitié du tirage ayant été soldée, Frémanger lui en doit moins que cela.

1952

111. – À GASTON GALLIMARD[1]

Le 2 Janvier 1952

Destouches
25 ter Route des Gardes
Meudon
S-O

Mon cher Éditeur et Ami

À votre question posée dans l'autre lettre je vous répond que FRÉ-MANGER me doit encore environ 500.000 (cinq cent mille) francs de droits d'Auteur sur *le Voyage* tiré par lui et revendu par lui à CHAIX.

―――

À ce propos je ne vois aucun de mes ouvrages en vente nulle part, ni rien de réimprimé, j'en serais averti par Marie Canavaggia. Il y a une « crise » du livre il paraît ! Je le pense bien !

―――

Tout ceci vétilles ! Dans quelques saisons nous n'aurons ni l'un ni l'autre sujet de ces soucis ! ah la ! la ! la ! qu'on sera heureux !
Et la bonne année ! tous mes vœux ! bien sincères

Destouches

1. Archives Gallimard.

112. – À JEAN PAULHAN[1]

Le 9 - 1 - 52

Mon cher Ami.

On ne sait à quel Dieu s'adresser en Olympe ! on ne sait à quel Lama s'adresser en NRF ! Toujours est-il que je ne vois aucune réimpression de mes ours (alimentaires !) alors que je vois sortir tant de navets de vos Conciles ! qui vont encore grossir votre catalogue ! (célèbre par ses navets dans les 2 mondes !) Je ne vais pas emm... GG avec ces vétilles, mais entre deux coups de sissites en Olympe vous pourriez peut-être lui faire remarquer que notre contrat est à expiration[2]... qu'il a rien fait du tout (je compte pour rien ce recouvrage de mille exemplaires !) mais je lui dois de l'argent.

Dois-je envisager de le rembourser et de reprendre ma liberté ? qu'il le dise ! J'aviserai tuDieu ! on s'embrassera et tout sera dit ! ah mais pas de blablas ! J'en vends ! Je suis d'un coriace aux blablas ! que l'ombre d'un blabla me tue !

On va se rencontrer je crois prochainement chez les Marteaumuche, au poulet ! On causera — peu — mais bien.

Votre fidèle et affectionné

LF Destouches

---

1. Archives Gallimard.
2. Dans le contrat signé entre Gallimard et Céline le 18 juillet 1951, Céline a rajouté à la main un article 1 *bis* qui précise que les titres qui font l'objet du contrat (*Voyage, Mort à crédit, Guignol's Band* et *Casse-pipe*) doivent être mis en vente dans un délai de six mois. On a vu que c'était déjà le cas sous forme de recouvrures pour les trois derniers, il ne restait donc plus à cette date que *Voyage*.

113. – À CLAUDE GALLIMARD[1]?

Le Dimanche [13 janvier 1952]
Cher Monsieur[2]

Ne tenez *aucun compte* de ce que va vous raconter Monnier ! Je l'ai seulement « *préparé* » par téléphone à l'*arrachement* que vous allez lui infliger... Je veux qu'on me *décolle* ! qu'on cesse d'avoir des DROITS sur mon boulot qui m'a rapporté des Himâlayas d'emmerdements et des bénéfices ridicules[3] ! ÇA SUFFIT ! au diable tout ce parasitage ! Amiot-Dumont Frémanger Monnier etc... ASSEZ ! tous ces gens ont amplement fait leur beurre sur mes os ! ÇA SUFFIT

Mais il faut me garder *Marie Canavaggia*. Ah j'y tiens absolument ! *Elle* fait partie du travail. Les autres sont des parasites impudents. Elle tout le contraire !
À vous bien amicalement

LF Destouches

OBS. 19-79-

Tenez-moi au courant je vous prie. J'ai donné l'impression à Monnier que tous ces pataquès m'écœurent définitivement ! et que [je] foutais le camp *ailleurs* !
Qu'il perde ainsi l'espoir de se raccrocher

LFD

---

1. Archives Gallimard.
2. Céline répond à une lettre, probablement de Claude Gallimard, dont la copie n'a pas été conservée.
3. Céline avait promis à Pierre Monnier de le rémunérer s'il parvenait à faire prendre ses livres par un éditeur. Gallimard accepta une forme de dédommagement mais refusa de l'associer au contrat pour qu'il touche des droits.

114. – À CLAUDE GALLIMARD[1] ?

19 Janv[ier] 52

Cher Monsieur

Le jour approche où je vais aller vous demander l'« avance » que vous savez[2]... J'aimerais si possible la recevoir en « liquide », et non par chèque, n'ayant plus aucun compte dans aucune banque...

Vous seriez bien aimable de me fixer une date, et un lieu, où je peux vous trouver à Paris... à moins que Monsieur Huguenin[3] puisse venir à Meudon ? Ce serait encore plus aimable...

Puisque je travaille pour la maison Gallimard toutes les heures comptent !

À vous bien amicalement et j'espère meilleure santé !

LF Destouches

115. – À CLAUDE GALLIMARD[1]

Le 30 - 1 [1952]

Mon cher Ami

Il est entendu que nous *supprimons* de la nouvelle édition du *Voyage* la *préface* QUI N'A PLUS DE SENS[2]. C'est entendu avec Marie Canavaggia.

———

1. Archives Gallimard.
2. Probablement celle prévue au contrat qui fixe un à-valoir sur 10 000 exemplaires de chacun des titres repris.
3. Bernard Huguenin (1914-1989), directeur administratif puis directeur financier des Éditions de 1951 à 1983.
4. Archives Gallimard.
5. Pour la réédition de *Voyage* aux Éditions Froissart, Céline avait écrit une courte préface de circonstance.

Je vous serais aussi obligé d'inviter Marie Canavaggia à votre coquetèle NRF[1], elle serait *très flattée*.

———

Il faudrait aussi prévoir une petite honoraire pour les *corrections* de Marie pour le Voyage. Elle s'y donne à plein. Et il y a encore du travail, *très méticuleux* ! Elle serait aussi très flattée que paraisse chez vous je ne sais quelle traduction[2] !

———

Enfin n'oubliez pas une invitation pour ma femme à votre coquetèle prochain ! J'ai privé la malheureuse du monde depuis *10 ans* ! mais pas de prison ! et de malheurs sans nombre nom de Dieu !

À vous bien amical

LF D

Dr Destouches
25ter Route de Meudon. S-O.

116. – À LOUIS-FERDINAND CÉLINE[3]

[6 février 1952]

à Dr Destouches
25ter route des Gardes
Meudon

Cher Ami,

J'ai prévenu Monsieur Festy qui est chargé de la fabrication[4] de ne pas faire figurer la préface dans la nouvelle édition du VOYAGE.

---

1. Gaston Gallimard avait coutume d'organiser régulièrement des cocktails où il conviait à la fois ses auteurs et la presse ; c'était un rendez-vous que ne manquait pas le milieu littéraire parisien.
2. Marie Canavaggia était aussi traductrice.
3. Archives Gallimard. Copie dactylographiée d'une lettre manuscrite.
4. Jacques Festy est chef de la Fabrication depuis avril 1941. Dans une note qu'il lui a adressée le 4 février, Robert Gallimard lui demande effectivement de supprimer la préface et de prévoir des honoraires pour Marie Canavaggia (Archives Gallimard).

Pour Marie Cannavagia, soyez sans inquiétude, nous ferons le nécessaire, rémunération, cocktail, traduction.

Votre femme recevra aussi prochainement un carton pour notre prochaine réception, je la présenterai à la mienne qui la pilotera dans la maison afin qu'elle ne se sente pas perdue, vous pourrez la rassurer absolument sur ce point.

À ce propos lui serait-il agréable de recevoir de temps à autre quelques livres de la maison. Je pourrais aussi essayer de lui procurer dans certains cas des places de théâtre, principalement dans les théâtres nationaux.

En toute amitié

Claude Gallimard

117. – À CLAUDE GALLIMARD [1]

[Peu après le 6 février 1952]

Mon cher Ami

Je serais particulièrement heureux que ma femme soit honorée dans votre maison. La malheureuse a souffert *par ma faute* de telles humiliations depuis 10 ans ! passé par de telles transes que j'aimerais la voir accueillie le mieux du monde. Surtout que c'est une nature exquise artistique et extrêmement riche de toutes ressources. Elle choisira chez vous à mon compte ce qui lui conviendra.

À propos de fisc *attention* je n'ai reçu encore de vous que des *provisions, ce qui est strictement exact*, des prêts sur l'avenir ! Hâtez-vous diable de me tirer tout ! Je n'ai pas reçu de vous un centime de *revenus*.

Je vous écris ahuri par le boulot, forçat que je suis.

En toute sympathie

LF Céline

Vous n'avez pas respecté notre contrat ! Retard ! Retard

1. Archives Gallimard.

118. - À CLAUDE GALLIMARD[1]

Le 16 - 2 [1952]

Dr Destouches
Villa Maïtou[2]
25 Route des Gardes
Meudon
S-O

Cher Monsieur et Ami

Ma femme est revenue enchantée du très aimable accueil de la NRF ! et plus enchantée encore de Madame Claude Gallimard ! Elle se rendra à votre prochain cocktail mais alors à l'heure convenable c'est-à-dire je crois vers *19 heures.* Je voudrais bien si vous aviez cette amabilité que vous invitiez pour votre prochain cocktail un ami, très bon ami, Jean BONVILLIERS[3] 3 Rue Montcalm 18e Paris, ainsi que *Marcel Aymé* tous deux m'ont promis leur présence. Ma femme est depuis 10 ans hors du monde, et dans quelles conditions ! et je ne la trouve jamais assez entourée. Elle ne sait plus trouver ni autobus, ni taxi, ni métro ! Bien que parisienne, née en l'Île St Louis[4] !

———

J'accepte certainement que vous fassiez relier un certain nombre d'exemplaires du *Voyage* et de *Mort à Crédit*[5]. Ces livres tous mes livres m'ont causé tant de misère que vous ne les vendrez jamais *assez cher* à mon *Sens* ! d'ailleurs le public, l'homme est un mufle absolu, matérialiste

---

1. Archives Gallimard.
2. Nom de la maison de Céline achetée à un ancien Gouverneur du Cameroun dont la filleule, Mme Pinson, est surnommée Maïtou.
3. Voir note 3, p. 130.
4. Lucette Destouches est en fait née dans le Ve arrondissement.
5. À cette époque, la N.R.F. a l'habitude de faire relier une partie du tirage de tête de ses ouvrages avec des maquettes de Paul Bonet ou de Mario Prassinos. *Voyage* et *Mort à crédit* seront confiés à Paul Bonet.

total, qui n'estime que ce qu'il *paye* (en médecine comme en tout !) Il ne paye jamais assez cher. Quand il paye cher il aime, *pas avant*.

 Votre bien amical

LF Céline Destouches

N'oubliez pas que vous avez encore Casse-Pipe et Guignol's à me tirer. Vous m'avez aussi parlé SPONTANÉMENT de l'*Église* et de *Semmelweis*[1] ?

 Pour Féerie je m'y crève, vous l'aurez assez tôt, dès que Marie Canavaggia pourra me donner du temps, et je m'y ruine aussi en frais de dactylo et secrétariat

 Bien amicalement

LFC

119. – À GASTON GALLIMARD[2]

Le 17 [février 1952]

Dr Destouches
25 ^{ter} Route des Gardes
Meudon
S.O.

 Cher Monsieur et Ami

 Je vais bientôt établir ma déclaration de revenus pour l'année échue. Je déclare n'avoir *rien touché*, je n'étais pas en France mais au Danemark *résident* depuis *7 ans* ! inscrit là-bas résident depuis 7 ans ! et comment ! Je l'ai payée ma « résidence » ! Quant à l'année prochaine je déclarerai avoir reçu de vous des PROVISIONS rien jamais que des

---

 1. *Casse-pipe* et *Guignol's Band* sont prévus au contrat mais pas *L'Église* et *Semmelweis*. Ils seront tous réédités au mois de mai 1952. Pour *Semmelweis*, la thèse de Céline, ce sera la première édition séparée, il avait en effet été publié en 1936 à la suite de *Mea culpa*.
 2. Archives Gallimard.

PROVISIONS[1]. Je vous ai donné le droit d'éditer tant de mes livres et vous donnerai d'autres droits d'éditer par exemple *Féerie* à *40 000* exemplaires pour tant de PROVISIONS !

Je crois que Féerie *Tome I* fera un livre imprimé d'environ *350 pages*. Il y aura 4 Tomes en tout à suivre[2] ! sur des années.

Votre bien amical

LD

120. – À GASTON GALLIMARD[3]

21/2/52

Que ce Julliard est sot quand même ! et que sa faillite est proche ! Il ne sait pas encore que seule compte la propagande « bouche à oreille »[4] ! Quelle veine on a d'être édité en « catimini », sans tambours ni trompettes ! Par un éditeur qui sait ne rien faire !

Ah Gaston quand je pense que nous serons 2 000 auteurs de la NRF à vous porter des « Immortelles » le jour de vos funérailles... et toute votre chère famille là en larmes ! et le Rabbin Kaplan[5] ! Quelle Journée !

Une avance ! une avance par Jehovah ! avant que vous partiez !

Pas de salut, pas de respects !

Circonspection !

LF Destouches

---

1. Les avances prévues au contrat qui s'assimilent en fait à des à-valoir, donc à des droits d'auteur, et sont par là même imposables en tant que tels.
2. On sait que Céline n'écrira que deux de ces volumes ; le troisième, mis en chantier en décembre 1954, sera abandonné pour la trilogie allemande.
3. Archives Gallimard.
4. Céline doit se rendre le 24 février à une audition chez le juge d'instruction pour l'affaire Jünger. Julliard doit y produire les manuscrits à l'origine de la traduction et les épreuves de l'ouvrage.
5. Jacob Kaplan, Grand Rabbin de Paris, né en 1895.

121. – À GASTON GALLIMARD[1]

Le 29 [février 1952]

Mon Cher Ami.

Bien heureux de ce très aimable déjeuner ! mais j'ai pu me persuader que vous ne *lisiez pas mes lettres*. Ainsi *celle-ci* pour vous remémorer qu'il *vous demeure* bien des exemplaires de mes œuvres à imprimer selon les termes de *notre contrat* ! ! Que vous êtes énormément en retard ! ! même pas commencé GUIGNOL'S BAND ! ! et CASSE PIPE ? où allons-nous[2] ? ? ? ?

Quant à *Mea Culpa* et *L'Église*[3] m'en parler avec rabais ! c'est me faire insulte ! N'en parlons plus !

Nous parlerons de *Féerie* quand nos affaires seront un peu plus avancées et nettes !

À vous bien amicalement

Destouches

122. – À JEAN PAULHAN[4]

Le 3 mars [1952]

He mon cher Paulhan heureux qui comme Ulysse[5] ! et vous vîtes des requins ! Veinard ! que des requins ! Mon ours est sous les presses de votre *NRF* bon ami ! et va sortir bientôt beuglant !

Je ne peux plus rien pour lui ! Qu'il se débrouille ! À lui la Jungle !

Bien affectueusement

LF Céline

---

1. Archives Gallimard.
2. Voir note 1, p. 148.
3. En fait *Semmelweis* et *L'Église*.
4. Archives Paulhan.
5. Paulhan rentre d'un voyage à Dakar.

123. – À LOUIS-FERDINAND CÉLINE[1]

Paris, le 5 Mars 1952

Monsieur Louis-Ferdinand Céline
25ter, Route des Gardes
Meudon (S. & O)

Mon cher ami,

Croyez bien que moi aussi, j'ai pris grand plaisir à ce déjeuner où j'ai pu m'entretenir si amicalement avec vous. Cependant, je suis désolé que vous n'ayez pas eu plus de confiance en la N.R.F. et que vous ne compreniez pas à quel point nous avons ici de l'attachement pour votre œuvre.

Je puis vous assurer qu'étant donné les recouvrures que nous avons fait faire des exemplaires rachetés à Chambriand vos ouvrages n'ont pas manqué en librairie. D'autre part, Mademoiselle Canavaggia nous a rapporté seulement hier l'exemplaire corrigé et mis au point de « GUIGNOL'S BAND ». Il est aujourd'hui chez l'imprimeur. « CASSE-PIPE » est actuellement à l'impression, « LE VOYAGE AU BOUT DE LA NUIT » est en cours de tirage et sera bientôt terminé. Quant à « MORT À CRÉDIT » nous en avons remis les épreuves à Mademoiselle Canavaggia. Tout cela peut donc être achevé dans les plus courts délais[2].

En ce qui concerne « MEA CULPA ET L'ÉGLISE » je regrette que mon fils Claude Gallimard soit actuellement absent de Paris, il a dû aller se reposer quelques jours à la montagne, c'est lui, en effet qui a étudié la réimpression de ces ouvrages. Je ne puis donc vous répondre utilement en son absence. Cependant soyez assuré que dès son retour il s'occupera de cette affaire.

Je voudrais que vous compreniez que loin d'apporter aucune négligence ni mauvaise volonté à la diffusion de votre œuvre, nous sommes

---

1. Archives Gallimard. Double de lettre dactylographiée.
2. Dans le brouillon de sa réponse, Gaston Gallimard écrivait au début de ce paragraphe : « *Certes, je reconnais que nous ne sommes pas en avance quant à la réédition de vos œuvres. Toutefois, je puis vous assurer* [...] ». Il a barré cette phrase avant de faire retaper la lettre.

au contraire disposés à faire les plus grands efforts pour qu'elle puisse rencontrer le meilleur accès possible auprès du public.

Bien amicalement à vous.

Gaston Gallimard

124. – À GASTON GALLIMARD[1]

Le Jeudi [6 mars 1952]

Mon cher Ami

Sachez que j'ai beaucoup de sympathie pour vous aussi ! Et que si vous trouvez ma lettre un peu nerveuse c'est qu'il me tarde à mon âge après de telles épreuves ! de sortir *d'angoisse* ! de me voir assuré d'un revenu littéraire stable ! Diable ! ce n'est pas demander la Lune ! Et pour cela je voudrais qu'on m'imprime *tout* et *vite* et en quantités *convenables* ! ai-je assez perdu puisque j'ai tout perdu ? qu'on m'a tout, absolument *tout volé* ! y compris *dix années de vie* ! Maintenant avant de crever je voudrais récupérer un peu de Paix ! moi et ma pauvre femme ! ne plus être tarabusté harcelé angoissé par mille ennuis ridicules matériels ! D'où vous me voyez en hâte d'être *imprimé répandu* ! J'en ai assez de ne jamais rien gagner et de toujours perdre ! pour tant d'effort ! et quels drames !

À vous je vous prie en toute amitié

LF Destouches

1. Archives Gallimard.

125. – À PAUL MARTEAU [1]

Paris le 14 Mars 1952

Monsieur Paul Marteau
66bis Bd Maurice Barrès
Neuilly sur Seine

Cher Ami,

Un récent coup de téléphone de Céline à mon fils m'inquiète beaucoup. Il veut revenir sur le contrat déjà très avantageux pour lui que nous avons signé.

Vous m'avez dit à plusieurs reprises que je ne devais jamais hésiter à m'adresser à vous, aussi aimerais-je avoir votre avis pour savoir ce que je dois faire. Puis-je venir vous voir chez vous ou à votre bureau, mais il serait préférable, je crois, que notre entretien n'eût pas lieu en présence de Céline et que vous ne le préveniez de notre demande qu'ensuite.

Je suis désolé de vous importuner encore et je vous prie de croire, Cher Ami, à toute mon amitié[2].

Gaston Gallimard

---

1. Archives Gallimard. Double de lettre dactylographiée.
2. Selon François Gibault (tome III, p. 264), Céline avait quelques mois plus tôt envoyé Paul Marteau à Gallimard pour obtenir (avec succès) le doublement de l'avance prévue à son contrat. Il était donc naturel que Gaston Gallimard le sollicite à son tour.

126. – À CLAUDE GALLIMARD[1] ?

Le 17 [mars 1952]

Dr Destouches
25ter Route des Gardes
Meudon S-O

Cher Monsieur

Figurez-vous que je vais me permettre de vous demander une carte d'invitation de plus pour votre cocktail du 20 courant pour mon ami Perrot[2] 4 Rue Girardon Paris 18e c'est grâce à lui, à son auto ! que ma femme pourra se rendre à votre aimable invitation avec Bonvillier 3 Rue Montcalm, mon autre ami. La voici donc bien escortée et ramenée à son domicile à *Meudon* sans effort ! C'est un voyage !
Le lendemain j'aurai le plaisir de vous y voir je pense !
Bien amicalement à vous

Destouches

1. Archives Gallimard.
2. Jean Perrot, ami montmartrois de Céline qui avait habité dans le même immeuble pendant l'Occupation.

127. – À LOUIS-FERDINAND CÉLINE[1]

Paris le 18 mars 1952

Docteur Destouches
C/o M. Paul Marteau
68, B^d Maurice Barrès
Neuilly S/ Seine

Cher Monsieur,

Je vous fais déposer, accompagnant cette lettre :

1° — Un exemplaire en bonnes feuilles de « VOYAGE AU BOUT DE LA NUIT », dont la couverture actuellement au tirage, sera prête incessamment. (Je vous enverrai dès que j'aurai des exemplaires terminés, un justificatif ; vraisemblablement jeudi ou vendredi).

2° — Un jeu d'épreuves à corriger de « MORT À CRÉDIT », dont le tirage est commencé pour toutes les pages corrigées et rendues par Mademoiselle Canavaggia.

3° — Un jeu d'épreuves de « CASSE-PIPE », dont le texte complet est entre les mains de Mademoiselle Canavaggia, pour corrections.

Par ailleurs, la composition de « GUIGNOL'S BAND » d'après l'exemplaire corrigé que Mademoiselle Canavaggia m'a remis, est actuellement en cours, et un début d'épreuves lui a été remis ce jour pour révision.

Je vous prie de croire, Cher Monsieur, à mes sentiments dévoués.

J[acques] Festy.

---

1. Archives Gallimard. Double de lettre dactylographiée.

128. – À LOUIS-FERDINAND CÉLINE[1]

Paris, le 21 mars 1952.

Docteur Destouches
25ter, route des Gardes
Meudon

    Cher Monsieur,

    Claude Gallimard, rentré de Meudon, me dit que vous n'avez pas reçu l'exemplaire de VOYAGE AU BOUT DE LA NUIT que je vous ai envoyé. Il vous a été adressé à Neuilly, mardi. Et le cycliste vous a déposé en même temps une lettre dans laquelle je vous précisais l'état d'avancement des divers ouvrages que nous avons pour vous. La lettre était aussi accompagnée d'épreuves de MORT À CRÉDIT et de CASSE-PIPE.

    Je regrette très vivement, croyez-le que tout cela ait pris le chemin de Neuilly au lieu de celui de Meudon et pense que l'on ne tardera guère à vous faire suivre cet envoi.

    Je vous prie de croire, cher Monsieur, à mes meilleurs sentiments.

                                    J[acques] Festy

129. – AUX ÉDITIONS DE LA N.R.F.[2]

3 Avril 1952

À la Librairie Gallimard
5 Rue Sébastien Bottin

    Messieurs

    Vous avez bien voulu me consentir une avance de *3 000 000* de francs sur les sommes que je dois recevoir des Éditions Denoël.

---

1. Archives Gallimard. Double de lettre dactylographiée.
2. Archives Gallimard.

Par la présente, je m'engage à vous déléguer ces sommes à une concurrence du montant ci-dessus.

En exécution de cette délégation, je vous autorise à percevoir directement les dites sommes auprès des Éditions Denoël[1].

Veuillez agréer, Messieurs, l'assurance de mes sentiments distingués.

Dr Louis Destouches

130. - À GASTON GALLIMARD[2]

Le 3 Avril [1952]

Dr Destouches
25ter Route des Gardes
Meudon
S-O

Mon cher ami et vénéré éditeur !

Dans notre remarquable contrat nous avons oublié (diantre !) de nous occuper des *luxes* de Féerie Tome I oubli réparable bien sûr ! et tout à votre convenance[3] !

À vous bien dévoué et amical

LF Destouches

---

1. Ainsi Céline compte-t-il apurer une partie de sa dette créée par l'avance accordée par Gallimard.
2. Archives Gallimard.
3. Un premier contrat avait été signé par Céline le 26 mars remplacé par un autre du 3 avril prévoyant, outre la publication de *Féerie*, celles de *Semmelweis* et *L'Église* (voir sa reproduction dans Dauphin et Fouché, iconographie de 1952).

131. – À LOUIS-FERDINAND CÉLINE[1]

Paris, le 7 avril 1952

Docteur Destouches
25ter, Route des Gardes
Meudon. (Seine-et-Oise)

Cher Ami,

Tout à fait d'accord avec vous. Il n'est certes pas question d'oublier de tirer des exemplaires de luxe de « FÉERIE ». Je fais faire à ce sujet une petite enquête par notre service commercial. Dès que j'aurai une réponse je vous en avertirai.

La composition de « FÉERIE » est entamée et je ne saurais vous dire quel plaisir cela me fait.

Bien amicalement,

Gaston Gallimard

132. – À CLAUDE GALLIMARD[2]

L. F. Céline

Est très content de l'impression de « Mort à Crédit ». Pour les luxes de « Féerie » il est d'accord pour :

    30 hol.
  150 pfil
1050 cart[3].

---

1. Archives Gallimard. Double de lettre dactylographiée.
2. Archives Gallimard. Note manuscrite.
3. Le tirage définitif des luxes sera de 45 hollande, 165 pur fil et 1050 cartonnés d'après une maquette de Paul Bonet.

Il voudrait pour lui 10 ex. H.C. sur Hollande.
Il viendra à la N.R.F. pour signer son service de presse.
Il s'inquiète un peu de la vente du « Voyage ».

Le 25/4/52
Robert Gallimard

133. – À GASTON GALLIMARD [1]

Le 21 [mai 1952]

25ter Route des Gardes
Meudon

Mon cher Ami

J'ai essayé de vous téléphoner... mais folie de moi ! Ce grand vent de jeanfoutrerie Pentecôte Patati Ascension tourneboule les appareils ! nous en voilà jusqu'en novembre ! grandes vacances ! Pas libre Pas libre ! Je renonce... Je ne sais pas quand Féerie sera terminé... *imprimé* ? St Glinglin ? Si vous parvenez à un moment d'accalmie avant la Toussaint... ayez la grâce de me faire savoir ce que vous pensez de notre dernière conversation ?

Votre bien amical

Destouches

---

1. Archives Gallimard.

134. – À LOUIS-FERDINAND CÉLINE[1]

Paris le 29 Mai 1952

Monsieur L.F. Céline
25ter route des Gardes
Meudon

    Cher Ami,

    Je pense que cela peut vous intéresser de connaître la lettre que je viens de recevoir concernant « LA FÉERIE POUR UNE AUTRE FOIS ». Je vous la communique donc, ci-joint.
    Avec toute mon amitié

                            Claude Gallimard

PJ — 1 lettre

135. – À CLAUDE GALLIMARD[2]

Paris le 28 Mai 1952

Monsieur Claude Gallimard
17, Rue de l'Université
Paris

    Cher Ami,

    Maurice GARÇON[3] a lu attentivement, comme moi-même je l'avais fait auparavant, les épreuves que vous m'aviez confiées de :

        « LA FÉERIE POUR UNE AUTRE FOIS »

---

  1. Archives Gallimard. Double de lettre dactylographiée.
  2. Archives Gallimard. Lettre dactylographiée signée à en-tête d'Albert Godemert, mandataire près le Tribunal de Commerce de la Seine, 10, rue Chanoinesse.
  3. Maurice Garçon est alors l'avocat des Éditions Gallimard.

Ni lui, ni moi, n'y avons trouvé d'attaques contre des personnes, ou des mises en cause de tiers, qui soient susceptibles de donner lieu à des procès[1].

Croyez, Cher Ami, à mes sentiments cordiaux et tout dévoués.

[Albert Godemert]

136. – À PAUL MARTEAU[2]

Paris le 29 Mai 1952

Monsieur Paul Marteau
66bis Boulevard Maurice Barrès
Neuilly sur Seine

Cher Ami,

Je m'adresse encore à vous avec l'espoir que vous pourrez influencer notre ami. « FÉERIE POUR UNE AUTRE FOIS » doit sortir prochainement, mais Céline se refuse à tout lancement efficace. C'est assurément une grave erreur. Les conditions de la librairie ont totalement changé depuis la guerre, la carrière d'un livre est infiniment plus courte. Il est donc important que le succès puisse s'affirmer dès la mise en vente, d'où la nécessité d'orchestrer la diffusion en librairie, la publicité, la critique. Or Céline désire que la mise en vente ait lieu maintenant, le lancement publicitaire étant remis à Octobre. Pouvez-vous le convaincre qu'une telle façon de procéder serait préjudiciable au livre et, par conséquent, à lui-même, dont la rentrée doit être franchement remarquée. Il n'a rien à craindre, Maurice Garçon a lu le texte, et c'est son avis. La discrétion n'empêchera pas les roquets d'aboyer s'il en est

---

1. Céline, redoutant les procès, exigea malgré cette assurance qu'aucune publicité ne fût faite pour le volume avant trois mois afin qu'il n'y ait plus de risque. Un livre ne peut en effet plus être attaqué pour diffamation après ce délai.
2. Archives Gallimard. Double de lettre dactylographiée. Citée partiellement par François Gibault (tome III, p. 290).

encore qui veulent le faire. Le climat n'est plus à l'hostilité à priori. J'estime au contraire qu'une trop grande réserve ne sera prise que pour de la timidité.

Je m'excuse de vous faire part de mes préoccupations, mais j'ai déjà pu apprécier votre heureuse influence. C'est pourquoi je me permets d'abuser de vous[1].

Avec toute mon amitié

Gaston Gallimard

137. – À CLAUDE GALLIMARD[2]

Le 30 Mai [1952]

Cher Ami

Bien merci de m'avoir communiqué cette lettre rassurante.
Espérons que toute cette prudence sera récompensée !...
Et bien amicalement à vous

Destouches

---

1. Paul Marteau répondra dès le 3 juin qu'il a vu Céline la veille mais que celui-ci s'est montré intraitable (Archives Gallimard).
2. Archives Gallimard.

138. – À JACQUES FESTY[1]

[Mai 1952]

[*Céline se déclare* « satisfait du titre » : « Je trouvais, *dit-il*, " Féerie " en lettres un peu écrasantes. » *Sans doute est-ce pourtant préférable pour l'acheteur et, comme il doit y avoir deux tomes et peut-être trois, il aimerait aussi lire* « tome I ».

Destouches]

139. – À LOUIS-FERDINAND CÉLINE[2]

Paris, le 10 juin 1952

Monsieur Louis-Ferdinand Céline
25ter, Route des Gardes
Meudon. (Seine-et-Oise)

Cher Monsieur,

Comme suite à notre entretien de la semaine passée, et en complément à notre contrat du 26 mars 1952, je vous envoie ci-joint un chèque de 75.600 francs représentant forfaitairement vos droits pour le tirage des exemplaires de luxe (150 exemplaires sur pur fil et 30 exemplaires sur hollande) de « FÉERIE POUR UNE AUTRE FOIS »[3].

Veuillez croire, cher Monsieur, à l'assurance de mes meilleurs sentiments.

Robert Gallimard

1. Lettre passée en vente dans un catalogue de la Librairie Coulet & Faure (n° 141, 1974, sous n° 894) et très probablement adressée à Jacques Festy.
1. Archives Gallimard. Double de lettre dactylographiée.
2. Soit précisément 18 % d'un prix de vente de 4 000 F pour les hollande et 2 000 F pour les pur fil.

140. - À ROBERT GALLIMARD [1]

Le 1 [juillet 1952]

Cher Monsieur

Voici les noms et adresses de mes brillantes relations que je voudrais voir honorer d'un livre [2] ! (Féerie !)
Bien merci et souvent

LF Destouches

141. - À ROBERT GALLIMARD [3]

Le 2 [juillet 1952]

Cher Monsieur

Voici l'ultime liste des envois de *Féerie* si vous voulez bien.
Et mille mercis

LF Destouches

Arletty
Hôtel Georges V
Avenue Georges V
Paris

1. Archives Gallimard.
2. La liste jointe n'a pas été retrouvée.
3. Archives Gallimard.

142. – À LOUIS-FERDINAND CÉLINE[1]

Paris, le 3 Juillet 1952

Monsieur Louis-Ferdinand Céline
25ter, Route des Gardes
Meudon (Seine-et-Oise)

Cher Monsieur,

J'ai bien reçu votre liste. Comptez sur moi, je m'occupe dès à présent de faire envoyer à chacun des intéressés un exemplaire de « FÉERIE ».

Veuillez croire, cher Monsieur, à l'assurance de mes sentiments les plus dévoués.

Robert Gallimard

143. – À ROBERT GALLIMARD[2]

Le 6 Juillet [1952]

Monsieur

Voici encore une liste *ultime* d'envois de *Féerie*[3]. Je vous prie de m'excuser ! et bien merci.

Avec mes très sincères sentiments

Destouches

---

1. Archives Gallimard.
2. Archives Gallimard.
3. La liste jointe n'a pas été retrouvée.

144. – À ROBERT GALLIMARD[1]

Le 9 [juillet 1952]

Monsieur

Vous seriez bien aimable de me rendre le service de *ne jamais* me faire suivre les lettres qui me sont envoyées chez vous, ou paquets et livres divers. JAMAIS. Déchirez tout ça ou renvoyez à l'envoyeur je vous prie. Je n'ai rien à faire de tout ce bafouillage. J'ai à travailler et déjà cela ne m'amuse pas, alors les commentaires !

« ADRESSE INCONNUE »

Bien merci d'avance et vifs sentiments

Destouches

Kif pour les articles de presse et patatis ! néants embêtants[2] !

1. Archives Gallimard.
2. Le fait est que le seul moyen pour un lecteur de correspondre avec un auteur est de faire transmettre une lettre par son éditeur ce dont tous s'acquittent scrupuleusement.

145. – À LOUIS-FERDINAND CÉLINE[1]

Paris, le 11 Juillet 1952

Monsieur Louis-Ferdinand Céline
25ter, Route des Gardes
Meudon. (S. et O.)

Cher Monsieur,

J'ai bien reçu votre dernière lettre[2] et si vous le voulez bien je vais y répondre dans l'ordre :

1° — Les exemplaires en service de presse demandés par vous sont maintenant tous partis.

2° — J'ai, suivant votre désir, fait savoir aux différents services de la Maison qu'il ne fallait vous faire parvenir aucun paquet, aucune lettre, aucune coupure de presse qui vous seraient adressés par notre intermédiaire. Il est donc entendu que nous les retournerons avec la mention « adresse inconnue ».

3° — En ce qui concerne le transfert des sommes qui vous sont dues pour vos traductions, je vous envoie ci-joint copies des lettres que nous avons envoyées d'une part à CHATTO AND WINDUS, d'autre part à VISION PRESS[3]. Je ne sais si je vous l'ai déjà dit mais il serait nécessaire que vous écriviez à ces deux éditeurs que vous les autorisez à nous verser ces sommes. En effet, il est impossible pour ces éditeurs de nous envoyer ces sommes sur nos seules instructions. Dès que ces virements auront été effectués par l'intermédiaire de l'Office des Changes, nous les porterons en totalité à votre compte à la Librairie GALLIMARD et vous me direz alors ce que vous désirez que nous fassions.

---

1. Archives Gallimard. Original retourné par Céline et double de lettre dactylographiée.
2. Sur l'original de la lettre qu'il a retournée à Robert Gallimard Céline a corrigé en « *vos dernières lettres* », car effectivement Robert Gallimard répond aux lettres d'envoi des adresses de presse, à celle du 9 demandant de ne plus faire suivre les lettres et à une autre qui ne figure pas au dossier et qui a motivé le troisièmement de cette lettre et sa conclusion.
3. L'éditeur anglais Chatto and Windus a publié *Voyage au bout de la nuit* en 1934 et *Mort à crédit* en 1938 dans des traductions de John H.P. Marks ; celle de *Voyage* a été reprise par Vision Press en 1950.

Je me suis occupé des livres d'enfants demandés par vous et vous recevrez très prochainement quelques-unes de nos dernières nouveautés qui, j'espère intéresseront votre femme.

Je vous prie de croire, cher Monsieur, à l'assurance de mes sentiments les plus cordialement dévoués.

Robert Gallimard

146. – À ROBERT GALLIMARD [1]

Le 11 [juillet 1952]

Cher Monsieur

Voici mon accord, à faire suivre aux maisons indiquées, je pense ? Il suffira ?...

Bien merci pour les livres et les dispositions prises. Je voudrais bien voir Mr Gaston Gallimard et son fils en Octobre si c'est possible. S'ils ont une minute à me donner.

Peut-être à déjeuner chez les Marteau ?

Votre bien sincère

Destouches

1. Archives Gallimard.

147. - À LOUIS-FERDINAND CÉLINE[1]

Paris, le 15 Juillet 1952

Monsieur Louis-Ferdinand Céline
25ter, Route des Gardes
Meudon (S. et O.)

    Cher Monsieur,

    J'ai bien reçu votre lettre du 11 ainsi que votre accord pour les éditeurs étrangers du VOYAGE et de MORT À CRÉDIT et je vous en remercie.

    Gaston et Claude Gallimard sont actuellement en vacances. Claude Gallimard reviendra très certainement dans la fin de juillet pour passer quelques jours à Paris et je lui transmettrai votre désir de le voir avec Gaston au mois d'octobre.

    De toutes manières, si vous aviez besoin de quoi que ce soit, je reste à la N.R.F. jusqu'au 15 août.

    Veuillez croire, cher Monsieur, à mes sentiments les plus cordialement dévoués.

                                Robert Gallimard

148. - À ROBERT GALLIMARD[2]

Le 18 [juillet 1952]

Destouches

    Mon cher Monsieur

    Je vous demandais de bien vouloir faire le service de presse de tous vos nouveaux ouvrages (et des anciens) à

---

1. Archives Gallimard. Double de lettre dactylographiée.
2. Archives Gallimard.

Mʳ Le Pasteur Löchen[1]
aumônier militaire
1ᵉʳ Régiment Étranger
Sidi-Bel-Abès
ORANIE

C'est un admirable propagandiste littéraire, en même temps qu'un très honnête homme et un grand cœur.
Bien votre amical

Destouches

149. – À ROBERT GALLIMARD[2]

Le 28 Juillet [1952]

D Destouches
25ᵗᵉʳ Route des Gardes
Meudon

Monsieur

Si entre deux vacances vous avez une minute vous seriez bien aimable de me commander et de porter à mon compte un TRAITÉ DE PHYSIOLOGIE de Houssaye, éditeur FLAMMARION[3]. Je me permets de vous charger de ce soin parce que vous obtiendrez une forte réduction.
Bien merci d'avance et bien cordialement

Destouches

Je ne vous parle pas de la distribution de *Féerie* effectuée en dépit de tous les bons sens. *Ils l'ignorent* chez Flammarion Opéra, ils l'ignorent

---

1. Le pasteur François Löchen avait été chef de l'Église réformée de France à Copenhague où Céline l'avait rencontré en 1947. Ils devinrent amis et le pasteur prit sa défense jusqu'à son départ du Danemark.
2. Archives Gallimard.
3. Un *Traité de physiologie humaine* dont l'un des auteurs est Bernardo A. Houssay est paru chez Flammarion en 1950.

dans les gares parisiennes, c'est du sabotage, ou de l'habitude. D'après notre conversation téléphonique je vois pas pourquoi vous feriez pas un DEUXIÈME *envoi d'office* de *Féerie* puisque les libraires sont des fainéants pusillanimes[1]. Ils le vendront bien foutre ! après votre publicité en Septembre ! et même avant ! à quoi servent tous ces bafouillages et articles si l'épicerie ne suit pas ? ne précède pas ?

150. – À ROBERT GALLIMARD[2]

Le 10 Août [1952]

Cher Monsieur

Voici une lettre de Paraz assez intéressante du point de vue de la *vente*. Je vous la communique[3]. Ne l'enterrez pas avant de partir en vacances. Les *Vacances* ! ce tombeau de toutes les énergies intelligences projets etc.

Votre

LF Destouches

Je vois que c'est toujours Hirsch qui fait vos affaires[4] (Lettre de Belgique). Cela ne me gêne pas du tout ! Mais vous m'avez dit *le contraire* !

---

1. C'est une idée qu'ont beaucoup d'auteurs qui ne voient plus au bout de quelques mois leurs livres dans les librairies, mais c'est tout à fait contraire à l'usage des offices (l'envoi des livres d'office) qui est réservé aux nouveautés avec pour le libraire possibilité de retourner les invendus.
2. Archives Gallimard.
3. Céline joint une lettre d'Albert Paraz du 8 août dans laquelle celui-ci termine par ces mots : « *Et t'en fais pas, ça se vend, partout on en manque. Et même chez des grossistes. Absolument authentique, et à Paris encore* » (Archives Gallimard).
4. Louis-Daniel Hirsch (1891-1974) est directeur commercial des Éditions depuis octobre 1922.

151. – À CLAUDE GALLIMARD[1]

Le 9 Septembre 1952

Céline m'a téléphoné hier pour me signaler une correction à faire en cas de réimpression de FÉERIE POUR UNE AUTRE FOIS.
Il aimerait, je crois, avoir un aperçu sur la vente de FÉERIE.
Et m'a signalé qu'il ne recevait que de très rares service de presse des dernières nouveautés.

[Jacques Festy]

152. – À CLAUDE GALLIMARD[1]

Le 12 Sept[embre 1952]

25ter Route des Gardes
Meudon
SO

Cher Monsieur

Tout blabla à part je constate que vous ne faites aucune publicité dans aucun journal pour *Féerie* (ni directe ni indirecte). Vous allez me déclarer que vous en ferez pour le « prochain » tome mais vous n'aurez *jamais* le prochain tome à la façon que je vous vois travailler (ou plutôt ne rien *faire*).
Traductions. Vous ne m'avez apporté *aucune* traduction *d'aucuns pays*. C'est moi qui *vous ai donné mes éditeurs étrangers*. Là encore tout fonctionne à l'envers !

———

1. Archives Gallimard. Note interne.
2. Archives Gallimard.

Vous auriez dépensé le 1/4 du baratin (tout à fait inutile) que vous avez gaspillé sur l'impossible Jean Santeuil[1], sur le *Voyage* ou *Mort à Crédit*, ces ouvrages seraient repartis en flèche !

L'inversion règne à la NRF (ce n'est pas grave) mais l'incapacité et le vasouillage commercial, voilà qui est grave ! avec ou sans coquetèles !

Bien à vous

L Destouches

153. – À LOUIS-FERDINAND CÉLINE[2]

Paris, le 17 Septembre 1952

Monsieur Louis Ferdinand Céline
25ter, Route des Gardes
Meudon

Cher Monsieur et Ami,

Mon fils m'a transmis votre dernière lettre. Elle met en cause toute ma maison. Je vous répondrai directement — Vous écrivez en ennemi, je le ferai en ami (c'est-à-dire, avec le désir d'être franc et de vous rendre service) : vous vous plaignez que vos livres ne se vendent pas. En signant avec vous notre contrat général du 18 Juillet 1951, je savais qu'une partie du public s'était détournée de vos œuvres anciennes. Je comptais sur un livre inédit pour retrouver vos lecteurs — Le nouveau livre « FÉERIES », vous l'avez écrit par nécessité, pour satisfaire votre goût du style et vous avez eu raison. C'est une belle œuvre, réussie, que je suis fier d'avoir publiée. Mais ce n'est pas un livre commercial, de vente rapide. Il n'est pas écrit pour un grand public. Je ne m'en plains pas, mais ne vous en plaignez pas.

Enfin, mon cher Céline, ne vous plaignez pas non plus, maintenant, qu'il n'ait pas été lancé. N'est-ce pas vous-même qui vous y êtes opposé. Vous désiriez qu'il s'écoule trois mois entre la mise en vente et la publi-

---

1. Gallimard a publié l'édition originale du *Jean Santeuil* de Proust.
2. Archives Gallimard. Original de la lettre renvoyée par Céline.

cité, car vous redoutiez des poursuites spéciales — « FÉERIES » a été mis en vente le 27 Juin 1952, nous sommes le 17 septembre, il reste encore dix jours — Vous avez refusé que les exemplaires destinés à la presse soient envoyés. Comment voulez-vous donc que les critiques consacrent des articles à votre livre dans ces conditions.

Parbleu, je comprends très bien que vous ne veuilliez pas jouer le jeu, que vous refusiez toutes concessions — Cela me plaît même — Mais ne rendez pas la N.R.F. responsable d'une mévente qui n'est due qu'à votre attitude.

Votre lettre m'a déçu. Je pensais que, malgré tout, nos rapports échapperaient aux malentendus, aux querelles mesquines. Ne vous l'ai-je pas prouvé en portant bénévolement la garantie sur « FÉERIES » de 25.000 à 40.000[1]. Et puis vous aurais-je versé plusieurs millions si je n'avais pas été décidé à tout faire pour donner à vos livres la diffusion qu'ils méritent. Vous ne m'en savez aucun gré. Tant pis.

Quant aux traductions, la plupart des renseignements que vous nous avez donnés étaient insuffisants. Lorsque nous avons entrepris des négociations en Angleterre, en particulier, nous avons appris que certains livres étaient déjà traduits, de même en Amérique ; avouez que cette façon de procéder ne peut nous permettre de réussir. Là encore il faut jouer le jeu ou y renoncer. Il faut nous préciser vos accords à l'étranger, nous permettre d'agir à bon escient.

J'avais l'intention d'aller vous voir la semaine prochaine, vous soumettre le plan de lancement de « FÉERIES »[2] que j'ai préparé[3], vous apporter une note récapitulant nos démarches concernant les traductions — Votre lettre m'apporte la preuve que vous considérez tout cela comme du bla-bla-bla, que dans le dialogue vous ne voulez pas écouter votre interlocuteur. J'y renonce donc à regret.

Quant aux « Coquetèles » auxquels vous faites allusion, si vous saviez comme je m'en fous !
Votre dévoué

Gaston Gallimard

1. L'avance sur droits d'auteur prévue sur 25 000 exemplaires dans le contrat du 28 juillet 1951 et portée à 40 000 dans celui du 26 mars 1952.
2. Céline a écrit en gros au bas de la lettre « *sans S. SVP* » en reliant à ce mot avant de renvoyer la lettre à son expéditeur.
3. Ce plan de lancement prévoit des publicités dans *Carrefour* du 8 octobre, *Les Nouvelles littéraires* du 9 octobre et *Le Figaro littéraire* du 11 octobre.

154. — À GASTON GALLIMARD[1]

Le Vendredi [19 septembre 1952]
25ter Route des Gardes
Meudon
S-O

Mon cher Ami.

Je suis navré de vous avoir mécontenté par ma lettre ! Grâce soit rendue à votre générosité ! Elle n'a d'égale que celle que je mets à parfaire mes livres, qui me crèvent !

Quant aux traductions diantre ! c'est moi qui vous ai donné l'adresse *de Vision* à Londres, que vous ignoriez *complètement* et de Laughlin New York[2], les adresses que vous avez sur le centre Europe appartiennent à un monde défunt !

C'est moi qui ai averti votre fils que le délai de poursuite en Correctionnelle était de *3 mois* ce que votre SERVICE JUDICIAIRE aurait DÛ SAVOIR (ET COMMENT !) et ignorait COMPLÈTEMENT ! *Impéritie tragique* !

Je n'ai jamais empêché qu'on fasse de réclame sur mes anciens *ouvrages* ! *Jamais* ! Cette bonne blague ! Et je n'empêche point qu'on en fasse actuellement sur FÉERIE dans la forme que vous voudrez, alors que je trouve des articles assez élogieux ma foi dans les revues de vos concurrents *La Table Ronde* exemple (et que l'on ignore dans vos bureaux[3]). Peste soit des coquetèles et aimons nous ! Ne parlons plus de ces vétilles. Ayez le Goncourt comme d'habitude.

---

1. Archives Gallimard.
2. C'est probablement en rendant visite à Gallimard le 21 mars que Céline a apporté les adresses de Vision Press à Londres et de James Laughlin chez New Directions à New York (Archives Gallimard). Quelqu'un a rajouté sur la page où étaient notées ces adresses la mention : « *Céline prétend qu'ils ne font rien pour lui depuis longtemps et que ses accords sont caducs.* » New Directions a réédité *Mort à crédit* aux États-Unis en 1947 avec une préface de Milton Hindus et *Voyage* en 1949.
3. Walter Orlando, « Grandeurs et Misères de Bardamu », *La Table ronde*, n° 57, septembre 1952, pp. 171-173.

Le plus tôt possible j'irai vous présenter mon nouvel ours. Il vous coûtera moins cher que la maison Voilier[1], en tout cas !
Bien votre ami

LF Destouches

Vous auriez encore la revue NRF il serait facile de démontrer au public que la forme célinienne périme toutes les autres littératures, mais vous n'avez plus de revue pour défendre les auteurs de votre maison[2]. C'est le hic ! Il faut donner aux blablateurs ces coquetèles des *vérités* à répandre. Ce n'est pas la Table ronde ni le Figaro Littéraire qui s'en chargeront !

155. – À GASTON GALLIMARD[3]

[Peu après le 19 septembre 1952]

Nous connaissions parfaitement *Vision Press* en Angleterre et *Laughlin* en Amérique (Laughlin a publié 15 livres de la NRF ces 6 dernières années). Mais nous ne les connaissions pas comme ayant publié les livres de Céline, et nous avions commencé à parler de Céline à d'autres éditeurs. Céline ne nous avait pas signalé l'existence de ces traductions.

[Le Service des Droits étrangers]

---

1. Gallimard a racheté Denoël un an plus tôt, en octobre 1951.
2. *La Nouvelle N.R.F.* ne reparaîtra que le 1er janvier 1953 et les *Cahiers de la Pléiade* se sont arrêtés au printemps 1952 en prévision de cette reparution.
3. Archives Gallimard. Note dactylographiée interne.

156. – À GASTON GALLIMARD[1]

Le 20 Sept[embre 1952]

Destouches
25ter Routes des Gardes
Meudon
S-O.

Cher Ami.

Je viens de recevoir 6 exemplaires du *Voyage* brochés, dont je vous remercie mais j'avais demandé il y a *8 jours* par téléphone *3 exemplaires ordinaires* de *Féerie* que j'attends toujours. Je présume que mon vœu a dû se perdre en route...

Alors je me permets de m'adresser à vous-même qui êtes le Jupiter de cet Olympe Bottin!

Tout désolé de vous déranger et bien votre ami

LF Destouches

157. – À GASTON GALLIMARD[2]

7 Oct[obre 1952]

Mon cher Éditeur et Ami

Ne pensez-vous pas qu'il vous serait possible de m'accorder *une heure* d'entretien l'un de ces jours? Oh que j'ai horreur de gaspiller le temps d'autrui! (et le mien!) mais je crois que le moment est venu de vous serrer la main et de mettre au point certaines petites choses.

---

1. Archives Gallimard.
2. Archives Gallimard.

Je peux aller vous trouver à Paris si vous voulez ? un tantôt ?

Quand je parle d'une heure d'entretien... mettons une demi-heure !

Avec ma sincère considération et mon bien amical souvenir.

Destouches

158. - À LOUIS-FERDINAND CÉLINE[1]

10 Octobre 1952

Cher Ami,

Certes, il est facile que nous nous voyons — Je suis à peu près seul au bureau en ce moment, c'est ce qui m'a empêché d'aller à Meudon comme je l'aurais souhaité.

Mais je pourrais vous faire chercher soit par Robert, soit par le chauffeur de la N.R.F. — L'un ou l'autre vous reconduirait — Mercredi par exemple. Préférez-vous le matin vers 11 h. ou l'après-midi vers 16 H.

Avec toute mon amitié.

Votre

Gaston Gallimard

159. - À GASTON GALLIMARD[2]

10 Octobre [1952]

Cher et vénéré ami.

Tout à fait entendu ! J'attendrai donc votre auto *mercredi prochain vers 16 heures.*

---

1. Archives Gallimard. Copie d'une lettre manuscrite.
2. Archives Gallimard.

Je vous suis obligé de m'éviter le train ! c'est toute une histoire !

Paris, à 200 mètres de mes fenêtres, est un mirage[1] ! Pour y pénétrer c'est deux heures de trimbalage !

Rigolade !

Avec toute mon amitié

LF Destouches

160. – AUX ÉDITIONS DE LA N.R.F.[2]

[Probablement le 15 octobre 1952[3]]

Coupures de Presse sur *Féerie* à
A. Paraz
Vence
A.M.

[LF Destouches]

161. – À CLAUDE GALLIMARD[4]

16 Oct[obre 1952]

Observatoire 19-79

Cher Monsieur.

Je n'ai pas encore reçu les notes que je dois signer relatives à ce que vous savez, et dont nous avons parlé lors de ma visite, hier, en

---

1. De sa maison à Meudon Céline a une vue exceptionnelle sur Paris.
2. Archives Gallimard.
3. Céline a probablement laissé cette note à Gaston Gallimard en lui rendant visite le 15 octobre. Albert Paraz avait écrit à Paulhan le 7 octobre pour lui demander ces articles pour en préparer un lui-même qu'il publiera dans *Rivarol* du 20 décembre.
4. Archives Gallimard.

votre splendide Hôtel. Soyez assuré que je le ferai sitôt après lecture[1].

J'espère que votre santé s'améliore, et je vous prie de me croire bien sincèrement votre

Destouches

162. – À LOUIS-FERDINAND CÉLINE[2]

Paris, le 21 Octobre 1952

Docteur Destouches
25ter, Route des Gardes
Meudon

Cher Ami,

Ci-joint la lettre que je reçois de M. Cornu[3] concernant votre protégé[4].

Bien amicalement,

Gaston Gallimard

---

1. Céline doit signer une pièce fiscale dont il sera question en particulier dans la lettre du 23 octobre et jusqu'au 12 décembre.
2. Archives Gallimard. Double de lettre dactylographiée.
3. Albert Cornu, probablement un responsable des N.M.P.P.
4. Voir lettre du 23 octobre.

163. – À CLAUDE GALLIMARD[1]

22 Oct[obre 1952]

Cher Monsieur

Vous m'avez promis, (à deux reprises) de me faire envoyer le *« Bon Beurre »*[2]. Puisque rien n'arrive je peux vous demander aussi de chez Denoël *Paris Insolite* de J. P. Clébert[3].
Vous en ferez un petit envoi de ces livres qui n'arrivent jamais...
Pas plus que la fameuse pièce fiscale comptable.
Ah, politesse, où es tu ? avec courtoisie ?
À vous bien sincèrement

LF Destouches

164. – À GASTON GALLIMARD[4]

Le 23. Oct[obre 1952]

25ter Route des Gardes
Meudon
S-O.

Mon cher et vénéré éditeur.

Je viens d'être littéralement ému (ce qui m'arrive très très rarement) en lisant la réponse de M. Cornu à votre lettre recommandant Perrot[5] ! Me voilà plus en dette de gratitude à votre égard que jamais ! Du fond du cœur merci !

---

1. Archives Gallimard.
2. *Au bon beurre* de Jean Dutourd, achevé d'imprimer chez Gallimard le 11 juillet 1952.
3. *Paris insolite* de Jean-Paul Clébert, achevé d'imprimer chez Denoël le 25 août 1952.
4. Archives Gallimard.
5. Voir note 2, p. 154 et lettre du 9 décembre, p. 192. Nous ne savons pas ce que Céline a demandé pour son ami.

Mais pour que ma félicité soit au comble je voudrais bien recevoir (j'abuse ! ô j'abuse !) la pièce comptable-fiscale que je réclame en vain, par téléphone, lettre, blablas divers, depuis ma récente visite chez vous.... à moins que vous ne désiriez que je revienne Rue de l'Université[1] m'entretenir avec votre technicien fiscal ? Dans ce cas, je vous prie, écrivez-le moi, et je me rendrai à son bureau pour une brève entrevue.

Avec l'hommage de toute ma considération

LF Destouches

165. – À LOUIS-FERDINAND CÉLINE[2]

Paris le 23 Octobre 1952

Monsieur le Docteur Destouches
25ter Route des Gardes
Meudon
S&O

Cher Monsieur et Ami,

Si vous n'avez pas encore reçu de visite d'un de nos collaborateurs pour régler la question fiscale, c'est que ce dernier qui avait réservé son après-midi pour vous en parler, lors de votre visite à la N.R.F., a été, depuis ce jour, très occupé, mais il viendra très prochainement vous voir.

Avec mes sentiments les meilleurs.

Claude Gallimard

---

1. Le siège des Éditions Gallimard, rue Sébastien-Bottin, donne également sur la rue de l'Université.
2. Archives Gallimard.

166. – À BERNARD HUGUENIN[1]

23 Octobre 1952

Prière de téléphoner d'urgence à Céline pour prendre rendez-vous.

Claude Gallimard

167. – À CLAUDE GALLIMARD[2]

24 Oct[obre 1952]

Cher Monsieur et cher Ami

Je me hâte de répondre à votre lettre. Si vous me voyez tellement pressé de rentrer chez moi... je vais vous confier un secret... c'est que ma femme est malade et que je suis absolument seul avec elle, que je fais les commissions, la lessive, le ménage etc. et que j'ai peur de la laisser seule. Non qu'elle manque de courage la pauvre, mais je redoute le pire... Vous me direz : Je vous ai donné des millions ! Oui, mais les dettes ? Car vous savez pendant 10 ans il a fallu vivre... même dans des conditions atroces... J'ajoute que je suis pressé aussi de finir le prochain manuscrit qui doit nous apporter, à vous, à moi, gloire, prospérité, et bonheur.

Mais vous savez tout ça ! alors en égoïste je dis : à moi !

et je vous prie d'agréer mes sentiments les meilleurs

Destouches

1. Archives Gallimard. Note dactylographiée interne.
2. Archives Gallimard.

168. – À LOUIS-FERDINAND CÉLINE[1]

Paris, le 27 Octobre 1952

Docteur Destouches
25ter, Route des Gardes
Meudon (S. et O.)

Cher Ami,

Ci-joint la lettre que me transmet Albert Cornu[2].
Votre,

Gaston Gallimard

169. – À GASTON GALLIMARD[3]

[Début novembre 1952]

Céline me demande :
1. d'écrire une préface au *Voyage* (!)[4]
2. de m'entendre avec vous pour que paraisse au plus tôt une édition de luxe du même *Voyage*, qui serait illustrée :
 a. soit par Gen Paul qui a déjà fait toutes les planches (très belles, dit L.-F. C.)[5]. Il faudrait en ce cas s'entendre avec Gen Paul, et avec Mme Allary, chef de rayon au Printemps, qui a acheté les planches après la mort de Denoël (qui devait les publier).
 b. soit par Buffet, à qui Céline doit en parler ces jours-ci[6].
[...]

JP[aulhan]

1. Archives Gallimard.
2. Non retrouvée.
3. Archives Gallimard. Note manuscrite interne.
4. Peut-être parce que Céline pense à la « Pléiade » ?
5. Une édition illustrée de *Voyage* a été publiée par Denoël en 1942 ; Gen Paul avait réalisé, dès 1934 semble-t-il, quinze dessins à la plume rehaussés à l'encre de Chine qui ont servi pour cette édition. Céline pense peut-être les réutiliser.
6. Le peintre Bernard Buffet.

170. — À CLAUDE GALLIMARD[1]

Le 3. [novembre 1952]

Cher Monsieur

Suite à notre conversation téléphonique. Il me semble que le temps est venu de rechercher un « lettré » qui s'occupe de rédiger un livre sur mes belles œuvres et leurs mérites. M. Gide, M. Proust, M. Patati et Patata Giraudoux etc. ont eu cent livres publiés sur leur style, leurs filiations, etc. même des étrangers comme Joyce, Faulkner, Miller, etc. Il serait *grotesque* et hautement PRÉJUDICIABLE (à nous deux !) qu'on continue à me considérer comme un vague et dégoûtant SUIVEUR d'un Sartre, d'un Miller, d'un Genet, d'un Passos, d'un Faulkner, alors que je suis MOI l'inventeur le défonceur de la porte de cette chambre où stagnait le roman jusqu'au VOYAGE. Vous semblez avoir honte de le faire savoir et écrire et clamer ! France d'abord nom de Dieu ! en ce pays où il n'y a plus de valable que la cuisine et les belles-lettres. Quant aux interviews, ils peuvent séduire les vedettes, les vedets, les avocats, etc. mais non les écrivains or je ne suis *qu'écrivain* ne l'oublions jamais n'ayant jamais écrit un *seul article de ma vie* fait aussi qu'on oublie (et très chatouilleux sur ce point). Je suis médecin petit médecin, au surplus, et c'est tout. Deux professions, STRICTEMENT. Mes livres sont là, ils ont été assez plagiés, ils ont assez nourris de crâneurs copieurs pour qu'on les sorte et en fasse admirer et reconnaître *le petit truc* la petite musique autour desquels mes imitateurs tournent sans comprendre.

Un nommé VITA ami de Monnier avait commencé une étude sur Céline[2]... Théophile Briant, de l'« Albatros », subtil poète me semble plus qualifié[3]. Mais si Giraudoux et Gide ont trouvé dans leur vide *absolu cent* commentateurs ce serait le diable si dans vos relations vous ne me découvriez *un* commentateur ! Au travail ! éditeur !

---

1. Archives Paulhan. La lettre lui a été communiquée par le destinataire selon la réponse du 14 novembre.
2. Jean Vita, pseudonyme de Marcel Lucas, publia en février 1950 dans *Défense de l'homme* un article intitulé « Céline et l'enfance » ; il semble qu'il ait envisagé d'en faire un livre (voir *Ferdinand furieux*, p. 186).
3. Théophile Briant (1891-1956), écrivain et poète breton, fondateur de la revue *Le Goéland*, que Céline a beaucoup fréquenté.

Quand vous me dites qu'on ne vend pas de *Féerie*, je vous crois modérément, vous savez que vous avez réputation de ne *jamais avouer* qu'on vend un livre.

Je parlais en fait d'illustrateur du Voyage grand luxe, de *Bernard Buffet*. Moi qui vous croyais au pouls du Paris Artistique ! Je vais [de] déceptions en déconvenues !

Vous finirez par vendre du beurre rue Sébastien Bottin.

À vous bien cordialement

LF Céline

171. – À LOUIS-FERDINAND CÉLINE[1]

Paris le 14 Novembre 1952

Monsieur le Dr Destouches
25ter route des Gardes
Meudon

Cher Ami,

Ne croyez pas que ce soit de la négligence si je ne vous ai pas répondu plus tôt. Je voulais étudier les possibilités de vente d'une édition illustrée du VOYAGE, il est certain que Buffet jouit d'une grande estime dans certains milieux. Je ne crois pas, par contre, qu'il puisse bénéficier d'une cote bibliophilique (comme on dit); mais surtout le livre de luxe luxe traverse actuellement une crise encore plus grave que celle du livre courant, et, malgré la célébrité de votre VOYAGE, les libraires auxquels je me suis adressé ne pensent pas pouvoir en avoir la vente en ce moment, je le regrette vivement, mais je ne désespère pas qu'une période plus favorable se présente pour que nous puissions réaliser votre projet.

---

1. Archives Gallimard. Double de lettre dactylographiée.

Nous partageons tout à fait votre avis sur l'intérêt qu'il y aurait à publier un ouvrage sur votre Œuvre, j'en ai fait part à Jean Paulhan pour qu'il cherche aussi de son côté l'auteur capable de faire ce travail avec sérieux et efficacité. Soyez persuadé que nous ferons tout notre possible pour réaliser ce projet.

En toute amitié

Claude Gallimard

172. – À CLAUDE GALLIMARD[1]

[Peu après le 14 novembre 1952]

Puisque nous parlons chiffres et célébrité
Bernard Buffet s'est assuré un contrat d'*un million par mois* pour sa production aux USA. Qui peut en dire autant ? Vos libraires m'ont l'air de fameux couillons timorés et retardataires, ne vous semble-t-il pas ?

[LF Céline]

173. – À GASTON GALLIMARD[2]

23 Nov[embre] 52

Mon cher Éditeur et ami.

J'ai reçu la visite il y a quelques semaines d'un de vos collaborateurs comptables qui devait me rédiger et me faire signer une certaine lettre d'indemnité etc.

Nous eûmes un entretien fort aimable et depuis ce moment j'attends une lettre de votre comptabilité...

---

1. Archives Gallimard.
2. Archives Gallimard.

Je crois que vous deviez vous-même avoir un mot décisif à dire dans cette affaire ?

Là en sont les choses. Lorsque vous aurez un moment pour y penser vous serez bien aimable de me faire connaître votre décision...

———

Je vous remercie bien sincèrement pour tous les beaux romans NRF que je reçois... Comme le talent court les rues !

C'est un peu effrayant. Je veux dire pour l'attardé que je suis d'un temps où l'on ne publiait qu'après mille chichis !

Votre très obligé et bien sincère

LF Destouches

174. – À LOUIS-DANIEL HIRSCH[1]

24/11/52

Prière de bien vouloir noter que M. Louis Ferdinand Céline aimerait beaucoup recevoir le bulletin de la N.R.F.[2] Pourriez-vous l'inscrire sur la liste et lui faire parvenir, en même temps que le dernier numéro, le livre d'Odette Joyeux : « À CŒUR OUVERT »[3].

Merci.

Robert Gallimard

---

1. Archives Gallimard. Note dactylographiée interne.
2. Bulletin publié chaque mois pour annoncer les nouveautés.
3. Achevé d'imprimer en octobre.

175. – À CAMILLE LEMERCIER[1]

24/11/52

Pourriez-vous me faire savoir si, comme je vous l'avais demandé il y a déjà quelque temps, des coupures de presse concernant les livres de Céline ont bien été envoyées à Albert Paraz[2] ? Céline en effet s'inquiète à ce propos.
Merci.

Robert Gallimard

176. – À ROBERT GALLIMARD[2]

le 25/11/52

En réponse à votre note du 24 novembre : — À la suite de votre note du 16 octobre, toutes les coupures de presse concernant Céline, avaient été envoyées à Monsieur Albert Paraz le 20 octobre.
Dans une lettre du 15 novembre, Paraz me remerciait de lui avoir envoyé ces coupures, et semblait indiquer qu'ayant fini son étude, il n'avait plus besoin des suivantes.

Camille Lemercier

1. Archives Gallimard. Note dactylographiée interne. Camille Lemercier (Mme Jean Dutourd) deviendra attachée de presse de 1954 à 1957.
2. Voir p. 179.
3. Archives Gallimard. Note dactylographiée interne.

177. – À LOUIS-FERDINAND CÉLINE[1]

Paris, le 3 Novembre [*pour* décembre] 1952

Monsieur Louis-Ferdinand Céline
25ter, Route des Gardes
Meudon

Cher Monsieur et Ami,

Les coupures de presse dont vous me parliez l'autre jour, ont bien été envoyées à Albert Paraz. Je viens d'en avoir la confirmation de notre service de presse. Ils me disent même la date qui est le 20 octobre et me disent aussi que Paraz, par une lettre du 15 novembre, les remerciait et aussi, indiquait qu'ayant fini son étude, il n'avait pas besoin de prochaines coupures.

J'espère que vous aurez bien reçu le Bulletin que j'ai demandé qu'on vous fasse parvenir. N'hésitez pas à me faire savoir les livres que vous désirez recevoir.

Je vous prie de croire, cher Monsieur et Ami, à l'assurance de mes sentiments les meilleurs et les plus dévoués.

Robert Gallimard

178. – À ROBERT GALLIMARD[2]

5 Déc[embre 1952]

Cher Monsieur et Ami.

J'ai reçu en effet des nouvelles de Paraz il a très bien reçu ce qu'il attendait, et je vous remercie. Je ne suis pas très séduit par le journal où

---

1. Archives Gallimard. Double de lettre dactylographiée datée par erreur du 3 novembre.
2. Archives Gallimard.

il va me commenter mais enfin à force de discrétion et de réserve on peut très bien périr étouffé... et puis ce journal est peu lu et très détesté[1].

À vous bien amicalement

L Destouches

179. – À ROBERT GALLIMARD[2]

8 Déc[embre 1952]

Cher Monsieur et Ami

J'ai écrit il y a quelques jours une lettre à M. Gaston Gallimard au sujet d'un détail d'impôts[3] (pour moi très important) et ne reçois aucune réponse.

Aurez-vous l'amabilité de bien vouloir faire une petite enquête de ce côté ? avant les fêtes ! qui vont, je le présume, faire s'évader tout votre brillant État Major vers les stations d'hiver (Il fait plus froid ici chez moi qu'à Chamonix !)

Bien amicalement à vous

Destouches

---

1. Albert Paraz rédige un long plaidoyer qui s'appuie sur le dossier de presse de *Féerie* qui sera publié le 20 décembre dans *Rivarol* sous le titre « Albert Paraz à propos de *Féerie pour une autre fois* ».
2. Archives Gallimard.
3. Voir la lettre du 23 novembre.

180. – À LOUIS-FERDINAND CÉLINE[1]

Paris, le 9 décembre 1952.

Monsieur Louis-Ferdinand Céline
25ter, route des Gardes
Meudon (S. & O.)

Cher Monsieur et Ami,

Gaston me prie de vous faire parvenir la lettre ci-jointe de M. Max Hymans, d'Air France, qui intéresse Melle Évelyne Perrot, que vous nous avez recommandée[2].

Je vous prie de croire, cher Monsieur, et Ami, à l'assurance de mes sentiments les meilleurs.

Robert Gallimard

181. – À LOUIS-FERDINAND CÉLINE[3]

Paris, le 12 Décembre 1952

Monsieur le Docteur L.F. Destouches
25ter, route des Gardes
Meudon (Seine et Oise)

Cher Monsieur et ami,

Sur votre demande, j'ai cherché à connaître les raisons du retard mis au réglement du problème que vous nous avez soumis. Il n'est pas de notre fait. Nous avions préparé tous les papiers nécessaires dans l'esprit de ce que vous aviez demandé mais entre temps, vous avez changé de point de vue.

1. Archives Gallimard.
2. Voir la lettre du 23 octobre, p. 181. Perrot avait probablement demandé un service pour sa fille.
3. Archives Gallimard. Brouillon et double de lettre dactylographiée.

Le problème que vous nous posez maintenant est nouveau puisqu'en somme il faudrait que la N.R.F. paye vos impôts à votre place, ce qui n'avait pas été prévu dans nos conventions, ni dans l'avenant par lequel nous avons augmenté la garantie financière accordée sur « FÉERIE ». Si vous nous aviez alors prévenu, nous en aurions tenu compte[1].

Croyez bien que je regrette infiniment de devoir vous écrire dans ce sens mais je suis certain que vous comprendrez les raisons qui me dictent cette lettre, et je vous prie de croire, cher Monsieur, et ami, à mes sentiments cordialement dévoués.

Robert Gallimard

---

1. En fait, conformément à ce que Céline a toujours affirmé (voir notamment la lettre du 17 février), il refuse de payer des impôts sur les avances qu'il a reçues, considérant que ce sont des « provisions ».

1953

182. — À GASTON GALLIMARD[1]

1ᵉʳ Janvier 1953

Mon cher éditeur et ami.

Vous devez recevoir en ce jour l'hommage de bien fervents vœux de bonne santé, longue vie, et prospérité.

Tous ces vœux sont je n'en doute pas sincères, très sincères, mais nuls plus sincères que les miens ! au point qu'à la date du premier février prochain, c'est-à-dire dans 31 jours je vais vous demander une *avance* d'*un* million de francs, pour que mon année à venir ne devienne point trop tragique, matériellement. Je téléphonerai à Monsieur Huguenin vers le 15 Janvier à ce propos.

Le Tome II de Féerie avance[2], en voilà bientôt 300 pages tapées prêtes à imprimer, mais il en faut 7 à 800 ! (fignolées, bien entendu !) et ce labeur me prend mes jours et mes nuits. Ah si j'étais payé « au prix » des femmes de ménage il me semble que je pourrais racheter le château de la Muette, mais je n'ai pas de femme de ménage et je n'ai pas de feu.

Alors qu'allez-vous faire de ce million ? me demanderez-vous...

---

1. Archives Gallimard.
2. *Féerie pour une autre fois*, II. *Normance*, sera publié en juin 1954.

m'acheter du véronal ! entre autres, pour dormir... pas trop ! sans excès... quelques heures.

 et votre bien respectueux

LF Destouches

183. — À SUZANNE MÉLÈNE[1]

Le 12 Janvier [1953]

25ter Route des Gardes
Meudon. S-O.

 Mademoiselle,

 Voici le papier (le modèle) à peu près cette qualité, dont je voudrais bien acheter *3000* feuilles[2]. Cette piètre qualité me suffit très bien ! et je vous serais très obligé de me les faire envoyer dès que possible ! Je ne voudrais point avoir de scènes avec mes muses ! (qu'elles n'ont plus rien à se mettre, etc.)

 Et je vous prie de me croire votre très respectueux

LF Destouches

184. — AUX ÉDITIONS DE LA N.R.F.[3]

Paris, le 27 Janvier 1953

 Reçu de la Société Anonyme Librairie GALLIMARD, dont le siège est à Paris, Rue Sébastien-Bottin, N° 5, la somme de un million de francs à

---

 1. Archives Gallimard. Suzanne Mélène-Duconget, technicien puis chef de Fabrication et directeur de Production de 1941 à 1989.
 2. Céline consomme un grand nombre de feuilles de papier pour écrire ; il réutilise même ses brouillons ; il se fournira souvent auprès du service de fabrication de la N.R.F.
 3. Archives Gallimard. Reçu dactylographié ; la somme et la date sont des ajouts manuscrits de la main de Céline.

titre de premier acompte sur les droits d'auteur à me revenir, selon notre contrat du dix huit Juillet Mil Neuf [Cent] Cinquante et Un[1], sur le prochain de mes ouvrages que publiera la Société Librairie GALLIMARD.

Dr Destouches

185. — À LOUIS-FERDINAND CÉLINE[2]

Paris, le 30 Mars 1953.

Monsieur le Docteur Destouches
25ter Route des Gardes
Meudon

Cher Monsieur,

Je vous communique ci-joint la lettre d'un éditeur de Musique (Alphonse Leduc) qui nous fait part d'un étrange projet auquel j'aimerais que vous me disiez ce que vous souhaiteriez qu'il fût répondu[3].

Croyez je vous prie, cher Monsieur, à l'assurance de mes meilleurs sentiments.

D. Mascolo[4]

---

1. C'est l'article V de ce contrat qui réserve à Gallimard les cinq manuscrits à venir de Céline. Il n'a pas été modifié par le contrat du 26 mars 1952.
2. Archives Gallimard. Original probablement renvoyé par Céline.
3. Dans cette lettre du 23 mars, l'éditeur de musique écrit : « *L'un de nos auteurs compositeurs de musique a adopté comme titre pour une pièce instrumentale " Bagatelles pour un massacre " utilisant ainsi le titre exact du livre célèbre de Céline. Nous venons vous demander l'autorisation d'employer ce titre pour ce morceau de musique* [...] » (Archives Gallimard).
4. Dionys Mascolo, attaché à la Direction littéraire de 1942 à 1981, a notamment été chargé des cessions de droits.

186. — À DIONYS MASCOLO[1]

Le 2 [avril 1953]

Mon cher Mascolo

C'est drôle qu'on ne m'offre jamais que des saloperies plus ou moins suicidaires et jamais des bonnes choses ! Quand on vous offrira de faire danser les très jolis ballets contenus dans Bagatelles alors là je signerai des deux mains[2] !

Mais toujours des cochonneries pourries qu'on me présente ! qui me reviennent on dirait : *de droit* ! Ce que j'en ai marre[3] !

À vous bien amicalement

LF Destouches

187. — À DIONYS MASCOLO[4]

[2 avril 1953]

Absolument : non

LF Céline

1. Archives Gallimard.
2. Céline cherchera à plusieurs reprises à faire danser ces ballets mais sans succès. Ils seront repris dans *Ballets sans musique, sans personne, sans rien* en 1959 dans une édition à tirage limitée et réédités dans *Cahiers Céline*, 8, Gallimard, 1988.
3. Le 8 avril, la réponse à la lettre de l'éditeur Alphonse Leduc sera catégorique : « *M. Louis-Ferdinand* CÉLINE *s'oppose formellement à votre projet* » (Archives Gallimard).
4. Archives Gallimard. Note manuscrite au verso de l'original de la lettre de l'éditeur Alphonse Leduc que Céline renvoie à Dionys Mascolo avec la précédente lettre.

188. — À LOUIS-FERDINAND CÉLINE[1]

Paris, le 21 Septembre 1953

Monsieur le Dr L.F. Destouches
25ter, route des Gardes
Meudon (S. &. O)

Cher Monsieur,

Nous vous adressons inclus un chèque barré sur la B.N.C.I. de Frs CENT UN MILLE QUATRE CENTS (101.400) représentant le remboursement des impôts retenus sur les ventes de 1950-1952 par VISION PRESS[2] du « VOYAGE AU BOUT DE LA NUIT ».

Veuillez agréer, Cher Monsieur, l'assurance de nos sentiments distingués.

Le Service des Comptes d'Auteurs,

P[aul] Gruault[3]

---

1. Archives Gallimard. Double de lettre dactylographiée.
2. Voir note 3, p. 167.
3. Paul Gruault, comptable de 1941 à 1957.

189. — À LOUIS-FERDINAND CÉLINE[1]

Paris, le 22 septembre 1953.

Monsieur le Dr Destouches
25ter, route des Gardes
Meudon (S. & O.)

Cher Monsieur et Ami,

Je me permets de vous adresser ci-joint un exemplaire cartonné de « MORT À CRÉDIT ». Nous avons en effet, comme pour le « VOYAGE AU BOUT DE LA NUIT » cartonné une partie du tirage[2].

Si vous désirez d'autres exemplaires que celui que je vous adresse à titre de spécimen, faites-le moi savoir et je me ferai un plaisir de vous les envoyer.

Je vous prie de croire, cher Monsieur et Ami, à l'assurance de mes sentiments les meilleurs.

Robert Gallimard

---

1. Archives Gallimard. Double de lettre dactylographiée.
2. Relié d'après une maquette de Paul Bonet et mis en vente le 28 avril 1953 (*Bulletin de la N.R.F.* de mai). Sans doute a-t-on oublié d'en faire parvenir à Céline à ce moment-là.

190. — À CLAUDE GALLIMARD[1]

Le 23 Sept[embre 19]53

25ter Route des Gardes
Meudon

Cher Monsieur

Voici une lettre qui me confirme ce que je savais déjà[2] que la Maison Hachette distribue mes livres aussi mal que possible[3] qu'on ne les trouve pas plus à Buenos Ayres qu'à la Gare Montparnasse, à Londres qu'à Genève. Boykott sur tous les azimuts ! C'est gai ! et ça dure ! D'ailleurs lorsque la maison Gallimard passe des notes sur les auteurs de la NRF, je suis toujours omis. C'est la règle. Lorsque Monsieur Gaston colporte d'énormes colis ce sont des Joyce ! tout ! tous ! mais pas Céline ! Ah pas lui ! honte ! cent mille chiasses ! On me copie contrefait en attendant tant que ça peut ! on préface même des livres *de mon style* en m'ignorant ! J'aurais tout bu ! Ce serait amusant avec des moyens de s'en foutre ! mais ce n'est pas le cas.

Laughlin d'Amérique est particulièrement mufle il a Guignols depuis 4 ans et ne le publie pas[4].

Bien amicalement votre

Destouches

---

1. Archives Gallimard.
2. Céline joint une lettre du 19 août de Le Vigan qui lui écrit d'Argentine où il s'est exilé ; il lui signale qu'il n'est pas parvenu à se procurer *Féerie* que l'on ne trouve nulle part alors qu'il y a de nombreux autres livres français en vente et que, vu le grand nombre de réfugiés (3 000 à Buenos Aires), il pourrait bien se vendre. Le Vigan signe sa lettre du pseudonyme Arthur Rex Britannorum qu'il juge plus discret que son nom (Archives Gallimard).
3. C'est Hachette qui distribue les livres de la N.R.F.
4. *Guignol's Band* sera publié par James Laughlin chez New Directions en juin 1954, puis à Londres par Vision Press en septembre.

191. — À LOUIS-FERDINAND CÉLINE[1]

Paris, le 2 Octobre 1953

Monsieur le Docteur Destouches
25ter, Route des Gardes
Meudon (Seine & Oise)

    Cher Monsieur,
    Nous vous remettons inclus un chèque barré sur la B.N.C.I. de Frs CENT HUIT MILLE TROIS CENT QUATRE VINGT CINQ (108.385) représentant vos droits dus sur l'édition anglaise de votre ouvrage : VOYAGE AU BOUT DE LA NUIT, faite par Vision Press de Londres.
    Veuillez agréer, Cher Monsieur, l'assurance de nos sentiments distingués.
    Le Service des Comptes d'Auteurs,

P[aul] Gruault

192. — À LOUIS-FERDINAND CÉLINE[2]

Paris, le 9 Octobre 1953

Docteur Destouches
25ter route des gardes
Meudon
(S. et O.)

    Cher Monsieur,
    Je m'excuse de ne pas vous avoir répondu plus rapidement mais s'il m'est facile de vous répondre d'une façon générale, à la question de la

---

1. Archives Gallimard. Double de lettre dactylographiée.
2. Archives Gallimard. Double de lettre dactylographiée et original renvoyé par Céline.

distribution, je n'ai pas encore les éléments concernant celle de votre vente en Argentine.

En effet, les problèmes de librairie sont très particuliers dans ce pays, tant au point de vue des paiements, que d'une certaine censure occulte, non d'ordre politique, mais d'ordre moral[1].

J'ai fait écrire au correspondant d'Hachette à Buenos Ayres afin de savoir pour quelle raison il ne nous passait pas de nouvelles commandes de votre livre depuis les envois d'office que nous avons faits.

En ce qui concerne votre vente en France, il ne s'agit pas d'un simple problème de distribution, qui est facile à résoudre, mais avant de distribuer il faut avoir reçu des commandes des libraires, ceux-ci étant [libres] d'avoir dans leurs magasins les ouvrages qu'ils veulent.

Dès que j'aurai une réponse concernant l'Argentine, je vous tiendrai au courant.

En toute amitié,

Claude Gallimard

193. — À CLAUDE GALLIMARD[2]

Le 10 Oct[obre 1953]

Cher Monsieur

Je suis tout à fait de votre avis pour ce qui concerne la censure occulte, l'ordre moral, l'anathème qui m'accable en France, en Argentine, ou en Chine. Mais cet ordre moral s'accommode très bien du passé de nombreux collaborateurs des « Cahiers F Allemand[3] », du « Pariser[4] », de poèmes et d'articles célèbres (voir le « Dictionnaire des

---

1. Avec celle du 10 octobre, Céline renvoie sa lettre à Claude Gallimard en soulignant les deux mots « *ordre moral* » et les reliant à un commentaire qu'il fait dans la marge « *Il a 100.000 raisons ! bigre !* ».
2. Archives Gallimard.
3. Les *Cahiers franco-allemands* publiés par l'Institut allemand pendant l'Occupation et auxquels collaborèrent de nombreux écrivains français.
4. Le *Pariser Zeitung*, quotidien allemand publié à Paris pendant l'Occupation.

Girouettes[1] ») etc. etc... En examinant bien cette « censure occulte » je vois qu'elle *ne s'exerce que contre moi*... que je paye pour tout le monde, moi qui précisément n'ai collaboré à *rien, jamais*. N'est-ce pas curieux ? Très heureux ces « collaborateurs » honteux d'avoir trouvé un bouc, et un bouc qui pue pour tout le monde ! Une affaire ! une providence !

C'est à ce point que la jeunesse ne connaît pas mes livres, bien qu'ils aient été plagiés (et le soient) par toute la crapule écrivaine cafouilleuse actuelle ! Je ne dis rien, vous ne réagissez pas, tout le monde est content ! Je suis, vous êtes, complices de ce sabotage trouillard, ainsi le dernier article de la NRF sur « Féerie » ! présentant l'ouvrage comme à « bout de pincettes »... en s'excusant ! (et par ailleurs d'une telle nullité[2] !) Vous semblez par contre avoir pris pour le relancement de GIONO un tout autre parti[3] ! Diantre ! à tonnerres de publicité ! Tant mieux ! Vive Giono ! L'essentiel semble être que moi et mes livres soient bien étouffés, annulés, oubliés, inexistants ! Il le faut ! Raison d'État ou tout bonnement...... ? au prochain livre je me verrai forcé de me défendre moi-même dans la Nouvelle NRF... de le tenter au moins ! Ce petit jeu du « bouc qui pue » me lasse, depuis 15 ans qu'il dure ! Une infinie humilité demande énormément de rentes... Je verrais bien Mauriac, Maurras, Claudel, Montherlant, tout effacés, tout modestes, ils ont les moyens... allez-y voir ! autant de néon ! des striptease ! toutes les parties honteuses dehors ! Ils « jouent le jeu » diraient votre père ! Point tant n'en veux ! pas tant n'en demande ! mais ayant fait *deux ans de réclusion*[4], en fosse profonde *de 6 m, de 3 m × 3 m*, sans lumière, vous m'y refourrez encore ! et mes bouquins ! à d'autres ! à d'autres !

En toute amitié

Destouches

---

1. Probablement le « Dictionnaire des contemporains » publié comme un supplément par le *Crapouillot* en 1950.
2. C'est Jacques Brenner qui a signé, dans *La N.R.F.* d'avril 1953, la critique du livre de Céline. Il reste effectivement très prudent, terminant son article par : « *Oui, drôle de Féerie. Où nous retrouvons un Céline que son génie n'a nullement abandonné.* »
3. Giono n'a pas été édité par la N.R.F. entre 1943 et 1948 mais depuis cette date il y publie pratiquement un ouvrage par an.
4. Précisément dix-huit mois.

194. — À LOUIS-FERDINAND CÉLINE[1]

Paris, le 19 Octobre 1953

Monsieur Destouches
25ter, Route des Gardes
Meudon.

Cher Monsieur,

Je m'empresse de répondre à votre lettre du 10 Octobre 1953, car j'espère avant tout dissiper un malentendu qui semble s'être glissé entre nous.

En effet, vous semblez penser que, en vous écrivant que les problèmes de librairie en Argentine étaient particuliers et gouvernés par une certaine censure occulte non d'ordre politique, mais d'ordre moral, vous avez interprété le terme « ordre moral », dans un sens tout à fait opposé à celui auquel je pensais en l'écrivant.

Il ne s'agit en effet en aucune façon d'ordre moral se rapportant à la politique où à la collaboration comme vous semblez penser que je le signalais hypocritement.

Je vais donc essayer de m'exprimer clairement : par « ordre moral », j'entendais qu'il y a dans « FÉERIE POUR UNE AUTRE FOIS » une certaine crudité d'expression, un langage direct qui ne peuvent que choquer une certaine morale puritaine qui sévit dans les pays latins d'origine espagnole d'Amérique du Sud. Cette censure occulte ne s'exerce donc pas contre vous personnellement[2].

Ce qui me paraît plus grave dans votre lettre, et ce qui me peine sincèrement, c'est que vous semblez douter de notre effort à soutenir votre Œuvre, non seulement vous en doutez, mais encore vous nous soupçonnez de sabotage. Quel sordide intérêt pourrait nous conduire à faire les efforts qui ont été faits pour publier votre œuvre avec le seul désir de

---

1. Archives Gallimard. Double de lettre dactylographiée et brouillon corrigé par Gaston Gallimard.
2. Dans son brouillon Claude Gallimard citait l'exemple d'Henry Miller comme également censuré dans ces pays.

l'étouffer et par là même de garder dans nos cases tous les exemplaires des divers tirages de vos ouvrages. Une telle machination ne pourrait être imaginée que par un véritable ennemi disposé à n'importe quel sacrifice pour satisfaire sa haine.

Or, comment pourriez-vous une seconde imaginer la N.R.F. comme votre ennemie, alors que, la première, par les Cahiers de la Pléiade, elle a essayé de vous faire retrouver votre public et que, par la suite, elle n'a pas cessé un seul instant d'essayer de vous assurer la meilleure diffusion possible.

Avez-vous jamais senti, dans cette Maison, une seule hésitation quant à la publication de vos œuvres ?

Vous me parlez du relancement de Giono. Cela n'a pas été aussi facile que vous semblez le croire. Les premiers livres que nous avons publiés de Giono après la guerre, et je suis bien placé pour le savoir, n'ont trouvé aucun accueil auprès du public. C'est seulement parce que Giono a pu renouveler sa façon d'écrire et qu'il a donné dans « LE HUSSARD SUR LE TOIT »[1] une œuvre d'un genre tout à fait différent, que le public lui a de nouveau fait confiance.

Enfin, permettez-moi de vous rappeler que vous vous êtes refusé à ce qu'aucun Service de Presse ne soit fait, à ce qu'aucun lancement publicitaire ne soit fait avant trois mois après sa sortie et que, comme nous vous l'avions dit alors, le lancement d'un livre se fait, non pas six mois après, ni trois mois, mais au moment même de sa sortie. Il est toujours très néfaste que pendant trois mois un livre se trouve en librairie sans un article pour le soutenir, sans un placard de publicité dans les journaux pour le rappeler aux lecteurs. N'oubliez pas que le succès s'enchaîne sur le succès. Les libraires eux-mêmes ne proposent à leurs clients que les livres dont on parle. Nous avons dû soutenir votre œuvre par tous les moyens qui nous restaient, c'est-à-dire une large diffusion. Nous avons envoyé en dépôt aux libraires tous vos livres : 7.500 exemplaires de « FÉERIE POUR UNE AUTRE FOIS » ont été ainsi envoyés à toute la France, plus 2.500 à l'étranger ; nous nous sommes efforcés de pousser la vente par nos représentants, de susciter des vitrines chez les libraires, mais tout cela n'était pas facile.

---

1. Publié en 1951.

Quand vous nous avez autorisés à faire de la publicité, nous l'avons fait immédiatement et si elle n'a pas eu les résultats que vous escomptiez, c'est que, malheureusement, elle est arrivée trop tard.

Je m'excuse de vous écrire si longuement, mais c'est dans l'espoir que vous comprendrez notre bonne foi et que pour le prochain volume de FÉERIE, vous nous laisserez toute liberté quant aux moyens à employer pour assurer sa diffusion.

Je voudrais enfin que vous considériez la N.R.F. comme une Maison amie, comme votre Maison, et pas autrement.

En toute amitié,

Claude Gallimard

195. — À CLAUDE GALLIMARD[1]

Le 21 Oct[obre 1953]

Cher Ami.

Ni votre père ni vous n'avez encore été en prison. Tout est là diable ! Je n'ai pas voulu que vous fassiez de publicité pour « Féerie » avant que les 3 mois fatidiques fussent écoulés ! Vous le savez fort bien. Vous ne le saviez pas, vous étiez inconscient de ce péril avant que je vous avertisse. Et bien plus grave encore, votre « conseiller juridique » n'en savait rien non plus ! L'a.b.c. pourtant de son métier ! Billevesées penserez-vous... pas du tout ! J'étais très averti du petit turbin qui se préparait. J'ai eu confirmation dans le cours de la très merdeuse affaire Julliard[2]... Je suis aussi fantasque dans mes livres que je suis « expérimental », immuable, prosaïque, dans la vie. Je vous ai vu « léger » en cette circonstance. Et vous ne semblez pas vous en rendre compte. « L'expérience est une lanterne sourde qui n'éclaire que celui qui la porte. »

---

1. Archives Gallimard.
2. Voir note 2, p. 124.

Bon ! Ceci dit il m'est bien agréable de rendre hommage à [la] NRF qui m'a accueilli (après 20 ans de retard) d'une façon très généreuse. Quant aux *Cahiers de la Pléiade*, j'ai été bien content qu'ils passent (gratuitement) *Casse-Pipe*, mais j'ai été moins content du silence absolu de la presse (ce qui n'est de la faute à personne !) Pour *Féerie* II tout pourra se passer normalement. Je ne vois aucune plainte possible, ni de la morale, ni d'individus.

À vous bien amicalement.

Dr Destouches

1954

196. — À JEAN PAULHAN[1]

Mardi [janvier ou février 1954]

Cher Ami.

Mille mercis pour l'adresse de Mme G.[2] Je lui propose de me venir voir à l'occasion si elle a une minute !... Car comment la joindre ??...

———

Les milliardaires ont toujours du goût pour la Courtille[3] et ses insultes...

Oui certes je suis bien flatté par votre demande. Elle est splendide cette NNNN[4]... Mais un *article* ? Je n'en ai jamais écrit et je m'y vois mal. Cela demande d'avoir des Idééâââs ! et Dieu je n'ai pas d'Idées ! Je les admire et je les respecte, c'est tout.

Mais il ne s'agit pas de chichis. Dès que j'aurai fini mon livre actuel[5],

---

1. Archives Paulhan.
2. Florence Gould (1895-1983), femme du milliardaire Frank Jay Gould, recevait le jeudi dans son salon littéraire les milieux intellectuels parisiens.
3. Quartier de Paris, qui faisait partie de l'ancienne commune de Belleville, qui devint un lieu très populaire mais fréquenté par la noblesse au début de la Régence.
4. Pour *Nouvelle Nouvelle Revue française*.
5. Fin février il dira en avoir pour une quinzaine de jours pour finir *Féerie*, II, qu'il apportera à la N.R.F. tout début avril.

c'est promis... Je vous enverrai une petite note (ou je déconne je crois peut-être le moins) sur le style, enfin pas plus que les autres...
Bien affectueusement à vous

Destouches

197. — À CLAUDE GALLIMARD[1]

Obs 19-79

26/2/54

Cher Monsieur et Ami.

Dans quinze jours *Féerie II* sera prêt à être imprimé. Ce livre aura environ *450* pages (à imprimer) — (ou *500* selon le « caractère »). Je voudrais bien vous parler *directement* quant au contrat, avances, etc...
Ce livre m'a coûté énormément de travail et de temps.
J'ai l'intention de le dédier à votre père[2].
Quant au lancement, j'ai pensé que quelques articles dans la NRF ne feraient pas de mal. Paulhan semble d'accord. Articles que je rédigerai et signerai... « On n'est jamais mieux servi[3]... »
Mais où nous rencontrer ? À la NRF si vous voulez, un tantôt ? mais je suis effacé et très discret, de nature, le monde m'effarouche... je voudrais vous rencontrer seul, ou avec votre père. Mes entretiens, vous le savez, sont brefs. En dix minutes, j'ai tout dit.
Bien amicalement à vous

Destouches

1. Archives Gallimard.
2. *Normance* comportera deux dédicaces, l'une « *À Pline l'Ancien* », l'autre « *À Gaston Gallimard* ».
3. Si Paulhan est d'accord pour publier des articles de Céline il le sera moins pour que Céline célèbre lui-même son livre.

198. — À GASTON GALLIMARD[1]

11/3/54

Obs 19 79

Mon cher Éditeur et Ami.

Je me décide à vous écrire en personne parce que depuis trois semaines et plus, j'attends la réponse à une lettre à M. Claude Gallimard. Celui-ci semble prendre une sorte de plaisir à faire attendre ses réponses. Nous appartenons, vous et moi, à une époque où sauf insolence et grossièreté préméditée il devait être répondu aux lettres dans les quarante-huit heures, et où l'exactitude aux rendez-vous classait les hommes. Louis XIV lui-même, et bien que très malade, n'en prenait point à son aise avec ses plus ennuyeux correspondants... Ou dois-je conclure que la maison Gallimard est lasse de mes livres et de mes manuscrits ? Je vous serais bien obligé dans ce cas, de me le faire savoir, afin que je puisse prendre au plus tôt mes petites dispositions afin de faire publier (si possible !) Féerie II par quelque autre maison. Oh, sans aucun plaisir, croyez-le ! Il ne me plaît point à moi, d'être impertinent, ou mufle. Je laisse ces trivialités aux débiles mentaux.

J'ai longtemps, en médecin, fréquenté les Asiles, il y a là de quoi vous écœurer à vie, de toutes les discourtoisies.

Avec toutes mes civilités, je vous prie de me croire, votre bien amical

Destouches

1. Archives Gallimard.

199. — À LOUIS-FERDINAND CÉLINE[1]

Paris, le 23 mars 1954

Docteur Destouches
25ter, route des Gardes
Meudon (S. & O.)

Cher Monsieur et Ami,

Ainsi que vous me l'avez demandé, voici les ventes de chacun de vos ouvrages depuis leur reprise à la N.R.F. :

— « CASSE PIPE » . . . . 2 200 exemplaires
— « L'ÉGLISE » . . . . 1 300 -
— « MORT À CRÉDIT » . . . . 2 000 -
— « SEMMELWEIS » . . . . 1 400 -
— « VOYAGE AU BOUT DE LA NUIT » . . . 2 900 -
— « FÉERIE POUR UNE AUTRE FOIS » . . . 6 300 -

Ces chiffres indiquent la vente à ce jour, depuis leur mise en vente, de chacun de ces titres.

Veuillez croire, cher Monsieur et Ami, à l'assurance de mes sentiments les meilleurs et les plus dévoués.

Robert Gallimard

---

1. Archives Gallimard. Double de lettre dactylographiée.

200. — À LOUIS-FERDINAND CÉLINE[1]

Paris, le 24 mars 1954.

Docteur Destouches
25ter, route des Gardes
Meudon (S. & O.)

Cher Ami,

Comme suite à notre entretien de l'autre jour[2], je vous confirme qu'il est entendu que nous publierons votre nouveau manuscrit suivant les termes de notre contrat du 18 juillet 1951, contrat par lequel nous nous sommes réciproquement engagés, vous à me soumettre les 5 prochains ouvrages devant suivre « FÉERIE POUR UNE AUTRE FOIS » et moi à vous garantir, pour la publication de ces ouvrages, des droits d'auteur de 18 %, avec une garantie sur 25 000 exemplaires.

Je me permets de vous rappeler l'important effort financier que nous avons entrepris en considération de ce contrat, c'est-à-dire afin de publier vos œuvres à venir et que vous avez reçu, en à-valoir sur le volume actuellement en préparation, une somme de 1 000 000 de Francs pour laquelle vous nous avez donné, en date du 27 janvier 1953, pleine et entière décharge.

Vous savez tout l'attachement que je porte à votre œuvre, mais si les premiers résultats que nous avons enregistrés sont décevants pour l'un comme pour l'autre, je ne crois pas qu'il y ait lieu de se décourager pour cela. Je tiens de mon côté à respecter de la façon la plus fidèle les engagements que j'ai pris vis-à-vis de vous. J'espère que, de votre côté, vous aurez le même souci.

J'attends donc la remise de votre manuscrit définitif que vous m'avez annoncé très prochaine pour vous faire parvenir, conformément

---

1. Archives Gallimard. Double de lettre dactylographiée.
2. N'ayant pas trouvé de réponse à la lettre de Céline à Gaston Gallimard du 11 mars, nous pouvons supposer que les deux hommes se sont téléphonés et peut-être même rencontrés.

à notre accord, un chèque du montant de vos droits à revenir sur les 25 000 exemplaires vendus.

Je vous prie de me croire bien amicalement vôtre.

Gaston Gallimard

201. — À LOUIS-FERDINAND CÉLINE[1]

Paris, le 26 Mars 1954

Docteur Destouches
25ter, Route des Gardes
Paris [sic]

Cher Ami,

Vous n'êtes pas raisonnable[2] — je me suis toujours efforcé de comprendre votre situation — Je continue — Mais vous, avez-vous réfléchi à la mienne — Il est facile de dire à chaque occasion : je suis un ouvrier, j'apporte mon travail, je veux tant de millions — Je ne suis pas Louis XIV — J'administre une société et je suis responsable devant elle de mes actes — Je ne peux pas dire : je suis un administrateur, je fais ce qui me plaît de vos millions et f... moi la paix. Je dois faire respecter les contrats librement ; très librement signés, je dois justifier les avances que j'ai consenties — Je vous ai versé il y a un an déjà un million à valoir sur votre prochain livre — Je vous verserai davantage à la remise de votre manuscrit.

C'est entendu. Et vous avez accepté toutes les clauses du contrat qui le prévoyait.

Vous ne pensez tout de même pas que de mon côté j'accepte que vous portiez votre manuscrit ailleurs. Vous savez bien que si je pouvais me permettre de constituer une série de petits tas dorés je le ferais

---

1. Archives Gallimard. Double de lettre dactylographiée.
2. N'ayant pas la réponse de Céline à la lettre de Gaston Gallimard du 24 mars, nous pouvons supposer que Céline a, soit par téléphone, soit par courrier, posé de nouvelles conditions financières à la remise de son manuscrit.

volontiers, parce que j'ai de l'amitié pour vous et aussi de l'admiration. Ne m'obligez pas à des mesures qui nous seraient pénibles à tous deux — Si je suis amené à m'opposer à une publication chez un autre éditeur (et je le ferais si vous m'y contraigniez) quel avantage en retirerez-vous ? Il n'est pas un de mes confrères qui passerait outre à une opposition formelle — Vous êtes meilleur juriste que moi, je m'en suis rendu compte, et vous n'en doutez certainement pas.

Ne simplifiez donc pas la question.

Vous n'êtes pas seul à pouvoir décider. Ne méprisez pas un traité que vous sauriez très bien faire respecter le cas échéant.

Je crois toujours avoir été très net avec vous — Allons, un bon mouvement et ayez confiance en moi — J'attends votre texte.

Je suis votre ami,

Gaston Gallimard

202. — À LOUIS-FERDINAND CÉLINE[1]

Paris, le 29 Mars 1954

Docteur Destouches
25ter, Route des Gardes
Meudon

Cher Ami,

Je croyais avoir été très clair —

Voici donc deux chiffres :

Le tirage garanti de votre prochain livre sera fixé à 25.000 exemplaires comme prévu à notre contrat.

Je vous ai versé d'avance un million — à la remise de votre texte, je vous verserai un million et demi[2] — bien que je ne puisse établir encore avec précision le prix de vente du livre.

---

1. Archives Gallimard. Double de lettre dactylographiée.
2. Gallimard cède donc aux exigences de son auteur.

J'ajoute que je suis en négociaton pour une édition à tirage limité du « VOYAGE AU BOUT DE LA NUIT » sur laquelle j'espère pouvoir vous remettre cinq cent mille francs[1].

Je pense que maintenant je n'ai plus qu'à attendre votre manuscrit. Je l'imprimerai immédiatement.

Votre,

Gaston Gallimard

203. — À GASTON GALLIMARD[2]

Le 30/3 [1954]

Cher Ami,

Bien merci pour votre dernière lettre du 29/3. Je restais interloqué par vos lettres précédentes parce qu'elles ne me proposaient aucun nombre ou chiffre. Lettres très claires, certes, mais impondérables. Propositions sans chiffres, égal pour moi : blabla. Je réagis comme « une petite amie » aux propositions : combien ?... That is the question ?...

———

Je serai vendredi matin à 11h1/2 chez vous Rue Sebs Bottin avec le manuscrit de Féerie II *prêt à l'impression* (et prêt à recevoir le chèque annoncé).

———

Vous aurez peut-être l'amabilité de me donner de vive voix quelques précisions sur cette réédition du Voyage. Je relève à ce propos trois mots dans votre lettre qui me donnent la chair de poule « négociation »... « j'espère pouvoir »[3]... brrrrrr !...

———

1. Il s'agit d'une édition club.
2. Archives Gallimard.
3. Les mots « *négociation* »... et « *j'espère pouvoir* »... sont à l'encre rouge alors que la lettre est écrite en bleu.

Pour tout dire, je trouve la NRF horriblement rapiate. Il lui faut des « vedettes » à l'œil... que d'argent gaspillé pourtant dans la culture intensive, interminable, du navet ! quel acharnement ! On n'y estime pas le vrai travail. Ah, si l'on payait à mon prix les membres du fameux Conseil d'Administration, pour les étincelles qu'ils donnent, et le labeur qu'ils fournissent, ils n'iraient point, les bougres, si souvent en vacances ! ils ne mangeraient pas beaucoup ! ils prendraient le métro en « seconde » !... au prix où je suis payé vos femmes de ménage vous auraient rendu leurs « aspirateurs » depuis belle !

Vous savez évidemment tout ceci... je ne vous apprends rien ! Je blablate moi-même. Vous savez aussi, mieux que moi, qu'un million de ce jour, vaut mille francs honnêtes de 14... le salaire mensuel, alors, d'un bon vendeur de la Rue de la Paix...

À vous, et à bientôt

Destouches

204. — AUX ÉDITIONS DE LA N.R.F.[1]

Paris, le deux Avril 1954

Reçu de la Société anonyme Librairie GALLIMARD, dont le siège est à Paris, Rue Sébastien-Bottin, N° 5, la somme de 1.500.000 francs (un million cinq cent mille francs) à titre de deuxième versement sur les droits d'auteur à me revenir, selon notre contrat du dix huit juillet Mil Neuf Cent Cinquante et Un, sur le prochain de mes ouvrages que publiera la Société Librairie GALLIMARD.

LF Destouches

---

1. Archives Gallimard. Reçu dactylographié dont la somme et la date sont de la main de Céline.

205. — À LOUIS-FERDINAND CÉLINE[1]

Paris, le 14 avril 1954

Docteur Destouches
25ter, Route des Gardes
Meudon (S. & O.)

Cher Ami,

Ainsi que je vous en avais, je crois, déjà parlé, j'ai entrepris des négociations pour une édition du « VOYAGE AU BOUT DE LA NUIT » par un club. Voici où en sont mes négociations :

Le Club du Meilleur Livre[2] serait disposé à faire une édition du « VOYAGE AU BOUT DE LA NUIT », limitée à 5 000 exemplaires, qui paraîtrait dans 6 à 8 mois. Pour prix de cette opération, il vous serait versé, à la signature de l'accord, une somme forfaitaire de 500 000 Francs[3].

Pour ma part, il me semble que c'est une proposition tout ce qu'il y a de raisonnable.

Je vous serais donc très reconnaissant de bien vouloir me faire connaître, le plus rapidement possible, quelle est votre décision de façon à ce que je puisse donner une réponse au Club du Meilleur Livre.

Bien amicalement vôtre,

Gaston Gallimard

---

1. Archives Gallimard. Original dactylographié renvoyé par Céline.
2. Le Club du Meilleur Livre, club de vente par correspondance, a été créé en octobre 1952 en compte à demi par Gallimard et Hachette.
3. Gaston Gallimard avait envisagé cette édition dès mai 1953 et avait même préparé un contrat mais le programme du Club ne permettant une publication qu'en 1954 il préféra ne pas en parler à ce moment-là à Céline.

206. — À GASTON GALLIMARD[1]

Le 16/4/54

Mon cher Ami.

Tout à fait d'accord, et merci, avec vous, pour le Club à 5 000 ex. du *Voyage* et pour toucher 500 000 pelos à la signature du dit accord[2].
Comme je dis, gi !
Et bien amicalement, votre.

LF Céline

207. — À LOUIS-FERDINAND CÉLINE[3]

Paris, le 21 Avril 1954

Docteur Destouches
25ter, Route des Gardes
Meudon (S. et O.)

Cher Ami,

J'apprends que vous avez choisi « NORMANCE » comme sous-titre à « FÉERIE POUR UNE AUTRE FOIS II ».
Vous voulez bien me dédier ce livre, ce qui me touche plus que vous ne le pensez — Mais est-ce que cela me donne un peu de droit sur lui ? Mon amitié m'en donne-t-elle également ? Alors je voudrais vous convaincre qu'il serait très très fâcheux de maintenir vos titres dans la hiérarchie que vous avez indiquée à FESTY[4].
D'abord « NORMANCE » est un très beau mot, et qui typographiquement s'inscrira mieux dans le cadre de la couverture que « FÉERIE

---

1. Archives Gallimard. Céline écrit au dos de la lettre du 14 avril de Gaston Gallimard.
2. Le contrat est daté du 22 avril.
3. Archives Gallimard. Original dactylographié renvoyé par Céline.
4. Céline acceptait de donner un sous-titre à *Féerie*, II, mais n'avait pas envisagé d'en faire un sur-titre.

POUR UNE AUTRE FOIS II » qui devra être composé en petits caractères.

Mais surtout il importe que ce volume se distingue du premier et d'éviter toute confusion dans les librairies. Il s'agit de vendre beaucoup d'exemplaires — C'est votre intérêt autant que le nôtre. J'ai pris un engagement vis-à-vis de vous, aidez-moi à le tenir. Permettez-moi d'intervertir l'ordre des titres et de faire un essai que je vous soumettrai. Je suis sûr que j'ai raison — Et il faut qu'il en soit ainsi pour que j'ose insister. Mais faites-moi confiance.

Votre dévoué,

Gaston Gallimard

208. — À GASTON GALLIMARD[1]

le 22/4 [1954]

Cher Ami,

Je trouve que vous avez tout à fait raison. Qu'il soit fait selon votre bon avis... qui doit être excellent !... Tant mieux, mille fois touché, ravi, de vous avoir fait plaisir avec la Dédicace !... J'espère que sous le signe de toute cette amabilité *Normance* va monter à 400 000 !

Bien votre ami

LF Céline

---

1. Archives Gallimard. Céline écrit au dos de la lettre du 21 avril de Gaston Gallimard.

209. — À LOUIS-FERDINAND CÉLINE[1]

Paris, le 11 mai 1954

Monsieur le docteur Destouches
25ter route des Gardes
Meudon

Cher Monsieur,

Je vous envoie, ci-joint, le projet de couverture qu'a retenu Gaston Gallimard pour le 2e tome de FÉERIE POUR UNE AUTRE FOIS[2].

Je l'ai établi sur ses instructions et je vous serais obligé de me communiquer, le plus tôt possible, votre sentiment.

Aussi bien, concernant la 4e page du volume, je pense que vous préférerez la liste de vos œuvres à un texte de présentation, comme nous le faisons la plupart du temps[3].

Sur ce point aussi je serais content que vous me fassiez part de vos intentions.

Veuillez croire, Cher Monsieur, à mes sentiments les meilleurs.

J[acques] Festy

1. Archives Gallimard. Original dactylographié renvoyé par Céline.
2. En définitive Gaston Gallimard a choisi de ne pas intervertir les titres mais de laisser en tête *Féerie*, II, en privilégiant *Normance* par la taille du caractère. Voir le document ci-joint que Céline reçoit avec la lettre.
3. La 4e page de couverture restera blanche avec seulement les filets rouges et noir de la collection et le sigle NRF.

LOUIS
FERDINAND
CÉLINE

FÉERIE
POUR
UNE AUTRE
FOIS, II
NORMANCE

nrf

GALLIMARD

LOUIS-FERDINAND CÉLINE

FÉERIE POUR UNE AUTRE FOIS, II

NORMANCE

nrf

GALLIMARD

210. — À JACQUES FESTY[1]

12/5/54

Très bien, tout à fait d'accord[2].

LFC

211. — À GASTON GALLIMARD[3]

19/5/54

Obs 19 79

Mon cher Éditeur et Ami.

Étant un peu inquiet quant au destin de ce tirage du *Voyage* par un « Club du Livre »... je vous écris... ne voyant rien venir ni contrat ?... ni doulos ?...

———

Au sujet de cette « nouvelle » dont j'ai parlé à Paulhan[4], *qu'il préfacerait*, je crois que le mieux encore est que je l'écrive... et puis que je me cherche un illustrateur... Vous aimez bien qu'on vous apporte le travail « tout fait ». Oh, comme je vous comprends ! Il paraît que

---

1. Archives Gallimard. Céline écrit au dos de la lettre du 11 mai de Jacques Festy.
2. En fait sur le volume définitif, le titre *Féerie pour une autre fois*, II, sera composé en caractères romains plus petits et non italiques et sa dimension sera donc moindre que celle de *Normance*. En outre le titre du dos s'inscrira sur quatre lignes :
FÉERIE POUR
UNE AUTRE FOIS
II
NORMANCE
3. Archives Gallimard.
4. « L'Ambassadrice » dont il reparlera dans une lettre à Paulhan du 16 juin et qu'il n'écrira jamais.

vous avez tiré ainsi fort bien une œuvre de Genêt[1]... Tout est donc possible...

───

Je serais bien heureux qu'on adresse, suite à la liste d'hier, un exemplaire de « Normance » de *presse*
 à M⁰ Robert Thielland
  Avoué
  16 Avenue George V
  Paris VIII⁰

il est de mes relations juridiques... il connaît à fond le jugement Véry où votre Garçon s'est fait battre à plate couture[2] !

Ceci ne vous autorise pas à m'écrire très malpoliment et très gaffeusement que je n'hésiterais pas moi à vous assigner en justice[3] etc. etc...

Sachez bien et souvenez-vous, cher ami, que ce sont « les *autres* » qui me dénoncent, pourchassent, mouchardent, pillent, traquent... Jamais je ne cafte, moi ! Qu'on se le dise !

Et palsambleu n'y revenez pas ! Je suis à vous défier en duel dans votre propre jardin ! sous la Revue des 2 Mondes[4] ! Que votre sang d'éditeur inonde ce gazon !

Bien votre ami toutefois ! mais je vous ai à l'œil !

               Destouches

---

1. Gaston Gallimard a publié l'édition originale à tirage restreint de *Pompes funèbres* de Jean Genet en 1947, à la seule enseigne « À Bikini. Aux dépens de quelques amateurs », mais le volume n'est pas illustré.
2. Voir note 3, p. 93.
3. Allusion à la lettre très ferme de Gaston Gallimard du 26 mars.
4. L'immeuble de la *Revue des deux mondes*, situé au 15, rue de l'Université, jouxte celui de Gallimard qui est au 17.

212. — À GASTON GALLIMARD[1]

Le 6/6/54

Mon cher Éditeur et Ami

Voici une annonce joliment excitante ! Que ne me tire-t-on moi-même en « confidentiel » à 65.000 fr l'exemplaire[2] ? ou suis-je tout juste bon à 1 500 frs la page[3] ? ou moins encore ?
Bien votre fidèle

LF Céline

213. — À GASTON GALLIMARD[4]

13 - 6 54

Mon cher Ami.

Je crois que le moment est venu d'oser vous demander s'il ne vous serait possible de me faire établir un relevé de mes comptes chez vous, par lequel il serait bien spécifié le montant de ma dette envers la NRF ? Combien je vous dois ?

L'année est assez avancée je crois... ni trop loin ni trop près des vacances... il me semble... Hachette vous a peut-être rendu ses comptes ?

Ah que de choses ! que je vous plains d'avoir tant de soucis !... je n'y tiendrais pas ! positivement non !

Comme Paulhan tenez ! comme Paulhan ! l'« anémone de choc »[5] !

---

1. Archives Gallimard.
2. Céline a vu annoncée l'édition originale de *Port-Royal* de Montherlant tirée à 250 exemplaires et dont le prix de vente est de 65 000, 45 000 et 35 000 francs selon les exemplaires. Elle sortira en décembre chez l'éditeur Henri Lefèbvre.
3. Rémunération moyenne d'un article de revue.
4. Archives Gallimard.
5. Paulhan se rend régulièrement à Hyères dans une villa nommée « Les Anémones ».

on le dit engagé aux ballets chinois[1] ? avec corset, tout ! On verra tout ! et mon Relevé !

Bien respectueusement

LF Destouches

214. — À JEAN PAULHAN[2]

Le 14/6/54

Mon cher Paulhan,

Les fidèles vont à la messe et ne l'écoutent pas, les médecins reçoivent la Presse médicale et ne l'ouvrent pas, les fins lettrés sont abonnés à la NNNNRF...

———

Chatté ne fera rien du tout[3]... il n'a jamais rien fait pour moi... Ces *Clubs du Livre* ? Gaston m'en a parlé... Ils devaient éditer le *Voyage*, blablas !...

———

Il faudrait tout bonnement que Gaston me dise s'il est disposé à éditer lui, en grand luxe à tirage très limité, (comme Montherlant) une nouvelle de cinquante pages environ ? C'est simple, mais qu'il me dise oui ou non. Je ne le force pas ! les illustrateurs non plus !

———

Vous voulez de la suite des *Entretiens avec le Professeur Y* ? ou non[4] ? Il m'a été dit que vous fusionniez avec la Revue des Deux mondes ? Ce

---

1. Paulhan a souvent été comparé à un maître de ballet.
2. Archives Paulhan.
3. Probablement le journaliste Robert Chatté.
4. *La N.N.R.F.* a publié dans son numéro du 1ᵉʳ juin la première partie des *Entretiens avec le Professeur Y* qui seront publiés en volume par Gallimard l'année suivante.

serait une sacrée émotion ! Ce serait paraît-il un archi petit-fils Gallimard qui prendrait la direction[1]...

———

Bien sûr que vous allez revenir me voir bientôt, j'ai encore d'autres informations...
Votre fidèle

LF Destouches

215. — À LOUIS-FERDINAND CÉLINE[2]

Le 16 juin [1954]

Cher L-F

Bien sûr que je l'attends, la seconde partie ! Je l'attends même avec impatience. Vous me l'aviez promise plus tôt.
On me parle beaucoup de la première, et de tous les côtés. Le *Monde* estime qu'il y a trop de points de suspension. *Franc-Tireur* se demande si ce n'est pas un peu ataxique[3]. Délicate flatterie au Docteur Destouches. En général, les gens sont assez épatés.

*

Gaston me dit qu'il fera tout le possible, et même l'impossible, sitôt qu'il aura le manuscrit de la nouvelle. C'est-à-dire
   1. qu'il tâchera d'avoir d'avance cent souscripteurs.
   2. qu'il insistera pour obtenir des gravures de Derain.
Il dit que ce n'est pas lui, mais Lefèvre qui a fait l'édition de Montherlant à 65.000 frs.

*

À vous, et à bientôt

Jean Paulhan.

1. Les petits-fils de Gaston Gallimard sont encore des adolescents à cette époque.
2. Archives Paulhan. La lettre a été renvoyée par Céline avec sa réponse (voir lettre suivante).
3. Yves Florenne, « Retour du bout de la nuit », *Le Monde*, 15 juin 1954. L'article de *Franc-tireur* n'a pas été retrouvé.

216. — À JEAN PAULHAN[1]

[16 juin 1954]

Cher Paulhan

Qu'ils déconnent tous ces gens ! Ça fait bien ! Qu'ils pètent aboyent dégueulent ! C'est pareil !

———

Je suis sur la suite et fin, elle vous sera livrée sitôt que possible... mais pour faire dégueuler ces chiens il y faut quand même du soin ! Quand partez-vous en vacances ? Quand serez-vous là ?

———

Soit, finie la « suite et fin », j'entame « l'Ambassadrice » (titre) mais je redoute fort qu'elle finisse (après des kilos de blablas) en nouvelle dans votre Re-re-re-vue à 2000 points la page ! merde !
Dans les boxons c'était la plus tocarde qui faisait le plus de pognon ! Il faut se placer tocard ! et encore ! c'est pas tous !
Votre fidèle

Destouches

---

1. Archives Paulhan. Lettre commencée au verso de la lettre de Jean Paulhan du même jour.

217. — À JACQUES FESTY[1]

16 Juin [1954]

Cher Monsieur,

Je viens de recevoir Normance imprimé grâce à vous superbement[2] ! Ainsi paré, il ne peut que séduire ! C'est un plaisir de travailler avec de tels artistes ! techniques !

Bien cordialement votre

Destouches

218. — À JEAN PAULHAN[3]

20/6 [1954]

Obs 19 79

Mon cher Ami

Vous serez mille fois aimable de faire envoyer une NNNRF Juin (l'admirable numéro) au

Pr André Tailhefer[4]
22 Rue Barbet de Jouy
Paris VIIe

Votre bien vif obligé et ami

LF Destouches

---

1. Archives Gallimard.
2. *Normance* porte un achevé d'imprimer du 10 juin.
3. Archives Paulhan.
4. Le professeur André Tailhefer avait travaillé avec Céline à Clichy et était intervenu en sa faveur pendant son procès ; au retour du Danemark, il soigna Lucette Destouches et fit partie des rares confrères que Céline revit régulièrement jusqu'à sa mort.

219. — À LOUIS-FERDINAND CÉLINE[1]

Paris, le 24 Juin 1954

Monsieur le Docteur Destouches
25ter, Route des Gardes
Meudon (Seine & Oise)

Cher Monsieur,

Nous vous remettons inclus un chèque barré sur la B.N.C.I. de Frs CINQUANTE DEUX MILLE TROIS CENT SOIXANTE TREIZE (52.373) représentant vos droits dus sur l'édition anglaise de votre ouvrage : « VOYAGE AU BOUT DE LA NUIT » par Vision Press.

Veuillez agréer, Cher Monsieur, l'assurance de nos sentiments distingués.

Le Service des Comptes d'Auteurs,

P[aul] Gruault.

220. — À JEAN PAULHAN[2]

25/6 [1954]

Obs 19 79

Mon cher J P

Vous avez trop d'esprit ! Je renonce ! Ces « espaces infinis »... !

———

Oh je ne vais pas me mêler d'affaires de librairie ! Peste[3] !

———

Bien votre ami

LF

1. Archives Gallimard.
2. Archives Paulhan.
3. Sans la lettre de Paulhan, qui a provoqué celle-ci, il est bien difficile de savoir à quoi répond Céline.

221. — À PAUL GRUAULT[1]

25/6/54

Obs 19 79

Cher Monsieur

Je vous remercie pour le chèque à l'instant reçu de 52 373 frs BNCI, mais il me semble ne pas avoir reçu de chèque de *104* Livres le 2 Oct. 1953 ? selon lettre ci-jointe[2] ?

Suis-je dans l'erreur ? Vous seriez bien aimable de me le faire savoir...

Veuillez croire cher Monsieur à mes sentiments très distingués.

Destouches

222. — À LOUIS-FERDINAND CÉLINE[3]

Paris, le 28 Juin 1954

Monsieur le Docteur Destouches
25ter, route des Gardes
Meudon (S & O)

Cher Monsieur,

Faisant suite à votre lettre du 25 courant, nous vous informons que le remboursement des 104 Livres de l'Income Tax vous a été effectué le 21 Septembre 1953 par un chèque sur la B.N.C.I. de Frs 101.400.

---

1. Archives Gallimard.
2. En 1953, Céline a reçu ses droits sur cette édition en deux chèques par lettres des 21 septembre et 2 octobre (voir pages 199 et 202).
3. Archives Gallimard.

Veuillez agréer, Cher Monsieur, l'assurance de nos sentiments distingués.

    Le Service des Comptes d'Auteurs,

P[aul] Gruault.

P.S. Inclus en retour la lettre de Monsieur Mascolo du 21 courant[1].

223. — À LOUIS-FERDINAND CÉLINE[2]

Paris, le 1 Juillet 1954

Monsieur le Docteur Destouches
25ter, route des Gardes
Meudon (Seine & Oise)

    Cher Monsieur,

    Nous vous adressons inclus un chèque barré sur la B.N.C.I. de Frs CINQ CENT MILLE (500.000) représentant vos droits dus sur 5.000 exemplaires du « VOYAGE AU BOUT DE LA NUIT » par le CLUB DU MEILLEUR LIVRE[3].

    Veuillez agréer, Cher Monsieur, l'assurance de nos sentiments distingués.

    Le Service des Comptes d'Auteurs,

P[aul] Gruault.

---

1. Non retrouvée.
2. Archives Gallimard.
3. L'édition sera achevée d'imprimer le 15 septembre et vendue 1 450 francs. Les droits sur les éditions club sont traditionnellement beaucoup moins élevés que ceux des éditions courantes.

224. — À JEAN PAULHAN[1]

Le 17 [juillet 1954]

Mon cher Paulhan

Nous n'entendons pas les mêmes voix publiques ! Pitié ! les miennes me hurlent leur surprise de n'avoir rien trouvé dans votre revue (déficitaire) sur Normance... aucune critique[2] ! (non israëlo-trouducuteuse et débilo mentale comme d'usage !) mais une bonne et franche invitation à l'achat comme il se doit dans la maison de notre pauvre Gaston qui a tant de peine à joindre les deux bouts et sur le sort duquel vous vous apitoyez avec un si attendrissant lyrisme que les larmes m'en montent... Allez vous l'aurez JP, votre médaille des véritables serviteurs des derniers féodaux, vous l'aurez vous votre place à Nanterre[3] ! et bien méritée ! déficitaire !

Affectueusement

LF D.

Partez en vacances, vacant ! J'œuvre moi, pendant que vous pérorez ! On verra pour la *suite et fin* à la rentrée[4] !

LF C

225. — À JEAN PAULHAN[5]

21/7 [1954]

Mon cher J P.

Gaston ne se vexe et n'a de chagrin que lorsqu'on lui fait verser du pognon. Le reste il s'en fout et il a raison. Erreur J P ! Je parle d'un

---

1. Archives Paulhan.
2. *La N.N.R.F.* ne publiera un article sur *Normance* que dans son numéro d'octobre. Il sera écrit par Georges Perros.
3. L'hospice de vieillards de Nanterre est célèbre par l'uniforme des pensionnaires et la dureté quasi régimentaire de sa discipline.
4. La deuxième partie des *Entretiens avec le Professeur Y* ne paraîtra qu'en novembre.
5. Archives Paulhan.

article sur Normance pour faire vendre le livre, pour enrichir encore Gaston ! Mais Dieu ! pour moi ? Il suffit que [je] trouve mon nom écrit q[uel]q[ue] part pour que je le saute. Ah, cher J P. je n'ai aucun narcissisme, aucun. Celui-ci fait partie de l'instinct de conservation, vous le savez... Que j'en suis tellement dépourvu ! mais j'ai une femme et des chiens...

Votre bien sincère

LFC

226. — À LOUIS-FERDINAND CÉLINE[1]

Paris, le 23 Juillet 1954

Docteur Destouches
25ter, Route des Gardes
Meudon (S. et O.)

Cher Monsieur,

Voici quelques coupures de presse, bonnes et mauvaises[2] — Vous en ferez ce que vous en voudrez.

Je viens d'acheter « La Presse »[3] mais n'ai rien vu d'intéressant.

À bientôt.

Croyez, Cher Monsieur, à mes sentiments respectueux et dévoués.

Odette Laigle[4]

1. Archives Gallimard. Double de lettre dactylographiée.
2. Sur son double, Odette Laigle a marqué les articles qu'elle envoyait à Céline : un article de la *Libre Belgique* du 14 juillet, la lettre de Marcel Arland et Jean Paulhan publiée dans *Rivarol* du 22 juillet répondant à une note de Jean Castetis du 15 juillet qui disait que la suite des *Entretiens* ne paraîtrait pas dans *La N.N.R.F.*, un article d'Albert Paraz dans *Rivarol* du 15 juillet, un de Bernard Fallet dans *Le Canard enchaîné* du 19 juillet et enfin celui de Robert Poulet dans *Rivarol* du 22 juillet.
3. La presse du jour puisque les articles qu'elle envoie s'arrêtent la veille.
4. Odette Laigle, secrétaire de Gaston Gallimard depuis 1950 ; elle deviendra secrétaire du Comité de lecture, poste qu'elle occupera jusqu'en 1987.

227. — À ODETTE LAIGLE[1]

29/7 [1954]

Chère Madame

Qu'il me soit permis de vous demander de bien vouloir me faire livrer *3 000* feuilles (3 000 minimum) de ce modèle... Oh, sans urgence ! à votre aise ! mais enfin pour mes vacances... ici !... Je ne m'absente que pour aller voir Gaston et lui demander de l'argent.

———

Avec mes sentiments bien respectueux

Destouches

Les articles récents de critique ?

228. — À LOUIS-FERDINAND CÉLINE[2]

Paris, le 3 Août 1954

Docteur Destouches
25ter, Route des Gardes
Meudon (S. et O.)

Cher Monsieur,

Ci-joint le placard de publicité paru dans le Figaro littéraire du 17 Juillet 1954 — dans les Nouvelles littéraires du 15 Juillet 1954 — dans le Monde du 21 Juillet 1954[3].

---

1. Archives Gallimard.
2. Archives Gallimard. Original dactylographié sans doute renvoyé par Céline.
3. Ce placard de format 55×65, réalisé dans la manière de ceux de la N.R.F. de l'époque, annonce simplement « *Céline Normance Vient de paraître* » et le sigle NRF.

D'autre part, le Secrétariat de M. Festy vient de me confirmer l'envoi d'un exemplaire hollande et un exemplaire pur fil de « NORMANCE » qui vous aurait été fait le 25 Juin dernier. En ce qui concerne les cartonnés, ils ne seront prêts que vers la fin de l'année[1].

Notre Service d'Expédition vous enverra demain matin le papier que vous m'avez demandé.

Croyez, Cher Monsieur, à mes sentiments dévoués.

Odette Laigle

229. — À JEAN PAULHAN[2]

Le 3 [août 1954]

Mon cher Paulhan

Il est louf votre pote de Niort[3] ! Quelle délicatesse !... Il tient à aller parler de cordes dans la maison du pendu ! Pourquoi il va pas demander à René Mayer son avis ? en voilà un qu'en sait long ! Il y a des gens qui ont l'air payés...

———

Vous êtes comme Gaston, trop grand seigneur pour répondre à mes lettres. Je vous ai demandé avant de vous donner la suite et fin de l'*Entretien* si la NRF était disposée à éditer les deux parties en un petit opuscule[4] ? *Oui* ou *merde* ?

Si c'est *merde* la Parisienne[5] me prendra la seconde partie elle paye mieux que vous la Parisienne, c'est-à-dire décemment.

Je vous embrasse, pauvre asservi !

Louis F Destouches

---

1. Une version cartonnée d'après une maquette de Paul Bonet sera réalisée comme pour *Voyage*, *Mort à crédit* et le premier *Féerie*.
2. Archives Paulhan.
3. Nous ne savons pas de qui il s'agit.
4. En fait les *Entretiens avec le Professeur Y* paraîtront en cinq parties dans *La N.N.R.F.* et seront repris en volume en mars 1955.
5. Revue créée en janvier 1953 et dirigée par Jacques Laurent.

230. — À ODETTE LAIGLE[1]

Le 4/8 [1954]

Chère Madame

J'ai vu votre publicité pour Hériat... pour Giono déjà ! C'est autre chose ! « Il faut vendre malgré les Gallimard » disent tous les auteurs initiés... abrutissement ou sabotage ?... Je réserve mon diagnostic... J'ai reçu pour *Féerie* I : *20 livres de luxe, pour Normance* : 2[2]. les esprits étaient en vacances ! après les vacances ce seront les comités de lecture ! lecture de quoi ? et avec quoi ?

Croyez chère Madame à mes sentiments respectueux

Destouches

231. — À LOUIS-FERDINAND CÉLINE[3]

Paris, le 5 Août 1954

Docteur Destouches
25ter, Route des Gardes
Meudon (S. et O.)

Cher Monsieur,

Je viens une nouvelle fois d'examiner votre dossier au Service de M. Festy — et cette fois je suis allée plus loin dans la correspondance.

J'ai trouvé une note de Robert Gallimard du 28/4/52 adressée à Jacques Festy concernant les exemplaires de luxe de « FÉERIE..I ». Il était en effet mentionné dans cette note que vous deviez recevoir 10 exemplaires sur pur fil et 10 exemplaires sur hollande, exemplaires qui vous ont été envoyés le 23 Juin 1952. Il était naturellement normal

---

1. Archives Gallimard. Céline écrit au dos de la lettre du 3 août.
2. Céline a souligné ce chiffre de trois traits rouges.
3. Archives Gallimard. Double de lettre dactylographiée.

que le même Service soit fait pour « NORMANCE » et cela vient d'un oubli absolument navrant. Il est maintenant trop tard pour rattraper cette erreur complètement — Je viens de récupérer les seuls exemplaires restants : 1 sur Hollande et 5 sur pur fil. Je vous les fais parvenir aujourd'hui même.

Ne soyez pas mécontent, je suis si désolée de ce malentendu.

Je vous prie de croire, Cher Monsieur, à mes sentiments dévoués.

Odette Laigle

232. — À JEAN PAULHAN[1]

6/8 [1954]

Mon cher J P.

N'empêche que ce niortais est un idiot ou une bourrique. Il y a des questions que l'on ne pose pas, sauf à Madeleine Jacob[2] ou Bernard Lecache[3]. À propos pourquoi ce dernier ne monterait-il des campagnes en Asie et en Afrique contre le Racisme ? on est anti-blanc il paraît, par là...

———

Bon pour le livre chez Gaston « Entretiens avec le P^r Y » mais il me faut son *accord*... pas de blabla !... Ce vieux Père Déficit doit être en train de se faire sucer le jonc au bord d'un lac... pendant que je me crève au tapin pour que ses morues se couvrent de vison cet hiver ! Vous avez remarqué son sourire en « pince à linge » ? de ravageur 1900 ? il a qu'une pince, Marteau en a deux ! D'où cette jalousie... Y a les nichons de Valentine[4] bien sûr... et cette bonne histoire qu'il s'est fracturé le cal-

---

1. Archives Paulhan.
2. Journaliste de gauche qui écrivait après la guerre dans le journal *Libération* ; elle rendit compte de façon souvent virulente des procès d'épuration.
3. Journaliste et fondateur de la Ligue internationale contre l'antisémitisme (L:I.C.A.). Il prit souvent Céline à partie dans son journal *Le Droit de vivre*.
4. Valentine Tessier, avec qui Gaston Gallimard fut très lié.

canéum en faisant le mur pour aller rechercher chez la dite une gravure à laquelle il tenait ! Ah, vieux chocolatier ! l'est-il pingre ! bien français, ce Père Déficit ! Comment qu'il va me la payer 2 500 balles la page l'intervíouve Professeur Y ! ah, je dis !

———

Alors vous êtes membre de l'Enseignement retraité de l'État[1] ? et vous cumulez chez Déficit ? c'est le pire de pire ! « indexé » ! c'est affreux !

———

La Guardia maire israélite de New York[2] a écrit : « un esclave peut être libre, un serviteur jamais ». Il faut connaître ses classiques !

———

Vous avez un certain air languide[3] qui peut être en effet malgache[4]. On ne parlait en ma jeunesse que de la Reine Ranavalo[na] et plus tard de son gendarme de mari[5]... de Gallieni... plus tard, de ses taxis[6]... de la terrible campagne de Tamatave à Tananarive[7]... plus tard des marais de St Gond[8]... toute cette bouillabaisse de morts est bien oubliée... Paulhan nous reste !... Le Père Déficit n'en mène pas large !

Pour la fin de *Féerie*[9]... je me tâte... je vous en parlerai... c'est pas

---

1. Jean Paulhan a enseigné trois ans à Madagascar et a été fonctionnaire au ministère de l'Instruction publique avant de prendre la direction de *La N.R.F.* Sa retraite devait être bien maigre.
2. Fiorello La Guardia a été maire de New York de 1934 à 1954 ; il a donné son nom à l'un des aéroports de New York.
3. Languissant, langoureux selon le *Robert*.
4. Paulhan vécut à Madagascar de 1907 à 1912.
5. Ranavalona III (1862-1917), reine de Madagascar, épousa son Premier ministre Rainilaiarivony. Gallieni, alors gouverneur général à Madagascar, la rendant coupable d'une insurrection, la déposa en 1897 et la fit déporter.
6. C'est le maréchal Gallieni qui, ministre de la Guerre, eut, dit-on, l'idée d'envoyer les taxis sur la Marne ; idée qui lui aurait été soufflée par sa maîtresse, la comédienne Cécile Sorel.
7. Tamatave est l'ancien nom de Toamasina, premier port de Madagascar ; Tananarive est la capitale de l'île. Gallieni débarque à Tamatave le 6 septembre 1896 et réprime peu à peu l'insurrection.
8. Les marais de Saint-Gond, près de Sézanne, furent le théâtre d'une victoire décisive de Foch en 1914 lors de la bataille de la Marne.
9. Céline avait prévu quatre volumes à *Féerie* ; devant l'insuccès des deux premiers il s'arrêtera pour écrire la trilogie allemande qui commence avec *D'un château l'autre*.

payé ! C'est pas « poussé »... C'est honteux la façon qu'ils m'étouffent dans cette turne... mais je suis pas si commode que ça... il a rien vu encore Déficit ! Il faudrait qu'il fasse un peu de bagne lui et sa clique de crétins pour savoir des choses... c'est encore une bande de puceaux...

À vous J P et on vous embrasse, malheureux asservi !

L Ferdinand

233. — À JEAN PAULHAN[1]

Le 17/8 [1954]

Cher J P.

Si je compte sur le chocolatier pour me faire une retraite je peux vachement cavaler ! C'est moi qui en ferait une à ses lardons crétins pourris ! et à ses morues à visons !

———

D'où je sais tout ? et bien plus encore[2] ? Mais en écoutant mon petit doigt !
Le calcanéum n'a plus de secrets... depuis belles lurettes !

———

Je verrai votre critique fameux à l'œuvre[3]... je suis pas mondain moi, je vois le boulot ! le blabla m'écœure.

———

Le chocolatier n'est qu'un gamin à côté de mon vieux maître *Bordas*, 92 ans, que j'ai retrouvé grâce à l'article de la Semaine[4]. J'ai passé

---

1. Archives Paulhan.
2. Les petites histoires qu'il rapporte dans sa lettre précécente.
3. Paulhan lui a sans doute annoncé que c'est Georges Perros qui fera la critique de *Normance* dans *La N.N.R.F.*
4. Article non retrouvé. Céline se trompe peut-être de journal.

chez lui à la Faculté des Sciences de Rennes ma licence zoologie botanique et nous avons « communiqué » alors ensemble à l'Académie des Sciences[1]... il travaille et *découvre* tant qu'il peut ! à 92 ans ! dans la Gelée Royale ! le chocolatier est qu'un pauvre abruti ! sa mère le lui disait déjà ! comme il était con... et dépourvu d'avenir ! alors Évian... ou pas Évian... pitié !

Votre fidèle attentif lucide

Ferdinand

234. — À JEAN PAULHAN[2]

Le 25/8 [1954]

Mon cher J.P.

Il faut choisir son instant entre deux vents de vacances ! celui des grandes vacances dure plus longtemps que la mousson ! et le vent des vacances d'hiver siffle déjà ! Gaston n'a toujours pas répondu à trois de mes lettres ! ce vieux chocolatier est grossier quand souffle le vent d'Évian ! vous qui êtes son vieux grognard (je suis de la classe 12[3] ! attention !) vous pouvez peut-être lui demander une réponse au sujet du *Professeur Y* en livre ? s'il ne veut pas, très bien, je me donnerai à la Parisienne !... la fin de l'article sera bientôt prêt, les vacances me hâtent au labeur, moi ! où avez-vous été souffrir ?... quelle mousson vous accable ?... puisque vous finirez par voir votre chocolatier voulez-vous lui dire que j'ai été enchanté par l'immense effort de lancement de « Normance ». Prodigieux ! Nouvelles littéraires, Figaro... etc ! je ne téléphone plus à la NRF.. la débilité mentale plus la mousson d'une

---

1. Céline a fait deux communications à l'Académie des sciences en 1920 et 1921 mais il n'est pas licencié de la Faculté des sciences ; il a en fait passé son P.C.N. (certificat d'études physiques, chimiques et naturelles) le 26 mars 1920 à Rennes, nécessaire pour s'inscrire à la Faculté de médecine.
2. Archives Paulhan.
3. Plus exactement Céline s'engagea en 1912, devançant l'appel.

vacance ou de l'autre... c'est trop ! puisque vous me semblez, dans ce lazaret, avoir encore une once d'esprit voulez-vous me faire l'amitié de demander à Gaston si *Normance* a été un désastre comme le précédent ? si c'est le cas, je poserai les clous ! Normance a été un travail terrible (qui s'en doute ?) et grotesquement payé ! une véritable insulte ! je ne repiquerai pas ! salut ! pas de blablas, bougre !... (les comptes d'Hachette etc. !... les délais, les dépôts !... etc !...) qu'il me dise, l'empereur Gaston, combien il en a vendu ? et si ça se vend encore ? ils n'ont même pas *correctement imprimé* tellement la mousson leur soufflait au cul[1] ! interversions de lignes entières ! on ne m'a pas envoyé une seule coupure de presse[2] !... l'affolement général ! la mousson Goncourt va maintenant souffler... et puis la mousson de la fatigue après le Goncourt !... J'attends que Canavaggia se charge de taper la fin du Pr Y... elle doit être là fin du mois... à moins qu'une mousson...

Bien affectueusement à vous

LF Destouches

235. — À ODETTE LAIGLE[3]

Le 1/9 [1954]

Chère Madame

Auriez-vous l'amabilité de faire envoyer un *Normance* à ce confrère[4] ? Il faut que je vous révèle, pour l'intérêt de la publicité, qu'en général, il serait sans doute assez profitable de ne pas oublier les *Revues médicales* TOUTES, pour tout ce qui concerne mes livres...

---

1. On se souvient pourtant qu'il avait envoyé un mot de remerciements à Jacques Festy pour la qualité du travail d'édition (voir page 229).
2. Là encore Céline oublie volontairement celles envoyées par Odette Laigle le 23 juillet.
3. Archives Gallimard.
4. Céline joint une lettre du Dr Georges Gauthier, rédacteur en chef de *L'Avenir médical* qui lui écrit qu'il publiera éventuellement une analyse de son livre si son éditeur veut bien le lui envoyer en service de presse (Archives Gallimard).

D'autre part auriez-vous l'amabilité de faire adresser un *Normance* à

    M. LABRIC[1]
    Maire de la Commune Libre de Montmartre
    Rue NORVINS *(Paris 18ᵉ)*

Veuillez croire Madame à mes sentiment très distingués

Destouches

236. — À LOUIS-FERDINAND CÉLINE[2]

Paris, le 14 Septembre 1954

Docteur Destouches
25ᵗᵉʳ, Route des Gardes
Meudon (S. et O.)

Cher Ami,

    Odette Laigle vient de me faire part de vos désirs —
    1°) Publication des « ENTRETIENS AVEC LE PROFESSEUR Y » —
    D'accord, mais étant donné la nature du texte, j'estime qu'il est préférable d'envisager une édition numérotée[3].
    Je vais faire calibrer[4] votre texte et étudier la présentation du volume — Je vous enverrai aussitôt après un contrat.
    Quoi que vous pensiez, je n'ai nullement l'intention de vous enterrer — Vous êtes injuste et surtout vous avez des idées très surannées sur le lancement des livres. Mais vous n'êtes pas un homme qu'on peut convaincre — C'est d'ailleurs votre force — et aussi votre faiblesse.
    2°) Édition de luxe d'un conte scandinave « L'AMBASSADRICE » —

---

  1. Pierre Labric (1891-1972), ami montmartrois de Céline, cascadeur et acteur de cinéma. Céline l'avait probablement connu chez Gen Paul ; il fut de 1929 à 1972, le maire de la Commune libre de Montmartre.
  2. Archives Gallimard. Double de lettre dactylographiée.
  3. Le tirage sera effectivement limité à 7 120 exemplaires.
  4. Compter le nombre de signes d'un manuscrit afin de prévoir le nombre de pages que fera le volume selon le caractère que l'on désire employer.

Mais là comment voulez-vous je vous fasse une proposition — Il me faudrait votre manuscrit, que je le lise et que je le calibre — Alors seulement je pourrai envisager un illustrateur. Mais je dois vous prévenir que depuis déjà longtemps, c'est avant tout le renom de l'illustrateur qui permet un prix de vente élevé — Et on les compte sur les doigts les illustrateurs qui ont une grosse cote auprès des bibliophiles ?

J'attends donc « L'AMBASSADRICE ».

Votre Ami,

Gaston Gallimard

237. — À GASTON GALLIMARD[1]

15/9/54

Cher Ami

Vous avez joliment raison. Question *d'idées très surannées* je me sens 98 ans d'âge !... je vois la NRF en Ministère et Paulhan en Monsieur Soupe prenant les bains de pieds que vous savez et se séchant les pieds avec ses 500 000 frs de déficit mensuel !... pour le prestige comme il dit ! la façon de lancer des livres vous devez la connaître mais Flammarion aussi qui sert 160 millions de droits d'auteur (annuels) aux Delly[2] défunts ! que voilà des Titans de l'Édition !

2° horriblement borné et suranné *je ne fais jamais deux choses à la fois*[3]. Lorsque vous aurez calibré, cogité, estimé, résumé vos estimations sous forme de contrat d'une édition numérotée du *Professeur Y* alors... et alors seulement je vous proposerai l'*Ambassadrice, mais*[3] il faudrait aussi d'abord que vous, vous me trouviez un *illustrateur* ! Je vois en fait par votre catalogue que vous publiez bon nombre de livres illustrés[4]...

---

1. Archives Gallimard.
2. Le pseudonyme Delly cachait deux auteurs : Marie Petitjean de La Rosière et son frère Frédéric.
3. Souligné en rouge.
4. Dans les années vingt, Gallimard avait eu une production de livres de bibliophilie importante qui s'était pratiquement arrêtée avec la crise des années trente. Depuis la Libération il avait publié quelques ouvrages illustrés mais surtout des livres à tirage limité sans qu'ils soient nécessairement illustrés.

pourquoi jamais les miens ? il y a 25 ans que le *Voyage* devrait être édité *illustré* ? qu'attendez-vous ?... et *Guignols* etc...

Tout ceci n'est pas grave mais j'attends votre contrat... vachement !

Votre ami

LF Destouches

Je joins à ma lettre une publicité médicale très sérieuse[1] (le sérum Méphisto) qui fera de vous un jeune taureau en 6 jours !... Conseil gracieux !

238. — À LOUIS-FERDINAND CÉLINE[2]

Paris, le 16 Septembre 1954

Docteur Destouches
25ter, Route des Gardes
Meudon (S. et O.)

Cher Ami,

Mais non ! vous n'avez pas 98 ans d'âge — Vous avez toujours 18 ans et c'est ce que j'aime en vous — et c'est ma faiblesse vis-à-vis de vous — Car vous n'êtes pas raisonnable et vous ne voulez pas le savoir. Bien sûr Delly se vend et Flammarion n'y est pour rien — Delly a donné au public ce qu'il attendait, comme Max de Veuzit[3], Michel Zévaco, Ponson du Terrail, comme Margaret Mitchell (Autant en emporte le Vent) dont j'ai vendu un million d'exemplaires *sans* publicité. Les parfums de Pivert se vendent plus que ceux de Guerlain — les savates de Bata plus que celles de Bunting, etc. etc... « DON CAMILLO » a rapporté des milliards

---

1. Non retrouvée.
2. Archives Gallimard. Double de lettre dactylographiée.
3. Max du Veuzit (pseudonyme d'Alphonsine Simonet, 1886-1952), Michel Zévaco (1860-1918) et Ponson du Terrail (1829-1871) connurent tous trois le succès grâce à leurs feuilletons.

et aussi les films de Guitry. Voilà ce que vous devez penser — Le public ! voilà notre maître !

Bref je vais vous envoyer un contrat pour pour le Professeur Y. Mais pour « L'AMBASSADRICE », comment puis-je choisir un illustrateur sans connaître le texte à illustrer ? Picasso, Matisse, Fontanarosa, Gus Bofa, Grau Sala[1] ne se ressemblent guère.

Certes, j'ai publié des livres illustrés de luxe — Mais il y a belle lurette que j'y ai renoncé. Il n'y a que ceux des peintres à la mode qui trouvent encore quelques bibliophiles pour y souscrire. J'ai dû arrêter ceux que j'avais entrepris, il y a quelques années, notamment « LA CONDITION HUMAINE » de Malraux. Certes, j'aimerais faire une belle édition du « VOYAGE » mais illustrée par qui ?

Les livres de la N.R.F illustrés que vous voyez annoncés, sont des livres-cadeaux qui nous sont demandés par les libraires pour Noël et le Jour de l'An[2].

Ce ne sont pas des livres de luxe : les illustrations sont reproduites mécaniquement — Ces volumes n'intéressent pas les bibliophiles.

Merci pour la publicité Méphisto — Mais je n'ambitionne pas d'être un jeune taureau !

Votre Ami,

Gaston Gallimard

---

1. Lucien Fontanarosa (1912-1975), Gus Bofa (pseudonyme de Gustave Blanchot, XIXe-1968) et Émile Grau Sala (1911-1975) illustrèrent tous trois de nombreux livres.
2. Ces livres qui regroupent plusieurs romans d'un auteur en vogue sont cartonnés d'après des maquettes de Paul Bonet et illustrés par des artistes justement comme Fontanarosa ou Grau Sala.

239. — À GASTON GALLIMARD[1]

Le 17/9 [1954]

Mon cher Ami.

Vous ne serez jamais aussi vieux que moi qui ai été « hérité » de mon vivant par jugement de la Cour de Justice[2] ! Perdez l'espoir !

―――

Pour l'*Ambassadrice* vous avez raison, il faut attendre qu'elle soit écrite.

―――

Pour le *Voyage* je ne vois plus guère qu'Utrillo[3]... *Gus Bofa* tout indiqué pour *Normance*, mais je n'ai aucune relation avec ces géants de la Peinture... vous ?... peut-être ?...

Vous m'avez dit un jour, que plus jeune, vous auriez acheté 1 200 librairies en France. Pensée évidemment géniale ! Qu'attendez-vous maintenant avec le « Sérodausse »[4] ?... Car enfin ce sont les marchands de tableaux qui ont fabriqué les génies actuels de la peinture... avec vos 1 200 librairies Gallimard vous redressiez du tout au tout le goût du public... qui dégueulait Delly, qui se jetait sur Céline !... il ne tenait qu'à vous !...

―――

Pour le « Professeur Y » j'attends donc votre contrat... j'espère qu'il sera flatteur rémunérateur consolateur compensateur...

Bien sincèrement à vous

Destouches

---

1. Archives Gallimard.
2. Condamné à la confiscation de ses biens exactement mais amnistié ensuite.
3. Utrillo fait partie des peintres de la Butte qui influencèrent Gen Paul.
4. Probablement un sérum pour la vitalité. Gaston Gallimard a alors plus de soixante-dix ans.

240. — À GASTON GALLIMARD[1]

Le 27 Sept[embre 1954]

Cher Ami

Soucieux de ne pas être à court de papier, trouvant celui-ci même excellent, je vous serais très obligé et reconnaissant de m'en faire adresser *3 000* feuilles... une petite mise en route !... qu'une guerre advienne et vous me voyez démuni ?...

J'espère que le calibrage du Professeur Y avance à votre satisfaction ?... et que vous serez bientôt en mesure de m'en donner des nouvelles...
Je vous prie de me croire votre ami et bien obligé

LF Destouches

241. — À LOUIS-FERDINAND CÉLINE[2]

Paris, le 27 Septembre 1954

Docteur Destouches
25ter, Route des Gardes
Meudon (S. et O.)

Mon Cher Céline,

Voici le contrat concernant les « ENTRETIENS AVEC LE PROFESSEUR Y »[3]. Je sais d'avance que vous allez me demander : « Combien cette édition me rapportera-t-elle ?

---

1. Archives Gallimard.
2. Archives Gallimard.
3. Daté du 23 septembre.

Mais je n'ai pas voulu vous faire attendre plus longtemps. Dès que je saurai le prix de vente de l'exemplaire, je vous écrirai et vous enverrai un chèque représentant la totalité de vos droits, calculés sur les bases dudit contrat. D'autant plus que pour être certain d'écouler rapidement cette plaquette, je me propose, après enquête et conversations de nos représentants, d'établir une édition numérotée et si possible un peu plus soignée qu'une édition courante.

Bien amicalement,

Gaston Gallimard

N'en doutez pas, j'aimerais beaucoup faire une belle édition illustrée du « VOYAGE AU BOUT DE LA NUIT » — Je vais y songer et si je vois qu'il y a des chances de succès je vous dirai comment je pense la réaliser[1].

242. – À GASTON GALLIMARD[2]

Le 28/9 [1954]

Mon cher Ami.

Vous êtes bien aimable et ensorcelant en diable *mais 7 000* me semble tout à fait dérisoire[3]. Je me contenterai, bien pour vous faire plaisir, de *14 000*. C'est le moins ! 14 000 fanatiques pour une population de 42 000 000 d'habitants ! Si je ne les ai pas... le jeu ne vaut plus la chandelle !

Je vous prie de me croire votre bien amical

LF Céline

---

1. Il faudra attendre 1978 pour avoir une édition illustrée pseudo-bibliophilique de *Voyage* publiée par les Éditions d'art Les Heures Claires avec des lithographies de Marc Dautry. L'édition procurée par le dessinateur Tardi en 1988 aurait, probablement, plus satisfait Céline.
2. Archives Gallimard. Céline écrit au verso de la lettre de Gaston Gallimard du 27 septembre.
3. Chiffre de tirage prévu au contrat pour les *Entretiens*.

243. — À LOUIS-FERDINAND CÉLINE[1]

Paris, le 29 Septembre 1954

Docteur Destouches
25ter, Route des Gardes
Meudon (S. et O.)

Cher Ami,

J'avais bien raison de vous écrire que vous n'êtes pas raisonnable — Mais je me trompe, vous l'êtes parfaitement, et vous savez bien que je ne vous écrirai pas à la légère. Vous lancez aujourd'hui le chiffre de tirage de 14.000 exemplaires pour une édition des « ENTRETIENS AVEC LE PROFESSEUR Y » — Sur quoi vous basez-vous ? Avez-vous oublié que vous aviez proposé à Paulhan 10.000 exemplaires. Vous savez bien que les plaquettes se vendent mal. Croyez-vous qu'il soit bon pour vous que quelques milliers d'exemplaires restent en stock à se défraîchir — que les libraires retournent la moitié de ceux qu'ils auront reçus en dépôt. Le résultat c'est qu'ensuite, en recevant un nouveau Céline, ils penseront que cela ne se vend pas et ne l'exposeront même pas[2].

Allons, signez ce contrat, faites-moi confiance — et je vous enverrai le chèque.

Votre Ami,

Gaston Gallimard

---

1. Archives Gallimard. Double de lettre dactylographiée.
2. Seul argument qui puisse faire peur à Céline.

244. — À GASTON GALLIMARD[1]

30/9/54

Ah cher ami et ensorceleur, je succombe ! Vous aurez toujours raison puisque je suis pauvre et que vous êtes riche ! mais il me semble tout de même qu'un peu de publicité... sans vous mouiller... sur le bi du bout...

Bien à vous, bien amicalement jaloux de votre confort... sordide en un mot !

LF Céline

245. — À LOUIS-FERDINAND CÉLINE[2]

Paris, le 1er Octobre [1954]

Docteur Destouches
25ter, Route des Gardes
Meudon (S. et O.)

Cher Monsieur,

Merci pour les contrats reçus ce matin.

Vous recevrez demain ou lundi au plus tard 1.000 feuilles de papier. Le complément est commandé et vous l'aurez dans une dizaine de jours.

Je vous prie de croire, Cher Monsieur, à mes sentiments respectueux et dévoués.

Odette Laigle

---

1. Archives Gallimard.
2. Archives Gallimard. Double de lettre dactylographiée.

246. — À GASTON GALLIMARD[1]

2/10/54

Cher Ami

1° Je vous remercie bien pour les 1000 feuilles que je viens de recevoir

2° Je ne vous *remercie pas pour le chèque je devais recevoir dès la signature du contrat de 7 000 exemplaires numérotés du Professeur Y ????*[2]

3° Je ne vous remercie *pas* pour m'avoir renvoyé mon contrat *signé*... Je vous l'avais envoyé précisément en toute correction, pour [que] vous soyez bien persuadé de l'identité des signatures.

J'attends donc votre bon vouloir espérant qu'il me sera prouvé par retour du courrier.

En toute amitié

Destouches

P.S. *le chèque*[3]

le contrat[3]

Il fallait 10 minutes à Daragnès pour « calibrer »[4] un ouvrage, un peu plus de 24 heures à Denoël... vous avez Dieu merci d'excellents techniciens... sauf lorsque souffle le vent des vacances...

1. Archives Gallimard.
2. La phrase est soulignée en rouge et les points d'interrogation sont rajoutés en rouge.
3. Souligné en rouge.
4. Voir note p. 243.

247. — À LOUIS-FERDINAND CÉLINE[1]

Paris, le 4 Octobre 1954

Docteur Destouches
25ter, Route des Gardes
Meudon (S. et O.)

Cher Ami,

D'abord vous n'avez à me remercier pour rien, surtout pour les mille feuilles puisque ce n'est pas moi qui vous les ai envoyées — On n'a jamais à remercier qui que ce soit pour quoi que ce soit.

Si je ne vous ai pas retourné votre contrat, c'est que comme tous les contrats j'ai dû le faire enregistrer[2]. Vous le recevrez mercredi.

En effet, il ne faut pas plus de dix minutes pour calibrer un texte — Mais établir un prix de revient, et par conséquent un prix de vente et les droits afférents — c'est une autre affaire au jour d'aujourd'hui. Le franc n'aura pas baissé quand vous recevrez le chèque que je vous dois. Je m'en occupe.

Votre Ami,

Gaston Gallimard

Il me paraît inutile de vous envoyer aujourd'hui un chèque approximatif.

---

1. Archives Gallimard. Double de lettre dactylographiée.
2. Pour être incontestables juridiquement les contrats entre auteurs et éditeurs peuvent être enregistrés et timbrés.

248. — À LOUIS-FERDINAND CÉLINE[1]

Paris, le 5 Octobre 1954

Docteur Destouches
25ter, Route des Gardes
Meudon (S. et O.)

Cher Ami,

Vous le voyez, je tiens ma promesse — Les calculs sont terminés — « L'ENTRETIEN AVEC LE PROFESSEUR Y » sera vendu 450 Frs[2] — Le tirage convenu étant de 7.000 exemplaires, vos droits de 18% — Voici un chèque de CINQ CENT SOIXANTE SEPT MILLE FRANCS.

Votre,

Gaston Gallimard

249. — À GASTON GALLIMARD[3]

7/10/54

Cher Ami

Vous avez bien raison pour cette question des « merci » superflus ! d'un parasite à un parasite le merci est parfaitement ridicule ! le contraire se comprend encore...

———

À ce propos j'ai dédié mon dernier livre à Pline l'Ancien et à Gaston Gallimard ils ne m'ont remercié ni l'un ni l'autre[4]... quel mépris !...

———

---

1. Archives Gallimard. Double de lettre dactylographiée.
2. En fait, il sera vendu 350 francs.
3. Archives Gallimard.
4. Céline oublie que, quand il a su que ce livre lui était dédié, Gaston Gallimard lui a écrit qu'il était très touché par ce geste (p. 219) ; Céline s'en était déclaré ravi dans sa réponse (p. 220), mais c'était avant que le livre ne sorte.

Vous n'êtes pas dénué de finesse, vous êtes apte à remarquer que les bourgeois qui ont remplacé les nobles, en tout, ne s'embarrassent plus de panaches, mais y ont substitué la goujaterie ? goujats en tout, partout, avec rage ! Louis XIV se trouvait sur des charbons pour évincer son médecin ordinaire par Fagon[1], qui lui opéra le trou du cul... quelles ruses ! quelles diplomaties ! « Que va en penser la Cour ? » n'arrêtait-il pas de demander à Dangeau[2]... il en faisait une maladie de ne pas être... peut-être pas... correct ! correct !... Allez-y voir !

———

Je vais me mettre au pas... ! Je vous accuse réception du chèque de *567.000* (oh largement dû !) et ne vous dis pas merci !

Je vous envoie néanmoins mes espèces d'amitiés...

Destouches

250. — À JEAN PAULHAN[3]

Le 8/11 [1954]

Mon cher Ami.

Vous lisez peut-être la NNNRF... dans ce cas vous avez pu remarquer qu'ils ont publié *sans m'avertir sans me demander mon avis* un petit bout de la suite et fin[4]... que font-ils du reste ? des papillottes ? Je serais bien enchanté de le savoir... si cette suite et fin ne plaît pas eh foutre qu'on me la rende !... mais qu'on ne la publie pas de telle façon qu'elle devienne incompréhensible ! C'est peut-être le but recherché ?

Ils sont si fins si fins si fins... les Illustribus... (Ô entortillées algues sur fond de vase[5] !)

---

1. Guy-Crescent Fagon devint médecin à la cour de Louis XIV et personnellement attaché au roi en 1693. Saint-Simon l'a peint dans ses *Mémoires*.
2. Philippe de Courcillon, marquis de Dangeau, fut aide de camp de Louis XIV puis chargé de missions diplomatiques. Familier du roi, il protégea les écrivains et laissa un *Journal de la cour de Louis XIV*.
3. Archives Paulhan.
4. *La N.N.R.F.* a en effet publié dans son numéro de novembre une deuxième partie des *Entretiens avec le Professeur Y*.
5. L'algue, si l'on peut dire, navigue entre deux eaux.

À vous, ami souffrant ! Combattant couché des Arènes[1] ! qu'un suprême sursaut vous fasse m'envoyer 3 numéros de cette très suspecte Review !

LF Destouches

251. — À JEAN PAULHAN[2]

18/11 [1954]

Bien cher Ami.

J'écris à l'instant à M. Arland que je refuse *absolument* de retrancher un mot, une virgule, de l'entretien. Qu'on le publie en 3 ou 4 fois puisque c'est « la loi des 20 pages » ou qu'on me le rende mais qu'on n'y touche pas ! bas les pattes ! Quelle indignation si l'on venait à effleurer une particule de crotte insipide d'un Prouproust ou d'un Gide !... mais mon texte, à la pioche ! vous l'avez en main depuis 3 mois... il était de temps [*sic*] de prévoir ce que vous pouviez ou ne pouviez pas... mais il fallait le lire... vous pouviez le faire lire, au moins... En tout cas : *rien à chiquer pour les coupures ! Monstrueux outrage !* Raffignolesque puriste traîtreux ! Je comprends que vous soyez exténué par *une* année sans vacances il y a *20* ans que je pense à tout autre chose !... Je te les penderais moi tous les gens qui prennent des vacances pour leur apprendre la pudeur ! et d'un ! Vous devez être à croquer dans les anémones ! Landru proustreux, massacreur de textes !

À vous, pas amicalement

LF

---

1. Paulhan habite rue des Arènes dans le Ve arrondissement depuis le 5 novembre 1940.
2. Archives Paulhan.

252. — À MARCEL ARLAND[1]

19/11 [1954]

Cher Monsieur

Je reçois une lettre très étonnante de J.P. où il me propose d'effectuer des « coupures » dans la fin de l'« Entretien » ! Diantre ! *il ne saurait en être question ! Qu'on le publie intégralement ou pas du tout !* Je le caserai ailleurs !

Je ne m'oppose pas à ce que vous en veniez à bout en deux ou trois fois, soit Déc. Janv et Février s'il le faut, si telle est la loi de votre Revue, par 20 pages... mais en supprimer un seul mot : Non !...

J.P. devait prévoir tout ceci quand je lui ai donné l'Entretien il y a trois mois !... tous ces Proustiens se liquéfient en bavardages... il se croit dans le midi il doit être au Pôle...

À vous bien cordialement

Destouches

253. — À PAUL GRUAULT[2]

21/11/54

Monsieur

Je serais bien heureux de savoir combien je dois à la Société des Éditions Gallimard ? Je sais que je suis en dettes... mais de combien ?... à ma dernière entrevue avec Monsieur Gaston Gallimard son fils, je crois, m'a montré un compte pour lequel je devais trois ?... quatre ?... six millions ?... qu'en est-il actuellement ? J'ai reçu des « avances »... les « avances » sont autant de dettes... et j'aime à être libre... sentiment bien normal !... Où en suis-je ?... Je vous serais bien obligé de me le faire savoir.

Veuillez agréer Monsieur l'assurance de mes sentiments distingués.

Dr Destouches

1. Archives Arland.
2. Archives Gallimard.

254. — À JEAN PAULHAN[1]

22/11 [1954]

Bien cher Ami.

Selon l'habitude votre lettre est faux-fuyarde...

———

Avec ou sans mon accord il ne s'agit pas de supprimer *une seule lettre* à l'*Entretien*.

———

Quand comptez-vous le faire paraître *intégralement* ? en combien de fois ? nettement ?

———

Malherbe n'a rien à nous apprendre nous savons que tout ceci « n'a pas plus d'importance »...
Mais allez-vous déplacer d'un millimètre la boule d'un joueur de quille ! Si vous n'avez jamais été assassiné... vous allez apprendre.
Tenez-vous le pour dit, et fixez-moi, je vous prie, quant à vos intentions...
Les miennes sont amicales et définitives.

Destouches

---

1. Archives Paulhan.

255. — À GASTON GALLIMARD[1]

Le Mardi [23 novembre 1954]

Mon cher Ami.

Il se passe q[uel]q[ue] chose de tout à fait baroque avec « *Entretien* » et la NNNRF, de chinois... Paulhan en a commencé la parution, puis s'esbigne... l'Entretien reste en panne sous prétexte de ceci... de cela... toutes fallacieuses cornichonneries qui puent le sabotage d'une lieue...

Aurez-vous la grande amitié de vous faire expliquer cette paralysie très disgracieuse... à moins qu'il s'agisse de simple sottise...

La NNNNRF est encombrée de textes préciosissimes auxquels l'Entretien doit céder ses 10 pages, toutes affaires cessantes ! Ce serait bien la première fois qu'il y aurait de quoi rigoler à la NNNNNNNNRF !

Bien sincèrement à vous

Destouches

256. — À LOUIS-FERDINAND CÉLINE[2]

Paris, le 24 Novembre 1954

Docteur Destouches
25ter, Route des Gardes
Meudon (S. et O.)

Cher Ami,

Je ne comprends rien à votre lettre — « LES ENTRETIENS AVEC LE PROFESSEUR Y (III) paraissent dans le numéro de décembre 1954[3]. N'était-ce pas d'accord avec vous ?

---

1. Archives Gallimard.
2. Archives Gallimard. Double de la lettre dactylographiée.
3. Une troisième partie paraîtra effectivement en décembre mais il en restera encore deux.

Paulhan est absent[1] et je ne peux lui demander des précisions que vous ne me donnez pas.

Dès que j'aurai une explication, je vous écrirai.

Votre,

Gaston Gallimard

257. — À JEAN PAULHAN[2]

24/11 [1954]

Cher Ami.

Certainement ! Je prends les dates pour la parution intégrale de l'entretien en Déc. Janv. Février[3]. Soit ! Vous m'avez révolté, écœuré ! avec votre proposition de coupures !... Vous fréquentez trop l'Art Abstrait[4] ! Des énormités vous sortent malgré vous ! « Coupez-moi de votre statue, ce nichon ! J'en raffolerai ! et une demi-tête ! » vous voilà picassin ! C'est propre !

Je vous invite à boire un verre d'acide nitrique à l'ombre du prochain champignon thermo-nucléaire !

Que tout soit réglé !

Si vous n'avez pas eu la suite, si vite, c'est que je la fignolais ! Vous vous plaignez que la mariée est trop belle ! C'est énorme ! l'esprit « Prix unique » et « abstrait » !

À la chaîne, nom de Dieu, plus vite ! plus vite, ces Brughels[5] ! La Côte vous va ! pour ce que j'en pense !

Votre tendre ami

LF Destouches

1. Paulhan est à Hyères.
2. Archives Paulhan.
3. En fait ce sera décembre, février et avril.
4. Paulhan est un admirateur inconditionnel de Braque, Fautrier et Dubuffet notamment.
5. Céline, lui, préfère Bruegel ; il en parle notamment dans une lettre à Léon Daudet, reproduite dans « Pléiade », I, p. 1108.

258. — À MARCEL ARLAND[1]

30/11 [1954]

Cher Monsieur

Bien merci pour votre lettre[2]. Je trouve joliment agréable que Paulhan aime mes livres. Qu'une foule de lecteurs pensent comme lui et je suis sauvé ! hélas, il n'y paraît guère ! les critiques plus coriaces encore ! Je tiens donc beaucoup à ce que le Pr. Y. paraisse intégralement, absolument, dans l'« Illustribus »... « Aide toi et le Ciel... » Je ne compte pas beaucoup non plus sur le Ciel... peut-être plus tard ?...

Bien cordialement à vous

Destouches

259. — À LOUIS-FERDINAND CÉLINE[3]

Paris, le 3 Décembre 1954

Monsieur le Docteur Destouches
25ter, route des Gardes
Meudon (S & O)

Monsieur,

Faisant suite à votre lettre, nous vous adressons inclus le relevé de votre compte[4], arrêté au 30 Juin 1954, se clôturant par un solde en notre faveur de Frs 7.161.846.

Veuillez agréer, Monsieur, l'assurance de nos sentiments distingués.
Le Service des Comptes d'Auteurs,

P[aul] Gruault

---

1. Archives Arland. Un brouillon du début de cette lettre figure dans les papiers de Céline : « *Bien merci pour votre lettre. Je trouve joliment normal que Paulhan trouve mon œuvre admirable ! à sa place j'en ferais autant ! mais je voudrais bien qu'il fasse partager son opinion à des millions d'acheteurs !* »
2. En réponse à celle de Céline du 19 ; elle n'a pas été retrouvée.
3. Archives Gallimard. Double de lettre dactylographiée.
4. Le double du relevé lui-même n'a pas été conservé.

260. — À PAUL GRUAULT[1]

Le 4/12/54

Monsieur

Le Pr Mondor me confiait l'autre jour qu'il n'avait jamais rien compris du tout à vos « relevés »... Je me croyais plus malin, hélas je déchante !... Je ne comprends pas ce que veut dire : nombre de milles ?... Féerie *6 300* ?... 630 000 ?... ou dois-je lire :

six mille trois cents ?

Casse Pipe : *1 700* ? et on en a repris *1 900* ? curieux !... enfin je vous dois bel et bien, cela je comprends

7 161 846 francs

alors, bougre, pourquoi m'avez-vous fait payer des impôts énormes (pour moi !) sur des soi-disants *« revenus »* ! alors qu'il s'agissait de dettes !

Avec l'assurance de mes sentiments distingués.

Destouches

261. — À LOUIS-FERDINAND CÉLINE[2]

Paris, le 8 Décembre 1954

Monsieur le Docteur Destouches
25ter, Route des Gardes
Meudon (Seine & Oise)

Monsieur,

En réponse à votre lettre du 4 courant, nous vous donnons quelques explications complémentaires qui vous permettront de comprendre notre relevé de compte.

---

1. Archives Gallimard.
2. Archives Gallimard. Double de lettre dactylographiée.

Nos imprimés qui sont d'un modèle ancien comportent en effet la mention « Nombre de milles »[1] : il faut interpréter « Nombre d'exemplaires ».

Ainsi pour « FÉERIE » il s'agit de 6.300 exemplaires, pour « CASSE PIPE », nous vous en avons repris 1.900 exemplaires et il n'y en a actuellement que 1.700 exemplaires de vendus.

Nous ne sommes pour rien dans la question des impôts élevés que vous avez dû payer, l'Administration Fiscale nous obligeant à déclarer toute somme versée.

Veuillez agréer, Monsieur, l'assurance de nos sentiments distingués.

Le Service des Comptes d'Auteurs,

P[aul] Gruault.

262. — À GASTON GALLIMARD[2]

Le 8/12/54

Mon cher ami.

Je m'excuse de ne plus jamais me servir de la « troisième personne »... l'escroquerie est toujours à la « troisième personne »... Je vous demande à vous Gaston, pas au pape, ni à Dache[3], la tronche que vous feriez si au terme de 10 ans d'efforts ! (dont vous êtes bien incapable d'avoir l'idée) on vous déclarait que pour toute récompense vous avez 8 millions de dettes ? Vous fouteriez le feu au bazar dans un mouvement de très juste colère.

---

1. Traditionnellement les éditeurs comptaient les tirages en « mille » qui représentaient en principe 1 000 exemplaires mais pouvaient aussi bien être de 700 ou 500 par exemple. Ce chiffre de « mille » était inscrit sur les ouvrages et le troisième mille n'était ainsi pas forcément au-dessus du deux millième exemplaire mais donnait le sentiment qu'un livre avait plus de succès qu'en réalité. Cette pratique a été abandonnée après la Deuxième Guerre en particulier sous la pression des auteurs.
2. Archives Gallimard.
3. Peut-être le diable, par allusion à l'expression populaire « *envoyer à dache* » (envoyer au diable).

Les circonstances atténuantes sont nombreuses. Hirsch, ses amis, les cocos, Sartre, etc... je sais... je sais... les jalousies de la boutique, en la boutique... je sais... mais tout de même, d'après mon petit Gallup[1], je vois que vous n'avez absolument rien fait pour me défendre auprès de la Critique... de la publicité, etc. personne ne sait que j'ai publié Féerie I ou Féerie II... plusieurs libraires déclarent que le *Voyage* est épuisé... ne se réimprime plus... cent exemples ! en province... et à Paris... dont j'ai pris note. En bref vous me faites crever de faim et de froid. Vous me faites même payer des impôts pour en arriver là !... On vient de décerner le Renaudot[2]. Aucun des abrutis de votre état major n'a pensé que l'occasion était offerte de faire citer mon nom et le *Voyage* à ce propos... non ! Rien ! Pas si abrutis que ça vos abrutis ! torve clique ! soit ! Mais vous ne trouvez pas d'illustrateur pour l'« Ambassadrice »... ni pour le « Voyage » en grand luxe qui se vendrait parfaitement... Rien ! toujours rien ! Vous ne collectionnez que des couronnes mortuaires décaties sur votre Mausolée ! J'avais débuté le tome III de Féerie : « l'Ombrette » qui n'est pas à piquer des vers ! mais vous le donner ? non ! pour amortir ma dette ? salut ! Il me faut bel et bien *3 millions* sec maintenant d'avance pour achever cette œuvre absolument, elle, immortelle ! je vous les demande donc ! prévenez-moi si vous ne pouvez plus rien m'avancer... because le Conseil... la chute des feuilles... bla bla bla... j'ai dans l'idée qu'en feuilleton elle ne ferait pas mal cette « Ombrette »... je ne sais où encore... mais je trouverai !... trois briques d'avance pour « l'ombrette » c'est donné !... il s'agit de la barque à Caron... vous dire ! et vous en serez ! prenez un billet ! on va se les arracher ! Y aura un monde !... et quels gens chics !

Pharaon des prix littéraires faites attention à l'« Ombrette » ! Vous savez que Caron réclame une obole ! il rigole pas Caron avec les récalcitrants ! on m'a raconté des choses !

Attention !

L Destouches

---

1. Le nom de George Gallup, statisticien américain, fondateur d'un institut destiné à effectuer des sondages d'opinion publique est maintenant passé dans le langage courant pour désigner ce genre de sondage.
2. À Jean Reverzy pour *Le Passage* publié chez Julliard.

263. — À LOUIS-FERDINAND CÉLINE[1]

Paris, le 10 Décembre 1954

Docteur Destouches
25ter, Route des Gardes
Meudon (S. et O.)

Cher Ami,

Je ne comprends rien à votre lettre — D'ailleurs, je ne comprends rien à vous-même — Comment pouviez-vous imaginer que vous n'aviez pas de dettes vis-à-vis de la N.R.F. puisque vous avez demandé le versement de sommes excédant de beaucoup les ventes — Et qu'est-ce que c'est que ces histoires de critiques, de publicité, de prix littéraires. Je sais bien que le monde est moche, je sais bien que les gens ne sont pas purs — Mais croyez-vous que je peux payer un critique, plusieurs critiques pour qu'ils consacrent des articles à vos livres, surtout s'ils ont des consignes.

Et puis les articles ne sont pas plus efficaces que la publicité — Et puis pourquoi doutez-vous de mon désir de vendre vos livres, ne serait-ce que pour me rembourser des avances que je vous ai faites. Tout cela c'est du roman, et un mauvais roman, indigne de vous — Il est absurde, entre nous que j'aie à vous écrire une fois de plus (mais je ne me lasserai jamais) la même lettre — Non, mon cher Céline, il n'y a qu'une chose qui compte, c'est le public, c'est la publicité de bouche à oreille — Il suffit de mille personnes enthousiastes qui communiquent leur enthousiasme à leur entourage, pour que cela fasse boule de neige et que les volumes s'épuisent — car ils ne sont pas épuisés hélas ! Donnez-moi donc le nom de ces libraires qui mentent. J'enverrai un représentant chez eux.

Quant à votre « FÉERIE III », n'oubliez pas que j'ai l'esprit aussi juridique que vous : pour moi un contrat est un contrat, je ne vous laisserai jamais publier un bouquin ailleurs.

Il me reste à vous dire que si je savais le moyen d'échapper aux impôts, j'en profiterais moi-même.

1. Archives Gallimard. Double de lettre dactylographiée.

Voulez-vous que j'adresse une requête au ministre des finances en votre faveur. Vraiment, Céline, vous m'étonnez, en vous lisant j'ai cru lire du Jarry.

Ceci dit, je suis toujours et fidèlement,
Vôtre,

Gaston Gallimard

264. — À GASTON GALLIMARD[1]

Le 11/12/54

« Ô sacré vieux coffre fort qui fait bla-bla ! » vous qui avez des satanés juristes dans votre manche ! Demandez-leur donc, faites-moi cette amitié, si je n'ai pas *le droit* de publier, n'importe où, en feuilleton, un roman avant de vous en confier l'impression selon les termes du contrat ? auquel vous vous raccrochez « mordicus » ! Et qu'ils vous renseignent un peu mieux ces satanés juristes que ceux qui vous ont fait perdre votre procès Véry[2] ! ou ceux qui ne savaient pas que l'action en « *pénal* » pour diffamation n'est possible que dans les *3* mois ! L'ABC d'un éditeur ! on l'ignorait chez vous ! l'impéritie !

―――

Vous avez beau blablater : une *avance* n'est pas un *revenu* c'est exactement le contraire. En payant des impôts sur des *avances* je paye un impôt sur votre *capital*. C'est une belle astuce de vos services comptables, mais c'est tout.

―――

Vous me contez à propos de la mévente de mes ouvrages de bonnes troufignololeries... je préférerais que ces mêmes troufignololeries vous les fassiez conter de « bouches à oreilles » par vos zélés collaborateurs à

---

1. Archives Gallimard.
2. Voir note 3, p. 93.

la vente... pas spécialement youtrons, cocos, académiques, figarotteux etc... mais s'en trouve-t-il dans votre bazar ? non ! m'affirme-t-on, hostiles à qui mieux-mieux, la bande ! Jaloux en sus, à en crever ! la preuve : le mal inouï que j'éprouve à faire passer le « Professeur Y » INTÉGRAL dans votre NNNRF ! qui vous pompe 500 sacs par mois ! tellement elle bat tous les records de l'emmerdement !

À propos de *revenus*, celle qui s'est sucrée, vous la connaissez[1] ! une belle sous-tasse ! Vous lui avez allongé 14 briques avec une allégresse ! Pardi ! elle était maquerote ! elle ne foutait rien ! putain ! j'aurais dû vous en demander autant ! Vous m'en estimeriez encore ! les gens qui travaillent vous écœurent ! et surtout ceux qui vous font vivre ! ceux-là pire que tout !...

———

Robert l'Assassiné[2] était bien maquereau aussi mais lui au moins défendait ses travailleurs, il jouait pas les « hauts nababs excédés inapprochables », il se tapait ses 8 heures de « blabla » par jour à défendre ses livres... et il recommençait la nuit... à entretenir les connes polémiques... précisément ! celles qui font vendre. Vous vous en foutez sans doute... vous me l'avez écrit... Ah, si vous pouviez vous torcher avec mes « contrats » ! dans un joli mouvement de mépris !... me libérer de votre sale bouge !... Mais vous n'en ferez rien !... Votre sclérose est fixée à l'article : *Contrats*. Tout Paris sait qu'un auteur vous est si cher que pour le rattraper vous sauteriez des murs, de nuit ! telle est votre passion !... Il m'a été conté des exemples ! des fractures ! romantiques !

———

Sérieusement parlant, vous ne voulez plus rien m'avancer... bon ! je vais me renseigner de mon côté au sujet du « feuilleton »... nous confronterons... et j'aviserai ! ou de ne plus rien foutre... ou de trouver un autre moyen pour vous être de plus en plus agréable.

Bien amicalement à vous et votre abrutie clique de cancres prétentieux !

Destouches

---

1. Jeanne Loviton qui a vendu Denoël à Gallimard.
2. Robert Denoël, assassiné le 2 décembre 1945 à Paris dans des circonstances restées mystérieuses.

265. — À LOUIS-FERDINAND CÉLINE[1]

Paris, le 14 Décembre 1954

Docteur Destouches
25ter, Route des Gardes
Meudon (S. et O.)

Cher Ami,

Votre humour n'est que de la rhétorique. Vous n'arrivez pas à me faire croire à votre violence. Vous mêlez tout — Exprès — Et nous faisons joujou.

Vous m'avez demandé des avances — À vous à vous débrouiller avec le fisc et à lui faire admettre qu'une avance n'est pas un revenu. Je pense d'ailleurs qu'il en est ainsi. Voulez-vous que j'essaie *en votre nom* d'obtenir que les sommes ainsi versées soient étalées sur plusieurs années.

En tous cas cela n'a rien à voir avec « mon capital » comme vous l'écrivez par boutade. Détrompez-vous je n'aime pas tant l'argent sinon je ne publierais que des « delly » ce qui est facile !

Vous voulez vendre, et bien donnez une marchandise facile ! Et puis faites le polichinelle comme les bons vendeurs : radio — photos, interviews, etc... Ainsi vous attirerez l'attention sur vos livres. Vos diatribes contre votre éditeur sont inefficaces. Ceci dit, voulez-vous publier librement « L'OMBRETTE » en feuilleton dans un journal. Je le souhaite pour vous et tâcherai de vous y aider.

Je n'ai jamais dit qu'au moment de la publication de ce tome III de « FÉERIE », je ne vous verserai rien.

En attendant votre prochaine engueulade, croyez-moi tout de même votre,

Gaston Gallimard

---

1. Archives Gallimard. Double de lettre dactylographiée.

266. — À GASTON GALLIMARD[1]

15/12 [1954]

Cher Ami

Je vous ménage, foutre ! je ne vous engueule pas du tout ! Si je m'y mettais je vous ferais périr de confusion. Eh, diable, vous êtes le seul homme d'esprit dans votre bazar ! où irais-je ?

———

Ceci posé il est évident que vous ne défendez pas du tout mes livres... vous les étouffez... Alors que pour tel ou tel vous en foutez un sacré coup ! mille preuves quotidiennes !

———

Je suis bien con, c'est entendu mille preuves aussi ! énormes preuves !... je vous l'accorde !... mais putain de sort je sais mettre le doigt sur la plaie ! pas mon pareil pour cet exercice !

———

Question rhétorique vous vous trompez de Destouches ! c'était mon grand-père le rhétoricien... qui la professait au lycée du Havre vers 1860. Il fut même des premiers « agrégés » de Rhétorique... du Concours alors créé... Auguste Destouches[2].

Pour « l'Ombrette » en feuilleton le mieux serait qu'elle paraisse d'abord dans « l'Illustribus » avant d'être publiée en livre chez vous... j'en ai parlé à Dominique[3]... aussitôt évidemment : chinoiseries, troufignoleries, impossibileries... etc... conneries !... par *20 pages* tous les deux numéros ça pourrait bicher parfaitement ! que je trouve !... ne lasser personne... et vous éviter « un effort de publicité » (selon la formule fiote[4]

---

1. Archives Gallimard.
2. Auguste Destouches (1835-1874), agrégé de l'enseignement spécial et professeur de littérature au lycée du Havre.
3. Dominique Aury (née en 1907), écrivain, membre du jury Femina, secrétaire de rédaction des *Cahiers de la Pléiade* (1948-1952), membre du Comité de lecture des Éditions Gallimard depuis 1950, secrétaire de rédaction puis membre du Comité de rédaction de *La N.R.F.* depuis 1953.
4. Céline emploie le mot « fiotte » ou « fiote » dans *Mort à crédit* et dans *D'un château l'autre*, au sens de « type ou gars » ; ici il applique ce mot au sens de *formule type*.

des éditeurs) on en reparlera, au moment, mais je travaille lentement et je ne serai prêt que dans des mois... des mois... le tout est que nous vivions jusque-là l'un et l'autre... et qu'un champignon atomique ne se mette pas à pousser sur votre Trianon ! avec des « si » disait ma grand-mère on mettrait Paris en bouteille ! et dans un champignon ?

Je suis régul avec les contributions. Je vous dois la chiée de millions ! C'est marre et c'est tout ! Qui dit mieux ?

Salut ! à mon désir : jeune homme de très grand avenir !

Destouches

267. — À PAUL GRUAULT[1]

Le 15/12 [1954]

Cher Monsieur

Vous trouverez sûrement avec moi que cette affaire de « versement » tourne à la rigolade !... et l'éditeur italien[2] donc !

Bien cordialement à vous

Destouches

---

1. Archives Gallimard.
2. Probablement un projet de traduction avorté ; il n'y a pas eu en effet de traduction italienne d'une œuvre de Céline entre 1938 et 1964.

268. — À LOUIS-FERDINAND CÉLINE[1]

Paris le 17 décembre 1954

Mr le Docteur Destouches
25{ter}, Rte des Gardes
Meudon —

Cher Monsieur,

Je vous envoie sous ce pli, les 19 premiers placards de vos ENTRETIENS AVEC LE PROFESSEUR Y[2].

J'ai envoyé aujourd'hui à Mademoiselle Canavaggia, le début des épreuves (19 premiers placards également), et le texte de base.

Croyez, Cher Monsieur, à mes sentiments les meilleurs.

J[acques] Festy

269. — À LOUIS-FERDINAND CÉLINE[3]

Paris, le 22 Décembre 1954

Monsieur le Docteur Destouches
25{ter}, Route des Gardes
Meudon (Seine & Oise)

Cher Monsieur,

Nous vous adressons inclus un chèque barré sur la B.N.C.I. de Frs CENT VINGT CINQ MILLE HUIT CENT CINQ (125.805) représentant votre part sur les droits de traduction anglaise de « VOYAGE AU BOUT DE LA NUIT » et « GUIGNOL'S BAND ».

Veuillez agréer, Cher Monsieur, l'assurance de nos sentiments distingués.

Le Service des Comptes d'Auteurs,

P[aul] Gruault.

1. Archives Gallimard. Double de lettre dactylographiée.
2. Pour la publication en volume.
3. Archives Gallimard. Double de lettre dactylographiée.

1955

270. — À JEAN PAULHAN[1]

11/1/55

Mon cher Anémone Languide[2],

Il est entendu, je pense, que la suite du Pr[ofesseur] Y passe dans le numéro de Fév. 55 en très *bonne place* et non relégué aux « sous-crottes » des petites lettres presque anonymes de vos ultimes pages ? et la fin, enfin ! En Mars ou Avril !

À ce propos la critique de « Normance » si favorablement annoncée, fut un bel exemple de sous-chiasse à la sauvette, torchée en un 1/3 de page[3] !

Soyez rassuré ! Votre beau « Déficitaire » (500 sacs par mois) n'est pas prêt de me ravoir ! vos demi-dieux collaborateurs (horreur que ce nom !) peuvent dormir tranquilles !

Bien votre ami, Languide Anémon

Destouches

1. Archives Paulhan.
2. Voir notes 5, p. 225 et 3, p. 239.
3. Dans *La N.N.R.F.* d'octobre 1954, l'article de Georges Perros sur *Normance* fait plus exactement un peu plus d'une page.

271. — À LOUIS-FERDINAND CÉLINE[1]

le 14 Janvier [1955]

Mon cher L.-F,

Naturellement, j'ai connu pas mal de gens, et dans le nombre quelques muffles. Mais il n'était jamais arrivé encore qu'un écrivain exigeât d'obtenir de Gaston Gallimard, pour me donner la *suite* d'un article dont la *nrf* avait publié le début, une avance de cinq cent mille francs — en me menaçant, faute de cette avance, de porter à quelque autre revue le second chapitre. Ce sont là de drôles de façons, c'est un drôle de chantage. Il a réussi, voilà peut-être une excuse. L'effet, en tout cas, a été que Marcel Arland et moi nous sommes trouvés très embarrassés, d'abord pour combler, pendant les mois d'attente, un vide imprévu ; ensuite pour ménager dans la revue la place nécessaire à la suite de cet *Entretien*, d'ailleurs beaucoup plus longue que vous ne nous l'aviez laissé prévoir.

Une revue — vous vous en doutez peut-être — se prépare quelque six mois à l'avance. Il ne faut vous en prendre qu'à vous-même des quelques retards dont vous vous plaignez. Laissons cela.

J'ai été le premier, dès la Libération, à vous défendre et à vous publier — à vous faire publier (et c'est grâce à moi que vous avez pu ajouter une nouvelle maison à celles que vous possédiez déjà). Ce qui m'a valu pas mal d'ennuis purement matériels, mais aussi de brouilles et d'injures. J'ai supporté le tout assez allégrement : le bon droit, de toute évidence, était de mon côté. Mais enfin j'avais le droit d'attendre de votre part, je ne dis pas une reconnaissance éternelle, disons du moins une neutralité bienveillante. Je n'ai rencontré dans vos lettres — et même dans vos articles — qu'une malveillance aigre, continuelle, sournoise et d'ailleurs fausse*. Je ne puis dire que je vous en veuille. Vos lettres sont amusantes, comme peuvent être amusantes des lettres d'enfant ou de fou. Puis, de qui dirait-on du mal — quand on vit comme vous dans une maison de campagne, un peu à l'écart — sinon des rares personnes que l'on a sous la main : des personnes qui, en vous rendant service, se sont mises en quelque sorte sous votre main ?

1. Archives Gallimard. Lettre dactylographiée, toutefois la note et l'ajout après la signature sont manuscrits.

Qu'y faire ? Je m'aperçois que vos lettres en tout cas ont cessé de m'amuser. Veuillez adresser les prochaines, par exemple, à Marcel Arland. Pour moi, je vous salue bien.

Jean Paulhan.

* fausse : je n'ai pas de femme de ménage, je prends *très peu* de vacances, etc.

Tout ça est pénible, et somme toute je vous aimais bien. Pourquoi diable avoir un aussi sale caractère ?

272. — À GASTON GALLIMARD[1]

19/1/55

Mon cher Ami.

Fin dîneur mondain comme je le connais, Paulhan notre ami, qui a pris grand soin de taper son cafouillage[2] (qu'il veut époustouflant) n'a pas manqué d'en emporter les « doubles » pour les faire admirer par tous les fins dîneurs !

« ah, je lui règle son compte moi à Céline ! »

Tout ceci est véniel et sénile. De quoi se plaint ce vieux baveux ? Il trouve la mariée trop belle, qu'elle a trop de tempérament... Il lui faut du salsifi court. Il lui faut perdre en légumes bien cuits, bien insipides, 500 000 frs par mois dans son « Illustribus ». Il ne veut pas de surprises... Tout ceci est de son âge, inévitable, dirais-je. Je ne tiquerais pas mais je tique quand il m'accuse de chantage. Je bredouille pour m'accuser de l'avoir mis dans l'embarras... Quid ? Quod ? pataquès idiot ! mais chantage quoi ? A-t-on jamais accusé de chantage un ouvrier qui défend son travail ? et quel travail ! tel que cet imbécile n'en a jamais vu !... Je tiens Musée, vous le savez, de toutes les injures possibles, celle de « *chanteur* »

---

1. Archives Gallimard.
2. C'est effectivement la première fois qu'une lettre de Paulhan est dactylographiée.

me fait défaut ! Pour une fois, pour la première fois sans doute de sa vie J.P. se montre original.

Il me trouve aussi propriétaire de nombreuses maisons[1] ? Il est là en plein délire. On interne pour moins grave. Je ne possède pas un sou vaillant, je ne possède que des dettes. Je suis *insaisissable et insolvable*, pour la bonne raison qu'on m'a dépouillé de tout et davantage ! (les amis de J.P) Il doit le savoir, et je vous dois : *7 161 846* fr en fait de fortune. Vous le savez.

Vais-je vous accuser vous, M. Gaston, de sabotage, de complicité, duplicité, complot contre mes ouvrages, par étouffement systématique, parce que je trouve (après tant d'autres !) une publicité de votre maison dans le Monde où vous célébrez les mérites éclatants du livre de M. Roger Vailland[2] ? Vous qui niez (à en hurler) l'action de cette publicité ! qui ne vous fiez, m'avez-vous dit et écrit, qu'au « bouche à oreille » ? Vais-je vous traiter de fourbe et de menteur ? ah non alors ! J'ai dix ans de moins que JP[3] ! J'attendrai encore 10 ans pour plus ne savoir du tout ce que je dis. Il y a d'ailleurs où rire (comme l'on dit à Rennes) dans cet affaire Vailland... Il me semble bien, à moins que ma mémoire me trahisse (ô mauvais signe !) que ce même Vailland écrivit dans la « Tribune des nations »[4] (il n'y a pas très longtemps) qu'il m'avait attendu dans mon escalier Rue Girardon pour m'abattre comme un chien, et qu'il regrettait de ne pas l'avoir fait. Mon Dieu ! mon Dieu ! il est encore temps ! Je ne vais pas souvent chez vous, mais il peut venir chez moi !

Je n'insiste pas, ce n'est peut-être pas le même Vailland ?... Je suis peut-être aussi ramolli que JP ? son ancienneté est indéniable... son privilège... mais fait-il sous lui ? tout est là ! moi, pas encore... un tout petit peu, pipi... un rien... me rattrape-t-il ? le rattrapais-je ?

À vous bien amicalement

Louis Ferdinand

1. Paulhan écrit en fait qu'il vit dans une « *maison de campagne* » !
2. Céline joint la publicité N.R.F. découpée dans *Le Monde* du 19 janvier pour *Beau masque* de Roger Vailland sur laquelle sont repris cinq extraits de presse louangeurs.
3. Paulhan est né en 1884, Céline en 1894.
4. Du 13 janvier 1950.

273. — AU SERVICE COMPTABILITÉ[1]

Le 19/1/55

Comptabilité

pour le bon ordre je me permets de vous demander comment il se fait que vous me déclarez : droits d'auteur pour 1954 :
source française   2 688 578
source étrangère   178 178
                   _____
                    2 866 756

alors que sur votre relevé (dernier) je ne trouve que les chèques BNCI 54

   1 - 4 - 54   1 500 000
  23 - 6 - 54   52 373
   1 - 7 - 54   500 000
               _____
              2 052 373

[Destouches]

274. — À LOUIS-FERDINAND CÉLINE[2]

Paris, le 21 Janvier 1955

Monsieur le Docteur Destouches
25ter, Route des Gardes
Meudon (Seine & Oise)

Cher Monsieur,

Notre relevé de compte ne comportant que le détail des sommes qui vous ont été versées jusqu'au 1 Juillet 1954, mais depuis cette date d'autres versements vous ont été faits.

---

1. Archives Gallimard.
2. Archives Gallimard. Double de lettre dactylographiée.

Nous vous donnons ci-dessous le détail de toutes les sommes qui vous ont été versées au cours de l'année 1954 :

6. 1.54	Facture	Frs	3.445.—
1. 4.54	B.N.C.I.	Frs	1.500.000.—
6.54	B.N.C.I. s/collaboration à la N.R.F.	Frs	36.000.—
23. 6.54	B.N.C.I.	Frs	52.373.—
1. 7.54	B.N.C.I.	Frs	500.000.—
5.10.54	B.N.C.I.	Frs	567.000.—
5.10.54	Facture	Frs	3.133.—
11.54	B.N.C.I. s/collaboration à la N.R.F.	Frs	35.000.—
12.54	B.N.C.I. s/collaboration à la N.R.F.	Frs	44.000.—
22.12.54	B.N.C.I.	Frs	125.805.—
		Frs	2.866.756.—

ce qui correspond à la somme globale que nous avons déclarée.

Veuillez agréer, Cher Monsieur, l'assurance de nos sentiments distingués.

Le service des Comptes d'Auteurs,

P[aul] Gruault.

275. — À PAUL GRUAULT[1]

22/1/55

Cher Monsieur

Je vous remercie bien pour votre lettre très explicative au sujet des sommes à moi versées en 1954. Mais alors combien suis-je à devoir à la *NRF* ? Ma dette envers la NRF à ce jour ? à peu près ?...

Veuillez agréer l'assurance de mes sentiments distingués

Destouches

---

1. Archives Gallimard.

276. – À GASTON GALLIMARD[1]

Le 22/1/55

Mon cher Ami.

Il n'est pas de gazette où je ne trouve de nouvelles preuves de votre opération « Bouche Oreille »... le « Monde », le Figaro, etc... au service de l'admirable livre de mon assassin trouilleux... coco combien[2] ! Vous êtes décidément tous les mêmes, richissimes !... Picasso, Mauriac, Marteau, Brisson, Claudel, Boussac demain... et la firme Hachette et ses 78 milliards ! à la branlette de vos Saigneurs !

Ce serait rigolo à regarder, savoureux mimi au possible, si vous n'étiez pas en même temps et jusqu'à la dernière goutte, radins quand même ! et même alors, à rogner sur les frais de votre enterrement !

J'irai voir !

Votre ami outre-tombe

LF Destouches

Ma femme vous a trouvé chez Nimier[3] un petit air souriant de chérubin gêné. Ne rajeunissez pas trop ! peste !

---

1. Archives Gallimard.
2. Céline joint à sa lettre une publicité parue dans *Le Monde* du 19 janvier pour le livre de Roger Vailland *Beau masque*.
3. Roger Nimier est à cette époque chroniqueur au magazine *Arts*.

277. — À LOUIS-FERDINAND CÉLINE[1]

Paris, le 24 Janvier 1955

Monsieur le Docteur Destouches
25ter, Route des Gardes
Meudon (Seine & Oise)

Cher Monsieur,

Faisant suite à votre lettre du 22 courant, nous vous confirmons que les comptes ne sont arrêtés qu'une fois par an, au 30 Juin, d'après les chiffres qui nous sont fournis par la Librairie Hachette au début de septembre.

Depuis notre relevé de compte au 30 Juin 1954, vous avez été crédité de Frs CENT VINGT CINQ MILLE HUIT CENT CINQ (125.805) pour des droits anglais que nous vous avons réglés par un chèque sur la B.N.C.I. le 22 Décembre dernier.

Nous ferons de même pour tous les droits de traduction qui vous parviendront.

Veuillez agréer, Cher Monsieur, l'assurance de nos sentiments distingués.

Le Service des Comptes d'Auteurs,

P[aul] Gruault.

278. — À MARCEL ARLAND[2]

Le 28/1/55

Mon cher Confrère

Je m'adresse à vous, j'ose, Paulhan m'ayant brutalement signifié que j'étais indigne, dégueulasse, maître-chanteur etc... propos badins ! Au

1. Archives Gallimard. Double de lettre dactylographiée.
2. Archives Arland.

fait, il me conseille de vous importuner[1]... ce que je fais dare-dare !... Il s'agit de vous recommander le manuscrit de *Jamblan* ci-joint *Cassiopée* pour édition par la NRF[2]... *Jamblan* est plus connu pour ses chansons, ses recueils de vers...

Tout cela est fort bon. Au Comité de lecture de la NRF de juger si son roman est à la hauteur de ses chansons ? ah ? Que me servirait-il de plaider ? le CLNRF[3] doit me piffrer assez mal !... il a ses raisons !... mais l'Intérêt des lettres françaises domine toutes ces vétilles ! J'ose donc vous recommander *Cassiopée* !

Bien sincèrement et confraternellement !

Destouches

279. — À PAUL GRUAULT[4]

Le 4/2/55

Cher Monsieur

Je vous serais très obligé de m'envoyer un relevé *assez détaillé* de nos comptes du 1/7/54 au 31/12/54, la somme « globale » ne satisfait pas mon contrôleur ! il veut des détails ! Je vais le voir souvent, très souvent ! Comment au surplus révasser de chefs-d'œuvre ! qui me couvrent de dettes !

Avec mes sentiments très distingués

Destouches

---

1. Dans sa lettre du 14 janvier.
2. Jamblan est le pseudonyme de Jean Blanvillain, chansonnier que Céline a probablement connu à Montmartre. Ce roman ne semble pas avoir été publié.
3. Pour Comité de lecture N.R.F.
4. Archives Gallimard.

280. — À LOUIS-FERDINAND CÉLINE[1]

Paris, le 7 Février 1955

Monsieur le Docteur Destouches
25ter, Route des Gardes
Meudon (S. & O.)

Cher Monsieur,

Nous prenons bonne note de vous adresser un relevé de compte arrêté au 31 Décembre 1954 ; nous le ferons dès que la Librairie Hachette, qui diffuse nos ouvrages, nous aura indiqué les chiffres de ventes et de retours à cette date ; très probablement à fin Février.

Veuillez agréer, Cher Monsieur, l'assurance de nos sentiments distingués.

Le Service des Comptes d'Auteurs,

P[aul] Gruault.

281. — À GASTON GALLIMARD[2]

Le 8/2/55

Cher Ami

Toujours tellement désireux de jouer le jeu, je me demande si mes ours au complet ne peuvent être acceptés par la B. de la Pléiade[3] entre Bergson et Cervantès par exemple ? Puis-je vous demander votre éminent avis ?

Bien respectueusement

Destouches

---

1. Archives Gallimard. Double de lettre dactylographiée.
2. Archives Gallimard.
3. La « Bibliothèque de la Pléiade » a été créée en 1931 par Jacques Schiffrin aux Éditions de la Pléiade et rachetée en 1933 par Gallimard. Elle publie sur papier bible les œuvres des auteurs classiques. Jusqu'à cette date peu de contemporains y sont entrés de leur vivant : Gide, Malraux, Claudel et Montherlant.

282. — À LOUIS-FERDINAND CÉLINE[1]

Paris, le 11 Février 1955

Docteur Destouches
25ter, Route des Gardes
Meudon (S. et O.)

Cher Ami,

En ce qui concerne la Pléiade, je n'ai pas à avoir d'avis — Je ne fais que répondre aux demandes des libraires, qui eux-mêmes me transmettent les désirs de leur clientèle et je ne me décide que si j'ai un nombre suffisant de souscriptions[2].
    Il est probable qu'un jour votre tour viendra.
    Très attristé de votre respect.
    Votre,

Gaston Gallimard

283. — À GASTON GALLIMARD[3]

12/2/55

Cher Ami très respecté.

« Beware of my countryman when he grows polite ! » écrit Kipling, ce qui veut dire que je vais vous taper bientôt d'un million... Le prix d'un pékinois de Mme Marteau ou d'une toute petite étole d'une toute petite amie... une insignifiance ! 40 000 francs de 44 ! Quand je pense que le trust Hachette vaut 125 milliards ! et que vous avez avancé 100 millions de francs à vos auteurs ! et ce que perd l'« Illustribus » !

    1. Archives Gallimard. Double de lettre dactylographiée.
    2. Il serait plus exact de dire que les projets sont communiqués aux représentants qui testent l'intérêt des libraires. Avec la disparition progressive des libraires de qualité, ce sera de moins en moins vrai ; l'estimation des ventes pouvant se faire directement dans la maison.
    3. Archives Gallimard.

Enfin bien respectueusement quand même... oh, provisoirement !
Votre, (un des) galériens !

LF Destouches

Vous seriez bien gracieux de demander si votre clique de roupillons mal intentionnés a trouvé le moyen d'adresser *12 Normance* à La Vie médicale 13 Rue d'Enghien. Mr de Neufchâteau

284. – À LOUIS-FERDINAND CÉLINE[1]

Paris, le 15 Février 1955

Docteur Destouches
25ter, Route des Gardes
Meudon (S.et O.)

Cher Ami,

Décidément, vous, Paulhan et par conséquent moi, nous ne cessons de jouer la comédie.

Paulhan, dites-vous, vous attribue de vastes immeubles — Vous, vous me prenez pour un nabab.

Tout cela c'est du roman !

Un pékinois ne vaut pas un million. Quarante mille francs de 1944 ne représenterait aujourd'hui que Quatre Cent mille francs environ. Hachette ne vaut pas 125 milliards, pas même la moitié et a été fondé il y a plus d'un siècle. Si les avances aux auteurs consenties par la N.R.F. atteignent à certains moments de pointe quatre-vingts millions, l'avance à Louis Ferdinand y est pour un dixième — et il y a près de deux mille auteurs à son catalogue.

Et cela ne prouve pas que nous soyons radins.

Votre,

Gaston Gallimard

P. S. Les roupilleurs se sont réveillés pour les 12 « NORMANCE ».

1. Archives Gallimard. Double de lettre dactylographiée.

285. — À GASTON GALLIMARD[1]

Le 16/2/55

Non Gaston ! mordicus ! C'est par *20 et* pas par *10* qu'il faut multiplier les prix de 44 à 55 ! parole de mort !... j'étais encore vivant en 44, je sais ce que je cause et le prix de la nouille !

———

Si vous allez acheter votre pékinois à Londres vous verrez qu'il vaut un million ! Y a pékinois et pékinois ! mais si vous l'achetez tanné à Paris, à la Reine d'Angleterre, c'est moins cher ! pardi !
Oh, Paulhan depuis qu'il est toréador, Rue des Arènes, il se connaît plus ! il me traite de tout ! il me banderille !

———

Mais Ferdinand il est au moins 50 p. 100 de ce qu'est valable à la Néref ! et j'ai que 10 p. 100, vous dites ! Ce culot qu'est vôtre ! Dominici[2] a moins d'aplomb ! ça va vous venir avec l'âge !

———

Radin foutre que vous l'êtes bordel comme tous les gens riches ! vous seriez pas riche, pas radin ! vous vous laisseriez aller y en aurait pas pour 3 jours de toute votre fortune si célèbre !

———

On en rigole et puis c'est tout si c'est plus permis de rigoler vous allez devenir « objectif » vous allez prendre au sérieux l'« Illustribus » et ses « pénibles »...
À propos dites donc le chèque ?... il est vachement en retard, je trouve
Votre... hélas !

LFC

1. Archives Gallimard.
2. Gaston Dominici a été accusé d'avoir assassiné une famille de touristes près de sa ferme. Le 28 novembre 1954 il a été condamné à mort mais gracié par le président Coty.

286. — À LOUIS-FERDINAND CÉLINE[1]

Paris le 17 février 1955

Docteur Destouches
25ter, Route des Gardes
Meudon

Cher Monsieur,

Voici un texte que Jean Dutourd[2] a préparé pour les ENTRETIENS AVEC LE PROFESSEUR Y[3]. Il me prie de vous le communiquer et de vous dire qu'il a repris un ou deux paragraphes du texte destiné précédemment à NORMANCE. Y voyez-vous quelque objection ?

En tout état de cause, j'aimerais que vous renvoyiez, à Jean Dutourd, ce texte avec vos corrections éventuelles ou votre bon à composer.

Veuillez croire, Cher Monsieur, à mes sentiments les meilleurs.

J[acques] Festy

287. — À JACQUES FESTY[4]

18 février 1955

[*Une préface de Dutourd est jugée excellente par Céline qui lui préfère encore* « la bande[5] qui pourrait, *dit-il,* être signée « Ubuffon ». »

Destouches]

1. Archives Gallimard. Double de lettre dactylographiée.
2. Jean Dutourd (né en 1920) a été conseiller littéraire des Éditions Gallimard de 1951 à 1966.
3. Le texte initial n'a pas été retrouvé ; la version définitive, corrigée par Céline, sera publiée dans le *Bulletin N.R.F.* d'avril 1955 (repris dans Dauphin et Fouché, notice 55 A1).
4. Lettre passée en vente sur le catalogue de la Librairie C. Coulet & A. Faure, n° 141, 1974, s/n° 890. Nous reproduisons le texte du catalogue.
5. La bande portera : « *L'art poétique de Céline.* »

288. — À JACQUES FESTY[1]

Le 19/2 [1955]

Cher Monsieur

À la réflexion il me vient que la « prière d'insérer » de Dutourd est un petit peu réticente, pas bien engageante à acheter l'ouvrage... Or, très très discret de nature j'ai appris à mes dépens que l'objet déprécié par le vendeur n'allait pas loin... la réclame puisqu'il s'agit de réclame se fait sans du tout y glisser de tels « repentirs »... Il n'est que lire « Elle » ou de voir comment s'habillent les Académiciens !...

Dutourd sait tout ceci parfaitement ! Foutre de déplaire aux 2 000 Auteurs de la maison ! se gênent-ils pour moi ? Le monde moderne est grossièrement vantard, et moi juste sans me vanter je prie les personnes de bien vouloir regarder attentivement mon petit « truc »... c'est tout !... vais-je déprécier l'article ?... c'est inepte !

« D'autres » selon Dutourd avaient avant moi réussi le truc de faire passer le langage parlé à travers l'écrit ? Quels donc ? Je vais éclairer la lanterne de Dutourd : Barbusse dans *le Feu*... Ramuz un peu... Paul Morand dans *Ouvert la nuit... et puis c'est tout*. Je ne les ai plagiés ni les uns ni les autres.

Quant aux auteurs que je trouve dans la neneref par exemple, ils écrivent tous, à mon sens, en chromo, comme les Delly.

Pour moi Jules Romain [*sic*], Genet, Sartre, Mauriac, Montherlant, Lacretelle, etc. etc... absolument même tambouilles-chromos plus ou moins maniérés, tarabiscotés. Dellys... Dellys Brothers.

Donc pour notre « prière d'insérer » très bonne certes, mais moins respectueuse de ce [que] pourraient en penser tel ou tel... tel ou tel je les ... parfaitement.

---

1. Repris de *Textes et documents*, 3, Bibliothèque de littérature française contemporaine, 1984, pp. 116-117. La lettre avait été publiée en partie auparavant dans les *Œuvres de Céline*, tome III, Balland, 1967, pp. 592-593, et est passée en vente entre-temps (Catalogue de la Librairie C. Coulet & A. Faure, n° 141, 1974, s/n° 891).

Vous savez que je connais très bien l'ignoble Amérique j'y ai longtemps pratiqué, un dicton y fait fureur « Dont Knock, boast ![1] »

Que nos prières d'insérer ne détournent pas le lecteur... déjà si fatigué, crâneur, couillon !

Bien cordialement vôtre

Destouches

289. – À JACQUES FESTY[2]

3 mars [1955]

[*Puisque son correspondant a l'amabilité, dit Céline, de faire imprimer pour sa femme les* « cartes » *dont il lui a parlé*[3], *il lui envoie le libellé et laisse à son goût* « le choix du papier » *et les caractères.*

Destouches]

---

1. « *Ne démolis pas, vante !* » (traduction de Jean Ducourneau).
2. Lettre passée en vente sur le catalogue de la Librairie C. Coulet & A. Faure, n° 141, 1974, s/n° 892. Nous reproduisons le texte du catalogue.
3. Lucette Almansor, dès leur installation à Meudon, avait ouvert un cours de danse. Avec sa lettre, Céline envoie la carte de visite de sa femme sur laquelle il a indiqué : « *carte actuelle insuffisante* » et « *format double !* » (Archives Gallimard).

290. — À LOUIS-FERDINAND CÉLINE[1]

Paris, le 3 Mars 1955

Monsieur le Docteur Destouches
25ter, Route des Gardes
Meudon (Seine & Oise)

Monsieur,

Nous avons l'avantage de vous remettre inclus un chèque barré sur la B.N.C.I. de Frs 39.496 représentant des droits anglais que nous avons reçus de VISION PRESS sur les ventes du deuxième semestre 1954, à savoir :

GUIGNOL'S BAND — votre part 2/3[2] —	Frs 6.666.—
VOYAGE AU BOUT DE LA NUIT (totalité)	Frs 32.830.—
Net	Frs 39.496.—

Veuillez agréer, Monsieur, l'assurance de nos sentiments distingués.
Le Service des Comptes d'auteurs,

P[aul] Gruault.

---

1. Archives Gallimard. Double de lettre dactylographiée.
2. *Guignol's Band* a été publié à Londres par Vision Press en septembre 1954 ; d'après son contrat de 1951, Céline touche effectivement 2/3 des droits étrangers. Pour *Voyage au bout de la nuit* il touche l'intégralité des droits puisqu'ils n'ont pas été négociés par Gallimard.

291. — À GASTON GALLIMARD[1]

8/3/55

Comment s'étonner de ne plus vendre mes livres ? Puisque votre catalogue n'en fait jamais mention[2] ?

Peut-on saboter un auteur de sa propre maison avec plus de cynisme ? Non ! n'est-ce pas ? non ! évidemment...

Vous auriez encore une petite rubrique : *Torche-Culs*, mes livres y figureraient... il me semblerait que je compte tout de même un peu... mais rien... rien... jamais rien...

Destouches

292. — À LOUIS-FERDINAND CÉLINE[3]

Paris le 11 mars 1955

Docteur Destouches
25ter route des Gardes
Meudon

Cher Monsieur,

Je vous enverrai, lundi ou mardi, la petite carte que vous m'avez demandé de faire composer. Et ce soir, sauf retard de la S.N.C.F. l'imprimeur est à Abbeville, je vous expédierai le premier exemplaire des ENTRETIENS AVEC LE PROFESSEUR Y[4].

J'ai reçu votre dernière lettre au sujet de la prière d'insérer. Nous allons tâcher de traduire, au mieux, vos intentions et je vous prie de

---

1. Archives Gallimard.
2. Avec sa lettre, Céline envoie une page de publicité tirée de *La N. N. R. F.* qui présente les « Publications 1954 » de la collection « Du monde entier », la collection de littérature étrangère de Gallimard.
3. Archives Gallimard. Double de lettre dactylographiée.
4. L'achevé d'imprimer porte la date du 1er mars.

trouver, ci-joint, le texte auquel nous avons abouti. Il serait urgent que vous me le retourniez avec votre accord ou vos dernières corrections.

Veuillez croire, Cher Monsieur, à mes sentiments les meilleurs.

J[acques] Festy

293. — À LOUIS-FERDINAND CÉLINE[1]

Paris, le 14 mars 1955.

Docteur L.F. Destouches
25ter, Route des Gardes
Meudon (Seine-et-Oise)

Cher Ami,

Votre lettre du 8 mars est plus surprenante encore que les précédentes : voilà que vous m'envoyez un extrait de catalogue, consacré à la collection « DU MONDE ENTIER » avec le reproche de n'y pas figurer !

J'ai toujours pensé que vous étiez un très grand écrivain français, mais il ne me serait jamais venu à l'idée de faire l'hommage de votre œuvre aux littératures anglo-saxonne, espagnole ou italienne. Excusez ma courte vue.

Votre,

Gaston Gallimard

P. S. — J'ai corrigé le Prière d'Insérer des « ENTRETIENS... » J'y ai collé du « génie ». Serez-vous content ?

1. Archives Gallimard. Double de lettre dactylographiée.

294. — À GASTON GALLIMARD[1]

15/3 [1955]

Obs 19 79

Génie, nom de Dieu, cher ami, c'est le moindre des titres, puisqu'ils font « Immortels » les marchands d'aspirine[2] !

Vous serez toujours désespérément 1900 ! Sourire, modestie, bas noirs, et tout !

À vous

LFC

295. — À LOUIS-FERDINAND CÉLINE[3]

Paris, le 15 Mars 1955

Docteur Destouches
25ter route des Gardes
Meudon S. & O.

Cher Monsieur,

Je vous prie de trouver ci-joint deux épreuves de la carte que j'ai fait établir pour Madame Destouches.

Voulez-vous me retourner l'une d'elles avec votre bon à tirer ou vos observations. Je puis, bien entendu, vous faire faire une autre épreuve si vous le souhaitez.

Croyez, cher Monsieur, à l'assurance de mes sentiments les meilleurs.

J[acques] Festy

---

1. Archives Gallimard.
2. Le 3 mars, Jean Cocteau, Daniel-Rops et Albert Buisson ont été élus à l'Académie française.
3. Archives Gallimard. Double de lettre dactylographiée.

296. – À LOUIS-FERDINAND CÉLINE[1]

Paris, le 28 Mars 1955

Monsieur le Docteur Destouches
25ter, Route des Gardes
Meudon (Seine & Oise)

 Cher Monsieur,

 Nous vous adressons inclus un chèque barré sur la B.N.C.I. de Frs TRENTE TROIS MILLE CENT CINQUANTE DEUX (33.152) représentant votre part (2/3) de l'avance sur l'édition italienne de GUIGNOL'S BAND par Longanesi[2].

 Veuillez agréer, Cher Monsieur, l'assurance de nos sentiments distingués.

 Le Service des Comptes d'Auteurs,

            P[aul] Gruault.

---

1. Archives Gallimard. Double de lettre dactylographiée.
2. Pour une raison inconnue, cette édition ne sera pas réalisée ; la première traduction italienne de *Guignol's Band* ne paraîtra qu'en 1982 chez Einaudi.

297. — À LOUIS-FERDINAND CÉLINE[1]

Paris, le 31 mars 1955

Docteur Destouches
25ᵗᵉʳ Route des Gardes
Meudon S & O

Cher Monsieur,

Je vous envoie ci-joint, pour votre accord, l'épreuve que je viens de faire établir pour vos ordonnances[2].
Croyez, cher Monsieur, à l'assurance de mes sentiments les meilleurs.

J[acques] Festy

298. — À GASTON GALLIMARD[3]

2/4/55

Mon cher Gaston

Je vois qu'il fonctionne toujours, et comment ! le procédé « Bouche oreille » ! Pourquoi ne me rendez-vous pas le même service dans les *Nouvelles Littéraires* ? et le *Figaro Littéraire* ? *Ils ne marcheront pas* me répondrez-vous[4] ! Basta ! Vous vous êtes le Père Alibi vous avez réponse à tout, à côté ou de travers mais réponse ! Ils marcheront parfaitement si vous vous en donnez la peine, si vous les sommez en tant que Pape de la Synagogue « NRF, coco-pédé-gaulliste ». Ridicule cet insuffisant tirage de

---

1. Archives Gallimard. Double de lettre dactylographiée.
2. Céline avait attendu deux ans après son retour pour reprendre l'exercice de la médecine. En septembre 1953, il obtient sa réinscription à l'Ordre des médecins de Seine-et-Oise et ne cessera son activité qu'en 1959, à près de 65 ans, lorsqu'il remplira les conditions pour toucher sa retraite.
3. Archives Gallimard.
4. Céline envoie probablement avec sa lettre une publicité pour un autre écrivain Gallimard ; elle n'a pas été conservée dans le dossier.

6 000 Pr Y[1] ! Vous tenez à ce que je crève ! Vous m'étouffez ! Pape coco, pédé, gaulliste !

Autre histoire[2]

Voici les lettres d'Ovadia[3]. Son manuscrit est ici, je l'ai reçu ce matin même. À votre disposition mais il faudra me *l'envoyer chercher. Il est manuscrit*[4]. Je ne veux pas le confier à la poste. Je ne demande qu'à le préfacer, si vous le publiez. Vive Israël ! vive le ghetto NRF, pédégaullo-résistant !
    et son Pape !

                                                             LFC

Répondez-moi je vous prie sur tout ceci *vite* que [je] réponde à Ovadia. Je suis, vous le savez, la courtoisie même, et la preuve : je vous offre une préface à l'œil !
    Je me casse le cul autrement que vous ! flûte !

---

1. En fait 7 000.
2. Ces deux mots sont écrits en rouge en haut d'une nouvelle page.
3. Jacques Ovadia, journaliste, alors à Tel Aviv, a écrit à Céline pour lui demander de lire et éventuellement de recommander son manuscrit auprès d'un éditeur.
4. Ces derniers mots soulignés en rouge.

299. — À ODETTE LAIGLE[1] ?

3/4/55

Obs 19 79

Chère Madame

Aurez-vous la grande amabilité de faire envoyer un exemplaire des « Entretiens avec le P^r Y » à ces deux adresses[2] ?
Zélés propagandistes !
Bien respectueusement

LF Destouches

300. — À LOUIS-FERDINAND CÉLINE[3]

Paris, le 4 Avril 1955

Docteur Destouches
25ter, Route des Gardes
Meudon (S. et O.)

Cher Ami,

Je vais essayer auprès du Figaro Littéraire — Je vous donnerai le résultat de ma démarche.
J'enverrai prendre le manuscrit d'Ovadia chez vous — Je vous préviendrai la veille pour que notre chauffeur soit sûr de vous rencontrer.
Votre,

Gaston Gallimard

1. Archives Gallimard.
2. Elles n'ont pas été conservées avec la lettre.
3. Archives Gallimard. Double de lettre dactylographiée.

301. — À JACQUES FESTY[1]

[Début avril 1955]

[*Céline exprime sa gratitude après réception des* cartes Almanzor « elles sont de parfait goût et font une impression profonde d'élégance, de total raffinement ». *Il attend les* « ordonnances » *qu'il voudrait* « reliées, par blocs de cinquante ». *Un merci encore pour Semmelweis* « parfaitement relié ».]

302. — À LOUIS-FERDINAND CÉLINE[2]

Paris, le 12 Avril 1955

Docteur Destouches
25ter route des Gardes
Meudon

Cher Monsieur,

Les 4 000 cartes ALMANZOR que j'ai fait tirer pour votre compte, ont coûté 12.793 Fr 85, somme que je demande à notre service comptable de porter au débit de votre compte.

Croyez, cher Monsieur, à l'assurance de mes sentiments les meilleurs.

J[acques] Festy

---

1. Trois lettres passées en vente sur le Catalogue de la Librairie C. Coulet & A. Faure, n° 146, 1975, s/n° 765. Nous reprenons le texte tel que le libraire l'a donné. La première lettre concerne probablement les cartes de visite de Lucette Almansor que lui a fait faire Jacques Festy (voir lettre 289); la seconde ses ordonnances (voir lettre 301); et la troisième un exemplaire de *Semmelweis* qu'il a pu demander à Festy de lui faire relier.
2. Archives Gallimard. Double de lettre dactylographiée.

303. — À GASTON GALLIMARD[1]

18/4/55

Vous m'avez dit, écrit, Gaston d'Alibi, que vous pensiez à une publicité pour les *Entretiens*. Je n'en vois goutte, nulle part, sauf celle que je me fais et vous *fait*, à coup de clowneries...
 Très bien ! Bon ! Je prends note. Et je vous salue haineusement Gaston d'Alibi !
 À la revoyure !

LFC

304. — À GASTON GALLIMARD[2]

23/4 [1955]

Cher Ami.

Je vais répondre à ce pauvre palestinien que vous lui refusez la « fosse commune » de vos 2 000 auteurs... bougre[3] ! vous éditez assez de « légumes cuits », parfaites insipidités pour n'être dégoûté par rien ! Si je devais « épurer » votre catalogue « des 30 dernières années » je trouverais 1 000 2 000 navets autrement plus impossibles que ce chétif manuscrit.

———

Soit ! coffre-fort, vous avez la Loi !

———

1. Archives Gallimard.
2. Archives Gallimard.
3. Il s'agit du refus de publier le manuscrit de Jacques Ovadia.

On pourrait très bien pousser les « Entretiens » de vingt côtés, il m'est confirmé qu'ils plaisent ! qu'attendez-vous pour re-tirer ? à 20 000 ? les coco gaullo pédérastes de votre Synagogue en prendraient ombrage ? la belle histoire ! ils en verront bien d'autres ! Sales abrutis !
Toujours votre dispos, gracieux et respectueux

                 Destouches

305. — À LOUIS-FERDINAND CÉLINE[1]

               Paris, le 27 Avril 1955

Docteur Destouches
25ter, Route des Gardes
Meudon (S. et O.)

Cher Ami,
Voici la lettre que je reçois de notre agent de publicité[2] — Je pressentais ce refus — J'espère que nos autres démarches réussiront mieux.
Votre,

               Gaston Gallimard

---

 1. Archives Gallimard. Double de lettre dactylographiée.
 2. La réponse de l'agent, probablement Georges Lecoq qui dirige La Publicité littéraire, régie de la N. R. F., ne figure plus au dossier.

306. — À GASTON GALLIMARD[1]

29/4 [1955]

Bravo Gaston !

mais n'en restons pas là ! Que votre agent tâte, je vous prie : *Rivarol, les Lettres françaises, l'Humanité du Dimanche, L'Aurore, Aspects de la France, Nouvelles Littéraires*... que je glane le plus de refus possible, tutti flores, il me les faut pour le joli bouquet que je médite...

À vous bien sincèrement

Destouches

307. — À GASTON GALLIMARD[2]

Le 11 Mai [1955]

Cher Ami.

On semble tomber de la Lune lorsque je pose à votre secrétariat une question pourtant bien honnête, bien élémentaire, bien pertinente... Je vous la pose à votre tour : où, auprès de quelle organisation, peut-on consulter les *chiffres* exacts des tirages des livres édités dans l'année ?... aussi bien livres de sciences ; livres populaires (Delly) que les livres de votre catalogue, ou Julliard etc...

Je sais bien qu'il existe un Dépôt légal à la BN ! Foutre c'est un fameux foutoir que je connais très bien où il est impossible d'obtenir un renseignement sérieux ! (Brouillard organisé !) mais Denoël m'avait parlé d'autres bureaux... B^b St Germain ? ou la Soc. des G. Lettres ? bref Hachette doit le savoir ? peut-être ? peut-être ? quand on arrive aux *précisions* (sauf pour le cash !) on ne trouve plus devant soi qu'une tripotée d'abrutis débiles mentaux bafouilleurs, hébétés

---

1. Archives Gallimard.
2. Archives Gallimard.

par les dernières vacances et déjà tout médusés par le calendrier des prochaines...

Toute cette ignoble racaille bêle...

Votre très obligé

LF Destouches

308. — À LOUIS-FERDINAND CÉLINE[1]

Paris, le 12 Mai 1955

Docteur Destouches
25ter, Route des Gardes
Meudon (S. et O.)

Cher Ami,

C'est vous qui tombez de la lune —

Si vous aviez réfléchi quelques minutes avant de poser à Mme Laigle des questions auxquelles personne ne peut répondre, vous auriez évité de lui faire perdre son temps. Votre question n'était ni honnête, ni pertinente — Il n'y a aucune organisation qui puisse fournir les chiffres exacts des tirages des livres édités dans l'année — La Bibliographie de la France publie bien des statistiques, mais elles concernent exclusivement le nombre d'ouvrages, de différents genres, publiés[2].

Il n'y aurait guère que le dépôt légal qui puisse vous renseigner, ou bien chaque éditeur particulièrement, en admettant que leurs auteurs y consentent[3].

Moi-même lorsque je veux connaître approximativement le succès de tels ou tels ouvrages parus chez un de mes confrères, je n'ai d'autres ressources que de faire relever, chez quelques libraires, par un de nos

---

1. Archives Gallimard. Original renvoyé par Céline.
2. La *Bibliographie de la France*, qui recense l'ensemble des titres publiés, est éditée par le Cercle de la Librairie qui a alors son siège 117, boulevard Saint-Germain.
3. Les fiches de dépôt légal qui contiennent les renseignements sur le tirage sont soumises à la loi sur les archives administratives et ne peuvent donc être consultées librement ; seul l'auteur du livre concerné ou l'éditeur lui-même peuvent y avoir accès.

représentants, les numéros d'éditions qui figurent sur la couverture. — C'est une indication bien vague — À noter en outre que « tirage » ne signifie pas « vente ».

    Votre,

Gaston Gallimard

309. — À GASTON GALLIMARD[1]

Le 13/Mai [1955]

    Retenez Gaston ! Je ne m'intéresse jamais qu'à des trucs *positifs* ! Je suis fécond moi ! rien de stérile ne m'occupe ! pas une seconde ! alors que le stérile remplit la vie des « gens du monde » et autres Paulhan ! saisissez-vous Gaston ? vous me répondez des « soties »... paresses ! Il s'agissait que vous m'aidiez à rédiger un article pour votre « Illustribus » avec des *chiffres*... « bast » ! vous êtes loin bien loin de là... n'en parlons plus ! Salut

Destouches

1. Archives Gallimard. Lettre écrite au verso de celle de Gaston Gallimard de la veille.

310. — À GASTON GALLIMARD[1]

Le 18 mai [1955]

attention ! Business[2] !

Voici l'article que mon vieil ami le poète *Théophile Briand*[3] fait paraître dans son *Goéland* de mars 55[4]. Voilà un critique, un vrai connaisseur, un artiste, pas un boudeur, un inachevé, un empédé ! Lui aurait écrit à merveille une étude sur mes livres... mais n'en parlons plus ! Parlons de Théophile lui-même... (Ci-joint lettre) ne pouvez[-vous] lui publier ce manuscrit qui lui tient tant à cœur ?

Réfléchissez, s'il vous plaît...

Amicalement à vous

LF Destouches

Théophile Briand
La Tour du Vent
Paramé
(I et V)

1. Archives Gallimard.
2. La date et ces deux mots sont écrits en rouge.
3. Voir note 3, p. 185.
4. Jean-Marie de Saint-Ideuc, « Lettre de Printemps », *Le Goéland*, janvier-février-mars 1955, n° 116, p. 4. Sous forme de lettre à Théophile Briand, l'auteur, qui est Briand lui-même, évoque *Normance* et les *Entretiens*.

311. — À LOUIS-FERDINAND CÉLINE[1]

Paris, le 20 Mai 1955

Docteur Destouches
25ter, Route des Gardes
Meudon (S. et O.)

Cher Ami,

J'ai lu l'article de Théophile Briand. Je vous le retourne car je pense que vous désirez le conserver. Et je pense que l'argus l'enverra à la N.R.F.

Quant à publier ses articles de tête du Goëland[2], la chose est impossible : notre programme d'éditions est arrêté et je ne peux prendre aucun engagement pour un nouvel auteur. C'est pourquoi je préfère ne pas lui demander son manuscrit : Ce serait le faire attendre inutilement.

Votre,

Gaston Gallimard

P.S. Je vous retourne l'article et la lettre de Théophile Briand.

---

1. Archives Gallimard. Double de lettre dactylographiée.
2. Dans *Le Goëland*, Théophile Briand fait toujours un article d'humeur en forme d'éditorial.

312. — À LOUIS-FERDINAND CÉLINE[1]

Paris, le 20 Juin 1955

Monsieur le Docteur Destouches
25ter, route des Gardes
Meudon (S & O)

    Cher Monsieur,

    Faisant suite à votre lettre du 13 courant, nous vous adressons inclus votre relevé de compte[2], arrêté au 31 Décembre 1954, se clôturant par un solde de Frs 7.471.434 à votre débit.

    Ce sont les derniers chiffres qui nous ont été fournis par la Librairie Hachette.

    Votre ouvrage « ENTRETIENS AVEC LE PROFESSEUR Y » paru en Mars 1955 figurera sur le relevé de compte au 30 Juin 1955 que nous vous ferons parvenir fin Septembre prochain.

    Veuillez agréer, Cher Monsieur, l'assurance de nos sentiments distingués.

    Le Service des Comptes d'Auteurs,

                                 P[aul] Gruault.

---

1. Archives Gallimard. Double de lettre dactylographiée.
2. Non retrouvé dans le dossier.

313. — À GASTON GALLIMARD[1]

20 Juin 55

Mon cher Ami

Je reçois mon relevé. Je vois hélas que mes affaires vont de plus en plus mal. L'année dernière, même époque je ne vous devais que *7 161 846*. Cette année : *7 790 784*.

Je vous ai pourtant livré entretemps, d'immortels chefs-d'œuvre ! Et vous avez fait tout votre possible, je le sais, pour en assurer la distribution la diffusion et la vente, par publicité, articles, etc... or, je me suis au cours de cette année d'efforts, endetté à votre égard de *500 000* francs au moins ! mettons que je vive jusqu'à 82 ans, sans manger, sans boire, et toujours aussi laborieux, je serai à vous devoir *27 millions* ! vous aurez mettons 93 ans ! toujours bon pied bon œil et le sourire ! mais je vous ferai un procès diable ! car je trouve tout à fait abusif que vous fassiez figurer les droits anglais 125 800 frs (où vous n'avez que foutre) dans mes dettes ! nous verrons ça !

Je m'occuperai de ce litige dans une dizaine d'années !

Votre fidèle ami et croissant et laborieux créditeur

Destouches

---

1. Archives Gallimard.

314. — À LOUIS-FERDINAND CÉLINE[1]

Paris, le 24 juin 1955.

Docteur Destouches
25ter, Route des Gardes
Meudon (S. & O.)

Cher Ami,

L'explication que vous demandez est bien simple : votre dernier relevé de compte était daté de juin 1954 et vous nous deviez à cette date 7 161 846 Frs ; le dernier relevé que nous venons de vous adresser est arrêté au 31 décembre 1954 et se solde par un débit de 7 471 434 Frs, et non pas de 7 790 784 Frs ainsi que vous l'indiquez par erreur. La différence est donc en gros de 300 000 Frs et non pas de 500 000 Frs comme vous l'écrivez. Or, entre ces deux dates — c'est à dire entre juin 1954 et décembre 1954, nous vous avons versé environ 600 000 Frs et dans le même laps de temps nous avons encaissé pour 180 000 Frs de droits se rapportant à la vente de vos livres et 125 000 Frs de droits de traduction anglaise — ce qui fait un total de 305 000 Frs. La différence entre les sommes versées à vous et les sommes encaissées est donc d'environ 310 000 Frs.

Voici donc d'une façon clairement expliquée je crois, l'augmentation de votre débit. Pour qu'il y ait diminution, il faudrait tout simplement que les sommes qui vous sont versées deviennent inférieures aux sommes qui sont encaissées, tant pour la vente des livres que pour la cession des droits annexes. Croyez bien que je souhaite vivement, pour vous comme pour moi, qu'un jour nous puissions y parvenir.

Bien amicalement,

Gaston Gallimard

---

1. Archives Gallimard. Double de lettre dactylographiée.

315. — À GASTON GALLIMARD[1]

25/6 [1955]

Mon cher Éditeur Gaston.

Votre explication n'est pas du tout claire, mais il faut bien que je m'en contente puisque vous êtes le coffre-fort ! Oh rien d'autre ! mais le coffre ! Vous avez donc fait passer par vos entrailles les 500 000 frs du « Club du livre » et les 125 000 frs des droits anglais et me les reservez ensuite comme si ces sommes provenaient de ventes de votre boutique[2] ! Passez muscades !

Vous êtes parfaitement à la dévotion de clans qui me sont parfaitement hostiles, leur otage pour ainsi dire, et je serais bien stupide d'attendre jamais d'autres genres de « Relevés » de la NRF ! Ainsi soit-il ! Combien verserez-vous au maquis de la prochaine Résistance ? tout est là ! on escompte vous le savez, de grosses sommes !

Le Coffre se doit !

Bien Amicalement

LF Destouches

1. Archives Gallimard.
2. En fait Céline ne veut pas comprendre que ces sommes ne rentrent dans son compte que pour la partie qui revient à la N. R. F. pour les droits annexes.

316. — À LOUIS-FERDINAND CÉLINE[1]

Paris, le 23 Septembre 1955

Monsieur Destouches
25ter, Route des Gardes
Meudon (Seine-et-Oise)

Cher Ami,

Il m'a semblé qu'il y aurait maintenant intérêt à publier en édition populaire, « LE VOYAGE AU BOUT DE LA NUIT », et je viens vous demander si vous seriez d'accord pour réaliser ce projet[2].

Vous pourriez recevoir pour cette édition au moment de la mise en vente une somme de 750.000 Frs pour un tirage de 66.000 exemplaires, le prix de vente du livre étant de 250 Frs.

Lorsque vous m'aurez donné votre accord, il me sera possible de vous préciser la date de mise en vente de cette édition.

J'espère que ce projet vous fera plaisir et je vous prie de croire à toute mon amitié.

Gaston Gallimard

Tout à fait d'accord !
le 24 Sept. 55

Destouches[3]

1. Archives Gallimard. Original annoté par Céline et double de lettre dactylographiée.
2. La collection « Le Livre de poche » a été créée par Hachette en 1953 ; Gallimard y est associé et y a déjà publié des ouvrages de Saint-Exupéry, Camus, Gide, Sartre, etc.
3. Céline a ajouté son accord, la date et sa signature avant de renvoyer la lettre probablement avec la suivante du même jour.

317. — À GASTON GALLIMARD[1]

24 Sept[embre 19]55

Cher Ami

Je suis tout à fait d'accord avec vous pour l'édition que vous me proposez. Précisez-moi je vous prie la date de sa mise en vente et des 750 000 frs.

Je ressens vous l'imaginez une grande fierté et un vif plaisir à l'idée que tant de labeurs et d'épreuves sans nom vont être un peu honorés.

Je vous prie de croire à toute mon amitié

Destouches

318. — À GASTON GALLIMARD[2]

28 Sept[embre 19]55

Mon cher ami

Vous m'avez écrit dans votre lettre que dès réception de mon accord à une édition bon marché du Voyage je recevrais 700 000 francs ? Où sont-ils les 700 000 ? Font-ils des petits ?

Votre ami fidèle

LF Céline

1. Archives Gallimard.
2. Archives Gallimard.

319. – À GASTON GALLIMARD[1]

Le 30 Sept[embre 19]55

Cher Ami.

Ne trouvez-vous pas que je serais parfaitement à ma place dans cette galerie de Têtes de pipe[2] ? aussi bien qu'un autre ? Eh diable ! cela dépend d'Hachette ! mais n'êtes-vous pas au mieux avec les Hachette ? Celui qui préside aux destinées de l'Entreprise n'est-il pas membre de votre Conseil d'Administration[3] ? lui-même fils de celui qui me fit enlever le Prix Goncourt décerné à Mazeline, tante de Bailby, dont vous occupez le Palais[4] ? Ah, que cet enculé monde est petit !... mais je n'abandonne pas mon propos... j'ai l'ambition bien légitime de faire partie de cette galerie de Têtes de Pipe... Quelle publicité ! et gratuite ! Quel moyen de toucher enfin la jeunesse !... Un mot de vous, à la bonne oreille, suffirait... Mais voilà... à quel gang ? quelle cellule ? Synagogue ? pissotière ? parti ? Loge ? faut-il appartenir ?

Votre ami attentif

LF Destouches

1. Archives Gallimard.
2. Avec sa lettre, Céline envoie une coupure de presse concernant la collection Vaubourdolle, collection de « petits classiques » publiée par Hachette. Sont reproduites deux séries de couvertures, l'une d'écrivains classiques et l'autre d'écrivains contemporains qui viennent d'entrer dans la collection : Montherlant, Malraux, Mauriac, Duhamel, Gide, etc. Les couvertures sont illustrées de photos des auteurs. L'auteur de l'article fait remarquer que les auteurs classiques sont généralement souriants alors que les contemporains ont un air sévère, voire lugubre.
3. C'est Robert Meunier du Houssoy qui préside Hachette depuis 1952, date du retrait d'Edmond Fouret, qui était président depuis 1919 ; son fils, Jacques Fouret, est administrateur de la société. Céline parle peut-être de Guy Schœller, collaborateur d'Henri Filipacchi, qui dirige la collection « Le Livre de poche » ; Guy Schœller est chargé plus spécialement des rapports avec Gallimard. C'est le fils de René Schœller, le directeur des Messageries Hachette avant la guerre.
4. Léon Bailby (1867-1954), journaliste, directeur de *L'Intransigeant*, habitait dans l'hôtel Bochard de Sarron racheté par Gallimard en 1944.

320. — À LOUIS-FERDINAND CÉLINE[1]

Paris, le 3 Octobre 1955

Docteur Destouches
25ter, Route des Gardes
Meudon (S. et O.)

Cher Ami,

Mais non, il ne dépend pas de moi que vous figuriez dans la Galerie Vaubourdolle — Je ne pense pas que cela dépende même d'Hachette. N'y figurent que des écrivains dont les textes sont inscrits aux différents programmes scolaires ou universitaires. J'ajoute que jamais aucun membre de la Société Hachette n'a fait partie de notre Conseil d'Administration ni n'en fera partie.

En ce qui concerne vos droits afférents à l'édition du livre de Poche, ils vous seront versés comme convenu à la publication. (1)

Votre,

Gaston Gallimard

(1) en janvier[2]

321. — À GASTON GALLIMARD[3]

11 Oct[obre 19]55

Mon cher ami.

Est-il indiscret de vous demander ce que représente cette somme de 700 000 frs que vous me verserez en janvier sur les 60 000 ex de l'édition

---

1. Archives Gallimard. Double de lettre dactylographiée.
2. Ajout manuscrit.
3. Archives Gallimard.

populaire du « Voyage » ? un forfait ? 10 p. 100 par exemplaire ? Vos lettres sont très réservées sur ces points...

Vous aurez sans doute la grande amabilité de me fixer.

Et je vous prie de croire à mes sentiments amicaux

Destouches

322. — À LOUIS-FERDINAND CÉLINE[1]

Paris, le 14 Octobre 1955

Docteur L.F. Destouches
25, Route des Gardes
Meudon

Cher Ami,

J'ai bien reçu votre lettre du 11 courant.

Il s'agit bien *d'un forfait de 750.000 Frs.* représentant vos droits sur un tirage de 66.000 ex. à 250 Frs. du « VOYAGE AU BOUT DE LA NUIT » dans une collection populaire[2].

Je vous prie de croire à toute mon amitié.

Gaston Gallimard

---

1. Archives Gallimard. Double de lettre dactylographiée.
2. Les droits touchés par les auteurs sur les collections de poche sont réduits le plus souvent à 5 %. C'est, avec les coûts de fabrication moins élevés, ce qui permet le bas prix de ces collections. Le premier tirage prévu pour *Voyage* étant exactement de 60 000 exemplaires, Céline touche bien 5 %.

323. — À MARCEL ARLAND[1]

27 Oct[obre 1955]

Cher Ami

Vous savez qu'avant la guerre (et sans doute ces jours encore !) les Allemands publiaient leurs Manuels de bactériologie sans jamais citer Pasteur (Koch[2] partout !) J'éprouve la même désagréable impression lorsque je lis votre si belle revue pour ce qui me concerne et mes très très minuscules trouvailles... « Tout, tous, mais pas lui ! » Ne serait-il pas cocasse, grivois, gaulois, hilarant à pisser, de faire entamer un petit tournoi sur le « langage parlé à travers l'écrit » où flamboyeraient de tout leurs génies les 2 000 auteurs de Gaston (dixit) et où je ne serais moi évidemment jamais mentionné ?

Et puis à la fin des fins je dirais moi mon petit mot... bien gentiment, humblement... je rendrais hommage à tous...

À vous bien sincère et amical

Destouches

324. — À GASTON GALLIMARD[3]

8/11/55

Mon cher Ami

Est-il indiscret de vous demander de me faire envoyer le *Relevé* de mon compte ? avec bien en place et *soulignée* la somme que je vous dois ?

Que je ne me berce pas d'illusions ! Que je ne me laisse pas aller à penser que je vais pouvoir m'offrir... ceci !... cela !

Bien amicalement à vous

Destouches

---

1. Archives Arland.
2. Le microbiologiste allemand, prix Nobel de médecine en 1905, qui a découvert le bacille de la tuberculose.
3. Archives Gallimard.

325. — À LOUIS-FERDINAND CÉLINE[1]

Paris, le 2 Décembre 1955

Monsieur le Docteur Destouches
25ter, route des Gardes
Meudon (S & O)

Cher Monsieur,

Comme suite à notre entretien téléphonique, nous vous adressons inclus le relevé de votre compte[2], arrêté au 30 Juin 1955, se clôturant par un solde en notre faveur de Frs 7.806.897.

Veuillez agréer, Cher Monsieur, l'assurance de nos sentiments distingués.

Le Service des Comptes d'Auteurs,

P[aul] Gruault.

326. — À GASTON GALLIMARD[3]

12/12/55

Cher Ami, inévitablement je saute à la corde ! Le « Voyage » de poche aurait dû sortir pour les fêtes... Bast !... on me fait le même coup ailleurs... pour le microsillon[4], pour le film[5]... les saboteurs n'ont pas

---

1. Archives Gallimard. Double de lettre dactylographiée.
2. Non conservé dans le dossier.
3. Archives Gallimard.
4. Des extraits de *Voyage* et de *Mort à crédit* seront enregistrés par Arletty et Michel Simon en avril 1956 ; sur le disque, Céline interprétera les deux chansons qu'il a écrites « À nœud coulant » et « Règlement ». Un premier enregistrement avait eu lieu en mars 1955 mais un incident technique avait rendu la bande inutilisable.
5. Depuis sa publication, Céline espère toujours la réalisation d'un film à partir de *Voyage* ; des metteurs en scène comme Abel Gance et Claude Autant-Lara seront pressentis mais il ne verra jamais ce rêve réalisé.

besoin de se concerter... ils agissent selon le même instinct... au même instant... Vous pensez si j'ai observé !... 25 ans d'expérience des faits et gestes des têtes de cochon ! une paye !... Maintenant au chèque ! Cher Ami les 750 000 francs !

À vous et la splendide année qui s'annonce, poujadiste, atomiste, inflationniste, rigolatoire à pas croire !

Destouches

327. – À LOUIS-FERDINAND CÉLINE[1]

Paris, le 29 Décembre 1955

Monsieur le Docteur Destouches
25ter, Route des Gardes
Meudon (Seine & Oise)

Monsieur,

Nous avons l'avantage de vous remettre inclus un chèque barré sur la B.N.C.I. de Frs SEPT CENT CINQUANTE MILLE (750.000) représentant vos droits garantis pour la publication de votre ouvrage : VOYAGE AU BOUT DE LA NUIT, dans la collection : Le Livre de Poche, soit :

60.000 ex. à 5% de 250 Frs = 750.000 Frs

Veuillez agréer, Monsieur, l'assurance de nos sentiments distingués.
Le Service des Comptes d'auteurs,

P[aul] Gruault.

---

1. Archives Gallimard. Double de lettre dactylographiée.

1956

328. — À GASTON GALLIMARD[1]

25/2 [1956]

Cher Ami

Vous trouverez peut-être avec moi que ça serait pas mal que la NNRF (qui parlera certainement de ce livre de Flammarion) passe cette petite annonce intégralement... ainsi me trouverais-je tout de même dans vos annonces[2]...

Je voudrais bien recevoir un exemplaire du « Voyage » de poche. Il paraît qu'il a été envoyé ailleurs[3]...

La dame qui me répondait au téléphone, de chez vous, ne savait pas que j'existais...

Puissance du silence !

À vous bien amicalement

Destouches

1. Archives Gallimard.
2. Céline a découpé, dans *Le Figaro littéraire* du 11 février, une publicité pour *Les Apatrides* de Victor Alexandrov publié chez Flammarion. L'ouvrage est qualifié de « *nouveau Voyage au bout de la nuit* ».
3. Le volume vient effectivement d'être mis en vente selon la *Bibliographie de la France* du 20 janvier.

329. — À GASTON GALLIMARD[1]

19/4/56

Mon cher éditeur et ami.

Vous savez que 100 000 francs devaient me parvenir à cette date, selon notre récent contrat[2]. Je n'ai rien reçu. Je me permets, etc...

Et vous salue bien

Destouches

330. — À GASTON GALLIMARD[3]

4/ Mai 56

Mon cher Éditeur et Ami.

Vous ne pensez pas qu'il serait possible d'éditer un autre de mes ouvrages en « édition de poche » ?

À vous bien amicalement

Destouches

---

1. Archives Gallimard.
2. Nous ne voyons pas de quoi il s'agit. Le dernier contrat de Céline est la lettre-accord concernant l'édition de poche de *Voyage au bout de la nuit* du 23 septembre 1955, or Céline a déjà touché ses droits dessus.
3. Archives Gallimard.

331. — À LOUIS-FERDINAND CÉLINE[1]

Paris, le 15 Mai 1956

Docteur Destouches
25ter, Route des Gardes
Meudon (S.et O.)

Cher Ami,

Si je ne vous ai pas répondu plus tôt, c'est qu'il me fallait obtenir une réponse d'Hachette — Je viens seulement de la recevoir : Le programme des livres de poche est arrêté et on ne peut pour l'instant envisager d'y introduire de nouveaux textes.

Je le regrette pour vous et pour la N.R.F. croyez-le bien.
Amicalement votre,

Gaston Gallimard

332. — À GASTON GALLIMARD[2]

16/ Avril [*pour* mai 19]56

Cher Ami

Ô la triste nouvelle ! déprimante ! « *le programme des livres de poche est arrêté* » ! diantre ! je parie bien qu'il est tout bourré de navets ! Vous le regrettez ! diantre encore ! pour le *prochain programme* n'ayez de cesse qu'il y figure *un* quelconque de mes chefs-d'œuvre ! Et faites-moi part au plus tôt que votre résolution est prise, s'il vous plaît ! rien ne peut mieux m'inciter à l'œuvre ! Car vous savez que l'art est difficile... qu'il n'aime pas tant qu'on le dit les non non non.

Amicalement votre

Destouches

1. Archives Gallimard. Double de lettre dactylographiée.
2. Archives Gallimard.

333. — À GASTON GALLIMARD[1]

20/5/56

Cher Ami

Il m'est venu une fameuse idée, je suis certain que vous serez d'accord, de faire paraître Le « Voyage » dans votre édition la « Pléiade »[2] ?

À vous bien amicalement

Destouches

334. — À LOUIS-FERDINAND CÉLINE[3]

Paris, le 23 Mai 1956

Docteur Destouches
25ter, Route des Gardes
Meudon (S.et O.)

Cher Ami,

Nous n'entreprenons jamais d'éditions dans la collection de la Pléiade sans que mes représentants et les libraires nous garantissent un nombre minimum de souscriptions — Je vais donc faire une enquête concernant « LE VOYAGE AU BOUT DE LA NUIT » — Mais il ne peut être question d'envisager une publication avant au moins deux ans — Nous ne publions que peu de volumes nouveaux chaque année et notre programme est depuis longtemps arrêté.

Bien amicalement,

Gaston Gallimard

---

1. Archives Gallimard.
2. Céline ne se souvient peut-être plus qu'il a déjà eu cette idée en février 1955 (voir page 282).
3. Archives Gallimard. Double de lettre dactylographiée.

335. — À GASTON GALLIMARD[1]

24/ Mai [19]56

Cher Ami,

Je suis bien content de savoir que vous étudiez les possibilités 1° du « Voyage » pour la Pléiade... 2° d'un autre livre de poche...

Que ceci me laisse bien du temps pour mon actuel manuscrit... J'ai décidé en effet, moi et mes représentants de ma tête, de ne rien publier de nouveau avant de connaître les résultats de vos enquêtes, méditations, et décisions.

Bien amicalement

Destouches

336. — À LOUIS-FERDINAND CÉLINE[2]

Paris, le 8 juin 1956.

Monsieur Céline
25ter, route des Gardes
Meudon
Seine et Oise

Cher Monsieur,

Les cartes Almanzor[3] que vous m'avez demandé de tirer ont coûté 6.150 francs.

Je prie notre service droits d'auteurs de les porter au débit de votre compte.

Croyez, Cher Monsieur, à mes sentiments les meilleurs.

J[acques] Festy

1. Archives Gallimard.
2. Archives Gallimard. Double de lettre dactylographiée.
3. Cartes de visite pour Lucette Destouches.

337. — À GASTON GALLIMARD[1]

17 Juin 56

Mon cher Éditeur et Ami.

Puis-je me permettre de vous demander si vous avez pensé :
1° à l'« édition de poche » d'un de mes autres ouvrages.
2° à l'édition de mes « chefs-d'œuvre » dans votre Pléiade.
Bien amicalement votre.

Destouches

338. — À LOUIS-FERDINAND CÉLINE[2]

Paris, le 19 Juin 1956

Docteur Destouches
25ter, Route des Gardes
Meudon (S.et O.)

Cher Ami,

Vous êtes bien prodigue de gaspiller ainsi des timbres inutilement — Si vous aviez lu mes lettres des 15 et 23 mai, vous auriez eu la réponse à votre dernier billet. Je n'ai rien à y ajouter.
De moi-même je vous écrirai lorsque je pourrai nous satisfaire tous deux.
Votre,

Gaston Gallimard

1. Archives Gallimard.
2. Archives Gallimard. Double de lettre dactylographiée.

339. — À GASTON GALLIMARD[1]

Le 20 Juin [1956]

Cher Ami

Si j'étais comme vous multi-milliardaire, si j'avais comme vous gagné (je le veux, grâce à vos admirables efforts) gagné 80 millions l'année dernière avec la seule NRF, vous ne me verriez point si hâtif et si harcelant... diable ! que vous enverrais loin foutre ! et pour le compte ! mais hélas je suis bien obligé d'être imprimé... par vous ou par un autre !... L'épicier le demande... il a l'esprit Gallimard !...

Votre

Destouches

340. — À MARCEL ARLAND[2]

10/7 [1956]

Mon cher Confrère

Ne pensez-vous pas qu'au lieu de cet imbécile cafouillage « Une voie pour le roman futur »[3] l'Illustribus aurait pu recommander les « Entretiens avec le Pr Y... » ? en vente, peut-être vous l'ignorez, chez M. G. Gallimard ?

Que le dit Gallimard chaque fin d'année, m'annonce « oh mais on vous vend de moins en moins... » Pardi ! toute sa boutique n'a qu'une consigne : me saboter !

À vous bien amicalement

Destouches

1. Archives Gallimard.
2. Archives Arland.
3. *La N.R.F.* de juillet 1956 publie sous ce titre un texte d'Alain Robbe-Grillet qui ne peut que faire réagir Céline. Il commence en effet par la constatation suivante : « *Les nombreuses tentatives qui se sont succédé depuis plus de cinquante ans pour faire sortir le récit de ses ornières n'ont abouti, au mieux, qu'à des œuvres isolées. Aucune de ces œuvres, quel qu'en fût l'intérêt, n'a emporté l'adhésion d'un public comparable à celui du roman bourgeois. La seule conception romanesque qui ait cours aujourd'hui est, en fait, celle de Balzac.* »

341. — À MARCEL ARLAND[1]

Le 12/7 [1956]

Cher Ami

« Notre ennemi est nôtre etc... » GG est parfaitement au courant de ce que je demande à la NRF...

Les fesses bien tassées sur ses 80 millions annuels il se fout pas mal de mes raviolis !

Bon !

Les maquereaux de « méninges » sont bien plus fétides, à l'usage, que les pires « maquereaux de morues ».

Ceci dit, évidemment il y aurait bel, à revitaliser votre « Illustribus » où tous vos petits chichiteurs arrêtent pas de se toucher en tournant autour du pot... se retournant...

Enfin on verra... quand GG n'aura plus ses règles...

Bien votre ami

LF Céline

342. — À MARCEL ARLAND[2]

25/8 [1956][3]

Cher Monsieur

Vous avez sans doute reçu le disque (M. Simon-Arletty)[4], *Voyage et Mort à Crédit*, il m'aurait été bien agréable que l'Illustribus lui consacre deux lignes... mais peut-être est-il aussi une « règle d'or » que jamais l'Illustribus... etc... etc...

Bien cordialement à vous.

LF Destouches

1. Archives Arland.
2. Archives Arland.
3. Probablement 1956, date de la sortie du disque enregistré par Michel Simon et Arletty mais Céline a pu également envoyer plus tard une des rééditions du disque.
4. Voir note 4, p. 315.

343. — À GASTON GALLIMARD[1]

26/8 [1956]

Mon cher Éditeur et Ami.

J'espère que vous avez passé de bonnes et reposantes vacances, que vos 2 000 auteurs vous ont laissé tranquille. Reposé que vous êtes, je veux être le premier à vous importuner et vous demander si 1° vous avez l'idée d'une nouvelle édition de poche d'un de mes livres 2° si vous pensez à faire paraître mes chefs-d'œuvre dans votre *« Pléiade »* ?

Dans l'attente de votre réponse je suis votre bien amical 2 001ème et respectueux

Destouches

344. — À LOUIS-FERDINAND CÉLINE[2]

Paris, le 7 septembre 1956.

Docteur L. F. Destouches
25ter, route des Gardes
Meudon (S. & O.)

Cher Monsieur,

Gaston Gallimard étant toujours absent de Paris[3], j'ai pris connaissance de votre lettre du 26 août 1956. Voici ce que je puis toutefois vous répondre aux questions que vous lui posiez :

Le programme du Livre de Poche est arrêté pour toute l'année 1957. Je ferai cependant part de votre désir à Gaston Gallimard et il étudiera certainement avec Hachette les possibilités de publications ultérieures.

---

1. Archives Gallimard.
2. Archives Gallimard. Double de lettre dactylographiée.
3. C'est pourtant lui qui a, de sa main, fait la réponse sur la lettre de Céline.

Pour ce qui est de la Pléiade, comme pour tous les autres auteurs de cette collection, nous ne pourrons y envisager la publication de vos œuvres que quand nous serons assurés d'un nombre suffisant de souscriptions, ce qui n'est malheureusement pas encore le cas, bien que j'espère très vivement qu'une telle édition sera possible un jour.

Je vous prie de croire, cher Monsieur, à l'assurance de mes sentiments les meilleurs et les plus dévoués.

Robert Gallimard

345. — À GASTON GALLIMARD[1]

29/9/56

Mon cher Éditeur et Ami.

J'espère que vous avez repris vos activités. Voici une lettre d'une Madame Napoléon que je trouve assez amusante[2], j'en reçois des douzaines du même ordre, elles me démontrent que la NRF se fout énormément que l'on me vende ou non ! je suis même persuadé que c'est dans votre maison même que l'on me sabote avec le plus d'entrain ! Jalousies de toute votre clique de ratés ? mots d'ordres politiques ? racismes ? tout ! J'ai reçu encore récemment une lettre idiote de votre Robert, une réponse niet ! niet ! niet ! à encadrer ! quand je pense que vos services (pardi, communistes !) ne m'ont jamais valu *une* traduction !

On ne fait pas que ronfler rue Bottin, malheureusement !

Bien amicalement

Destouches

1. Archives Gallimard.
2. Cette admiratrice de Céline précise qu'elle n'a lu que *Voyage* et *Mort à crédit* et qu'elle attend d'autres romans avec impatience...

346. — À LOUIS-FERDINAND CÉLINE[1]

Paris, le 1er Octobre 1956

Docteur Destouches
25ter, Route des Gardes
Meudon (S. et O.)

Cher Ami,

Vous rêvez, vous retardez —
Il n'y a pas de communisme dans votre histoire, j'entends la vente de vos livres — ni de racisme, ni de conspiration — J'ai renoncé à vous convaincre que j'ai tout intérêt à ce qu'on les achète, ne serait-ce que pour amortir votre compte hélas ! débiteur.
Toutes les dames Napoléon de la terre n'ont qu'à commander ferme vos œuvres chez leur libraire, ou les demander à la N.R.F. C'est simple — Quant aux traductions, elles dépendent surtout des éditeurs étrangers — Je n'imagine pas un éditeur américain ou russe m'obligeant à faire traduire un de ses produits — Je vous le répète, vous rêvez.
Votre,

Gaston Gallimard

347. — À GASTON GALLIMARD[2]

2/10 [1956]

Mon cher Ami

Ce qui n'est pas du rêve, vous le dites fort bien, c'est que mon compte chez vous est toujours horriblement débiteur.

1. Archives Gallimard. Double de lettre dactylographiée.
2. Archives Gallimard.

Ce qui n'est pas du rêve non plus, c'est que vous ne faites aucune publicité pour mes livres ni rédactionnelle, ni usuelle, ni dans votre calamiteuse NNRF, et qu'ainsi il serait bien surprenant que l'on sache que j'ai publié chez vous...

La grande surprise ! ils sortent du rêve ? tous les gens que j'interroge, des centaines, lorsque je leur révèle que j'ai publié, et de gros livres, chez vous, depuis mon retour du Danemark, vous les maquereautez mes rêves n'en dites pas de mal ! sans mes rêves vous ne seriez rien ! ni vous ni votre smala d'abrutis minus !

Vous ne rêvez pas ! C'est pas votre métier ! vous n'y comprenez rien ! Votre métier c'est de faire valoir les rêves ! désastreux épicier !

Ami

LF Destouches

« il a tellement donné d'argent à la Résistance ! »[1]

348. — À LOUIS-FERDINAND CÉLINE[2]

Paris, le 23 Octobre 1956

Monsieur Pierre [*sic*] Destouches
25ter, Rue des Gardes
Meudon (Seine et Oise)

Cher Ami,

J'ai appris avec une certaine surprise que vous aviez remis un manuscrit aux Éditions FASQUELLE[3]. Je pense qu'il s'agit là d'un malentendu, puisque nous avons signé un contrat le 18 Juillet 1951 aux termes duquel, d'une part, vous nous cédiez la propriété littéraire du « VOYAGE AU BOUT DE LA NUIT » — de « MORT À CRÉDIT » — « GUIGNOLS' BAND »

---

1. Phrase ajoutée à l'encre rouge en travers dans la marge de la dernière page de la lettre.
2. Archives Gallimard. Double de lettre dactylographiée.
3. Céline avait déjà eu des contacts avec Fasquelle lorsqu'il était au Danemark.

— « CASSE PIPE », d'autre part, vous nous accordiez le droit d'édition de « FÉERIE POUR UNE FOIS » et celui de cinq autres ouvrages à venir de votre composition.

Vous savez que j'ai fait tout ce que j'ai pu pour l'exploitation de vos œuvres, puisque, selon votre désir, j'ai obtenu que l'on réimprime le « Voyage au bout la Nuit » dans le Livre de Poche, ce qui vous a rapporté 750.000 Frs. et que j'ai autorisé le Club du Meilleur Livre à reproduire ce même ouvrage, ce qui vous a rapporté 500.000 Frs., dans l'ensemble, depuis que nous avons signé ce contrat, vous avez reçu de la N.R.F. *11.403.000 Frs.*

Naturellement, si vous avez maintenant un manuscrit prêt à la publication, je suis disposé à l'éditer et à vous verser un nouvel à valoir sur cette œuvre.

Veuillez croire, Cher Ami, à l'assurance de mes sentiments les meilleurs.

Claude Gallimard

349. — À GASTON GALLIMARD[1]

Le 24/10/ [1956]

Cher Ami

Les vieillards, vous le savez, ont leurs manies. Les miennes sont d'être publié dans la *Pléiade* (Collection Schiffrin) et édité dans votre collection de poche (M à Crédit). Je n'aurai de cesse, vingt fois que je vous le demande. Ne me réfutez pas que votre Conseil, etc. etc... tout alibis, comparses, employés de votre ministère... M.M. Soupe qui se lavent les pieds et jouent de la trompette, entre deux vacances et treize maladies. *C'est vous la Décision.* Vous avez donc la bonté de me faire part

---

1. Archives Gallimard.

de votre décision. Ministre et homme d'affaire... celle que je vous propose est excellente.

    Ami

Destouches

La Pléiade et l'édition de poche pas dans vingt ans, quand je serai mort ! non ! tout de suite ! cash ! vous n'êtes ni un « rêveur » homme à « histoires » ! vous me comprenez !

LD

350. — À LOUIS-FERDINAND CÉLINE[1]

Paris, le 25 Octobre 1956

Docteur Destouches
25ter, Route des Gardes
Meudon (S. et O.)

Cher Ami,

Ne devons-nous pas nous voir la semaine prochaine ?

Nous parlerons de tout ce qui vous intéresse et de tout ce qui m'intéresse moi-même —

Vous devriez savoir que je n'ai jamais pensé qu'à vous satisfaire — Voulez-vous que le jour où vous viendrez à Paris, je vous fasse chercher en voiture — Mercredi prochain 31 Octobre, vers 16 h. par exemple.

    Votre,

Gaston Gallimard

---

1. Archives Gallimard. Double de lettre dactylographiée.

351. — À GASTON GALLIMARD[1]

26/10/56

Cher Ami

Les contributions de Versailles me harcèlent. Ils ne peuvent admettre que je gagne si peu avec mes livres ils demandent à voir nos contrats. Je les ai perdu ces contrats ! Bonheur d'avoir des secrétaires ! Vous aurez peut-être l'amabilité de me communiquer les vôtres et lors de ma prochaine visite j'en prendrai copie.

À vous

Destouches

352. — À GASTON GALLIMARD[2]

Le 27/10 [1956]

Certainement cher ami j'attendrai votre auto mercredi prochain vers 16 heures, *ici*. Vous m'écrivez dans votre lettre certaines choses assez vraies d'autres tout à fait inexactes. Pour que vous n'ayez point le souci de répéter pour la mille et unième fois (avec jeunes spectateurs) votre cher numéro (sourires et tremblements) que vous sachiez tout de suite ce que je vous demande voici :

1° deux millions sur la table à la remise du manuscrit.

2° *et* par la suite 100 000 francs par mois à titre « d'avance » sur le *suivant* ou les suivants.

3° bien entendu, la *Pléiade* et M à C de poche.

Ce que vous me racontez, que je vous dois ceci... cela !... on me raconte à moi que vous avez 175 millions dehors !... « avances » aux auteurs !... et que vous gagnez bénéfices net tous impôts payés rien

---

1. Archives Gallimard.
2. Archives Gallimard.

qu'avec la NRF 80 millions par an... sans en foutre un coup !... que par ailleurs vous êtes milliardaire ! sans en foutre un coup !... cela est loin de m'indigner... ce qui m'agace ce sont vos chichis ! je sais ce que c'est d'avoir le monde entier contre soi, pas simili, menottes aux poignets... je ne vous demande que du sous-salaire de sous-femme de ménage... je vais pas implorer !... on est conscient ! on est Poznan[1] ! milliardaire !

À vous bandit !
À mercredi !

LD

PS. une consolation ! ma veuve est très malléable, vous pourrez lui racheter tout pour un boniment et une botte de roses.

353. — À GASTON GALLIMARD[2]

Le 2/11/56

Cher Ami

J'ai beau faire, les Contributions me harcèlent toujours. Aurez-vous l'extrême bonté de me faire envoyer les copies de nos contrats ?
Votre bien obligé

Destouches

PS. De notre aimable entretien j'espère que vous avez bien voulu retenir que j'étais extrêmement intéressé par la *Pléiade* et *l'édition de Poche*. Vous avez pu oublier ! tant de bruits dans vos couloirs ! tous ces cloportes qui s'écrabouillent à l'envie ! d'aller finir dans vos caves !... et d'autres soucis ! plus immédiats !... le Suez[3] ? la vente ou pas vente du

---

1. Cette ville de l'Ouest de la Pologne a connu en juin 1956 une grève massive des ouvriers, afin d'affranchir la Pologne de la tutelle soviétique, qui fut sévèrement réprimée par l'armée.
2. Archives Gallimard.
3. À la suite de la nationalisation du canal de Suez par Nasser le 26 juillet 1956, les actions de Suez ont été éliminées des portefeuilles normalement gérés.

dur ? des Pechineys et Consorts ? voilà soucis de milliardaire !... foin des cloportes !... c'est mon avis ! *Pléiade* et *Poche* !... P.P. !...

Votre très amical interlocuteur

Destouches

Mettez, poussant les choses à l'absurde, qu'il s'agisse pour vous d'un cancer de la langue (ou si vous voulez du rectum !) si vous me consentez ou non une Pléiade ?... Diable ! que ce serait fait dans l'heure !

CQFD.

354. — À LOUIS-FERDINAND CÉLINE[1]

Paris le 6 novembre 1956

Docteur Destouches
25ter route des Gardes
Meudon —

Cher Monsieur,

Voici une épreuve de la carte Almanzor. Voulez-vous la contrôler et si vous êtes d'accord me la retourner avec votre bon à tirer.

Croyez, Cher Monsieur, à mes sentiments les meilleurs.

J[acques] Festy

1. Archives Gallimard. Original renvoyé par Céline et double de lettre dactylographiée.

355. — À LOUIS-FERDINAND CÉLINE[1]

Paris, le 14 Novembre 1956

Docteur Destouches
25ter, Route des Gardes
Meudon (S. et O.)

Cher Ami,

J'aurais voulu vous écrire plus tôt, mais j'ai été absent de mon bureau.

Tout d'abord permettez-moi de vous rappeler ce que je vous ai dit lors de notre entretien à la N.R.F. et ce que je vous ai écrit en Octobre 1956 :

Un contrat est intervenu entre nous le 18 Juillet 1951, par lequel, à l'article V, vous accordez à la Librairie Gallimard « un droit d'édition pour votre prochain ouvrage portant provisoirement le titre : " FÉERIE POUR UNE AUTRE FOIS " et un droit de préférence pour l'édition des CINQ (5) ouvrages à venir de votre composition ».

Ceci dit, comme suite à notre entretien, je vous adresse ci-joint un chèque de 500.000 francs et un contrat concernant l'ouvrage que vous devez me remettre dans quelques semaines[2] (dont je vous demanderai de me donner le titre).

Je vous verserai 500.000 francs à la remise du manuscrit et ensuite CENT MILLE FRANCS (100.000) par mois à dater de la publication en Avril ou Mai, selon votre désir et ce pendant un an.

Vous savez que la publication d'un ouvrage dans le livre de poche ne dépend pas de la N.R.F. mais de Hachette. Je ne puis que le proposer. Ce que j'ai fait pour « MORT À CRÉDIT » en insistant. J'attends la réponse.

Quant à une publication du « VOYAGE AU BOUT DE LA NUIT » dans la Pléiade, j'y tiens autant que vous — Mais il faut que les libraires

---

1. Archives Gallimard. Double de lettre dactylographiée.
2. Ce contrat, daté du 16 novembre, ne sera pas signé. Le contrat pour *D'un château l'autre* ne sera signé que le 25 mars 1957.

m'assurent une prise minima d'exemplaires — Là encore j'attends une réponse de nos représentants — Mais je puis vous assurer que cette édition se fera. Il ne s'agit que d'une question de délai.

Votre,

Gaston Gallimard

356. — À GASTON GALLIMARD[1]

Le 18/11/56

Mon cher Ami ! Quel tentateur ! Quel Mephisto ! quel éditeur ! oh mais, Vertu !... oh, que je suis margueritte ! de votre bazar et de vos propos vous comprenez bien que seuls m'intéressent 1° et TOUT DE SUITE la *Pléiade* ! 2° *tout de suite* aussi l'édition de poche !... le reste, vous le savez bien, Diable ! où je veux ! tant que je veux !... Méphisto mords-moi que vous êtes !... reconsidérez je vous prie le tout, comme je « quarantaine », votre chétif envoi ! parler de *délais à notre âge et par les temps qui courent* ! délire et folies ! à quels débiles mentaux avez-vous l'habitude ! vous m'effarez !

Votre bien sincère.

Destouches

1. Archives Gallimard.

357. — À LOUIS-FERDINAND CÉLINE[1]

Paris, le 20 Novembre 1956

Docteur Destouches
25ter, Route des Gardes
Meudon (S. et O.)

Cher Ami,

Je ne comprends rien à votre lettre ! Mephisto ! Vous plutôt ! Vous m'écrivez ! Vous téléphonez à Fasquelle ! Quel jeu jouez-vous ?

Vous m'avez promis votre manuscrit pour dans quelques semaines — Je l'attends — Mais je n'ai pas attendu pour vous faire un chétif envoi ! Le reste suivra comme promis, si vous tenez votre promesse — Je suis peut-être, moi aussi, un débile mental, mais je ne peux que ce que je peux — Je ne suis pas un dictateur pour forcer le public. Avant de recevoir votre lettre j'allais vous écrire que j'avais enfin obtenu d'HACHETTE l'assurance que « MORT À CRÉDIT » paraîtrait dans le livre de poche[2].

Ne soyez pas aveugle. Ne compliquez pas nos relations et comprenez que j'ai toujours cherché à vous satisfaire.

À ce propos si vous avez des difficultés fiscales, je peux vous mettre en rapport avec un ancien inspecteur des contributions qui s'occupe de nos affaires et qui pourrait vous aider.

Votre,

Gaston Gallimard

1. Archives Gallimard. Double de lettre dactylographiée.
2. Le volume ne sortira qu'en mars 1958.

358. — À GASTON GALLIMARD[1]

21/11 [1956]

Mon cher Ami,

Je vais vous étonner encore plus ! Je suis un type dans le genre de Ben Gourion... Ben ne veut pas lâcher son Sinaï avant qu'on lui ait donné deux petits Îlots[2]... moi je ne lâcherai pas mon Sinaï avant qu'on m'ait donné 1° la Pléiade 2° l'édition de Poche.

Pour l'édition de poche, vous me répondez très nuageusement... vous ne me dites ni la date, ni la somme, ni quel livre ?

Pour la *Pléiade* vous ne me répondez rien du tout. Rien du tout c'est non.

À vous bien amicalement

Destouches

359. — À LOUIS-FERDINAND CÉLINE[3]

Paris, le 22 Novembre 1956

Docteur Destouches
25ter, Route des Gardes
Meudon

Cher Ami,

Rien de vous ne m'étonne — même que vous jouiez le jeu de faire semblant de ne rien comprendre.

Si cela vous amuse de faire l'entêté, continuez — Si vous n'avez pas confiance en moi tant pis pour vous. Votre « Sinaï » restera dans le désert — C'est « MORT À CRÉDIT » qui paraîtrait dans le livre de Poche,

---

1. Archives Gallimard.
2. David Ben Gourion, Premier ministre d'Israël, a dirigé l'invasion de Gaza et du Sinaï par Israël en octobre 1956 ; l'Organisation des Nations Unies exigea son évacuation qui n'interviendra partiellement que le 3 décembre ; Israël a deux priorités : garder Gaza et avoir accès au port d'Eilat sur le golfe d'Akaba.
3. Archives Gallimard. Double de lettre dactylographiée.

quand vous vous déciderez à me donner votre nouveau manuscrit, et cette édition, qui pourrait sortir dans le courant de 1957, vous rapportera environ 750.000 francs.

Votre,

Gaston Gallimard

360. — À GASTON GALLIMARD[1]

28/11/56

Cher Ami,

Évidemment, vos lettres m'arrivent en retard avec de telles adresses[2] !

Comme je vous l'ai dit, et comme vous ne le voulez pas entendre, je ne lâcherai mon Sinaï que contre 1° une avance de deux millions (2) comptant. 2° et la garantie d'un versement de *cent mille* francs par mois à titre de droit d'option et d'avance sur le manuscrit suivant (pendant 5 ans) 3° un contrat pour la parution de mes chefs-d'œuvre dans votre *Pléiade* 4° je retiens votre offre et le montant (750 000) (que vous toucherez aussi, et sans rien foutre, satané parasite) pour le courant de 57.

Retenez bien mon adresse s'il vous plaît, à *Meudon* près de Paris.

Votre

Destouches

361. — À GASTON GALLIMARD[3]

3/12/56

Mon cher Éditeur et Ami.

En cette fin d'année vous êtes tout aux lauriers[4] et j'ai mauvaise grâce à vous relancer avec mes vétilles... mais vétille je suis et je serais

---

1. Archives Gallimard.
2. Gaston Gallimard n'a pas indiqué le département dans l'adresse de sa lettre du 22.
3. Archives Gallimard.
4. Les prix littéraires sont à ce moment-là attribués en décembre.

bien content d'avoir votre réponse (adresse exacte !) à ma dernière lettre, me fixant sur vos intentions

1° Avance

2° Pléiade

3° Mensualités

4° pour le livre de poche c'est entendu M. à Crédit au cours de 1957, et le montant.

J'attends votre réponse pour disposer de mon Sinaï ! pas désert du tout !

À vous toujours aussi sincèrement.

Destouches

362. — À GASTON GALLIMARD [1]

Le 12/12/56

Cher Ami.

Divers amis très au fait des choses de l'Édition me font remarquer avec quel soin vos opuscules publicitaires ne parlent jamais de mes livres. C'est une tactique, évidemment, la même qui vous fait foutre 300 millions par an à l'eau pour la publication de romans parfaitement inutiles, illisibles... Il m'est venu moi aussi une idée, que [je] vous donne pour ce qu'elle vaut... Puisque vous publiez une série blême et une série noire[2] pourquoi pas une « *série glorieuse* » et une « *série honteuse* » ?... ainsi tout auteur aurait chez vous sa place. Les « Glorieux » Dieu sait si vous n'en manquez pas ! Les « Honteux », je m'y verrais bien sûr en tête de collection...

Vous n'auriez ainsi rien à craindre des Glorieux. L'harmonie rue Sébastien.

À vous bien amicalement

LF Céline

1. Archives Gallimard.
2. Les deux collections de littérature policière de Gallimard.

363. — À ROGER NIMIER[1]

19/12 [1956]

Mon cher Ami

Joliment touché par votre si revigorante et affectueuse visite[2] ! Hélas, s'il est un carré de la ville bien revêche stérile et hostile et con à toute entreprise, même profitable et bien indiquée, c'est le carré Bottin ! Une poubelle est beaucoup plus fructueuse ! Un conglomérat de « bas de plafond » irrémédiable !

Que vous avez de la tablature ! celui qui a eu l'Univers entier à ses trousses, et au gniouf, vous pensez se rit de ces maringouins ! mille façons de les éperdre ! dans la merde ! 10 000 pieds ! mais plus intéressant est de ne pas vous, vous perdre ! Ce sera ardu ! le petit con en chef, j'ai nommé Gaston, est inépuisable en sottises astucieuses, à vous faire tout vomir ! vous verrez et menteur, et lassant, et chinois, et inutile !... toujours est-il que dès que l'ours [sera] sur ses pattes[3] il ira q[uel]q[ue] part... chez lui, si les *conditions* ! si non, ailleurs ! illico !

Bien sûr nous vous attendons tous les deux[4] ! au plus tôt !

On vous embrasse !

L D

— 2 millions.
— 100 000 par mois, pendant 5 ans (avance).
— la Pléiade.
— édition Poche, M à Crédit.

---

1. Archives Nimier.
2. Roger Nimier a été engagé début décembre par Gallimard en qualité de Conseiller littéraire. Il a déjà correspondu avec Céline, en particulier lors de la parution de ses romans.
3. Dès qu'il aura terminé son manuscrit.
4. Roger Nimier s'est marié le 3 mars 1954 à Nadine Raoul-Duval ; ils ont un fils, Martin, né le 27 janvier 1956.

364. — À ROGER NIMIER[1]

Le 21/12 [1956]

Mon cher Ami

Je l'ai écrit au paltoquet Gaston que ses employés sortaient de Courteline, autant de MM Soupe, qu'ils se lavaient les pieds en jouant de la trompette au lieu de travailler. Paulhan cette formidable limace joue aux soucoupes. D'ailleurs que feraient-ils ? Pourvu que le petit paltoquet foute ses 400 millions à la Seine ! N'allez pas troubler ce splendide vivarium ! que vos juvéniles et géniales ardeurs ne troublent point ce Chèquetarium ! Soyez napoléonien ! « Je donne des ordres ou je me tais » en marge de tous ces manuscrits inutiles une brève mention : « Peut-être pour un film ? » Poléon répondant ainsi aux doléances de Venise... un mot en marge : *Anachronique*. NB. Vous : RN...

À bientôt très cher ami

LF D

ou Pas de style, pas d'homme, l'auteur n'existe pas ! RN

---

1. Archives Nimier.

1957

365. — À GASTON GALLIMARD[1]

Le Lundi 15/1/57

Cher Ami.

Peut-être est-il possible que votre comptabilité me fasse parvenir le relevé de mon compte, Versailles me demande les détails, et combien je vous dois ?

À vous bien sincèrement

Destouches

366. — À LOUIS-FERDINAND CÉLINE[2]

Paris, le 16 Janvier 1957

Docteur Destouches
25ter, Route des Gardes
Meudon (S. et O.)

Cher Ami,

Je vous fais envoyer un état de votre compte.
Bien amicalement,

Gaston Gallimard

1. Archives Gallimard.
2. Archives Gallimard. Double de lettre dactylographiée.

367. — À LOUIS-FERDINAND CÉLINE[1]

Paris, le 17 Janvier 1957

Monsieur le Docteur Destouches
25ter, route des Gardes
Meudon (S & O)

Cher Monsieur,

Comme suite à votre lettre du 15 courant, nous vous prions de vouloir bien trouver ci-joint le relevé de votre compte, arrêté au 30 Juin 1956, se clôturant par un solde en notre faveur de Frs 7.593.495.

Veuillez agréer, Cher Monsieur, l'assurance de nos sentiments distingués.

Le Service des Comptes d'Auteurs,

P[aul] Gruault.

368. — À GASTON GALLIMARD[2]

Le 18/1/57

Cher Ami

Je vous remercie bien de m'avoir envoyé votre *relevé*. Somme toute, je suis parvenu à vous rembourser cette année, et travaillant énormément, environ 200 000 francs. Il faudra donc pour que je me libère, que je travaille environ *35 ans*, pour vous rembourser *6 837 345* fr

Dans 35 ans j'aurai 98 ans, bien sûr, vous serez plus jeune que jamais, mais pour moi, bien plus touché par l'âge, je trouve que c'est un peu long... et pendant ces 35 ans, vivre de quoi ?... oh, il faudra que je vous parle de tout ceci... j'ai des idées !... vous n'aurez qu'à choisir !...

Bien amicalement

Destouches

1. Archives Gallimard. Double de lettre dactylographiée.
2. Archives Gallimard.

369. — À ROGER NIMIER[1]

Le 24/1 [1957]

Bien cher ami Secrétaire à la main[2] !

Diable bigre que je m'en garde comme faire au lit d'écorner le chèque à Gaston ! il me créerait l'obligation de lui livrer mon prochain ours ! (ma petite morale à moi !) Que je veux le livrer à qui je veux ! M'intéresse chez Gaston, je lui ai écrit, la *Pléiade* et une édition de poche, et 100 sacs par mois pendant cinq ans (le temps de lui livrer mon prochain) plus 2 briques tout de suite ! Voilà mes très honnêtes requêtes. S'il en veut pas ?... Zut ! Mes rivaux pour la Pléiade ? à la niche ! un seul a-t-il été en tôle ? a-t-il payé le monument ! Bande de tricheurs faux fuyeurs frôleurs bon à lape[3] : au boulot ! tas de farceurs zéros ! à force de me couvrir de Silence je n'existe plus ! eh merde ! eh précisément ! la Pléiade me console un peu, je vous l'ai dit, je sors de la littérature pour entrer dans l'ameublement ! Il n'a qu'à faire le coup en douce, contraint par ma propre vacherie, cédant au chantage, etc... il sait très bien jouer ce louche jeu... le violé !...

Vous savez, vous un des rares qui connaissez le travail[4] (la preuve, vous n'en voulez plus) que je ne m'y retrouve pas, de très loin ! même aux nouilles, et vivant aussi mal qu'au bagne (moins les coups de triques !)

Bien affectueusement de nous deux, et votre femme

Destouches

---

1. Archives Nimier.
2. Probablement Nimier s'est-il excusé d'écrire à la main car il ne dispose pas encore d'une secrétaire. Par la suite il fera taper certaines lettres par le secrétariat du service littéraire.
3. Bon à rien. Dans *D'un château l'autre*, Céline écrit à propos de Gaston Gallimard et Jean Paulhan : « *Achille, Loukoum !... [...] bons à lape s'il fut, tous les deux* » (« Pléiade », II, p. 16).
4. L'écriture.

370. — À ROGER NIMIER[1]

22/2 [1957]

Mon cher Ami.

Que je vous suis reconnaissant ! Que je vais m'enivrer de ces fortes lectures ! ces reliures cuir me vont au cœur[2] ! me tisonnent l'envie ! ah, l'ameublement ! ah, Levitan ! j'en crève !

Le « caporal épinglé » vous avez raison, est joliment bien tourné[3] ! belle maîtrise de ce nouveau style, que je connais un peu... mais l'écueil ! je le connais aussi ! d'un rien, d'un mille, il verse au « naturalisme populisme ». L'auteur là y trébuche ! il faut une fibre bien sensible pour n'y point choir ! entre le ronron académique et le populisme quelle corde raide ! traîtrise !... de la broderie à la dentelle il s'en faut d'un fil ! d'une très minuscule balourdise ! le Caporal Épinglé est *objectif*, en ART tout ce qui est *objectif* est nul et crotte... rien absolument rien ne doit être réel... le Caporal demeure en pleine réalité... il s'en faut d'un rien qu'il opte pour l'envol... il a peur, il reste à terre... il ne veut tout de même pas rompre avec le « beau style »... et il a des ailes ! il ne les ouvre pas... il marche comme tout le monde...

À vous bien affectueusement

Destouches

1. Archives Nimier.
2. Nimier lui a probablement envoyé des volumes de la Pléiade.
3. *Le Caporal épinglé*, roman de Jacques Perret, a été publié à la N.R.F. en 1947.

371. — À ROGER NIMIER[1]

Le 23/2 [1957]

Cher Ami.

Que me voici heureux ! du Diable si je me doutais que la N.R.F. produisait d'aussi beaux et substantiels ouvrages ! Enfin des chansons[2] ! vous verrez qu'ils finiront par avoir du sens et du goût ! tout arrive ! Gaston, à la harpe ! Laigle, à la lessive !
À vous mille mercis !
Bien affectueusement de nous deux !

Louis Ferdinand

372. — À ROGER NIMIER[3]

Le 25/2 [1957]

Bien cher Ami !

Voulez-vous être assez aimable de dire à Gaston que j'ai mis ce matin même son chèque 500 sacs à l'encaissement[4].

1° il était temps !

2° je suis à la 1300ème page manuscrit[5], 50ème mouture ! je peux penser sans optimisme idiot que je parviendrai bientôt à la fin (environ 1 mois)

Cela nous fera un roman d'environ 500 pages[6], mais il ne l'aura que si

1° je reçois le contrat de l'édition de poche

2° 1 million 1/2 sur la table

---

1. Archives Nimier.
2. La N.R.F. commence la publication d'une *Histoire de France par les chansons* de Pierre Barbier et France Vernillat qui paraîtra en huit volumes jusqu'en 1961.
3. Archives Nimier.
4. Le chèque envoyé par Gaston Gallimard le 14 novembre 1956.
5. Un manuscrit, qui constitue probablement la version immédiatement antérieure du texte définitif, fait 1270 pages (« Pléiade », II, p. 1061).
6. L'édition originale aura en fait 316 pages.

3° la promesse écrite d'une édition dans la Pléiade (date à son choix)

4° l'engagement à me verser *100 000* francs par mois pendant cinq années à partir du 30 Avril 1957, à titre de réelle avance et option sur le prochain manuscrit (d'égale importance !)

Voilà ma confiance et mon amitié

À vous bien sincère.

Destouches

373. — À ROGER NIMIER [1]

26/2 [1957]

Cher Ami

Je ne veux pas vous ennuyer... mais il me semble que Gaston me mène en bateau avec son édition de poche dont je ne vois pas du tout venir le contrat... il ne verra pas lui, venir l'ours... il ne le verra jamais s'il continue, le foutriquet ! qu'il s'amuse, petit sadique !

Son enterrement qui m'intéresse, moi qui ne vais jamais nulle part, j'irai (si il ne pleut pas !)

Bien affectueusement de nous deux

LF

1. Archives Nimier.

374. — À ROGER NIMIER[1]

28/2 [1957]

Mon bien cher ami.

Vous aurez certainement la visite de Lucette, un mardi, son jour[2], elle viendra vous demander des livres ! une envie de romans chez ces dames ! bien louche !...

Je n'ai toujours rien reçu de la NRF. Oh ça peut venir ! grâce à vous !... sans vous ils seraient encore à en méditer dans un siècle !

Si Montherlant est si rouge ce doit être de honte d'avoir tant collaboré à la « Revue Franco Allemande »[3] et d'avoir, déveine, loupé le ballon ! d'où ces Cahiers si oiseux[4] ! l'« Inexpérience » !...

Votre bien admiratif

L Ferdinand

375. — À GASTON GALLIMARD[5]

1/3 [1957]

Cher Ami

Il se passe des choses étranges. Un contrat pour édition de poche de *M à Crédit* m'a été annoncé à plusieurs reprises par vos bureaux et rien ne m'est arrivé[6] ?

Un mot de vous, César en tout, fixera ce blabla, si votre Grâce veut bien donner un ordre.

Votre ami

LF D.

1. Archives Nimier.
2. Chaque mardi après-midi, Lucette Destouches partait faire des courses à Paris (Gibault, III, p. 271).
3. *Les Cahiers franco-allemands* auxquels Montherlant a surtout collaboré avant la guerre. Mais il participe encore au numéro de mai-juin 1940...
4. Gallimard vient de publier les *Carnets* (années 1930 à 1944) de Montherlant.
5. Archives Gallimard.
6. Le contrat pour cette édition date du 28 février. Il a dû se croiser avec sa lettre.

376. — À ROGER NIMIER[1]

Le 13/3/57

Mon cher Nimier

En véritable ami à vous toutes les corvées ! Voici l'ours très bientôt prêt ! Je dis prêt à être livré dans environ *8 jours*. Soit l'ultimatum est *à présent à poser*. Mes conditions oui ou zut ! à un autre !

1° 1 million et demi sur la table contre livraison de l'ours !

2° 100 mille francs par mois pour option et avances sur le prochain livre (qui est déjà en train)

3° la Pléiade.

Je pense que tout le ministère a depuis des années eu bien le temps de supputer cogiter et recogiter. Je ne les saisis point à la gorge !

Si oui, tout va, Canavaggia selon l'usage se mettre en relation avec M. Festy.

Si non, je n'aurai plus de nom, plus de contrat, et merde au Pape ! Mon style incomparable se chargera de tout !

Bien affectueusement à vous deux

Louis Ferdinand

1300 pages manuscrites (fines) soit environ 500 pages imprimées.

377. — À ROGER NIMIER[2]

13/3 [1957]

Je réfléchis encore, vous avez l'oreille de Gaston, la NNRF lui coûte 500 sacs par mois, et il pleure ! et diable en plus cette cacophagerie chante tous les auteurs étrangers Passos Joyce etc. tous ! sauf les

---

1. Archives Nimier.
2. Archives Nimier.

français ! et moi, jamais ! pour rien au monde ! ni vous ! il y a bien sûr de bonnes raisons, la fouettée Aury m'a expliqué : pudeur, modestie, élégance ! foutre qui va *même révéler nos noms* si cette NNRF les omet *expressément.* Tout simplement *idiot* et de mauvais, *très mauvais commerce.* Ce n'est pas le Figaro ou la Table ronde qui vont chanter nos génies... alors qui ?... La NNRF donne le prétexte aux étrangers (trop heureux !) à ne jamais parler de nos livres ! « Vous voyez les Gallimard eux-mêmes ne les mentionnent jamais ! » ah mais Rilke, Faulkner, Passos ! extases ! extases ! là Aury se donne et Paulhan ! voilà les genres reconnus par la NRF ! pour eux Gaston y va de ses 500 sacs par mois ! Quand je dis qu'il sabote ses auteurs je ne dis rien que d'évident ! aucune publicité et le silence absolu de son propre torchon ! Il fait ainsi plaisir j'admets à Marcel et Jean[1] dont les œuvres complètes en papier-cul trouveraient à peine amateurs dans les WC périphériques...

Votre bien amical

Ferdinand

378. — À ROGER NIMIER[2]

Le 14/3 [1957]

Ah mon cher Nimier que vous êtes amical et bien fraternel de tant vous soucier de ma miteuse histoire ! mais hélas il s'agit de défendre mon bœuf ou crever sous les rires de tous ces salauds qui m'ont fait tant de mal et réduit à la mendicité. Ils peuvent donc s'attendre à un pancrace à mort. Tout jusqu'au gniouf n'est que jeanfoutrerie, les choses sérieuses commencent au gniouf. Donc Larbaud ou sans Larbaud je *veux* la Pléiade[3]. Je veux 1 million et demi *sec* et 100 mille francs par mois

---

1. Il peut s'agir de Marcel Aymé, dont la N.R.F. a publié *Contes et nouvelles* et *Romans de la Province* en éditions reliées illustrées en 1953 et 1956, ou de Marcel Pagnol dont les *Œuvres dramatiques* sont parues de la même façon en 1954 ; pour Jean on peut penser à Genet dont les *Œuvres complètes* ont commencé à paraître en 1951 ou à Giono dont les *Romans* ont été publiés en édition reliée illustrée en 1954.
2. Archives Nimier.
3. Valery Larbaud vient de mourir. Ses *Œuvres* annoncées dans la « Pléiade » paraîtront en octobre.

pendant 5 *ans* moyennant quoi je leur donne à imprimer (sec aussi) le manuscrit terminé, *fin prêt*, ouvragé comme ces idiots n'en voient jamais ! eux qui n'impriment jamais que de vagues indices de romans, balbutiés par des gens qui ne sont pas « faits pour » ! d'où 400 millions de gaspillage par an ! le scandaleux velléitaire Gaston !

Tant que je possède la camelote je tiens le bon bout, après les goujats s'en donneront, tout le Sabbath des ratés !

Vous pensez bien, je connais trop ces bandits, que toutes mes mesures sont prises, je ne demande que du *très honnête, nullement onéreux, profitable à ces imbéciles commerçants*, s'ils chichitent, emportés par leurs couillonades, j'ai un autre navire *tout prêt*, faites leur bien savoir cher ami, et plus avantageux que leur rafiot barré par de tels crétins !... Procès mon cul, c'est moi qui attaquerai Gaston en diffamation, 25 millions de dommages ! Ce paltoquet doit avant de mourir apprendre à vivre !

Bien affectueusement de nous deux

Louis Ferdinand

379. — À GASTON GALLIMARD [1]

Le 14/3/57

Mon cher éditeur et Ami.

Le Sinaï est terminé, je suis prêt à vous le livrer. Mais vous connaissez mes conditions je vous les rabâche depuis des années. Nimier les connaît. Donnez-moi je vous prie votre réponse. Dans le cas où nous serions d'accord, donnez-moi un moment vers 11ʰ du matin, chez vous Rue Bottin, où je me rendrais en personne, avec le Sinaï, pour recevoir le chèque, et signer notre nouvel accord...

à partir de lundi prochain.

Avec tous mes respects

Destouches

1. Archives Gallimard.

380. — À ROGER NIMIER[1]

Le 17/3 [1957]

Bien cher Ami.

Ah, que je voudrais que notre Homme important Gaston s'épargne toute contrariété ! fragile comme il est !...

Valery Larbaud Pléiade ? Diable ceci me donne espoir ! il avait il paraît le bougre très solide fortune et Source à Vichy ? Enfin les artères de Gaston avant tout ! et ses 80 millions par an ! mon avis est là, pure dentelle, s'il tarde il va se le faire ravir ! tergiverse entre son « demeuré » fils, « demeuré » frère, demeurée morue, il va se réveiller tout navré, quinaud[2], ayant refait le coup du « Voyage », imperfectible Gaston !

À vous bien fraternellement

L Ferdinand

381. — À ROGER NIMIER[3]

20/3/57

Bien sûr cher ami si dévoué que je m'attends à ce que ces commerçants si hébétés qui foutent 400 millions par an à la Seine en pur enfantillage me chipotent infiniment sur des bouts de millions, et remportent victoire ! facile ! heureusement grâce à vous ils me laisseront quelques spaghettis et sardines ! Les gens ne m'étonneront jamais ! Si vous décrochez la Pléiade (et bien qu'ils y gagnent !) vous aurez accompli un exploit thibétain ! leur sottise a ces hauteurs !

---

1. Archives Nimier.
2. Confus, penaud.
3. Archives Nimier.

Il me tarde qu'ils se décident surtout parce que Miss Canavaggia donne des signes de grand épuisement, et menace d'aller récupérer au Diable Vauvert, Suisse ou Venise, et qu'il m'embêterait bien de ne pas l'avoir là, au moment des corrections, si les choses s'arrangent... on est content d'appartenir à cette espèce disparue de roture qui n'avait droit absolument à rien qu'à crever en travaillant et se taire. Moi qui ne me suis pas tu on me l'a fait bien voir ! et ce n'est pas fini ! Je me passionne entre 11^H et minuit sur votre Encyclopédie si pleine de magnifiques enseignements, si attentive à citer Camus, Sartre, Bernanos[1]... ah vraiment impeccablement ignorante du « Voyage » ! tous ces gens à pendre, bien entendu ! « pécheurs par omission » selon l'Évangile ! la plus lâche détestable espèce ! le ghetto de tartufes NRF hautement responsable ! en quelle caverne vous voici ! quel preux ! quel Siegried ! et que d'hydres !

Bien affectueusement

Destouches

382. — À LOUIS-FERDINAND CÉLINE[2]

Paris, le 20 Mars 1957

Docteur Destouches
25ter, Route des Gardes
Meudon (S.O.)

Cher Ami,

Vous m'écrivez uniquement par entêtement — Pourquoi ne voulez-vous pas réfléchir objectivement à ce que moi, je vous écris — N'ai-je pas cherché toujours à vous être agréable — Vous ne pouvez pas douter de

---

1. Les deux premiers volumes de l'*Histoire des littératures*, dirigée par Raymond Queneau, sont parus en 1956 dans l'« Encyclopédie de la Pléiade ». Ce sont probablement ces volumes pour lesquels Céline remerciait Nimier le 22 février.
2. Archives Gallimard. Double de lettre dactylographiée.

l'importance que j'ai toujours attachée à votre œuvre. N'ai-je pas comme vous le désiriez publié « LE VOYAGE AU BOUT DE LA NUIT » et « MORT À CRÉDIT » dans le livre de poche. Tous ici nous souhaitons que « LE VOYAGE AU BOUT DE LA NUIT » figure dans la Pléiade — Personnellement je considère que votre livre marque une date et qu'il est un véritable classique contemporain. Et ce ne sont pas là de bonnes paroles. Mais il y a une question d'opportunité à considérer : l'opportunité c'est que les livres se vendent. Quel intérêt pour vous à ce qu'ils se détériorent dans des casiers. Il se trouve que « NORMANCE » s'est mal vendu. Je n'ai pas signé un pacte avec Ben Gourion et Staline pour freiner cette vente. J'en ai supporté les conséquences comme vous.

Actuellement, je crois au contraire que votre prochain livre serait infiniment mieux accueilli. Cela ne pourrait que rapprocher votre publication dans la Pléiade, qui je vous le répète me paraît légitime et souhaitable.

Votre,

Gaston Gallimard

383. — À GASTON GALLIMARD[1]

21/3/57

Cher Ami

Votre lettre si confuse et si cachottière, vraiment blabla et NRF, demande à être déchiffrée, cliniquement.

Si je m'y retrouve je pense que vous voulez me dire

1° que vous ne me prenez pas dans votre Pléiade

2° que vous voulez bien de mon actuel manuscrit, mais sans rien plus m'avancer ?

---

1. Archives Gallimard.

Évidemment je vous demande de me confirmer ceci en style net, et non en « débile mental à débile mental » que [je] sache quel parti prendre, le manuscrit est là, je n'ai pas l'intention d'en faire des papillottes[1].

À vous amicalement

Destouches

384. — À ROGER NIMIER[2]

Le 29/3 [1957]

Bien cher Ami

Vous avez parfaitement raison et mille mercis il s'agit en effet de Noguères[3], qui a présidé la H^{te} Cour, crouni la vache ! Rectification sera faite[4]. Je me doutais aussi que nous avions quelques goûts communs avec Hirsch ! pardi, les Sciences ! Je lis avec ferveur votre splendide Encyclopédie ! Réjoui je suis d'y voir Tartre traité en continuateur de Shakespeare ! là vous prenez l'air de la NRF !

J'ai eu hier la visite de Michel, navré et heureux d'être sorti d'un vaseux pas[5]... Mais la Pléiade ? on ne m'en parle plus ? Gaston me pense-t-il oublieux ? Oh là ! tout le contraire du gaulois moyen ! moins on me parle de mes soucis plus ils se gravent ! s'incrustent ! « Ils promettent, ils rient, tout est dit ! » l'opinion de César ! le bougre ne me connaissait pas !

À bientôt lantigéneux pitchounne !

L Destouches

1. À la suite de cette lettre, Gaston Gallimard et Céline se mettent enfin d'accord ; Céline signe son contrat le 25 mars et remet probablement son manuscrit ce jour-là.
2. Archives Nimier.
3. Louis Noguères, député socialiste, président de 1945 à 1949 de la Haute Cour, qui jugea les personnalités politiques suspectes de collaboration.
4. Nimier a sans doute signalé une erreur de nom dans le manuscrit de Céline ; Louis Noguères apparaît dans le roman (« Pléiade », II, pp. 132 et 1099).
5. Probablement Michel Gallimard (1917-1960), fils de Raymond le frère de Gaston Gallimard. Entré aux Éditions en 1941, il s'occupe notamment de la « Pléiade » mais il a sans doute conseillé à Céline d'en reparler directement à son oncle.

385. — À ROGER NIMIER[1]

Le 30/3 [1957]

Cher Ami

Cailleux est médecin et écrivain[2]... voilà un homme qui ne compte-goutte pas son admiration ! il me voit *unica el mondo* ! ainsi me devrait recommander la NRF sur tous les flancs des autobus ! Mais Gaston est bien trop piètre commerçant ! aussi piteux qu'Hachette ! tous ravagés par le whisky et la quéquette !

Bien votre fidèle

LFD

386. — À ROGER NIMIER[3]

2/4 [1957]

Oh cher ami non ! fi de ce putanat ! je ferai les étiquettes ici mais je ne dédicacerai rien ! ces livres vont automatiquement aux revendeurs des boîtes !... au diable la Pléiade si elle s'obtient à tel honteux prix !

Canavaggia est revenue au Port Royal[4]... les jansénistes sont un peu là !

Bien votre ami

Louis

---

1. Archives Nimier.
2. Roland Cailleux a alors publié trois livres chez Gallimard.
3. Archives Nimier.
4. Marie Canavaggia habite square Port-Royal dans le 13e arrondissement.

387. — À ROGER NIMIER[1]

6/4 [1957]

Mon Dieu comme il aurait été plus simple de promulguer une loi
« N'auront droit d'écrire des livres que les écrivains de la Résistance »
Tout serait dit !
« N'auront droit de pratiquer la médecine que les youtrons »
et la France Dominion d'Israël... le vœu de tous les bons vroenzais... Que cela nous épargnerait de zizanies idiotes ! et de motif de cabotinages « pour » et « contre » ! fatigues ! en attendant que le foutriquet me glisse dans la Pléiade ou malheur à lui ! je m'éditerai en Israël rien que pour l'emmerder ! positif !
À vous deux bien affectueux

LF

388. — À ROGER NIMIER[2]

20/4/57

Mon jeune cher père Cognac[q] ami.

Vous n'avez pas deviné qu'Aragon venait avec ses troupes à l'assaut de la NRF pour arracher Mort à crédit et le traduire en russe comme il a traduit le Voyage... avant la téléguidée ! Paraz a bien raison, lui qui a déjà l'enfer au trouf, de se saouler comme un pape ! les trois sister Cana, Brontë comme jamais[3], sont allés chercher des bites en Engadine[4]... proutt ! des motifs !... « le voyageur est un diable » prétend Mahomet...

1. Archives Nimier.
2. Archives Nimier.
3. Les Canavaggia sont trois sœurs comme les sœurs Brontë.
4. Vallée suisse du canton des Grisons.

qu'est-ce que veulent les dames voyageuses ? diables et de ces polards ? j'espère que votre revue va consacrer un numéro spécial à l'accident Sagan[1]... excellente réclame pour Julliard... et psychanalyse, ivrogneries, troufignoleries, sublimeries, fouetteries à ravir tout l'état-major...

J'ai sonné les cloches à Gaston, ce matin, à propos de Pâques, pour mes cent sacs mensuels, que c'est pas une raison que je suis le seul à jamais jamais relaxer pour me faire sauter à la corde !

Le paltoquet m'a assez eu ! luxé de la Pléiade ! ma seule ambition et les palmes académiques ! nib ! sa grosse Maintenon suceuse en noir pavoise !

Je veux être parrain du 4ème ! Mme Gordon à mon bras !

Je rigole pas d'alcool moi ! J'ai le rire aux nouilles !

On vous embrasse bien

LFC

389. — À LOUIS-FERDINAND CÉLINE[2]

Paris, le 24 Avril 1957

Monsieur le Docteur Destouches
25ter, Route des Gardes
Meudon
(Seine & Oise)

Monsieur,

Nous vous adressons inclus un chèque barré sur la B.N.C.I. de CENT MILLE Francs (Frs 100.000.--) représentant votre mensualité d'Avril.

Les prochaines vous seront envoyées le dix de chaque mois.

Veuillez agréer, Monsieur, l'assurance de nos sentiments distingués.

Le Service des Comptes d'Auteurs.

P[aul] Gruault.

---

1. Le 14 avril, Françoise Sagan a eu un accident en Aston Martin près de Milly-la-Forêt, elle souffre d'un traumatisme crânien.
2. Archives Gallimard. Double de lettre dactylographiée.

390. — À ROGER NIMIER[1]

27/4 [1957]

Certainement cher Ami puisque vous me faites l'amitié de vous occuper d'un Château l'autre, à votre guise et zèle choisissez ce qui vous paraîtra propre à stimuler le zèle hargneux des gens de presse. Depuis que je les vois se ruer sur de tels navets je me dis que j'ai pour moi au moins la saveur d'être bien rebutant...

Donc pleins pouvoirs !

Je comprends le charme de ces vacances alsaciennes, comme la rue Gaston va vous paraître déprimante ! et tous ces manuscrits qui vous guettent ! vous veulent anéantir émasculer paulhanniser ! vous la faire gagner votre vie et vos savoureuses vacances ! manuscrits pervers mécaniquement !

Bien votre ami

Destouches

391. — À LOUIS-FERDINAND CÉLINE[2]

3 mai [1957]

Cher Céline.

J'ai appris que vous aviez remis un roman aux éd. Gallimard. Est-ce que vous accepteriez qu'il paraisse dans la revue, au moins en partie, en même temps qu'une étude sur votre œuvre ?

Je vous prie de croire à mon bien cordial souvenir

Marcel Arland

---

1. Archives Nimier.
2. Archives Gallimard.

392. — À ROGER NIMIER[1]

4/4 [*pour 4/5/1957*]

Cher Ami

Voici lettre Arland[2]. Je suis d'accord mais à condition, je lui écris, que le commentaire ne soit pas d'ordre péteux, honteux, horriblement gêné. Vous connaissez le genre ! Je lui dis de prendre à ce propos contact avec vous !

Je veux de l'encens à torrent ! des tonnerres d'Orgue[3] !

Votre bien ami

LFC

393. — À MARCEL ARLAND[4]

2/4[5] [*pour 4/5/1957*]

Certainement cher Ami et bien enchanté mais attendu que F. Sagan est reconnue par la presse mondiale du même calibre de génie que Rimbaud je voudrais bien que votre commentaire me situe une bonne fois pour toutes entre Rabelais et Dostoïevski *et très fermement* ! autrement j'y perds, et passe pour un péteux fourvoyé charitablement secouru. Une humiliation de plus !

Voulez-vous vous entendre à ce propos avec Nimier qui a bien voulu « cornaquer » d'Un Château l'autre.

Votre bien amical

Destouches

---

1. Archives Nimier.
2. Céline joint à sa lettre celle de Marcel Arland du 3 mai.
3. *La N.N.R.F.* publiera des bonnes feuilles de *D'un château l'autre* dans son numéro de juin avec un article sous forme de questions-réponses de Nimier : « Céline au catéchisme ».
4. Archives Arland.
5. Céline se trompe probablement de mois puisqu'il répond clairement à la proposition d'Arland du 3 mai.

394. — À ROGER NIMIER[1]

9/5 [1957]

Bien cher ami.

Le tout de bien faire avouer aux français si parfaitement asservis qu'ils ont honte, qu'ils hurlent d'horreur, d'avoir chez eux, des leurs, un soi-disant écrivain, qui ne soit pas plagiaire des russes, des yankees, anglais, botocudos, n'importe quoi ! mais foutre surtout pas françois ! Servilité, domesticité avant tout ! absolue ! le crime des crimes ! ou alors Delly, Sagan !... à la bonne heure ! rassurants ! rampants ! oh, tellement à se faire pardonner ! cette Europe dont les montres ne prenaient que l'heure d'ici ! hontes[2] !

Bien votre ami

LF

395. — À GASTON GALLIMARD[3]

Le 17/5/57

Cher Ami

Nous avons bien signé un contrat pour l'édition de *M à Crédit* en édition de poche[4]. J'en demande des nouvelles à votre « Fabrication » on y tombe de la Lune ! on se téléphonouille de dames en demoiselles et à Hachette et patati... mais au total on ne sait rien ! Il me serait bien agréable d'obtenir une petite précision...

---

1. Archives Nimier.
2. Nimier est probablement en train d'écrire le prière d'insérer de *D'un château l'autre* et il soumet ses idées à Céline. Il présentera l'auteur comme l'initiateur de tous les romanciers contemporains.
3. Archives Gallimard.
4. Gaston Gallimard a simplement annoncé à Céline que cette édition se ferait mais le contrat ne sera signé que le 21 mars 1958 au moment de la sortie du livre.

Un mot à vos tant de secrétaires ! SVP !
Vous êtes d'un temps où se fredonnait encore l'opérette !

> *Le vrai seigneur châtelain*
> *Laisse écrire le vilain*
> *Sa main digne quand il signe*
> *Égratigne le vélin*

Égratignez ! Égratignez !
Un vilain

LF Destouches

396. — À LOUIS-FERDINAND CÉLINE[1]

Paris, le 21 Mai 1957

Docteur Destouches
25ter, Route des Gardes
Meudon (S. et O.)

Cher Ami,

Comme je vous l'ai écrit déjà, les droits afférents à l'édition de « MORT À CRÉDIT » dans le livre de poche sont payables au moment de la mise en vente, c'est-à-dire en 1958.

Cette collection publie les ouvrages de tous les éditeurs — et c'est HACHETTE qui en établit le programme. Dès que je serai fixé, je ne manquerai pas de vous prévenir.

Votre,

Gaston Gallimard

---

1. Archives Gallimard. Double de lettre dactylographiée.

397. — À GASTON GALLIMARD[1]

Le 25/5/57

Mon cher et vénérable ami

Vous ne m'avez jamais accusé réception (remercier il n'était pas question !) d'un disque (Voyage et M à Crédit) que je vous ai fait parvenir il y a environ six mois[2]. Or, il se trouve que je n'ai plus un seul exemplaire de ce disque, (épuisé) et que Nimier le voudrait bien avoir pour la publicité d'un « Château l'autre »... S'il se pouvait que vous retrouviez trace dans quelque WC de ce malheureux cadeau vous aurez peut[-être] la bonté de le passer (avec des pincettes) à Nimier pour son usage publicitaire, et le plus grand soin de la NRF.

À vous

LF Destouches

398. — À LOUIS-FERDINAND CÉLINE[3]

Paris, le 28 Mai 1957

Docteur Destouches
25ter, Route des Gardes
Meudon (S. et O.)

Cher Ami,

Le disque que vous m'avez envoyé ne m'a jamais été remis, sinon je vous en aurais accusé réception, et même remercié — Je regrette de ne pas l'avoir — Je vais le faire rechercher dans la maison — et si je le retrouve, je vous préviendrai aussitôt.

Bien amicalement,

Gaston Gallimard

---

1. Archives Gallimard.
2. Voir note 4, p. 315, et lettre à Marcel Arland du 25 août 1956.
3. Archives Gallimard. Double de lettre dactylographiée.

399. — À ROGER NIMIER[1]

1/6 [1957]

Mon cher ami

Je vous vois en belluaire, joliment habile à me rabattre tous ces chacals joliment prêts depuis 3 décades à me déchirer décerveler etc... Ceux de L'Express particulièrement charogniers, eh diable ! que foutre ! menez-les moi qu'ils me voient aimables comme je les vois rire, hyéneux[2]... Il ne vous manque que le dolman à brandebourgs[3] et le trident, pour me sembler vraiment magnifique... Place au Cirque !... il ne m'étonne pas que toutes ne parlent que de vous !... déjà à Rome !...

Votre ami, dans l'Arène !

LFC

400. — À LOUIS-FERDINAND CÉLINE[4]

Paris le 24 juin 57

Monsieur Destouches
25ter, Route des Gardes
Meudon

Mon cher Louis,

Voici une lettre pour vous et aussi une carte de Simenon[5], qui a été ouverte par erreur.

On ne parle que « D'Un Château l'autre », à Paris.

À bientôt.

Roger Nimier

1. Archives Nimier.
2. Céline va donner une interview à Madeleine Chapsal de *L'Express* qui paraîtra le 14 juin et sera déterminante pour le lancement du livre.
3. Veste que portaient les hussards et les chasseurs à cheval.
4. Archives Gallimard. Double de lettre dactylographiée.
5. Non retrouvée.

401. — À UNE EMPLOYÉE DE LA N.R.F.[1]

27 Juin 57

Chère Madame

Voici les étiquettes et adresses dont nous avons parlé au téléphone. Lorsque Nimier aura l'amabilité de venir me voir qu'il m'apporte s'il se peut ! une dizaine de « Château ».

Bien respectueusement votre

Destouches

402. — À LOUIS-FERDINAND CÉLINE[2]

Paris le 4 juillet 57

Docteur Destouches
25ter, Route des Gardes
Meudon

Mon cher Louis,

Pas de voiture et beaucoup de travail, me gardent chez Gallimard.

Voici les trois articles les plus intéressants jusqu'ici et vous voudrez bien me les rendre pour nos dossiers[3].

Pouvez-vous écrire à ces critiques aux adresses suivantes : Kleber-Haedens — Paris-Presse, 100, rue Réaumur. Paris. Pascal Pia — Carrefour — 114, Champs-Élysées, Paris. Guillaume Hanoteau — Match — 41, rue Pierre-Charron Paris.

   1. Archives Gallimard.
   2. Archives Gallimard. Double de lettre dactylographiée.
   3. Nimier envoie les articles de Kléber Haedens, « Céline parmi nous », *Paris-presse*, 29 juin 1957 ; Pascal Pia, « Une Certaine petite musique », *Carrefour*, 26 juin 1957 ; et Guillaume Hanoteau, « Céline sort du silence pour raconter Sigmaringen », *Paris-match*, 22 juin 1957.

Vous pourriez également dire un mot gentil à André Parinaud, rédacteur en chef de « ARTS » (140, Fbg. ST. Honoré) qui a été extrêmement amical et efficace[1].

Je demande que l'on vous envoie les 10 ex. que vous demandez. Nous vous avons rapporté de Suisse des allumettes de salon indispensables dans un château littéraire comme le vôtre[2].

Croyez, mon cher Louis, à toute mon amitié.

Roger Nimier

403. — À ROGER NIMIER[3]

6 Juillet [1957]

Mon cher Roger

J'ai déjà et par lettre remercié très chaleureusement ces divers chroniqueurs admirables. Je vais écrire très gentiment à Parinaud.

Le seul que je traite comme pas un (il en faut un !) c'est Rivarol ! et dans un article *gratuit* que j'ai chargé Poulet de leur faire insérer[4].

Nous passons par un moment pré-atomique, dangereux horriblement il est, et de travailler, et de se promener, et de manger et de boire... repos total au bord de la mer, estivation, en attendant l'hibernation dès Octobre...

Il faudra un peu parler de vous...

Affectueusement

LF

1. André Parinaud a publié une interview de Céline dans le numéro des 19-25 juin de *Arts*.
2. Nimier a fait un séjour chez Paul Morand au château de l'Aile sur la rive du lac Léman.
3. Archives Nimier.
4. Céline a transmis au critique Robert Poulet un article polémique « Vive l'amnistie, Monsieur ! » qui sera publié dans *Rivarol* du 11 juillet.

404. — À ROGER NIMIER[1]

Le 8 Juill[et 1957]

Mon cher Roger

Il est temps, que Gaston y songe, d'établir un service d'estafettes entre la NRF et Meudon, par gardes municipaux à cheval, par exemple, ainsi qu'autrefois la « navette » que j'admirais entre la Chambre et le Sénat... plus haut encore et plus près entre le Duc de Bassano, dont la maison jouxte la mienne[2], et le Louvre, par hussards de la garde, et par l'allée même que vous empruntez, quand vous venez au début des saisons, me voir...

Cette synagogue Radio Paris me semble bien fort bouder[3]... Après l'Express pourtant, il me semble qu'un quelconque Lévy pourrait se risquer, Marie Bell[4] venue me voir hier, était elle-même étonnée... Souvenons-nous de *Garap*[5], et ses autobus...

Irais à 50 000 par minauderies ? Je sors du cimetière, je piaffe ! on va m'y refourrer bientôt !

Bien affectueusement de nous deux

Ferdinand

---

1. Archives Nimier.
2. La maison de Céline à Meudon fait partie d'un ensemble de quatre pavillons semblables bâtis en même temps que celui du duc de Bassano, secrétaire de Napoléon.
3. La Radio-Suisse-Romande a réalisé une interview qui est diffusée ce même jour. Pierre Dumayet diffusera une interview télévisée de Céline dans « Lectures pour tous » sur la 1re chaîne le 17 juillet.
4. Jeanne Belon, dite Marie Bell (1900-1985). Céline avait fait la connaissance de la comédienne lorsqu'il fréquenta les milieux artistiques avant la guerre. Il resta en contact épistolaire avec elle pendant son exil et elle revint le voir à Meudon peu après son retour.
5. Slogan, vide de sens, utilisé lors d'une importante campagne dans la presse (du 14 au 24 octobre 1954) et visant à démontrer l'efficacité potentielle de la publicité.

405. — À ROGER NIMIER[1]

8/7 [1957]

Cher Roger

Ce preste de Gaston a encore lésiné ! aucune estafette à ma porte ce matin ! force m'est donc d'avoir recours à la poste pour vous mander de bien vouloir (culot de moi !) vous demander de faire envoyer un livre à ce confrère Hashagen[2] très chaud partisan depuis toujours !

———

Je suis très embarrassé du cas Stephen Hecquet[3] de *Combat* je crois... on me dit très grand bien de sa critique ! l'ai-je lue ? où lui témoigner ma gratitude ?... et de *M. Didier*[4] aussi... qui est-il où écrit-il ?
Vous me voyez confondu cher Roger d'encombrer votre courrier de toutes mes futilités et ergoteries, ramollissement n'excuse pas tout !... ni les chaleurs... ni les tonnerres !...
Votre bien affectueux

Ferd

406. — À ROGER NIMIER[5]

Le 9 [juillet 1957]

Mon cher Roger

Mais bien sûr que suis prêt à me livrer à Parinaud[6] ! et dans la joie ! qu'il ait la bonté de me venir ouïr avec son magnétophone ! Pardi !

---

1. Archives Gallimard.
2. Probablement un médecin.
3. Stephen Hecquet (1919-1960), avocat et journaliste, ami de Roger Nimier.
4. Probablement un critique.
5. Archives Nimier.
6. Il est possible que Parinaud ait pensé refaire une interview de Céline devant la polémique qu'ont suscitées les deux entretiens de *L'Express* et de *Arts*.

Triste nouvelle que cette diminution des ventes[1]. De tels avatars sont irréparables hélas dans notre sinistre commerce de « rêvasseurs galériens »... qu'un nuage passe et fini de nous !

Je vais avoir besoin de Mauriac pour l'Amnistie mon dada[2]... Lisez Rivarol...

Ne faites pas un autre enfant avant de venir me voir, s'il vous plaît !

Charognes que ces Radio Paris ils ont tort d'être si têtus, ils pourraient le regretter un jour... Nous ne sommes pas au Kremlin mais quand même... En tout cas Arland y règne dans cette hargneuse synagogue je l'y entendais hier soir... bravissimo !

À vous Cognac[q] et Madame Lafayette !

Louis

407. — À ROGER NIMIER[3]

Le 10 / Juillet [1957]

Mon cher Roger

À 16 Heures ce tantôt je suis télévisé Rue Cognac[q] Jay[4]. Sans doute cette gloire vous est due ! Mille reconnaissances ! Un emm... Festy est parti en vacances et mes livres manquent aux libraires à travers la France ! je le sais. On me les demande ! Cette foutue barraque NRF n'est jamais au combat ! toujours je ne sais où en train de se les rouler ! qu'aller demander à ces onanistes !

N'attrapez pas vous la maladie ! ma fortune combien branlante ne s'en relèverait plus !

Bien affectueusement

LFd

---

1. Après un bon départ, les ventes du livre ont commencé à diminuer ; un an après la publication, il en aura été vendu près de 23 000 exemplaires ce qui est peu par rapport à l'accueil de la critique.
2. Dès la fin de la guerre, François Mauriac s'est prononcé pour la clémence dans les procès d'épuration ; son intervention pour tenter de faire gracier Brasillach en fut le premier exemple.
3. Archives Nimier.
4. « Lectures pour tous » était enregistré à l'avance.

408. — À LOUIS-FERDINAND CÉLINE[1]

Paris le 11 juillet 57

Docteur Destouches
25ter, Route des Gardes
Meudon

Mon cher Louis,

Je suis fâché de ne pas avoir assisté à l'émission de télévision. Je vais m'occuper des « Entretiens », à la Radio.

Si la vente baisse, c'est parce que vous donnez tous vos livres aux personnes qui vous les demandent.

Heureusement il se présente de nouveaux acheteurs.

Je pense venir vous voir samedi, car nous avons plusieurs questions à régler.

Je crois que Gaston est un peu triste de ne plus recevoir d'insulte.

Songez-y.

Affectueusement.

Roger Nimier

P.S. Il ne faut pas croire les libraires qui disent : « j'ai plusieurs commandes et je n'ai pas de livre ». Ils ont autant de livres qu'ils veulent, s'ils les commandent, ce qu'ils ne font pas la plupart du temps.

Dieu sait qu'Hachette et Gallimard ne sont pas des éditeurs parfaits, mais les libraires sont encore plus paresseux : « D'un château l'autre » ne manque pas et s'il faut le réimprimer pendant le mois d'août nous pourrons le faire. L'absence de Festy ne sera pas gênante.

1. Archives Gallimard. Double de lettre dactylographiée.

409. — À ROGER NIMIER[1]

Le 12 [juillet 1957]

Mon cher Roger

Une lettre, bien d'autres ! où on me raconte que mes livres sont introuvables !... pardi ! les libraires sont ce qu'ils sont ! Hachette est pire ! le merlan frit n'existe que pour mémoire !... En quelle désastreuse boutique me suis-je empêtré ! Si vous n'étiez là, j'en serais à m'impatienter... perdre la mesure ! convenable !

Votre

Ferd

410. — À LOUIS-FERDINAND CÉLINE[2]

Paris le 16 juillet 1957

Docteur Destouches
25ter Route des Gardes
Meudon

Mon cher Louis,

Voici quelques livres et lettres qui sont arrivés pour vous.
Même le rideau de fer est franchi !
Croyez, mon cher Louis, à mes sentiments affectueux.

Roger Nimier

---

1. Archives Gallimard.
2. Archives Gallimard. Double de lettre dactylographiée.

411. – À ROGER NIMIER[1]

17 [juillet 1957]

Oh que cela est magnifique ! Quelle résurrection ! grâce à vous ! mais quelle chétivité à côté de Sagan, Drouet[2], Delly, cent autres ! toutes les mercières en témoigneront ! nous qui nous singularisons n'avons (sauf énorme fortune) droit qu'à la hache !
 et en attendant : ramer pour Achille !
 Bien affectueusement à vous deux

Louis

412. – À ROGER NIMIER[3]

Le 19 [juillet 1957]

Mon cher Roger

Les juifs et leurs jérémiades m'emm... s'ils n'avaient pas fait déclarer la guerre par la France, ils n'auraient jamais connu Buchenwald et le reste... il leur suffisait de prendre au sérieux mes conseils et Bagatelles... leurs larbins goïes pleurent ici maintenant comme dix de peur de pas être dans la note... ils me rappellent 1900 les zélateurs d'alors « je suis dreyfusard moi, monsieur ! » Tous du Grévin ! On se comprend mieux avec Tel Aviv ceux-là ne se croient pas obligés de pousser des cris et prendre des poses !
 Enfin l'essentiel que ça se vende ! haricots ! haricots !
 Bien tendrement !

Ferd

1. Archives Nimier.
2. Après Sagan, René Julliard publia les poèmes d'une petite fille de huit ans, Minou Drouet ; l'affaire fit grand bruit dans les milieux littéraires.
3. Archives Nimier.

413. — À ROGER NIMIER[1]

Le 30 Juillet [1957]

Mon cher Roger

À l'exclamation conne !
— Ah ces trois points !
— C'est un impressionniste pointilliste comme Seurat ! et regardez ce que ça vaut un Seurat !
réponse du con
— Vous croyez ?
Bien affectueusement

LFC

414. — À LOUIS-FERDINAND CÉLINE[2]

Paris le 30 Juillet 57

Docteur Destouches
25ter Route des Gardes
Meudon

Mon cher Louis,

Voici 3 exemplaires de « L'Église »[3]. Ça m'a l'air mieux que vous ne pensiez. Au fond vous devriez, peut-être, écrire une autre pièce de théâtre, ou revoir celle-là.
À bientôt.

Roger Nimier

P.S. Les auteurs célèbres, aujourd'hui, sont les auteurs de théâtre : Montherlant, Camus, cette grosse vache de Marcel[4], Anouilh, etc.
Les prosateurs ne sont lus que par des vicieux.

1. Archives Nimier.
2. Archives Gallimard. Double de lettre dactylographiée.
3. Publié chez Denoël et Steele en 1933, *L'Église* a été réédité par Gallimard en 1952.
4. Marcel Aymé.

415. – À ROGER NIMIER[1]

31/7 [1957]

Mon cher Roger

En gros, les êtres humains se divisent en 2 sectes, 1° les voyeurs et 2° les exhibitionnistes, tout aussi fumiers les uns que les autres ! mais il se trouve que je suis des « voyeurs total » pas du tout du tout exhibitionniste. J'ai l'horreur absolue d'être vu ! Ou pour être « de théâtre » : auteur ou acteur, il faut être « de théâtre ». Tous les charmants auteurs que vous me citez sont des êtres, à la fibre, « de théâtre », comme des femmes, qui vous le savez, sont toutes exhibitionnistes... essentiellement...

Ce don de « paraître » m'a été absolument refusé, je ne me trouve à mon aise que dans l'archi-arrière coulisse, à tout entendre, tout voir, ne jamais jamais parler. Cafard, cloporte, scolopendre...

Mais combien ?
Bien affectueusement

LFC

416. – À ROGER NIMIER[2]

3/8 [1957]

Cher Roger

On ne sait jamais rien par la NRF, c'est entendu ! heureusement j'ai ma gestapo personnelle, elle m'apprend que je figure au supplément du petit Larousse depuis un an ! dont acte ! je rugis d'orgueil ! mais je rugirais bien plus fort si quelque ectoplasme de comptable m'apprenait que mes livres se vendent ! or les ectoplasmes NRF sont en croisière

---

1. Archives Nimier.
2. Archives Nimier.

entre Cannes et les Hébrides et les tasses Raspail ! alors ! le merlan frit libidineux doit s'apprêter à monter ses prix ! qu'il inflate ! il ne cessera de m'écœurer, qu'au moment...

Votre fidèle

Louis

417. — À ROGER NIMIER[1]

Dimanche [4 août 1957]

Mon cher Roger

J'ose tout ! et vous demander de faire envoyer à ce belge[2] : mon dernier chef-d'œuvre ! il en veut pour sa revue graphologiste. Tous les vices ont leurs places !

Bien affectueusement

Ferd

418. — À ROGER NIMIER[3]

7 Août [1957]

Bien cher Roger

Au diable le coma ! l'angine ! la peste ! à nos mesquines affaires ! Je trouve dans le *monde* d'hier soir une magnifique publicité NRF pour le livre (cette crotte) de mon assassin Vailland[4] ! fort bien ! Je le trouve déjà dans chaque vitrine à côté de moi exposé... vicieusement ! parfait ! mais

---

1. Archives Nimier.
2. Céline joint probablement à sa lettre une demande de service de presse d'un journaliste qui n'a pas été conservée.
3. Archives Nimier.
4. Voir page 276. Gallimard vient de publier *La Loi* de Roger Vailland. Céline écrit parfois correctement le nom de Vailland, parfois avec un t, dans ce cas nous avons rectifié.

Nous avons choisi un mode de lancement chez les libraires, plus onéreux, mais qui sera sans doute plus efficace.

2°/ Cette publicité Vailland paraît, de toutes façons, à un très mauvais moment et me semble une erreur.

J'ai lu de plus près l'interwiev de « C'est à dire ». Je crains que personne n'y comprenne rien, à l'exception de cinq initiés. En particulier, Paraz déraille complètement en pensant que « L'Express » allait donner de l'argent. D'une part, il n'en a pas proposé, sachant bien le lancement qu'il procurait au livre. D'autre part, ils ont fait dans « Le Monde », précisément, une très grande publicité sur vous, avec votre photographie en prophète[1]. Mais là-dessus, les gens feraient mieux de s'adresser à moi plutôt que de vous ennuyer ou de raconter n'importe quoi.

Ceci entendu, Paraz est très gentil, et comme il a dû recevoir, au total, 3 ou 4 exemplaires de votre livre, je pense qu'il l'a lu et qu'il l'a aimé.

Je vous fais renvoyer votre serviette, que j'espérais secrètement conserver pour le musée Céline, que je suis en train de constituer. Mais je vois que vous en avez besoin pour transporter vos Shell et vos Royal-Dutch.

À très bientôt.

Roger Nimier

420. — À ROGER NIMIER[2]

Le 11 [août 1957]

Mon cher Roger

Vous le savez, ce sont les éléphants d'Annibal qui emportèrent tant de victoires ! ce sont les autobus qui firent triompher Garap ! tout le

---

1. Pour annoncer l'interview de Céline dans *L'Express*, l'hebdomadaire avait passé une publicité dans *Le Monde* du 13 juin.
2. Archives Nimier.

reste est chichis, niaises économies ! donnez moi des autobus je v[ou]s rachète Hachette !

Quant au Vailland, pour la drôlerie, il s'agit seulement de savoir si le vôtre est bien le même que celui qui regrettait dans la « Tribune des nations », je l'ai lu, noir sur blanc, de ne m'avoir point fusillé, dans mon escalier, Rue Girardon... Vous devez avoir moyen de le lui demander... qu'il nous fasse rire, et qu'il vienne me finir ! bordel sang ! si c'est lui !

Votre

Ferd

421. – À ROGER NIMIER[1]

Le 21 [août 1957]

Mon cher Roger

Laissons se pendre cet assassin ! ils sont trop ! et je suis trop vieux et fatigué pour m'occuper d'un foutriquet de plus ! au diable ! et trop de boulot pour perdre une seconde sur cette Tribune ou Couronne des nations ! c'est bien lui, soyez assuré ! Ce genre de rôder autour de la victime...

———

Le ministère Gaston ne donne plus signe d'un pet de vie... La jeune fille qui vous remplace répond, bien gentille, n'importe quoi.

———

Je suis assez vieux pour avoir connu les nourrices, encore habillées convenablement, avec les rubans, et le troufion sur le même banc, rêveur... aux Champs-Élysées, à votre porte... à choisir Roger ! troufion, nichons, nourrissons... il faut savoir revenir de vacances... entendre tous les autres raconter tout ce qu'ils ont bu, bouffé, roulé... je ne reçois personne, tant de digestions !

On vous embrasse

Louis

1. Archives Nimier.

422. — À ROGER NIMIER[1]

26/ [août 1957]

Mon cher Ami

Je m'excuse bien d'être pendu à votre téléphone mais soyez persuadé que c'est par amitié et nécessité. 1° Il me serait bien agréable de savoir si mes livres se vendent ? Curiosité scandaleuse ? 2° Serait-il possible de me faire envoyer mille feuilles de ce modèle ? pour mon labeur et la gloire de votre ministère !

À vous, le plus discret et reconnaissant des amis !

Destouches

423. — À LOUIS-FERDINAND CÉLINE[2]

Paris le 26 Août 57

Docteur Destouches
25ter Route des Gardes
Meudon

Mon cher Louis,

C'est moi qui vous abandonne parce que je passe mon temps à accoucher Nadine[3]. Il semble, cependant, que les choses se précipitent et qu'un pas de plus sera fait vers la bienheureuse retraite, plus parties de cartes, plus bistrot, etc.

Non, on ne vend pas beaucoup de livres en ce moment, mais il paraît que c'est l'habitude.

1. Archives Nimier.
2. Archives Gallimard. Double de lettre dactylographiée.
3. Le jour même Nadine Nimier met au monde une fille, Marie.

Le 1ᵉʳ septembre sera donc intéressant.

À bientôt, mon cher Louis,

Roger Nimier

P.S. J'ai vu Jacques Perret ce matin, il m'a chargé de vous transmettre toute son amitié.

424. — À LOUIS-FERDINAND CÉLINE[1]

Paris le 27 Août 57

Docteur Destouches
25ᵗᵉʳ Route des Gardes
Meudon

Mon cher Louis,

À peine vous avais-je écrit que la vente remontait. Nous procéderons certainement à une nouvelle réimpression au début Septembre[2].

Dites-moi si ce genre de feuille vous convient, ou s'il faut vous trouver du papier jaune ?

C'est moi qui m'excuse d'avoir un peu négligé Gallimard House ces jours-ci, pour m'occuper de ma descendance. Mais, en somme, je n'ai pas trop souffert et j'ai supporté la naissance d'une fille avec la sérénité d'un vrai militaire.

À très bientôt.

Roger Nimier

---

1. Archives Gallimard. Double de lettre dactylographiée.
2. Ce sera la seconde, le livre avait en effet été réimprimé en juillet.

425. — À ROGER NIMIER[1]

Le 29 [août 1957]

Cher Roger

Cette petite adorable innocente sauvera sa famille de la misère (et par conséquent, du déshonneur). Tant mieux que ces foutus tirages remontent ! vous qui faites du cinéma devriez tourner un Voyage où vous vous tailleriez une part de lion ! songez à votre famille !

Pour le papier, celui-ci même me contente, si vous avez la bonne grâce d'en parler [à] Festy qui me l'avait procuré.

Songez qu'un peu d'alcoolisme, dit familial, remplace très bien les bars mondains, antres à vice. Un solide grog « chez soi » vaut dix portos aux terrasses.

Tous nos vœux baisers humides, à vous deux

LF

Voici que mon assassin fait « tourner » son navet[2]... ! l'implacable destin ! mes assassins réussissent tout ! toujours !

---

1. Archives Nimier.
2. Une adaptation cinématographique de *La Loi* allait être réalisée par Jules Dassin avec Gina Lollobrigida et Marcello Mastroianni.

426. — À LOUIS-FERDINAND CÉLINE[1]

Paris le 29 Août 57

Docteur Destouches
25ter Route des Gardes
Meudon

    Mon cher Louis,

    Chiffres de vente pour la période du 19 au 23 août :
Marcel Aymé : « Les Oiseaux de lune » — 10
Simone de Beauvoir : « La longue marche » — 157
Jacques Perret : « Rôle de plaisance » — 329
Louis-Napoléon Céline : « D'un Château l'autre » — 1.090

    J'ai découvert qu'il y avait eu 402 impératrices et 13 reines, portant le prénom de Marie. C'est bien satisfaisant et je compte donner celle-ci à épouser le prochain Roi de France.

    Beau-papa d'un roi, c'est une bonne situation.

    Vous serez connétable.

    Nadine me charge de vous embrasser ainsi que Roussette. J'y joins quelques rapides bécots pour Balou[2].

                                       Roger Nimier

P.S. J'aimerais que nous parlions du petit carnet, de cuirassier, qu'un monsieur veut vous remettre[3].

---

  1. Archives Gallimard. Double de lettre dactylographiée.
  2. Céline a toujours eu en même temps plusieurs chiens et chats.
  3. Céline a raconté en 1913, quelques mois après son incorporation, son expérience de la vie de caserne. Il avait confié son carnet au cuirassier Langlet qui, après la guerre, oublia complètement son existence jusqu'à la publication de *D'un château l'autre* où il fit le rapprochement entre Céline et Louis-Ferdinand Destouches. Il confia alors le carnet au directeur du journal *Le Havre* qui le remit à Céline. Il fut publié sous le nom de *Carnet du cuirassier Destouches* dans le *Cahier de l'Herne*, n° 5, consacré à Céline en 1965, puis repris avec *Casse-pipe* chez Gallimard en 1970.

427. — À ROGER NIMIER[1]

Le 1 Sept[embre 1957]

Oui ! oui ! oui ! parfaitement ! « Marie pleine de grâce »... Qui trouve à dire ?

———

Toujours bien têtu, je pense à la Pléiade, et que c'est vachement le moment !

———

Tous nos baisers !

Louis Ferd
Lucette

428. — À ROGER NIMIER[2]

Le 6 [septembre 1957]

Mon cher Roger

Mille mercis affectueux pour votre bonne lettre. Les chiffres sont impitoyables et sérieux, ils m'annoncent un ramolissement des ventes... on ne réimprime pas ! Je ne rejoindrai jamais Françoise[3] ni mon assassin ! petite saloperie, en sus, m'assure-t-on...

Aucune nouvelle de Parinaud il me déserte aussi ? Je lui ai pourtant obéi dans *Arts*, déconné sur Françoise...

Que tienne le moral, tout est là ! Je suis fin prêt pour votre quatrième ! Nadine aussi j'espère ! Nous irons tous cultiver les choux en

1. Archives Nimier.
2. Archives Nimier.
3. Sagan dont le troisième roman, *Dans un mois, dans un an*, est publié pour la rentrée littéraire.

Normandie dans une ferme abandonnée, avec votre main d'œuvre !
Tous les espoirs nous sont permis !

    Bien affectueusement

Louis

429. — À ROGER NIMIER[1]

Le 10 Sept[embre 1957]

Mon cher Roger

    Il a fallu Philippe le Bel pour se tirer des Templiers... et par quels moyens ! les Templiers sont revenus... dix mille fois plus forts ! il s'agit d'un Ordre, ni d'une race, ni d'une Ethnie ! d'un formidable Profitarcat ! bien prosaïque, bien pratique, cartésien, alcoolique, con, et follement jouisseur...

    Allons-y pour Parinaud et les émissions « honteuses... » Radio-Intouchables... nous en sommes ! le tout que Gaston trouve son compte, et son intéressante famille...

    Oh la ferme en Normandie n'est pas à rire ! vous penserez à moi et mes billevesées un moment venu ! too late ! les Champs-Élysées seront à défricher... beaucoup trop radio actifs...

    Votre vieil honni !

Ferd

---

1. Archives Nimier.

430. — À ROGER NIMIER[1]

Le 10 [septembre 1957]

Mon cher Roger

Mais c'est tout simple ! cent personnes vous diront si ce Vailland est communiste... s'il collaborait à la Tribune ou Couronne des Nations... Sans compter que c'est un bigre d'atout dans son jeu pour le Goncourt si les membres savent bien que c'est lui[2] ! Je sais en tous les cas que Mac Orlan a reçu une lettre de Lecache[3] où il était mis en garde contre D'un Château... réveil de l'antisémitisme ! pas l'avis de Rivarol !... le tout est d'arriver à Shakespeare... « un conte idiot, bafouillé par un ivrogne, et qui n'a pas de sens » pardi !

Honte des hontes !

Ferd

431. — À ROGER NIMIER[4]

Le 13/Sept[embre 1957]

Mon cher Roger

La NRF me semble aux mains de jeunes filles entièrement crétines dont il est bien vain de tenter d'obtenir le moindre atome de renseignement. J'ose donc vous interviouwer pour autant que vous existiez encore, non dilué par tant d'évanescences... Qu'advient-il de mon ours ? si la NRF sait encore qu'il a existé ! douteux ! douteux !... bien douteux aussi flûte que je m'aventure au prochain, en tels parages fantômatiques... mais que je voudrais de tels épiciers, sublunaires ! vous aussi sans doute, frivoles, incertains, tant de charmants caprices !... des amours !

Irréellement votre

L Ferd

1. Archives Nimier.
2. Le livre de Vailland est favori au Goncourt.
3. Voir note 3, p. 238.
4. Archives Nimier.

432. — À ROGER NIMIER[1]

Le 17 [septembre 1957]

Mon cher Roger

Aux bonnes sources, renseignements pris, votre Vailland est parfaitement mon assassin... donc toutes les chances au Goncourt ! vous pouvez y aller ! je lui donne même un mot pour sa bande : Feu !
On s'embrasse !

L F

433. — À LOUIS-FERDINAND CÉLINE[2]

Paris le 17 Septembre 57

Docteur Destouches
25ter, Route des Gardes
Meudon

Mon cher Louis,
La N.R.F. n'est pas aux mains des jeunes filles en fleur.
Je ne vous envoie pas tous les jours le chiffre des ventes, mais si vous le désirez c'est facile.
Votre livre est en vitrine dans toutes les librairies de France. Je m'en préoccupe, quant à moi pour Paris. Nous avons eu, d'autre part, un très bon soutien de presse. Nous n'avons pas eu la Radio, contrairement à ce que j'espérais. Jugeant les choses à distance, je découvre que j'aurais pu faire pour les journaux un certain nombre de choses que je n'ai pas faites ; mais considérant les choses comme elles sont, j'estime que la N.R.F. a été pour ce livre une bonne maison d'édition.

---

1. Archives Nimier.
2. Archives Gallimard. Double de lettre dactylographiée.

Quand je vous envoie des tirages comparés, c'est pour vous montrer que les livres se vendent comme ils peuvent, c'est à dire, quand les Français veulent bien les acheter.

Je ne pense pas pour autant, que la vente « D'un château l'autre » soit terminée, et c'est ce que me dit aussi Mr. Caen[1] qui s'occupe ici des libraires et des courtiers.

Enfin, si je ne viens pas vous voir plus souvent, c'est parce que vous m'avez transformé en père de famille, ce qui n'est pas une sinécure au niveau de deux enfants. Nous en reparlerons au chiffre de cinq.

Croyez, mon cher Louis, à mes sentiments les plus affectueux.

Roger Nimier

434. — À ROGER NIMIER[2]

17/Sept[embre 1957]

Mon cher Roger

Cette question des familles nombreuses sera évoquée au Parlement et de la réouverture des maisons... il le faut ! dérivatif aux folies amoureuses... pour le calme et la santé des mères...

———

Cette NRF cahenneuse a bien saboté mes précédents et anciens livres. Grâce à vous Château est sorti un peu... mais à regrets ! le Voyage n'était pas à trouver en librairie pendant un mois... aux oubliettes ! 1000 coups de téléphone des différentes Radios qui doivent venir, et ne viennent jamais... je suis habitué... On reste en route ! rituel !

———

1. Édouard Caen (1903-1970), premier représentant des Éditions Gallimard sur Paris, puis chef du Service commercial (1926-1970).
2. Archives Nimier.

Vous tenez le bon bout avec le merlan frit lubrique âge mental 10 ans[1]... entre les mains d'un petit groom il peut encore frétiller 2 ans... à peu près...
Bien affectueusement

Ferd

435. — À ROGER NIMIER[2]

Le 19 [septembre 1957]

Mon cher Roger

Vous qui proustisez pas mal dans les milieux téesefeux (toujours si avides d'idées neuves !) vous pourriez peut-être leur suggérer la mise en ondes d'une conversation « à bâtons rompus » entre moi et mon assassin Vailland, à propos de son dernier chef-d'œuvre, paru chez vous, bien sûr j'en dirais tout le bien possible, il me dirait aussi que mes monuments devraient être depuis longtemps dans la Pléiade. Nous plaisanterions oh, une minute ! sur mon assassinat... que c'était la mode ! la robe-sac de l'époque ! je conviendrais qu'il avait admirablement raison de me supprimer « à la mode ». Tout ceci sur le mode très aimable, très badin, à un milli de l'embrasserie générale...

Sans compter que le merlan frit lubrique ne pourrait être que content... vous savez quel souci j'ai de lui faire plaisir !

Mille baisers et grâces effeuillées

Louis

1. Gaston Gallimard.
2. Archives Nimier.

436. — À LOUIS-FERDINAND CÉLINE[1]

Paris le 20 Septembre 57

Docteur Destouches
25ter Route des Gardes
Meudon
(S & O)

Mon cher Louis,

Je vous transmet une lettre qu'on a adressée ici.
Non, je ne suis rien à la Radio, milieu que je déteste a priori. Mais votre idée me paraît excellente.
À bientôt.

Roger Nimier

437. — À ROGER NIMIER[2]

Le 25/Sept[embre 1957]

Mon cher Roger

Je suis au désespoir de revenir vous embêter, mais d'importants soucis m'y contraignent. À la lecture de mon journal habituel le Figaro (de ce jour) j'apprends que
1° *Jean Prasteau*
    publie les *Îles de Paris*
    chez *Arthaud* Éd.
pourrez-vous avoir l'extrême bonté de me commander ce livre ?
2° Je lis (à la même page) que je suis préfacier d'une Encyclopédie de la musique, chez Fasquelle[3]... Nenni ! J'ai prévenu Michel que [je]

---

1. Archives Gallimard. Double de lettre dactylographiée.
2. Archives Nimier.
3. ***, « Céline, Roger Vailland, Heidegger et Louis Massignon vont préfacer quarante mille mots à la gloire de la musique », *Le Figaro*, 25 septembre 1957, p. 17.

préfacerais, en effet, si Hachette me faisait publier mes chefs-d'œuvre dans la Pléiade... puisqu'il s'agit derrière toutes ces combines : d'Hachette[1] ! j'ai tout à fait marre d'être éternellement le baisé-à-l'œil... gratuit oui ! mais à condition, que...

———

À propos on me fait savoir qu'un certain auteur « quid ? » s'est vanté à la dernière séance de la télévision (Lecture pour tous) d'être l'inventeur de « bla bla »... Tonnerre Dieu ! que c'est moi, *nul autre* ! noir sur blanc dans l'École... ! à cette grotesquerie je peux juger du mal qu'on a pu me faire, de combien on m'a pillé... en sus de mon or et de mes meubles et mon honneur !

Roger, c'est affreux !
On vous embrasse !

Louis

438. — À ROGER NIMIER[2]

25/Sept[embre 1957]

Je bafouillais ! *bla bla* est dans Bagatelles page 265 Éd Denoël 1938. Priorité ! arrière plagiaires ! menteurs ! engeance de rats ! Télévisés !
Votre hérissé ami !

LF

---

1. Hachette a pris une participation dans les Éditions Fasquelle en 1951 et deviendra majoritaire en 1959.
2. Archives Nimier.

439. — À LOUIS-FERDINAND CÉLINE[1]

Paris le 27 Septembre 57

Docteur Destouches
25ter Route des Gardes
Meudon

Mon cher Louis,

Je demande chez Arthaud le livre qui vous intéresse.
Avez-vous reçu le livre sur les bagnes édité chez Plon[2] ?
Vous n'avez peut-être pas tort pour cette préface, chez Fasquelle.
Il y a, en effet, chez Hachette des gens qui vous admirent beaucoup, comme Guy Schoeller, mais il y a aussi certains hauts-fonctionnaires de la maison qui se sont opposés, ou plutôt qui ont déconseillé la publication de vos œuvres dans la Pléiade.
Je vous signale ce point, car il peut vous être utile.
On vous pillera toute votre vie, comme Chanel. Il est vrai que le rêve de Chanel est d'être imitée par les Prisunics. Vos imitateurs ce sont souvent des Prisunics,
Martin est rentré de Bretagne, façon boxeur mi-lourd. Je pourrai, peut-être, vous l'amener dimanche.

Roger Nimier

---

1. Archives Gallimard. Double de lettre dactylographiée.
2. Michel Bourdet-Pléville, *Des Galériens, des forçats, des bagnards*, Plon, 1957.

440. — À GASTON GALLIMARD[1]

Le 4 Oct[obre 1957]

Cher Ami.

1° J'ose vous importuner avec cette histoire de l'éditeur allemand, il est venu me voir, et le traducteur[2], ce que j'ai retenu c'est qu'ils vous ont versé (disent-ils) 400 000 frs de droits ? si c'est vrai où sont-ils ces 400 000 frs ?

———

Vous seriez extrêmement aimable si vous consentiez à me donner quelques nouvelles d'un Château l'autre ?... tirages ? réimpressions ?
Je ne tire à cet égard que de honteux vasouillis de vos olympiens comptoirs... mon épicier est beaucoup plus catégorique question des nouilles, et ce qu'elles coûtent !
Avec mes très sincères respects

Destouches

441. — À ROGER NIMIER[3]

Le 7 [octobre 1957]

Mon cher Roger.

Ce n'est pas de grippe asiatique dont les français ont tel besoin, mais d'un formidable pied au cul, asiatique, pour cesser enfin de déconner infini[4]... Cela leur est dû !
Il parcourt déjà le ciel !
Bien affectueusement

Louis

1. Archives Gallimard.
2. Une nouvelle traduction en allemand de *Voyage* par Werner Bökenkamp sera publiée par Rowohlt à Hambourg en mars 1958.
3. Archives Nimier.
4. Une épidémie de grippe asiatique s'est développée dans toute l'Europe. À Paris, elle entraînera même la fermeture d'écoles et des réductions du trafic de la R.A.T.P. et de la distribution aux P.T.T. par manque d'effectifs.

442. — À ROGER NIMIER[1]

Le 16 Oct[obre 1957]

Mon cher Roger

Vous pensez que Grynspan est une vieille connaissance ! exécuteur d'un Altman des cosaques, progromiste... il eut autant de presse que Jeanne d'Arc[2] ! Justice ! Le Cercle militaire se doit ! il se doit aussi à l'évasion admirable de Joseph[3] !... à l'acquittement des Firites[4] ! etc... etc...

———

Mais vétilles que tout ceci ! m'intéresserait bien davantage d'être *réimprimé* ! la seule nouvelle que j'attende ! le reste : balles !

———

Ce livre sur Paris intéresse *forcément* les morphinés du sujet, dont je suis... et de magnifiques photos... et aussi beaucoup de points... le style qui prend[5] !

———

Tous les libraires sont des fumiers, Hachette itou, Merlan idem... à mon vieil âge on a plus que des idées fixes, sclérosées... vous verrez !

———

Mille affections

Louis

---

1. Archives Nimier.
2. Le 7 novembre 1938, un jeune émigré d'origine polonaise, Herschel Grynspan, a assassiné à Paris l'un des secrétaires de l'Ambassade d'Allemagne, Ernst von Rath.
3. Joseph Joanovici, ancien chiffonnier devenu milliardaire, accusé d'intelligence avec l'ennemi et acquitté, mais condamné pour collaboration économique en 1950 ; libéré en août 1951, il avait été assigné à résidence parce qu'il devait encore d'importantes sommes d'argent à l'État. Il a disparu le 5 octobre de Mende en Lozère.
4. Allusion probable au passé de ferrailleur de Joanovici.
5. Probablement le livre de Jean Prasteau dont il parle dans sa lettre du 25 septembre et que Nimier lui a procuré.

443. — À ROGER NIMIER[1]

Le 20 Oct[obre 1957]

Mon cher Roger

Tant pis puisque vous êtes si aimable ! J'abuse ! Pourriez-vous me faire envoyer ?
« *Quelqu'un mourra ce soir aux Caraïbes* »
René Puisseau[2]
NRF.
J'en serais très ravi. Je dois avoir des « relations » en ces lointains.
Ma bénédiction à votre famille ! mes vœux pour toutes les collections et réimpressions et surtout la mienne !
Que la grippe vous épargne ! et ravage tous vos envieux !

L Ferd

444. — À GASTON GALLIMARD[3]

Le 20 Oct[obre] 57

Mon cher ami

Les chiffres d'un Château l'autre ne sont pas bien brillants et seraient loin de contenter le plus infime manœuvre balai aux termes de bien moindres efforts ! Soit ! mais un plaisir m'est offert, celui de voir le si « collaborateur » Montherlant dans votre *Pléiade*[4]... vous ne pouvez rien à « la vente » mais à la Pléiade *vous pouvez tout*. Schoeller ou pas !... un autre amusement : Vailland et son pensum, favori du Goncourt, gagnant puisqu'il a voulu m'assassiner en 44, et qu'il *l'a écrit*, bien navré de m'avoir raté, dans la « Couronne des Nations ». Mon « prochain »

---

1. Archives Nimier.
2. René Puissesseau ; livre publié dans la collection « L'Air du Temps ».
3. Archives Gallimard.
4. Le *Théâtre* de Montherlant a été publié dans la « Pléiade » en 1955, les *Romans* le seront en 1960 et les *Essais* en 1963.

avance mais vous pouvez bien vous fouiller (« et vous savez que je parle pas en l'air ») si vous ne mettez un peu d'ordre et de justice compensatrice en série d'iniquités dont je suis le très lucide clown.

Votre parfait ami, je vous prie

LF Céline

445. – À ROGER NIMIER[1]

Le 23 Oct[obre 1957]

Mon cher Roger

Le Spoutnik se fait entendre encore[2], mais le missile Nimier !

———

Je fus hier chez *Festival* bafouiller pour un disque[3]... qu'en sera-t-il je ne sais ?

———

Le Hambourgeois éditeur est venu me voir, bien aimable... ce que j'ai retenu c'est qu'il m'a dit avoir versé pour moi à Gaston 400 briques ? Quid ? Ques ?

———

L'ennui de la NRF c'est qu'ils manquent encore d'un service « Public Relations » où les auteurs qui demandent des nouvelles de leurs ours n'auraient pas l'air de trouble fête obscènes et super incongrus...
On vous embrasse bien

Louis

1. Archives Nimier.
2. Le 4 octobre les Soviétiques ont lancé le premier satellite artificiel *Spoutnik*.
3. Un disque consacré à Céline dans la collection « Leur œuvre et leur voix » va paraître chez Festival. Sur une face, « Louis-Ferdinand Céline vous parle » est un long monologue ; sur l'autre face, Pierre Brasseur et Arletty lisent des extraits de *Voyage* et de *Mort à crédit*.

446. — À ROGER NIMIER[1]

27 [octobre 1957]

Mon cher Roger

Vous avez bien raison de fréquenter ces bons endroits où l'on va bientôt je l'espère tuer le veau gras et Kasher pour le Capitaine Dreyfus, le Lieut[enant] Ullmo[2], le maréchal Joanovici[3], etc. si cela me faisait vendre le quart, le dixième, de Françoise ! et surtout toucher les droits ! au diable la vente ! comme le merlan à cet égard ! d'une parfaite indifférence... lui qui ne fout rien et tout touche !

Vite, le spoutnik !

Bien affectueusement à vous deux

Louis

447. — À LOUIS-FERDINAND CÉLINE[4]

Paris le 29 octobre 57

Docteur Destouches
25ter, route des Gardes
Meudon

Mon cher Louis,

À peine avez-vous un désir qu'il est exécuté !

Vous réclamiez un public-relation et il y en a un depuis une semaine. Son nom est Monique Grall[5].

J'ai reçu la visite de votre traducteur allemand qui s'appelle Bökenkamp.

---

1. Archives Nimier.
2. Céline joint à sa lettre une coupure de presse qui relate la mort à Cayenne à l'âge de 75 ans de Benjamin Ullmo, jeune enseigne de vaisseau qui tenta de vendre des documents secrets de la marine et fut condamné en 1908 pour trahison.
3. Voir note 3, p. 394.
4. Archives Gallimard. Double de lettre dactylographiée.
5. Monique Grall (1921-1962), attachée de presse de 1957 à 1962.

Pouvons-nous venir vous voir, tous les deux, samedi matin ?

Il ne me paraît pas sot.

Si cette traduction marchait bien en Allemagne, elle permettrait à l'éditeur de Hambourg de reprendre vos anciens livres, qui sont mal exploités actuellement.

En France, la vente est très moyenne, mais si elle continue, ça finira par augmenter le tirage.

Cependant, nous sommes loin de Sagan, bien par votre faute, vous qui n'avez que des accidents de guerre et pas d'accident de voiture.

Je n'ai pu tenir qu'une demi-heure au banquet Swartzbard[1], dont je vous avais parlé. Je m'étais fait escorter par Stéphen Hecquet, pour ne pas trop m'ennuyer. Il faisait des allusions à haute-voix, concernant Mr. Dreyfus ou Mr. Joseph. Car précisément, nos voisins s'appelaient Mr. et Mme Joseph. Ceci, plus les filets de sole Dugléré provoqua notre fuite !

Affectueusement.

Roger Nimier

448. — À LOUIS-FERDINAND CÉLINE[2]

Paris le 7 novembre 57

Docteur Destouches
25ter Route des Gardes
Meudon (Seine)

Mon cher Louis,

Je vous envoie une invitation payante, mais je m'aperçois hélas, que c'est trop tard[3].

Dommage.

Votre présence aurait été indispensable[3].

---

1. Peut-être Schwarzbart ; Isaac Schwarzbart publie *25 années au service du peuple juif* en 1957 ; André Schwartz-Bart obtiendra le prix Goncourt en 1959 pour *Le Dernier des Justes*.
2. Archives Gallimard. Double de lettre dactylographiée.
3. Nous ne savons pas pour quelle manifestation.

Votre traducteur me semble gentil et sérieux, mais il se tuera en voiture tellement il conduit mal.

À bientôt.

Roger Nimier

449. — À ROGER NIMIER[1]

Le 8 [novembre 1957]

Mon cher Roger

Mille mercis pour ce livre « Caraïbes » que je vois très bien Goncourt, puis magnifique film ! Zeus Lazareff[2] aidant ! merlan touchant ! Loucoum flagellant ! la Revue compacte débordant !

Bien affectueusement

Louis

---

1. Archives Nimier.
2. Pierre Lazareff, le directeur de *France-soir*, dirige la collection « L'Air du Temps » dans laquelle est paru le livre.

450. — À LOUIS-FERDINAND CÉLINE[1]

Paris le 12 Novembre 57

Docteur Destouches
25ter Route des Gardes
Meudon

Mon cher Louis,

Une demi-heure après votre coup de téléphone j'ai vu le jeune homme que vous m'annonciez, qui m'a semblé intelligent et bien élevé[2].
Je crois qu'il fera un bon travail.
Je lui envoie les livres qui lui manquent.
À très bientôt.

Roger Nimier

451. — À ROGER NIMIER[3]

14 Nov[embre 1957]

Mon cher Roger

Voici un homme Doyon qui sait ce qu'il cause[4] ! si merlan l'Enchanteur pouvait en prendre de la graine avant que je lui fasse ma révérence ! à lui et ses pisse-copies ! je veux mourir dans la bibliothèque des notaires du Poitou ! non chez les mercières ou dans les caves Brottin ! Qu'on se le dise !

Bien affectueusement

LFC

---

1. Archives Gallimard. Double de lettre dactylographiée.
2. Nous ne savons pas de qui il s'agit ; peut-être quelqu'un qui veut faire un article sur Céline.
3. Archives Nimier.
4. René-Louis Doyon, « Céline pas mort », *Les Livrets du Mandarin*, n° 4, automne 1957, pp. 25-26.

452. — À LOUIS-FERDINAND CÉLINE[1]

Paris, le 15 Novembre 1957

Docteur Destouches
25ter, Route des Gardes
Meudon (S. et O.)

Cher Ami,

J'attendais pour vous écrire d'avoir reçu les droits de traduction de votre livre — Le versement est annoncé, mais je n'ai rien encore — C'est l'affaire, paraît-il, de deux ou trois semaines — Aussitôt reçu, je vous enverrai ce qui vous revient.

Il a été vendu de « D'UN CHÂTEAU L'AUTRE » 26.117 exemplaires. J'espère qu'il n'y aura pas de retours[2].

Bien amicalement,

Gaston Gallimard

453. — À LOUIS-FERDINAND CÉLINE[3]

Paris le 20 Novembre 57

Docteur Destouches
25ter Route des Gardes
Meudon (S & O)

Mon cher Louis,

En effet, voilà un critique honnête, qu'il faudra encourager ; un belge, je crois, ce qui vaut mieux qu'un auvergnat moldave comme Robert Kemp[4].

---

1. Archives Gallimard. Double de lettre dactylographiée.
2. Les libraires ont la possibilité de retourner les ouvrages qu'ils ont reçus automatiquement à la mise en vente, c'est-à-dire en « offices », jusqu'à six mois (à l'époque) après la sortie de l'ouvrage.
3. Archives Gallimard. Double de lettre dactylographiée.
4. Critique aux *Nouvelles littéraires*.

J'ai vu ce matin Stéphen Hecquet en meilleur état[1].

De toutes façons, il sera très bien soigné à Boucicaut. Ce n'était pas le cas ces jours-ci.

À bientôt.

Roger Nimier

454. — À ROGER NIMIER[2]

[22 novembre 1957]

Encore un, cher Roger qui mérite joliment le Panthéon et le Cercle militaire !

J'ai eu des nouvelles de mes ventes, assez piteuses, aucun rapport avec l'effort et le génie fournis ! et vos providentiels efforts ! sans vous il s'en serait vendu 12 ! au plus !

Je vous souhaite dix bonnes, à retenir à la maison, par tous les moyens !

Bises à vous deux

Ferd

---

1. Stephen Hecquet a été hospitalisé pour un œdème cardiaque le 16 novembre.
2. Archives Nimier.

455. — À LOUIS-FERDINAND CÉLINE[1]

Paris, le 28 Novembre 1957

Docteur Destouches
25ter, Route des Gardes
Meudon (S. et O.)

Cher Ami,

Étant donné le départ foudroyant « D'UN CHÂTEAU L'AUTRE », nous espérions nous aussi une meilleure vente à la rentrée — À cet effet, nous avions distribué en grande quantité un fascicule publicitaire très coûteux ; et d'ailleurs votre livre est resté en vitrine, dans toutes les grandes librairies — Malheureusement, les Français sont rentrés de vacances ruinés : la vente des livres s'en est ressentie — Ce qui fait que vous êtes victime de l'expédition de Suez[2].

Objectivement, je ne vois pas quelle autre maison d'édition aurait pu imposer « D'UN CHÂTEAU L'AUTRE » dans certains journaux si on ne vous aimait pas particulièrement. Bien que vous me reprochiez allègrement de ne servir à rien, je suis heureux que la marque N.R.F. sur la couverture de votre livre ait eu cet effet. Et si vous croyez que c'était facile, je vous rappellerai l'arrêt récent de la pièce de BRASILLACH[3].

Si nous éditons MONTHERLANT dans la Pléiade, c'est parce que Hachette nous a transmis un grand nombre de souscriptions qui rendent cette opération possible. Quand nous aurons un nombre suffisant de souscriptions pour le CÉLINE, il sera immédiatement mis en fabrication — et j'en serai aussi heureux que vous.

Votre,

Gaston Gallimard

1. Archives Gallimard. Double de lettre dactylographiée.
2. À la suite de la nationalisation du canal de Suez par Nasser, Israël a battu l'armée égyptienne et les forces françaises et anglaises occupèrent militairement la région Nord du canal.
3. La pièce de Brasillach, *La Reine de Césarée*, a été présentée au théâtre des Arts le 18 novembre ; devant la tempête de protestations des milieux de gauche elle est interdite le 19 mais les représentations pourront reprendre le 29 sur invitations. C'est le seul nom de Brasillach qui a soulevé les passions car la pièce n'est pas politique.

456. — À ROGER NIMIER[1]

Le 28/ [novembre 1957]

Mon cher Roger

Je dois l'avouer en fait de constellations je ne m'intéresse qu'à la Pléiade, et aux amabilités de Gaston. Je me suis donc rendu chez mon notaire pour y étudier mon testament, y ajouter qu'après ma mort je défendais absolument qu'on publie aucun de mes livres dans la Pléiade NRF et *même* (nous consultons à cet égard) qu'on me publie plus, *nulle part* — défense absolue — *rien de posthume* ! Gaston est un petit obstiné, je le suis moi, à l'infini !

Et lui prouverai, par Dieu le Père !
L'ami que je suis !
Et bien votre !

Louis

457. — À GASTON GALLIMARD[2]

Le 30/11 [1957]

Mon cher ami

Puisque vous parlez de Brasillach et m'y comparez laissez-moi vous fixer sur ce point. Rien de commun avec Brasillach, employé de l'argentin Lesca[3] et de la Propaganda Staffel[4]... je n'ai jamais été employé *par personne*... je n'ai jamais écrit une ligne dans un journal ni avant ni pendant ni après la guerre[5]... Montherlant oui dans les cahiers franco-allemands. Brasillach s'est donné à la Cause et puis à la Cour... il se voyait coulé en bronze... c'était son affaire !... Je n'ai jamais collaboré à

---

1. Archives Nimier.
2. Archives Gallimard.
3. Charles Lesca (1887-1948), ami de Maurras, actionnaire puis directeur de *Je suis partout* pendant l'Occupation, quitte Paris en 1944. Il mourra en Argentine.
4. Les services de propagande allemands pendant la dernière guerre.
5. Voir note 3, p. 58.

JSP[1]... ni ailleurs... en ce pays où plus rien ne veut plus rien dire je veux vous faire comprendre cette chose insensée gratuit suis ! sauf pour vous ! que je tombe mal ! le plus coriace crocodile de la plus pillarde effrontée espèce mange méninges, mange temps, mange tout, je dis, tout !

À vous bien sincère

LF

458. — À GASTON GALLIMARD[2]

30 Nov[embre 1957]

Mon cher Ami.

Vous n'aurez pas mon prochain livre, c'est tout, si je ne suis pas à la *Pléiade* dans trois mois, le reste est blabla, fatigue... je ne crois pas un mot de votre plaidoyer... si vous aviez fait un effort publicitaire sur le Château il s'en serait vendu facilement 60 000, pingrerie ? frousse ? les deux, sans doute.

Vite la liste des libraires qui ont plébiscité Valery Larbaud !

Rigolade et amitiés

LF Destouches

459. — À ROGER NIMIER[3]

le 2/Déc[embre 1957]

Mon cher Roger

Gaston se fout de ma pêche, énormément, à moi de faire joujou ! Dans la mesure de mes très faibles forces, et sans illusions, tout sera fait, soyez assuré !

1. *Je suis partout,* l'hebdomadaire dirigé par Brasillach et Lesca.
2. Archives Gallimard.
3. Archives Nimier.

Vailland mon assassin ne pouvait pas louper le Goncourt[1], je le savais, mais avec quel navet grand Dieu, le Renaudot[2], une autre honte, ne vaut pas mieux ! « les navets sous les fusées » roman d'avenir ! l'agriculture aux champs Brottin !

Votre

LFC

460. — À LOUIS-FERDINAND CÉLINE[3]

Paris le 3 décembre 57

Docteur Destouches
25ter Route des Gardes
Meudon (S & O)

Mon cher Louis,

J'ai attrapé Gaston au vol, hier, alors qu'il venait de recevoir une lettre de vous. Lettre qui lui a fait voir rouge, car il est d'un naturel coléreux malgré les apparences.

Naturellement, si vous voulez vous brouiller tous les deux, vous vous brouillerez et je n'y changerai rien.

Gaston se retranchera derrière son contrat comme derrière une position fortifiée ! la Pléiade sera dans l'eau (alors que pour le moment, me direz-vous, elle est dans les nuages).

Je suis navré de jouer les conciliateurs, ce qui ne correspond pas à mon caractère, mais, en l'espèce, je ne vois rien d'autre à faire.

J'ai récupéré ma voiture et j'irai vous voir incessamment.

Roger Nimier

---

1. Roger Vailland a obtenu le prix Goncourt pour *La Loi*.
2. Le prix Renaudot a été attribué à Michel Butor pour *La Modification*.
3. Archives Gallimard. Double de lettre dactylographiée.

461. — À ROGER NIMIER[1]

Le 4 [décembre 1957]

Mon cher Roger

Je ne dis jamais que la vérité, et encore là je la gaze, estompe, minimise, s'il m'arrivait de la dire toute, le satané vieux maquereau en piquerait un coup de sang, final, si de telles bénignités l'hérissent ! Bon à savoir !

Caressez-le, en attendant !

Et je vous embrasse

L.D

462. — À ROGER NIMIER[2]

16/ [décembre 1957]

Mon cher Roger

Galtier passe la lettre, très heureux, dans son numéro de janvier[3]. Toujours à la NRF on me présente le même tableau clinique en tout et pour tout

     1° un petit chichi

     2° deux, trois, cafouillages soi-disant explicatifs

     3° une grossière vacherie.

Ils sont ainsi !

Inch Allah !

Bien affectueusement à vous deux

Louis

---

1. Archives Nimier.
2. Archives Nimier.
3. Jean Galtier-Boissière, directeur du *Petit Crapouillot*, publiera dans son numéro de février une réponse polémique aux propos de Roger Vailland (*La Tribune des Nations*, 13 janvier 1950) sous le titre « Illuminations ».

463. — À LOUIS-FERDINAND CÉLINE[1]

Paris le 18 décembre 1957

Docteur Destouches
25ter, Route des Gardes
Meudon (Seine)

Cher Louis,

Je suis bien de votre avis quant à ce cafouillage.

Votre texte était extrêmement mesuré. Quand Galtier le publiera (c'est-à-dire quelques jours avec la sortie du numéro), il faudrait prévenir Parinaud à ARTS, et Jean-François Devay à PARIS-PRESSE[2].

Ils feront certainement écho à votre article et ce serait une bonne publicité pour le CRAPOUILLOT.

À bientôt.

Roger Nimier

464. — À ROGER NIMIER[3]

20/Déc[embre 1957]

Mon Roger cher

Mille vœux pour vous et votre si gracieuse famille que je vois repopuler bientôt la planète et les Champs-Élysées après le passage de tous les spoutniks promis ! n'hésitez pas ! Ci-inclus lettre de notre optimiste Poulet. Où a-t-il trouvé ces Debresse[4] ?

---

1. Archives Gallimard. Double de lettre dactylographiée.
2. Un écho sur la parution d'« Illuminations » paraîtra dans *Paris-presse* le 12 février.
3. Archives Nimier.
4. Céline joint une lettre du 15 décembre de Robert Poulet dans laquelle celui-ci lui écrit que son livre *Entretiens avec L.-F. Céline*, qui deviendra *Entretiens familiers avec L.-F. Céline*, paraîtra au début de l'année et qu'il a vu annoncer chez l'éditeur René Debresse « *la première étude complète sur l'œuvre de Céline* ».

Pour mon jour de l'An je serais bien heureux de recevoir par M. Festy *deux mille* feuilles (2000) au modèle. J'abuse ! flûte tant pis ! nos jours sont comptés ! nous verrons Parinaud pour un plus sérieux motif : quand il s'agira de sortir le « prochain » en feuilleton.

Bien tendrement.

LF

1958

465. — À ROGER NIMIER[1]

Le 16/1/48 [pour 1958]

Mon cher Roger

Ce ***, se prend à présent, tout l'y engage, pour un Léonard, avec sa Cour de pédés alcooliques[2]... tout ceci serait bien négligeable n'était la question cabale, qui me voue à mille trépas, de Rivarol à l'Huma... Faute d'argent il faut s'alarmer de tout, avec on peut se foutre de tout, là est le drame, le seul. Vous êtes mille fois généreux d'avoir pris ma défense, ce petit sagoin ferait mieux de me rendre le livre qu'il m'a pris pour le soi-disant illustrer...

Puis-je vous demander quelques livres de votre collection Air du Temps et quelques séries noires ?

———

Festy devait m'envoyer du papier pour écrire, œuvrer pour Gaston, le but de ma vie !

———

Bien affectueusement

Louis

1. Archives Nimier.
2. Nous ne savons pas ce qui a provoqué cette attaque contre ce peintre.

466. — À ROBERT GALLIMARD[1]

Le 16/1/58

Cher Monsieur

Ce dont j'ai besoin c'est du relevé annuel de mes comptes (détaillé comme celui de l'année précédente) et *où figure bien* la somme que je dois finalement aux Éditions Gallimard.

———

Je serais heureux aussi de savoir ce que sont devenus les 400 000 frs de la traduction allemande d'un « Château ».

———

Ditto les 750 000 de l'édition de poche de « M à Crédit » ?
Veuillez agréer Monsieur l'assurance de mes sentiments distingués

Destouches

467. — À LOUIS-FERDINAND CÉLINE[2]

Paris le 3 Février 1958

Monsieur le Docteur Destouches
25ter, Route des Gardes
Meudon (S. & O.)

Mon cher Louis,

J'aurais bien voulu venir vous voir Dimanche pour vous apporter votre papier ; mais c'était impossible pour des histoires de famille.
Gaston m'a remis votre compte que vous trouverez ci-joint[3].

---

1. Archives Gallimard.
2. Archives Gallimard. Double de lettre dactylographiée.
3. C'est Robert Gallimard qui a préparé une note datée du 28 janvier pour Gaston Gallimard avec les réponses à apporter à Céline (Archives Gallimard).

Voici quelques points complémentaires en réponse à votre lettre :

1°) *Édition allemande :* Il s'agit en réalité de 200.000 francs d'avance pour « D'UN CHÂTEAU L'AUTRE », et 200.000 francs pour « UN VOYAGE AU BOUT DE LA NUIT ».

Ces sommes reçues en Septembre et en Décembre, ne figurent pas sur notre relevé qui est arrêté au 30 Juin, comme d'habitude.

Il s'agit, d'ailleurs, en ce qui vous concerne, de 2/3 suivant notre contrat (1/3 pour les droits étrangers).

Elles ont été portées à votre crédit.

2°) *Le Livre de Poche :* Les 750.000 francs qui vous sont garantis pour « MORT À CRÉDIT » doivent vous être versés, suivant le contrat, à la sortie du livre de poche, c'est à dire en Mars 1958.

Vous remarquerez sur le relevé qu'il n'est question que de 9.780 exemplaires « D'UN CHÂTEAU L'AUTRE ». Encore une fois, c'est parce que ce relevé était arrêté au 30 Juin. Nous en sommes actuellement à un peu plus de 28.000.

Si vous désirez d'autres explications, écrivez-moi ou téléphonez-moi. De toute façon, je compte bien venir vous voir cette semaine.

Croyez, mon cher Louis, à toutes mes amitiés.

Roger Nimier

468. — À ROGER NIMIER[1]

Le 4/2 [1958]

Mon cher Roger

Ce que je vois bien, j'ai l'habitude (1/2 siècle passé) c'est qu'au lieu de papier pour écrire, et du pognon bien gagné, traduction boche et livre de poche, au lieu de la Pléiade, je vais recevoir des phrases...

Nous n'y pouvons rien ni l'un ni l'autre !

Ainsi le destin ! au miteux les bulles, au gavé toute la marmite !

Bien affectueusement cher Roger !

LFC

1. Archives Nimier.

469. — À ROGER NIMIER[1]

Le 5/1 [*pour* 2/1958]

Mon cher Roger

C'est bien ce que je pensais... Plus je travaille et me tue (à mon âge !) plus je dois d'argent à Gaston... je serais tout à fait fou de m'endetter davantage ! Posons les clous !
Bien affectueusement !

Louis

470. — À ROGER NIMIER[2]

Le 11/2 [1958]

Cher Roger

Reçu le chèque 100 sacs[3] ! Grâce à votre affectueuse vigilance ! À l'exercer encore, je vous le demande, sur le prochain chèque *mars* du livre de poche, que le petit sagoin verserait bien aussi dans l'abîme du déficit ! 750 000 que je veux toucher *cash*, lui pour le mal qu'il se donne, en touche autant ! d'Hachette ! Que j'arrive à ma retraite dans un an, vous me verrez m'amuser ! gamin comme pas !
Bien votre ami

Louis

---

1. Archives Nimier.
2. Archives Nimier.
3. Correspondant à sa mensualité.

471. — À LOUIS-FERDINAND CÉLINE[1]

Paris le 18 Février 1958

Docteur Destouches
25ter, route des Gardes
Meudon (S. & O.)

Cher Louis,

Hachette nous propose un nouveau tirage de 20.000 exemplaires du « Voyage au bout de la nuit », sur lequel il vous reviendrait 150.000 francs[2].

Donnez-moi votre accord, si cela vous convient.

J'ai le sentiment que « le Voyage » se vend avant tout dans le « Livre de Poche » ; et que cette réimpression a été provoquée par le succès de presse d'« un château l'autre ».

Roger Nimier

472. — À ROGER NIMIER[3]

Le 20/2/58

Mon cher Roger

Je suis tout à fait d'accord pour les *20 000* Voyages Hachette de poche mais à la condition essentielle, absolue, que les *150 000* frs me soient versés à moi-même, séance tenante, pas à Pâques ou la Trinité, ni à Gaston, à Dache, ou au Pape, ni au déficit ! qu'on ne me refasse pas le coup de l'édition allemande, que je ne suis pas prêt de digérer ! J'y reviendrai ! Quand je vois avec quelle frénésie les producteurs se jettent sur *la Loi* ! et évitent le[4]

1. Archives Gallimard. Double de lettre dactylographiée.
2. Ce qui représente 5 % de droits sur chaque exemplaire dont le prix est passé à 300 francs.
3. Archives Nimier.
4. La fin de la lettre manque.

473. — À ROGER NIMIER[1]

Le 25 [février 1958]

Mon cher Roger

Voici je crois L'affaire Céline une vieille brochure rédigée à Alger parue en 1952[2], farcie d'ailleurs de « faux » et truqueries et qui ne veut rien dire, sauf une haine énorme, et certainement inépuisée et inépuisable. Qu'y puis-je ? sauf proclamer que je me suis trompé que l'armée française n'est pas foutu le camp en 39, que la France n'a pas perdu ses colonies, que Joanovici[3] est un héros, que Dien Pen Hu [sic] fut une sacrée victoire[4], sans fuite aucune, etc. etc.

Cette brochure torche raie fut d'ailleurs rédigée en vu de mon procès, qui a eu lieu deux fois, jugement passé, amnistie passée, prison passée, haine et jalousie demeurent, bien entendu, ma condition miteuse aussi... mes carambouilleurs : Commandeurs !

Que la fusée H arrange tout !... et le vin[5] à 14° !

Bien affectueusement

Louis

Il n'en dit pas plus que Cousteau[6] condamné à mort ! plutôt moins ! bien moins !

---

1. Archives Nimier.
2. En fait une brochure de Maurice Vanino, *L'Affaire Céline. L'École d'un cadavre*, parue sans nom d'auteur dans *Les Cahiers de la Résistance* en 1950 à la veille du procès de Céline devant la Cour de justice de la Seine. En 1952 elle reparaît sous une nouvelle couverture avec le nom de l'auteur et une mention « Édition Créator ».
3. Voir note 3, p. 394.
4. La bataille décisive entre les forces françaises et celles du Front de libération du Viêt-nam eut lieu du 13 mars au 7 mai 1954.
5. Lecture incertaine. On pourrait aussi lire « pin à 14° » début du mot *pinard* non achevé, ce qui serait plus célinien.
6. Pierre-Antoine Cousteau (1906-1958), journaliste à *Je suis partout* pendant l'Occupation, condamné à mort le 22 novembre 1946 puis gracié par Vincent Auriol. Il fut de ceux qui considérèrent que Céline avait trahi ses anciennes amitiés en publiant *D'un château l'autre* et lui consacra trois articles virulents : « M. Céline rallie le fumier (doré) du système » (*Rivarol*, 20 juin 1957), « Fantôme à vendre » (*Lectures françaises*, juillet-août 1957) et « D'un râtelier l'autre » (*Rivarol*, 11 juillet 1957).

474. — À ROGER NIMIER[1]

Le 25/ [février 1958]

Mon cher Roger

Ces messieurs de Match[2] m'ont laissé ici un feutre splendide... Il est à leur disposition ! Je ne porte pas de galure, heureusement ! Évidemment je serais accusé ! L'article ? aux choux ! peut-être nécrologique ? Ça m'avait bien l'air !

Bien affectueusement à vous

LF

475. — À LOUIS-FERDINAND CÉLINE[3]

Paris le 27 Février 1958

Docteur Destouches
25ter, route des Gardes
Meudon (S. & O.)

Mon cher Louis,

Comme je vous le disais au téléphone, j'ai reçu l'accord d'Hachette pour la réimpression du « Voyage au bout de la nuit » dans le « Livre de Poche ».

Les 150.000 francs vous seront donc versés dès la sortie de cette réimpression, c'est à dire très bientôt je pense.

Croyez, mon cher Louis, à toute mon amitié.

Roger Nimier

---

1. Archives Nimier.
2. Après l'article abondamment illustré de Guillaume Hanoteau en juin 1957, *Paris-match* a peut-être fait un nouveau reportage début 1958, mais il ne sera pas publié.
3. Archives Gallimard. Double de lettre dactylographiée.

476. — À ROGER NIMIER[1]

5 [mars 1958]

Cher Roger — Stop — serais bien heureux — stop — d'avoir quelques nouveaux — stop — airs du temps — mille mercis — stop — ai toujours chapeau — stop — match s'est bien foutu de nous — stop — le prochain coup on lui dira... stop.

Votre fidèle

Stop

477. — À LOUIS-FERDINAND CÉLINE[2]

Paris le 6 Mars 1958

Docteur Destouches
25ter, route des Gardes
Meudon (Seine et Oise)

Mon cher Louis,

Vous venez de faire un progrès décisif dans l'écriture.

Désormais, les trois points seront remplacés par le style Express qui vous fera un peu mieux considérer, je l'espère.

Je vous envoie le catalogue de l'« Air du Temps » afin que vous choisissiez.

J'ai noté aux pages 11, 12, 13 les volumes les moins mauvais.

Croyez, mon cher Louis, à toute mon amitié.

Roger Nimier

---

1. Archives Nimier.
2. Archives Gallimard. Double de lettre dactylographiée.

478. — À ROGER NIMIER[1]

12/3 [1958]

Mon cher Roger

Vous me pardonnerez de vous relancer encore mais cet Achille m'inspire mille craintes...
— Je n'ai rien reçu des *750* sacs de M à Crédit de poche. Oh qu'il est capable de les étouffer !
2. J'attends les 150 idem d'Hachette pour *Voyage* de poche... d'un petit mot vous serez fixé... tous ces parasites m'obsèdent... pas d'hier ! depuis l'an 1905 où j'entrais en apprentissage[2] voleurs voleurs voleurs
Bien affectueusement

Louis

J'ai oublié de conseiller à Nadine : le blanc de poulet ! et le lait Nestlé *non sucré* pour les purées.

479. — À LOUIS-FERDINAND CÉLINE[3]

Paris le 13 Mars 1958

Docteur Destouches
25ter, route des Gardes
Meudon (S. & O.)

Mon cher Louis,

Les éditions Hachette ne sont pas encore sorties, ce qui fait que les chèques ne sont pas encore arrivés.
Croyez bien que je m'en occupe.
À très bientôt.

Roger Nimier

1. Archives Nimier.
2. C'est en fait en 1910 que le jeune Destouches entra en apprentissage (voir Gibault, I, p. 105).
3. Archives Gallimard. Double de lettre dactylographiée.

480. — À ROGER NIMIER[1]

Le 14/3 [1958]

Ces Hachette ne peuvent pas tout faire ! convoler, m'imprimer, me payer ! à propos Lucette a vu Achille en garçon d'honneur, tout tout gamin paraît-il... le comble de vos bontés serait de me faire tenir cher Roger q[uel]q[ues] Airs du Temps à votre choix... qui pourrait mieux ? Lazareff ?... je n'ose !
À bientôt

Louis

481. — À ROGER NIMIER[2]

21/3 [1958]

Oui mon cher Roger mais au sixième bébé vous vendez les casseroles, au dixième la mère !... où allez-vous ? Moi qui vis dans l'épouvante d'avoir fait une fille ! (38 ans)[3] votre inconscience me bouleverse ! Comment voulez-vous qu'Achille n'abuse pas, ne vous tue pas ?

———

Mille mercis attendris pour tous ces beaux livres ! Quelles belles soirées pensant à Lazareff ! Le moral, tout est là !
Bien affectueusement

L Ferdinand

1. Archives Nimier.
2. Archives Nimier.
3. Céline a eu une fille, Colette, le 15 juin 1920.

482. — À LOUIS-FERDINAND CÉLINE[1]

Paris, le 21 Mars 1958

Monsieur le Docteur Destouches
25ter, route des Gardes
Meudon (Seine et Oise)

Cher Monsieur,

Nous avons l'avantage de vous remettre inclus un chèque barré sur la B.N.C.I. n° MP346,958, de SEPT CENT CINQUANTE MILLE Francs (Frs 750.000.—) représentant vos droits d'auteur forfaitaires dus à la mise en vente de votre ouvrage « MORT À CRÉDIT » dans la collection « LE LIVRE DE POCHE ».[2]

Veuillez agréer, Cher Monsieur l'assurance de nos sentiments les plus distingués.

Le Service des Comptes d'Auteurs,

Nicole Ouali[3].

---

1. Archives Gallimard. Double de lettre dactylographiée.
2. Le 7 mars, Céline a écrit à Henri Filipacchi pour le remercier de cette mise en vente : « *Mes ennemis et jaloux étant parfaitement parvenus à faire chasser mes livres de toutes les librairies, plus qu'aucun autre écrivain, je crois, j'ai à me féliciter d'être lu dans vos " livres de poche ". Enfin !* » (Lettre publiée dans *Textes et documents*, 3, B.L.F.C., 1984.)
3. Secrétaire puis chef de service de la Comptabilité Auteurs depuis 1948.

483. — À LOUIS-FERDINAND CÉLINE[1]

Paris le 26 Mars 1958

Docteur Destouches
25ter, route des Gardes
Meudon (Seine et Oise)

Mon cher Louis,

Pour la réimpression du « Voyage au bout de la nuit » il faut un contrat.

Pouvez-vous me renvoyer un exemplaire signé. Vous verrez que vos droits (clause III) seront payés à la signature de ce contrat.

Je pense que Renée Bolloré[2] sera là jeudi ou vendredi, et qu'elle pourra m'amener chez vous. Une femme chauffeur, c'est l'idéal.

Affectueusement.

Roger Nimier

484. — À ROGER NIMIER[3]

Le 27/3/58

Mon cher Roger

Tout pour Achille ! Je signerais mon entrée dans la Pléiade s'il me regardait, comme il sait, d'un œil un peu tendre ! Vive Bolorée chauffeuse de choc ! Qu'elle vous apporte

Mille baisers

Louis

---

1. Archives Gallimard. Double de lettre dactylographiée.
2. Renée Cosima, femme de Gwen-Aël Bolloré, papetier et président-directeur général du journal *Opéra* dont Roger Nimier a été rédacteur en chef, il deviendra le propriétaire des Éditions de La Table ronde.
3. Archives Nimier.

485. – À LOUIS-FERDINAND CÉLINE[1]

Paris le 1 Avril 1958

Docteur Destouches
25ter, route des Gardes
Meudon (Seine et Oise)

Mon cher Louis,

Vous m'avez renvoyé les deux exemplaires du contrat, mais il y en avait un pour vous.

Croyez, mon cher Louis, à toute mon amitié.

Roger Nimier

486. – À ROGER NIMIER[2]

3/Avril [1958]

Mon cher Roger

En conférence que vous êtes STOP je vais vous déranger STOP et m'excuse STOP mais Gaston n'a rien envoyé STOP de ce qu'il devait suite de la signature du contrat de poche STOP VOYAGE STOP S'il vous traite kif STOP vous propose grève et SOVIET Stop Gaston au travail STOP

Voilà !

LFC

---

1. Archives Gallimard. Double de lettre dactylographiée.
2. Archives Nimier.

487. — À LOUIS-FERDINAND CÉLINE[1]

Paris, le 4 Avril 1958

Monsieur le Docteur Destouches
25ᵗᵉʳ Route des Gardes
Meudon Seine & Oise

Monsieur

Nous avons l'avantage de vous remettre inclus un chèque barré sur la B.N.C.I. n° N.P.347.061 de : TROIS CENT MILLE FRANCS (Frs 300.000) en règlement de vos droits garantis à la signature du contrat concernant la réimpression de votre ouvrage « VOYAGE AU BOUT DE LA NUIT » dans le Livre de Poche, savoir :

20.000 exemplaires à 5 % de 300 Frs

Veuillez agréer, Monsieur, l'assurance de nos sentiments distingués. Le Service des Comptes d'Auteurs.

Nicole Ouali.

488. — À LOUIS-FERDINAND CÉLINE[2]

Paris le 14 Avril 1958

Docteur Destouches
25ᵗᵉʳ, route des Gardes
Meudon (Seine & Oise)

Mon cher Louis,

En fait, j'étais surtout en conférence avec la grippe.

Notre comptable m'apprend que les choses sont en ordre à propos du « Voyage au bout de la nuit » dans le Livre de Poche.

---

1. Archives Gallimard. Double de lettre dactylographiée.
2. Archives Gallimard. Double de lettre dactylographiée.

Je sais également que vous lui avez téléphoné et vous n'avez pas eu tort car ce comptable est une personne absolument sérieuse, ce qui est bien étonnant.

J'attends Renée Bolloré pour m'amener chez vous. Il faut bien que les femmes servent d'alibis et de taxis.

Roger Nimier

489. — À ROGER NIMIER[1]

Le 16 [avril 1958]

Mon cher Roger

Vos avis sont toujours excellents et j'en fais grand cas, ils vous remontent l'amour-propre. Certes le guignol y pourrait faire des petits mais encore y faut-il le temps ! le Temps notre maître absolu ! Que je me règle sur Sophocle 90 ans ou au pire sur Cervantès 81 ans ! en attendant me voici membre titulaire du Syndicat des Écrivains qu'on se le dise, foutre[2] ! À l'heure H ce sera lui qui saisira les éditeurs et leurs inavouables bénéfices ! je serais là et de choc ! comptez sur moi ! cette demoiselle Lazare[3] comptable sérieuse peut emporter la caisse !

La Comtesse Cosima ne sera visible qu'après la Suisse et son film[4], soit vers le 14 Juillet, peut-être sa fille Anne peut elle vous prendre ? Mais vous savez à 4 ans on est tellement snob je ne sais pas ce qu'elle en pensera !

Avec affection sincère

Louis

---

1. Archives Nimier.
2. À notre connaissance, Céline n'a jamais appartenu à aucun syndicat d'écrivains.
3. Allusion à Nicole Ouali (voir p. 421, note 3).
4. Renée Cosima-Bolloré tourne dans *Les Naufrageurs* de Charles Brabant avec Charles Vanel.

490. — À ROGER NIMIER[1]

Le 20/Avril [1958]

Mon cher Roger

Les petits à côtés des « grandes heures » sont toujours à rire... Voici une conclusion... Champfleury, compositeur, ultra résistant et net mon voisin le palier sous le mien, 4ème 4 Rue Girardon[2].

Nos affections bien vives

Louis

491. — À ROGER NIMIER[3]

Le 17 [mai 1958]

Mon cher Roger

Les ménagères vident les épiceries, pleurent sur les patates, leurs hommes ne pensent qu'à se reposer et foutre pas à prendre la Chambre ! Quels meilleurs signes ? les rares héros sont à la NRF impatients de se sacrifier, mais pas assez nombreux pour brûler l'Élysée ! toutes ces impatiences ne sont que prurit de vacances... payées bien entendu ! il va se boire un peu plus de vin que d'habitude, c'est tout. Seul signe de la Révolution... tout ceci va faire bien du tort à la vente[4] !

Seul malheur !

Votre bien fidèle ami !

Louis

---

1. Archives Nimier.
2. Robert Champfleury, résistant, qui habitait l'étage au-dessous de l'appartement de Céline pendant la guerre, écrivit à Céline après la parution de « Illuminations » pour certifier qu'effectivement celui-ci était au courant de ses activités. Son témoignage sera publié dans *Le Petit Crapouillot* de juin.
3. Archives Nimier.
4. Le 13 mai, s'est formé à Alger le Comité de Salut public présidé par le Général Massu ; dans les jours qui suivent Pierre Pfimlin essaie de former un gouvernement avant d'être démissionné le 27 ; le 29, René Coty appelle de Gaulle.

492. – À ROGER NIMIER[1]

Le 20 mai [1958]

Mon cher Roger. Mille fois pardon ! je vous relance encore ! vous qui devez être importuné à hurler par mille fâcheux ! 1° Je voudrais bien recevoir *six Voyages au bout de la nuit*. Vos services ignorent ce titre ils m'ont expédié un tout autre livre.

2° Ci joint lettre parfaitement cafouilleuse de *New Direction*[2]. Si Claude G a tant d'entreprise il ferait bien de donner le *Voyage* à tourner ici, en français. Ce serait la très bonne affaire pour *nous tous*.

3° Finale requête

Pourrait-on envoyer un *Entretien avec le P^r Y* à

Mme Édith Lebon

30 Rue Vaneau

Paris

il s'agit de mon ex-épouse, elle tient salon littéraire et mondain et millionnaire... elle fête ses 59 ans[3], et moi-même 65 berges le 27... vieux rigolos !

Votre bien fidèle crampon

Louis

---

1. Archives Nimier.
2. New Directions est l'éditeur américain de *Voyage*, *Mort à Crédit* et *Guignol's Band* ; Céline joint une lettre de l'un de ses dirigeants, Robert M. MacGregor, qui écrit qu'il a étudié avec Claude Gallimard, de passage à New York, la possibilité de publier *D'un château l'autre* aux États-Unis. Le volume ne paraîtra en fait qu'en 1968 chez un autre éditeur.
3. Édith Lebon, née Follet (1899-1990).

493. — À LOUIS-FERDINAND CÉLINE[1]

Paris le 21 Mai 1958

Docteur Destouches
25ter, route des Gardes
Meudon (Seine & Oise)

Mon cher Louis,

Je fais envoyer les livres que vous me demandez.

J'ai remarqué que les lettres venant d'Amérique sont généralement incompréhensibles et pleines d'embarras. Puisque Claude Gallimard a vu ce Monsieur, il m'en parlera à son retour dans une quinzaine de jours.

Avez-vous fondé un comité de vigilance républicaine ?

Croyez, mon cher Louis, à toute mon amitié.

Roger Nimier

494. — À ROGER NIMIER[2]

31/5 [1958]

Mon cher Roger

Que me font bien rigoler tous ces lustucrus défilant en hordes hostiles, menaçantes, délirantes, qui se trouvaient admirablement d'accord quand il s'agissait de moi m'étriper ! et qui se retrouveront très bien du même avis à l'occasion ! Je suis « l'union nationale » de toutes ces ordures ! Nous en verrons de belles si nous vivons assez ! Toute cette racaille ne devrait défiler qu'en égouts !

Bien votre fidèle

Louis

1. Archives Gallimard. Double de lettre dactylographiée.
2. Archives Nimier.

495. — À ROGER NIMIER[1]

9/ Juin [1958]

Mon cher Roger

Vous le savez sans doute Parinaud et la TV s'annoncent pour me prendre dans mon numéro de clown raisonneur mardi prochain[2]. Si vous êtes du cirque, la piste à vous !

Bien affectueusement

Louis

496. — À ROGER NIMIER[3]

Le 23/6 [1958]

Mon cher Roger

En bref. *Très grave*. Il me reste et m'empêchent de dormir quatre petits travaux que je voudrais voir imprimés en luxe avec illustrations

3 ballets : 1° La naissance d'une fée
          2° Voyou Paul, Brave Virginie
          3° Foudres et Flèches
et un scénario
          4° Scandale aux Abysses[4]

l'illustratrice je crois l'avoir... mais la NRF, peut-elle se charger de cette édition ? ah ? si elle ne veut pas, nous irons voir sous d'autres réverbères...

---

1. Archives Nimier.
2. André Parinaud ne semble pas avoir été en charge d'émissions télévisées, mais il a pu servir d'intermédiaire ou d'accompagnateur pour une interview.
3. Archives Nimier.
4. « La Naissance d'une fée » et « Voyou Paul, Brave Virginie » ont été publiés pour la première fois dans *Bagatelles pour un massacre* chez Denoël en 1937 ; *Foudres et flèches* est paru chez Charles de Jonquières en 1949 (voir note 2, p. 43) et *Scandale aux abysses* a été édité par Pierre Monnier sous son nom d'éditeur Frédéric Chambriand en 1950.

Qu'en pensez-vous, surmené féerique Roger ? j'ai eu grâce à vous, Parinaud et son usine, je ne suis pas à une honte près, mais celle-ci doit être joliette ! vous la verrez et ne m'en parlerez pas. En vendrais-je enfin un livre de plus ? Que c'est douteux !

Mille affectueux mercis

Louis

497. — À ROGER NIMIER[1]

Le 25 [juin 1958]

Mon cher Roger
    de Roger.

Voyou Paul et naissance d'une fée se trouvent dans *Bagatelles*. Je vous les ferai envoyer par Marie Canavaggia, le reste aussi Scandale et Foudres, le tout doit faire peu de pages, une cinquantaine. Quant à l'illustratrice j'ai pensé et ai alerté mon ex épouse Mme Édith Lebon, 30 Rue Vaneau, qui est professionnelle de l'illustration. Elle a illustré pour Robert Denoël mais Édith Lebon part pour deux mois à Lannilis dans le Finistère[2] elle y étudiera les manuscrits et elle vous demandera audience en Octobre. Englouti que vous êtes sous les enfants et les manuscrits, il est prodigieux que vous trouviez encore le temps et le zest d'écrire !

Parinaud est un personnage des muets Chaplin. Vous le dîtes, il ose, c'est énorme ! Charles XI et Malraux sont aussi des « personnages »... mais comme tout ceci finira bientôt sous les bombombes et les chinois, nous aurons à peine le temps de nous amuser.

Bien affectueusement

Louis

1. Archives Nimier.
2. La famille de la mère d'Édith Lebon était originaire de Lannilis.

498. — À ROGER NIMIER [1]

Le 10 [juillet 1958]

Cher Roger. Toutes les tentes et les tantes sur vos pelouses [2] ! en sus vous aurez les chiens ! gâtés vous pourrez vous dire ! Gaston perd la vue mais si le même malheur m'advient demain je serai beaucoup plus emm. parce que lui restera plein de millions et moi beaucoup plus pauvre que Job. Vous aussi ! Saperlipopette ! Il faudra absolument qu'on m'édite mes ballets, illustrés comme je vous ai dit, vous verrez l'artiste après les vacances, je l'ai mise au turf *pendant* les vacances, rien n'em. plus les gens riches ! et surtout les très riches ! À bientôt Roger, un coup de taxi, je vous dédommagerai venez repérer l'endroit de votre campinge.

On vous embrasse,

Louis

499. — À ROGER NIMIER [3]

Le Jeudi [17 juillet 1958]

Mon cher Roger

J'abuse ! j'en conviens ! mais vous êtes aussi trop indulgent ! tant pis pour vous ! pouvez-vous faire envoyer au plus tôt, mes livres

1° Guignols Band
2° Voyage au bout de la nuit
3° Mort à Crédit
4° Entretiens avec le P^r Y

---

1. Archives Nimier.
2. Allusion probable à un cocktail de la N.R.F. qui se déroule dans le jardin de la rue de l'Université.
3. Archives Nimier.

à Madame Édith Lebon
abs Dr P. Morvan
Place Leclerc
Lannilis
Finistère

à ma honte, je me suis aperçu que mon ex-femme n'avait jamais lu aucun de mes livres, mais qu'elle connaissait Mac Orlan par cœur et Sartre et cent autres ! je veux lui faire ce cadeau pour essayer de l'intéresser à l'illustration de mes ballets. Je tiens très fort à cette réalisation. Mais mettre une femme riche au travail est un exploit d'Hercule, et bon Dieu que je me sens faible !

Bien affectueusement à vous

Louis

500. — À ROGER NIMIER [1]

Le 21 [juillet 1958]

Mon cher Roger, nous étions tout désemparés, je vous savais malade, mais à quel point ? Je vois ce qu'il en est, un petit incident [2]... Votre vie très agitée et *sans auto*. La Suisse vous fera grand bien [3], mais mieux encore, serait une solide sécurité en banque, tout le reste est cardiogrammes et déconneries. Hélas nous en sommes tous, pauvres, là. Partez vite au repos. Si vous le pouvez, faites envoyer mes livres à Édith Lebon Lannilis Finistère. S'il se peut envoyez-moi une carte de votre séjour... Nous vous embrassons cher Ariel [4], bien navrés, et bien affectueux

Louis
Lucette

---

1. Archives Nimier.
2. À la mi-juillet, Nimier a été victime d'un incident cardiaque (Dambre, p. 471).
3. Nimier part se reposer chez Paul Morand à Vevey.
4. Shakespeare a fait de ce nom symbolique de Jérusalem un esprit de l'air et de la soumission heureuse dans *La Tempête*.

501. — À LOUIS-FERDINAND CÉLINE[1]

Paris le 21 Juillet 1958

Docteur Destouches
25ter, route des Gardes
Meudon (Seine et Oise)

Cher Monsieur,

M. Nimier avant son départ en convalescence nous a laissé des instructions pour envoyer les titres suivants à Madame Lebon :

Guignol's Band
Voyage au bout de la nuit
Mort à crédit
Entretiens avec le Professeur Y.

Malheureusement, je n'arrive pas à déchiffrer le nom de la ville dans le Finistère. Je préfère vous le demander, pour éviter toute erreur.
Veuillez croire, cher Monsieur, à mes sentiments les meilleurs.

[Non signé]

502. — À ROGER NIMIER[2]

Le 26. [juillet 1958]

Mon cher Roger. Il y a deux espèces d'êtres humains, ceux qui prennent des vacances et ceux qui n'en prennent pas. Malgré vos petits airs vous appartenez à la seconde, et voilà tout ! J'arrive peu à peu à remettre au boulot mon ex-légitime mais c'est du mal, pas que l'esprit lui manque la bougresse, mais le zest et la pauvreté. Ce que nous avons bien de trop !

---

1. Archives Gallimard. Double de lettre dactylographiée.
2. Archives Nimier.

Enfin je crois que par le sortilège de vos charmes et parfaites façons, tout s'arrangera !
Votre fidèle bien reconnaissant et bien laborieux

Louis

Parinaud n'a donné aucun signe de vie, ni Paris-Match ni Jours de France[1]. C'est une habitude à prendre !

503. — À ROGER NIMIER[2]

Le 28/ Août [*pour* juillet 1958]

Mordez cher Roger dans « Lectures pour tous » de ce mois d'Août, la vraiment très belle façon de ce *Dumur*[3] de m'enterrer absolument en chantant tout Gallimard et ne citant absolument pas mes livres. On ne peut faire mieux dans le genre, ce doit être payé par la NRF au titre d'antipublicité. Que l'on s'étonne ensuite que par n'importe quel moyen ?
Votre bien fidèle

Louis

1. Aucun article ne paraîtra dans ces journaux en 1958.
2. Archives Nimier.
3. Guy Dumur (1921-1991), critique.

504. — À ROGER NIMIER[1]

Le 9 Août [1958]

Mon cher Roger, Heureux pareil Ulysse !

J'ai mes vacances par cartes postales, enivrantes... j'en titube ! je ne demande rien de plus... avec l'âge et la pauvreté on apprend à n'exister plus... travail veut dire torture, vous le savez, en latin... hardi, donc ! Roger ! vous savez aussi ce que disait Damiens au réveil... « La journée sera rude !... » aux miteux c'est toute l'année le travail... jusque mort s'ensuive ! Patatrac ! pour l'illustratrice ! plus question ! en trente ans, devenue trop riche, poivrote, et curée, fainéante totale, et maquisarde absolue ! en sus ! hostile doucereuse mais féroce ! et mandatée ! gourrance donc ! la gueule du loup ! n'en parlons plus ! assez d'emm... tel quel !

À la grande joie de vous revoir enfin bien cher Roger...

Bien affectueusement

Louis

505. — À LOUIS-FERDINAND CÉLINE[2]

Paris le 11 Août 1958

Docteur Destouches
25ter, route des Gardes
Meudon (Seine et Oise)

Cher Louis,

Je ne crois pas que ce soit gênant de faire une édition non illustrée.

Il suffira de faire un tirage façon demi-luxe, numéroté, sur un papier meilleur.

---

1. Archives Nimier.
2. Archives Gallimard. Double de lettre dactylographiée.

Pouvez-vous me communiquer le texte des quatre ballets (revu et corrigé si vous le désirez).

D'autre part, avez-vous pensé à un titre d'ensemble ? Nous reparlerons de tout cela cette semaine.

Affections.

Roger Nimier

506. — À ROGER NIMIER[1]

Le 13/ Août 58

Mon cher Roger

La situation est en main ! Sauvée ! Je me suis assuré le talent de ma très ancienne petite cliente (de Clichy) Éliane Bonabelle[2] elle est disposée et ravie d'illustrer mes quatre ballets et le film. Éliane est connue à la NRF et son talent est national et international ! Maintenant il s'agit que je vous rassemble ces belles œuvres et vous les fasse parvenir. Éliane ira vous voir à son retour d'Helsinki, fin du mois, vous vous entendrez facilement avec elle, je crois.

Le titre de ce recueil sera :

« *Film et ballets, sans musique, sans personne, sans rien* »

À bientôt cher Roger !

Louis

---

1. Archives Nimier.
2. Nièce de Charles Bonabel, disquaire à Clichy et ami de Céline, elle avait rendu visite à Lucette Destouches à Copenhague peu après l'arrestation de Céline en janvier 1946.

507. — À LOUIS-FERDINAND CÉLINE[1]

Paris le 26 Août 1958

Docteur Destouches
25ter, route des Gardes
Meudon (Seine et Oise)

Cher Louis,

J'ai bien reçu le texte des « Ballets » admirablement tapé comme à l'habitude.

Votre secrétaire et confidente[2], pensait qu'il serait préférable de ne pas mettre le film[3] dans cette édition. Je trouve également que le titre « Ballets sans musique, sans personne, sans rien » serait mieux que « Film et ballets » qui risque d'être mal compris.

À présent, j'attends Madame Bonabelle.

Je tiens à vous dire de toute façon que cette édition se fera. Si les illustrations posaient un problème pour telle ou telle raison, nous pourrons toujours en revenir à la solution d'un tirage restreint comme « Les entretiens avec le Professeur Y ».

Votre ami.

Roger Nimier

508. — À ROGER NIMIER[4]

Le 27/ [août 1958]

Mon cher Roger

Tout ce que vous déciderez sera parfait, mais je tiens au titre :
« Ballet, sans musique, sans personne, sans rien »

---

1. Archives Gallimard. Double de lettre dactylographiée.
2. Marie Canavaggia.
3. *Scandale aux abysses*, qui est en fait un scénario.
4. Archives Nimier.

Peut-être un petit dessin par Éliane ? vous en jugerez ! Marie n'a rien à foutre dans tout ceci, elle nous emm avec son grain de sel et sa sœur... toute la Corse !

Votre très reconnaissant et fidèle et rasoir

Ferdinand

509. — À ROGER NIMIER[1]

Le 12/ [septembre 1958]

Cher Roger de nulle-part,

Bonabelle a essayé trois fois de vous joindre, on ne sait pas où vous êtes, ni quand vous reviendrez, je tente à mon tour, É. Bonabelle s'en va jeudi en Finlande... Son numéro à Paris *DAN. 70 83* à tout hasard !

Votre bien fidèle

Louis

510. — À ROGER NIMIER[2]

Le 19 [septembre 1958]

Mon cher Roger, c'est en char à bancs que je vous attends, tous ! Quand on va à la campagne, c'est le moins ! les bateaux-mouches sont cages à mouches, plus à respirer ! et plus de fritures ! il reste encore en bas de chez moi un bout de « Pêche miraculeuse » nous pourrions y aller taquiner pendant que ces dames danseront... Je vous vois bien en tricot à cercles tricolores... biscotos saillants...

1. Archives Nimier.
2. Archives Nimier.

Éliane Bonabelle a je crois toutes les aptitudes et le métier sérieux qu'il faut pour vous contenter... entre deux ambassades elle trouvera le temps... ma plus ancienne malade de Clichy...
Toutes nos affections et à bientôt

Louis

511. — À LOUIS-FERDINAND CÉLINE[1]

Paris le 19 Septembre 1958

Docteur Destouches
25ter, route des Gardes
Meudon (S. & O.)

Cher Louis,

Je reçois une lettre d'un jeune belge[2] que nous avions vu chacun de notre côté l'année dernière.

Il a écrit un manuscrit sur votre œuvre et votre style, qu'il va m'envoyer. Je vous le communiquerai après l'avoir lu.

Croyez, mon cher Louis, à toute mon amitié.

Roger Nimier

1. Archives Gallimard. Double de lettre dactylographiée.
2. Marc Hanrez.

512. — À ROGER NIMIER[1]

Le 20/ [septembre 1958]

Oui oui oui cher Roger ! tout à fait d'accord pour le Nobel dont j'ai bien besoin (vous aussi !) mais je les vois bien aussi muffles et décevant que Paris-Match, Parinaud, et Jours de France, Traîtres et C° ! Comptez sur les gens !
À bientôt bien confiant ami !

Louis

513. — À LOUIS-FERDINAND CÉLINE[2]

Paris le 1 Octobre 1958

Docteur Destouches
25ter, route des Gardes
Meudon (Seine et Oise)

Cher Louis,
Voici le manuscrit (je vous en avais parlé) du jeune belge.
Vous verrez qu'il s'agit d'une étude universitaire très sérieuse.
L'auteur doit venir à Paris dans le courant du mois d'octobre.
Je ne crois pas que ce soit publiable sous cette forme trop appliquée ; mais il y a, en tout cas, les éléments d'un livre.
Je vais quelques jours en Normandie pour manger de l'herbe.
Affectueusement.

Roger Nimier

---

1. Archives Nimier.
2. Archives Gallimard. Double de lettre dactylographiée.

514. — À ROGER NIMIER[1]

Le 3 [octobre 1958]

Mon cher Roger, je vous vois préfet aux champs, petit berger de temps à autre, touriste, hôtelier, que j'y aille ! et revienne tout bouffi, aussi...

Oh que je suis embarrassé pour l'admirable travail de ce jeune savant belge ! il faudrait un Claudel, un Jules Romains, une Françoise, pour n'être pas écrasé par cette somme de si scrupuleux commentaires ! Que faire ? à vous Seigneur, à vos heures, de décider ce qui se doit...

Un mot des prairies, s'il vous plaît, que nous connaissions l'air du temps, si notre petit ensemble peut aller jusqu'à la Toussaint ?

On vous embrasse

Louis

515. — À LOUIS-FERDINAND CÉLINE[2]

Paris le 21 Octobre 1958

Docteur Destouches
25ter, route des Gardes
Meudon (Seine & Oise)

Cher Louis,

En effet un lecteur intelligent, c'est assez rare. Je vous rends la lettre[3].

J'ai été heureux de vous revoir l'autre jour, en compagnie de mon belge grammatical et sérieux[4].

Tout à vous.

Roger Nimier

1. Archives Nimier.
2. Archives Gallimard. Double de lettre dactylographiée.
3. Non retrouvée.
4. Nimier a accompagné Marc Hanrez chez Céline.

516. — À LOUIS-FERDINAND CÉLINE[1]

Paris le 31 Octobre 1958

Docteur Destouches
25ter, route des Gardes
Meudon (Seine & Oise)

Mon cher Louis,

Nous avons étudié le coût de fabrication d'un volume comparable à celui de Louise de Vilmorin (illustré par Jean Hugo)[2], que je vous avais montré.

Pour ce volume à tirage restreint, et sur beau papier, nous pouvons vous proposer 10 % de droits et nous donnerions 2 % à Éliane Bonabel.

Pour une édition ordinaire, vous auriez vos droits habituels.

Dites-moi si je puis faire rédiger les contrats.

Croyez, mon cher Louis, à toute mon amitié.

Roger Nimier

1. Archives Gallimard. Double de lettre dactylographiée.
2. *L'Alphabet des aveux* publié en 1955 par Gallimard.

517. — À LOUIS-FERDINAND CÉLINE[1]

Paris le 4 Novembre 1958

Docteur Destouches
25ter, route des Gardes
Meudon (Seine & Oise)

Cher Louis,

Je pense que Jean Serge[2] vous a téléphoné.

Je fais établir les contrats pour vous et Éliane Bonabel. Elle semble disposée à travailler tout de suite.

À mon avis, ce n'est pas le Prix Nobel qu'il vous faut, mais le poste d'administrateur de l'Opéra.

Tout à vous.

Roger Nimier

518. — À ROGER NIMIER[3]

Le 6 [novembre 1958]

Mon cher Roger

Je n'ai pas lu votre article d'Art[s][4] dont on me dit merveilles, je vais le faire venir de Paris. Certes la tradition est à reprendre, depuis le Dr Veron aucun médecin ne prit l'Opéra, mais la petite Grange Batellière qui coule sous le plateau est partie aux ténèbres, cependant qu'une énorme alluvion de métèques recouvre tout ce mouvement. De ma fenêtre j'aperçois à peine la coupole émerger.

---

1. Archives Gallimard. Double de lettre dactylographiée.
2. Jean Serge veut probablement demander à Céline de lui communiquer ses ballets pour étudier la possibilité de les monter à l'Opéra de Paris.
3. Archives Nimier.
4. « Mourir pour Nobel », *Arts*, 5-11 novembre 1958, à propos de l'attribution du Nobel à Pasternak.

À ce propos apprêtons-nous à bien rire que mes ballets vont être pillés par cette clique et servir à enrichir les autres plus ou moins indansables. On va nous les rendre les miens avec les habituels boniments.
        Amen !
Nous en avons vu d'autres, peste ! Point de mesquineries !
Votre fidèle et attentif

                Louis

519. — À ROGER NIMIER[1]

            Le 16 [novembre 1958]
Mon cher Roger

Quel goret ce Serge barbu, qu'il nous calotte les 4 ballets et cette pétasse Ludmilla[2] et sa clique ! qu'ils aient l'œil que je ne me venge exemplairement ! Cette si impuissante clique ne doute de rien et ne se doute de rien ! Grogneugneu ! Et notre Bonabelle ? nous faille-t-elle aussi ? j'en suis à trembler de tout !

Roger l'Ariel, je sens venir l'orage ! Je vous embrasse et pas Madame, trop occupée !

                Louis

---

1. Archives Nimier.
2. Ludmilla Tchérina (Monique Tchemerzine, née en 1925).

520. — À ROGER NIMIER[1]

Le 18 [novembre ou décembre 1958]

Cher Roger

le malheur vous voyez c'est que votre préface est trop bien venue, trop incisive, vous faites tort à Swift, qui paraît à côté bien pâle, bien velléitaire[2]...

Oh ne vous alarmez pas ! les connaisseurs n'y verront rien ! d'abord, ils ne liront que vous !

Bien affectueusement

Louis

521. — À ROGER NIMIER[3]

27 [novembre 1958]

Mon cher Roger

Éliane désolée a fini par se mettre au mieux avec une téléphoniste. « N'allez pas relancer Nimier ! il est à sa leçon de trompette avec Paulhan chez Gaston ! ils fignolent leur magnifique trio : " Goncourt's March ". Mme Laigle leur tourne les pages. » Éliane désespérée s'enfuit. Le livre me semble bien dans les pommes, abandonné à quelque terrasse, aux mains des pédés, plagiaires et garçons de café ! Ô cruautés des Décadences ! Téléphones, Silences, Absences !

Mille baisers désolés

Louis

---

1. Archives Nimier.
2. Nimier a écrit une préface pour l'édition de poche des *Instructions aux domestiques* de Swift qui paraîtra en septembre 1959.
3. Archives Nimier.

522. — À ROGER NIMIER[1]

Le 28 [novembre 1958]

Cher Roger

Histoires que l'on nous conte ! Ludmilla pouvait parfaitement s'arranger de ces quatre ballets[2] ! tartuferies ! l'interdit, comme à l'habitude vient d'ailleurs... peste ! que nous sommes blasés !

———

Quant à Bonabelle dès qu'elle aura terminé tant soit peu les dessins j'irai moi-même, en personne, avec elle, par le bras, vous les montrer, et recueillir les renseignements d'ordre technique (auxquels je ne comprends rien) le tout est d'en finir avec cet ouvrage ! au diable, ce Philippe[3] ! un coup de taxi et tout sera dit ! Si vous ne tenez pas à nous voir vous aurez peut-être la bonté de nous faire chasser par une secrétaire compétente ! oh j'en ai vu d'autres !

Mille respectueux baisers

Louis

523. — À ROGER NIMIER[4]

1/12 [1958]

Mon cher Roger

Le mardi *9 Déc* vers *11 H 1/4* nous serons avec Éliane et ses dessins, à frapper à la porte de votre bureau. Nous verrons si le Doge y est et s'il nous fait précipiter aux oubliettes ! nous sommes prêts ! surtout moi qui ai bien l'habitude.

Bien affectueusement

Louis

---

1. Archives Nimier.
2. L'Opéra de Paris a probablement répondu qu'il lui était impossible de monter les ballets de Céline.
3. Nous ne savons pas de qui il s'agit.
4. Archives Nimier.

524. — À LOUIS-FERDINAND CÉLINE[1]

Paris le 2 Décembre 1958

Docteur Destouches
25ter, route des Gardes
Meudon (Seine et Oise)

Cher Louis,

Je ne veux absolument pas que vous vous dérangiez et je verrai très bien Mme Bonabel toute seule le mardi 9, à 11 h. 1/4. J'achèterai même du porto pour la recevoir plus dignement.

En revanche, je voudrais essayer de venir vous voir samedi ou dimanche — si cela ne vous dérange pas trop.

Affectueusement.

Roger Nimier

525. — À ROGER NIMIER[2]

Le 16 [décembre 1958]

Mon cher Roger

Balou absolument sans couilles est encore plus jaloux qu'avant, donc aucun espoir pour Gaston, ne peut aller que mal en pire... Balou lecteur déchirera tout, bien plus avisé sélecteur que les Comités...

Le « Crime ne paye pas » dérision[3] ! ceux qui m'ont tout pris s'en portent à merveille ! justement que ça qui rapporte ! une belle collection les « grandes amoralités ! » les folles réussites ! voilà qui aurait du lecteur !

---

1. Archives Gallimard. Double de lettre dactylographiée.
2. Archives Nimier.
3. Nom d'une collection qui vient d'être créée chez Gallimard.

Mauriac qui se permet de vous trouver tout petit Byron[1]... que ne le trouvez vous l'enculé Tartufe : suceur du Rond-Point ?

De la galère d'où je rame et pour Gaston malheur de moi et bien fidèle

Louis

526. — À LOUIS-FERDINAND CÉLINE[2]

Paris le 23 Décembre 1958

Docteur Destouches
25ter, route des Gardes
Meudon (Seine & Oise)

Cher Louis,

Je compte venir vous voir le jour de Noël, si cela vous convient.

Pour ne pas l'oublier, je veux aussi vous demander un renseignement à propos du manuscrit de « Mort à crédit ». On m'a dit qu'une partie de ce manuscrit avait été détruite en Normandie, au cours d'un bombardement. Savez-vous quelque chose à ce sujet[3].

Croyez, cher Louis, à toute mon amitié.

Roger Nimier

---

1. Dans son « Bloc-notes » de *L'Express* du 15 octobre 1954 qui vient d'être réuni en volume chez Flammarion.
2. Archives Gallimard. Double de lettre dactylographiée.
3. Version peu connue pour expliquer certaines disparitions de manuscrits de Céline ; mais Céline semble bien avoir lui-même vendu celui de *Mort à crédit*.

1959

527. — À LOUIS-FERDINAND CÉLINE[1]

Paris, le 13 Janvier 1959

Monsieur le Docteur Destouches
25ter Route des Gardes
Meudon Seine & Oise

Monsieur,

Conformément aux prescriptions du Code Général des impôts et afin de vous permettre d'en tenir compte dans l'établissement de la déclaration de vos revenus, nous vous informons que le montant des sommes qui vous ont été versées dans le courant de l'année 1958, se décompose comme suit :

Droits d'auteur de source française =	Frs 2.260.171.—
Droits d'auteur de source étrangère =	
Total déclaré =	Frs 2.260.171.—

En cas de désaccord sur les chiffres mentionnés ci-dessus, nous vous prions de bien vouloir nous en aviser avant le 25 courant, notre déclaration devant parvenir au Contrôleur des Contributions le 31 Janvier, dernier délai.

Veuillez agréer, Monsieur, l'assurance de nos sentiments distingués.
P[our] Le Directeur,

B[ernard] Huguenin

---

1. Archives Gallimard. Original renvoyé par Céline.

528. — À ROGER NIMIER[1]

Le 13 [janvier 1959]

Mon cher Roger. Le fait est qu'Éliane Bonabelle va partir pour Leipzig fin février et qu'il serait peut-être bon qu'on puisse lui demander avant cette date de regarder les épreuves ? ne pensez-vous pas ? pour ne pas vous déranger j'ai essayé de joindre Festy, sa secrétaire m'a expédié sur Robert G qui m'a perdu dans un pataquès vers Gaston... ainsi vont planètes et fusées... moi qui ne suis pas si atomique je me demande où tout ça va ? avez-vous une idée cher Roger ? quels pascaliens espaces ?

On vous embrasse

Louis

529. — À LOUIS-FERDINAND CÉLINE[2]

Paris le 14 Janvier 1959

Docteur Destouches
25ter Route des Gardes
Meudon — Seine et Oise

Cher Louis,

Je crois que les illustrations, a priori, vont très bien.

On est en train d'étudier le prix de revient du livre, pendant qu'on compose le texte.

Vous devez avoir beaucoup de neige à Meudon[3].

À bientôt.

Roger Nimier

1. Archives Nimier.
2. Archives Gallimard. Double de lettre dactylographiée.
3. Il neige en France depuis le 11 janvier et en particulier sur le Bassin parisien.

530. — À ROGER NIMIER[1]

Le 15 [janvier 1959]

Mon cher Roger

Voici ! voici la Vérité[2] ! Elle n'est pas brillante, mais nullement alarmante. J'ai redouté bien pire, mais janséniste comme je suis tout me semble bien bénin.

À bientôt et très affectueusement

Louis

531. — À BERNARD HUGUENIN[3]

Le 16/1 [1959]

Monsieur

Je vous serais obligé de m'envoyer le *relevé détaillé* de mon compte et *portant* la somme de ma *dette* envers la NRF

Ce que l'on me demande chaque année !

Avec mes sentiments distingués

Dr Destouches

---

1. Archives Nimier.
2. Sur l'état de santé de Nadine Nimier. Céline joint une lettre du Dr Canet au Dr Willemin, ami de Céline, qui indique que la jeune femme souffre de lombalgie.
3. Archives Gallimard.

532. — À LOUIS-FERDINAND CÉLINE[1]

Paris, le 23 Janvier 1959

Monsieur Destouches
25ter, Route des Gardes
Meudon
Seine & Oise

Cher Monsieur,

Comme suite à votre demande, nous vous prions de vouloir bien trouver inclus un relevé de votre compte, arrêté au 30 Juin 1958, se clôturant à cette date par un solde en notre faveur de : Frs 5.538.936.

Veuillez agréer, Cher Monsieur, l'assurance de nos sentiments distingués.

Nicole Ouali

533. — À ROGER NIMIER[2]

27/1 [1959]

Mon cher Roger cette pauvre fille fait à peine du 5 sur 20[3]. Ventre flasque, pas de muscles, nichons pendants, gros genoux, une flasque horreur, excuse à toute pédérastie. Quant à la figure, plombier facteur ou garde champêtre. Pensez que ça doit être grand-mère, et très respectée actuellement, conseillère municipale... toute en panne et cellulite. Que ça a dû être « Résistante » ! féroce !

---

1. Archives Gallimard. Double de lettre dactylographiée.
2. Archives Nimier.
3. Céline joint à sa lettre une photographie d'un nu féminin.

Si lents qu'ils puissent être ils doivent avoir trouvé le prix de notre Ballet mi-luxe ? ce que demande à un esprit moyen 3 heures de réflexion...

Mille gratitudes pour cette belle carte mais le passe-passe signé ! Wou-Lien-Thé... me serait je crois plus commode...

───

Si la NRF vous laisse une seconde pour penser à moi voulez-vous songer à la *Pléiade* et que je ne lâcherai pas mon prochain ours qu'ils ne m'y aient fait paraître... Et qu'il avance mon prochain ours ! qu'il est terminé qu'il me reste à le pourlécher pendant encore quelques mois... 2600 pages[1].

Votre bien emmerdeur fidèle.

Louis

534. — À ROGER NIMIER[2]

Le 28 [janvier 1959]

Cher Roger voici je crois pour « le convenable »[3] du 15 sur 20, jambes un peu minces, pieds plats mais belles cuisses, figure je pense très ordinaire, gros cou idiot... en somme, fille possible

Votre

Louis

---

1. Le manuscrit de *Nord* connu compte 1 565 pages (« Pléiade », III, p. 1161).
2. Archives Nimier.
3. Céline joint à sa lettre une photographie de femme découpée dans un journal avec en titre « Futures vedettes de music-hall ». La jeune femme, en maillot, exécute une pirouette.

535. — À LOUIS-FERDINAND CÉLINE[1]

Paris, le 9 Février 1959

Docteur Destouches
25ter, route des Gardes
Meudon (Seine et Oise)

Cher Louis,

Je suis rentré de Belgique hier soir.

Voici les contrats pour vos Ballets[2]. Il faut que vous me rendiez les deux exemplaires pour l'enregistrement. On vous donnera le vôtre ensuite.

Croyez, cher Louis, à toute mon amitié.

Roger Nimier

536. — À ROGER NIMIER[3]

Le 11 2 [1959]

Mon Cher Roger,

Nous perdons notre temps ! Personne ne nous interdit de nous colorier le visage « new look » et d'aller présenter nos très jolies compagnes aux véritables amateurs[4] ! et nous placer nous-même à Conakry, chauffeurs blancs (très demandés !) et nos dames (si elles ne

---

1. Archives Gallimard. Double de lettre dactylographiée.
2. Le contrat porte la date du 4 février.
3. Archives Nimier.
4. Céline joint à sa lettre une coupure du *Figaro*, cette photographie pour la « Croisière de l'élégance 1959 » est titrée « Tour d'Afrique pour les mannequins de Paris » et légendée : « *Empruntant un long-courrier de l'U.A.T., cinq mannequins du Comité français de l'élégance se sont envolés hier du Bourget pour aller présenter la dernière mode parisienne en Afrique noire. Voici Birgit, Margaretha, Marie-José, Olivia et Nicole montant dans l'avion... au son du tam-tam.* »

réussissent pas) à Monrovia dames de compagnie (très demandées aussi !)

Mille baisers connaisseurs !

Louis

Paulhan, bonne d'enfants...
Gaston, croquemitaine.

537. — À LOUIS-FERDINAND CÉLINE[1]

PARIS, le 20 Février 1959

Docteur Destouches
25ter, route des Gardes
Meudon — Seine & Oise

Monsieur,

Nous vous envoyons ci-joint l'exemplaire de votre contrat, destiné à vos archives.

Croyez, Monsieur, à nos sentiments les meilleurs.

M[arie] A[nge] Masson[2]

---

1. Archives Gallimard. Original renvoyé par Céline.
2. Marie-Ange Masson, secrétaire à la N.R.F. en 1958-1959.

538. — À LOUIS-FERDINAND CÉLINE[1]

Paris, le 9 Mars 1959

Monsieur Destouches
25ter Route des Gardes
Meudon
Seine & Oise

Monsieur,

Nous avons l'avantage de vous remettre inclus un chèque barré sur la B.N.C.I. n° PR.674.954 de : CENT MILLE FRANCS (Frs 100 000) représentant le montant de votre dernière mensualité sur 24 qui vous étaient dues pour la publication de votre ouvrage « D'UN CHÂTEAU L'AUTRE ».
Veuillez agréer, Monsieur, l'assurance de nos sentiments distingués.

Nicole Ouali

539. — À ROGER NIMIER[2]

20 [mars 1959]

Mon Cher Roger,

J'ai retrouvé cette lettre que je cherchais dans mes décombres[3] ! Il y a des connaisseurs ! Triste preuve !
Bien affectueusement

Louis

---

1. Archives Gallimard. Double de lettre dactylographiée.
2. Archives Nimier.
3. Non retrouvée dans les lettres conservées par Roger Nimier.

540. — À ROGER NIMIER[1]

Le 7 [avril 1959]
Mon cher Roger.

Tout arrive ! Un moment vous aurez un moment pour penser à mes emm.....ies !
    1° La Pléiade ?
    2° la traduction allemande ?
    3° d'un *Château* en livre de poche ?
    4° Le Ballet ?

Il faut je crois saisir les ectoplasmes avant qu'ils se dissipent encore emportés par les grippes et les vacances... Quand les Chinois vont venir[2] ils vont être bien étonnés de voir ces êtres partout à la fois en même temps, à l'hôpital, au bordel, sur les Alpes, au fond de la mer, et sur les nuages.

Bien affectueusement

Louis

541. — À LOUIS-FERDINAND CÉLINE[3]

Paris, le 8 Avril 1959

Docteur Destouches
25 route des Gardes
Meudon — Seine et Oise

Cher Louis,

On va demander un autre traducteur, si cet Allemand continue à s'avérer introuvable.

---

1. Archives Nimier.
2. L'invasion de l'Europe par les peuples asiatiques est l'une des obsessions qui revient dans les œuvres de Céline à la fin de sa vie.
3. Archives Gallimard. Double de lettre dactylographiée.

Mme Canavaggia doit avoir corrigé les épreuves des « Ballets » que j'ai sous les yeux, également en épreuves.

Enfin, comme je vous l'avais dit, Claude et Gaston Gallimard semblent absolument décidés cette fois-ci pour la Pléiade. Je leur ai suggéré de faire un premier volume avec « VOYAGE AU BOUT DE LA NUIT » et quelques autres textes comme « CASSE-PIPE ». Cela nous permettrait d'envisager un second volume avec « MORT À CRÉDIT » et « D'UN CHÂTEAU L'AUTRE ».

Je crois que la publication « D'UN CHÂTEAU L'AUTRE » est un peu récente pour le Livre de Poche, et que nous risquons d'en vendre de nouveaux exemplaires au moment de la sortie de « NORD ».

J'espère venir vous voir vendredi, si Renée Cosima veut bien m'amener chez vous.

Croyez, cher Louis, à toute mon affection.

Roger Nimier

542. — À LOUIS-FERDINAND CÉLINE[1]

Paris, le 13 Avril 1959

Docteur Destouches
25ter, route des Gardes
Meudon

Cher Louis,

On me signale que le traducteur « D'UN CHÂTEAU L'AUTRE »[2] aurait fini son travail et que le livre devrait paraître vers la fin de l'année.

Croyez, cher Louis, à toute mon amitié.

Roger Nimier

---

1. Archives Gallimard. Double de lettre dactylographiée.
2. La traduction allemande qui ne paraîtra chez Rowohlt que l'année suivante.

543. — À ROGER NIMIER[1]

Le 13 mai [*pour* avril ? 1959]

Mon cher Roger

La route des « avances » est coupée... ! tant pis ! je ne fous plus rien ! J'ai l'âge !

Bien affectueusement

Louis

544. — À LOUIS-FERDINAND CÉLINE[2]

Paris le 15 Avril 1959

Docteur Destouches
25ter, route des Gardes
Meudon — S. et O.

Cher Louis,

Sans attendre le contrat de « Nord », que nous allons établir[3], je vous fais envoyer un chèque de 100.000 francs.

Gaston Gallimard avant de partir pour Lyon se faire opérer[4] m'a donné des instructions pour le contrat de la Pléiade qui comprendra « Le Voyage au bout de la nuit » et « Mort à crédit ».

Croyez, cher Louis, à toute mon amitié.

Roger Nimier

---

1. Archives Nimier.
2. Archives Gallimard. Double de lettre dactylographiée.
3. Le contrat sera signé en juin.
4. Gaston Gallimard va se faire opérer de la cataracte.

545. — À ROGER NIMIER[1]

Le 28 Avril [1959]

Excellent ami, force m'est bien d'oser vous relancer encore ! je vois la NRF encore évaporée au vent de quelque vacance, maladie, crise de nerfs, mélancolie, patchouli, résédas...

Ainsi ne vois-je venir ni le contrat *Pléiade* ni le contrat *Nord*. Je comptais sur ces excellents documents pour me redonner du cœur à la rame... s'il faut que le galérien implore qu'on l'enchaîne, le monde touche bien à sa fin !

alors !

Votre sincère et affectueux

Louis

546. — À LOUIS-FERDINAND CÉLINE[2]

Paris le 28 Avril 1959

Docteur Destouches
25ter, route des Gardes
Meudon

Cher Louis,

Le contrat pour « NORD » est à la signature. Je fais prévoir une tranche de mensualité de 100.000 francs pendant un an à partir du 10 mai, et une seconde tranche de 100.000 francs pendant deux ans, à partir de la remise du manuscrit. Bien entendu, si nous avions votre manuscrit avant un an, ce que j'espère, le solde de la première tranche vous serait immédiatement versé.

---

1. Archives Nimier.
2. Archives Gallimard. Double de lettre dactylographiée.

Pour « La Pléiade », laissez-moi encore quelque temps : on discute de la composition exacte du volume. Je crois qu'on en viendra au plus simple, c'est-à-dire : « VOYAGE AU BOUT DE LA NUIT » suivi de « MORT À CRÉDIT ».

J'ai lu un ouvrage sur le métro parisien où l'on analyse « LES ENTRETIENS AVEC LE PROFESSEUR Y »[1].

Enfin, nous voudrions publier un livre sur vous dans notre nouvelle collection : « Bibliothèque Idéale[2]. » Reste à trouver l'auteur. Il me semble que le jeune belge que nous avons vu (Marc Hanrez) serait bien. Donnez-moi votre opinion.

Affectueusement.

Roger Nimier

547. — À ROGER NIMIER[3]

Le 29 [avril 1959]

Mon cher Roger

Toute ma reconnaissance ! Que ces gens si louches signent enfin ce contrat *Nord* et me versent 100 sacs par mois pendant un an et puis deux ans à la remise du manuscrit. Entendu ! MAIS pas de NORD sans décision pour la *Pléiade* ! Qu'ils s'éveillent ! Parfait, Marc Hanrez pour cette Bibliothèque Idéale ! Bien d'accord !

Bien affectueusement

Louis

---

1. Non identifié ; peut-être était-ce un manuscrit ?
2. Collection créée en octobre 1958 et dont les premiers titres ont été consacrés à Claudel, Léautaud et Saint-Exupéry.
3. Archives Nimier.

548. — À ROGER NIMIER[1]

Le 2 [mai 1959]

Mon cher Roger

La preuve est faite, les Gallimoches se foutent de moi, donc ayez la bonté de leur dire que retraité, je pose les clous, ne fous plus rien, laisse tout en plan, à moins de recevoir *très vite* ce contrat de Pléiade cent fois promis, juré, cent fois renié... Zéro !
Bien votre ami !
Vacances ! Vacances ?

Louis

549. — À LOUIS-FERDINAND CÉLINE[2]

Paris, le 6 Mai 1959

Monsieur Destouches
25ter Route des Gardes
Meudon
Seine & Oise

Monsieur,

Nous avons l'avantage de vous remettre inclus un chèque barré sur la BNCI n° PR.678.985 de : CENT MILLE FRANCS (Frs 100.000) représentant le montant de votre deuxième mensualité à valoir sur vos droits d'auteur de l'ouvrage : « NORD » à paraître ; la première mensualité vous a été adressée directement par Monsieur Roger Nimier.

Nous vous en souhaitons bonne réception et vous prions d'agréer, Monsieur, l'assurance de nos sentiments distingués.

Nicole Ouali

---

1. Archives Nimier.
2. Archives Gallimard. Double de lettre dactylographiée.

550. — À ROGER NIMIER[1]

Le 9 [mai 1959]

Mon cher Roger

Cette petite Marie est toute délicieuse, songeuse, je veux la revoir[2], elle me fait rêver, je l'aime, et de si beaux yeux ! Ah vous n'avez pas fini d'empêcher que les amoureux se suicident !

―――

Question biographie si j'étais obligé de m'y mettre[3] je choisirais
vacher de Lapouge[4]
ce me serait l'occasion de me renseigner moi-même[5] et d'un ! mystérieux homme ! pourtant il semble procureur général à Poitiers vers 1880... bien en évidence donc ! ses livres sont à la Bibliothèque Nationale mais lui-même ne figure dans aucun dictionnaire !

―――

Maintenant cher Roger les deux livres qui me manquent ! de *Benoit Méchin*
    1° Ibn Seoud le Grand
    2° Les 60 Jours qui ébranlèrent le monde[6]
Honte ! Honte ! Chaque fois que je vous écris vous n'y coupez pas ! Votre si grande gentillesse bien punie ! et par moi qui vous dois déjà tant !
    Fraternellement

Louis

---

1. Archives Nimier.
2. Nimier a emmené sa fille chez Céline.
3. Pour le *Bulletin de la N.R.F.* du mois de juin, dans lequel deux pages seront consacrées à la collection de biographies « Leurs figures », l'éditeur a demandé à un certain nombre de ses auteurs célèbres quel ouvrage il aimerait écrire pour la collection ; Caillois, Ionesco, Paulhan, Giono, Montherlant et Céline ont notamment répondu à cette question.
4. G. Vacher de Lapouge (1854-1936), écrivain et sociologue antisémite.
5. La réponse de Céline sera retranscrite telle : « *Si j'étais obligé de m'y mettre, je choisirais Vacher de Lapouge. Ce me serait l'occasion de me renseigner moi-même !* »
6. Jacques Benoist-Méchin, *Ibn Séoud ou la naissance d'un royaume*, Albin Michel, 1955, et *Soixante jours qui ébranlèrent l'Occident*, Albin Michel, 1956.

551. — À LOUIS-FERDINAND CÉLINE[1]

Paris, le 12 Mai 1959

Docteur Destouches
25ter, route des Gardes
Meudon

    Cher Louis,

Je demande les livres de Benoist-Méchin à son éditeur, Albin Michel, qui vous les enverra sans doute directement. Si ce n'était pas le cas, soyez gentil de me prévenir.
    Merci pour la réponse concernant « Leurs Figures »
    Affectueusement.

Roger Nimier

552. — À ROGER NIMIER[2]

Le 15 [mai 1959]

Mon cher Roger

Voyez la lettre de M. Eygun conservateur à Poitiers[3]. Vous seriez tout à fait délicieux de me la renvoyer ; elle prête à méditations... Enfin au moins elle sort ce Vacher de la nuit !

———

Notre Gaston à lunettes n'a pas encore signé mon contrat Pléiade... Succès fortune jeunesse ! Je me consume !
    Amours à vous deux de nous deux !

Louis

1. Archives Gallimard. Double de lettre dactylographiée.
2. Archives Nimier.
3. Non retrouvée.

553. — À LOUIS-FERDINAND CÉLINE[1]

Paris le 27 Mai 1959

Docteur Destouches
25ter, route des Gardes
Meudon (S. & O.)

Cher Louis,

Enfin un homme sérieux. Il y en a plus qu'on ne le croit.

Je pense que Gaston va retrouver la force, cette semaine, de signer votre contrat Pléiade qui est prêt.

J'ai également des cartes pour Lucette que je dois lui apporter. Mais on a volé rue Jean Mermoz la voiture de Claude Gallimard qu'il m'avait prêtée, ce qui m'éloigne de Meudon.

À vous.

Roger Nimier

554. — À ROGER NIMIER[2]

Le 28 [mai 1959]

Voici mon cher Roger, bien des malheurs !
Inextricables ! solution ?

Je crois le taxi, *à mes frais*, tout sera dit ! Simple ! plus simple ! jamais assez simple ! grogneugneu !

On vous embrasse

Louis

---

1. Archives Gallimard. Double de lettre dactylographiée.
2. Archives Nimier.

555. — À ROGER NIMIER[1]

Le 4 [juin 1959]

Mon cher Roger

Grâce à vous je suis aux anges d'être de la Pléiade, exultant comme A. Allais[2] d'être « abonné au gaz », je l'écris à Mondor en même temps que je le tape d'une préface... mais je crois qu'il ne doutera plus si vous avez la grande bonté de lui écrire un petit mot, que c'est bien vrai, que j'en suis...

Votre fidèle crampon et ami

Louis

556. — À LOUIS-FERDINAND CÉLINE[3]

Paris le 18 Juin 1959

Docteur Destouches
25ter route des Gardes
Meudon

Cher Louis,

C'est moi qui avais dicté le contrat de « NORD »[4], mais il paraît que je l'ai mal rédigé du point de vue juridique[5].

Pouvez-vous me le renvoyer afin que je le modifie ?

Croyez, mon cher Louis, à toute mon amitié.

Roger Nimier

1. Archives Nimier.
2. Alphonse Allais (1855-1905), écrivain et humoriste.
3. Archives Gallimard. Double de lettre dactylographiée.
4. Ce contrat porte la date du 2 juin.
5. L'article V qui concerne les cessions de droits avait été insuffisamment développé. Un second contrat daté du 15 juin annulera et remplacera le premier.

557. — À ROGER NIMIER[1]

Le 19 [juin 1959]

Le rigolo, Roger, c'est que cette vieille charogne Gaston *s'est absolument refusé* à me communiquer copie de $\left.{notre \atop mon}\right\}$ contrat le premier de 1942... que j'ai perdu[2] ! Je pourrais je devrais l'envoyer liéchem[3], l'occasion ! faites lui remarquer, cet écœurant milliardaire !

On vous embrasse

Louis

558. — À ROGER NIMIER[4]

19/6 [1959]

Mon cher Roger

Voici ce contrat dont je me désaisi avec angoisse certain que je suis que ces gens vont s'y livrer à quelque abominable tripatouillage.

Alea jacta !

J'ai téléphoné au cabinet du ministre Malraux[5] pour lui faire part aussi de ma douloureuse indignation[6] !

Je vous embrasse tous les deux !

Louis

1. Archives Nimier.
2. En fait le premier contrat entre Gallimard et Céline est celui de juillet 1951.
3. Chier en version argotique ; mot composé selon une formation usuelle appelée « largongi » qui consiste à remplacer la première lettre du mot français par un l, en faisant réapparaître cette lettre initiale à la fin du mot, sous la forme d'une syllabe.
4. Archives Nimier.
5. André Malraux est ministre délégué à la présidence du Conseil depuis le 1er juin.
6. Nous ne savons pas à quel sujet.

559. — À ROGER NIMIER[1]

Le 25/6 [1959]

Cher Roger

J'espère que le contrat vous est enfin parvenu ! Cette perte de trois lettres est troublante ! Si Mondor ne montre, ce que [je] crains fort, aucun entrain... pourquoi ne pas avoir recours, une fois de plus, à cet excellent P^r Y qui n'a rien à me refuser[2] ?

Bien prêt à tout

L Ferd

560. — À ROGER NIMIER[3]

Le 29 [juin 1959]

Mon cher Roger

Tout beau l'allemand mais le russe[4] ? Triolettsky est toute à vous[5] ! dans le sens de l'histoire ! voyons ! go east young man !

On s'embrasse

Ferdinand

1. Archives Nimier.
2. Céline envisage alors d'écrire lui-même la préface à sa Pléiade.
3. Archives Nimier.
4. Nimier a sans doute donné à Céline des nouvelles de la traduction en allemand de *D'un château l'autre*.
5. C'est Elsa Triolet qui avait « adapté » *Voyage au bout de la nuit* en russe en 1934.

561. — À ROGER NIMIER[1]

Le 8 [juillet 1959]

Mon cher Roger

en trifouillant ma souvenance ce doit être de l'Hôtel Regina, Place des Pyramides dont il s'agit.

———

Mille baisers à vous deux, vous sept, vous dix !

Louis

562. — À ROGER NIMIER[2]

Le 23 [juillet 1959]

Cher Roger vous voyez au lieu de tous ces poteaux Michelin contre les accidents, dont on se fout bien, le « Convenable » voudrait voir placer partout des pancartes « salutaires », sur les plages, les landes, dans les bois... « miteux ne t'endors pas, ne jouis pas, pense à ton travail, à la rentrée, à tes dettes ! »[3]
« Fainéant, ne te saoule pas, ne baise pas, souviens toi que tu es indigne de toute distraction ! »
« Ne vas pas te baigner, salir polluer l'eau, cochon de pauvre ! une éponge doit te suffire ! »
« Rien de ce que tu vois ne t'appartient ! Ton regard souille tout ! femmes, bêtes et choses ! »
« L'homme digne se reconnaît à son compte en banque ! Tout le reste est imposture ! »

---

1. Archives Nimier.
2. Archives Nimier.
3. Nimier est en vacances en Bretagne.

Question des amphitryons, réforme encore, et urgente, il faudrait qu'ils se débarrassent de leurs invités « économiquement faibles » avec éclat...
« Foutez le camp, crasseux, méchants clowns ! vous nous soulevez le cœur ! »
et bien entendu on les fouetterait pour qu'ils décampent plus vite ! et les enfants riches seraient dressés à les couvrir d'immondices !
« au travail, ignobles ! » le mot de la fin de ces soi-disant détentes...

 Tout est à faire !
 On vous embrasse

Louis

563. — À ROGER NIMIER[1]

Le Samedi [1er août 1959].

Cher Roger, vous avez vu ces Gallimards en plein effort[2], les riches sont tout le temps en train d'hériter et de nous voler, nos heures, notre vie, leurs enfants de nous couvrir d'ordures et de nous faire voir ce que pensent leurs parents, haine et mépris... la malice avec eux est de se taire, s'ils vous engraissent, c'est pour les murènes... d'ailleurs les pauvres ne sont que des primates déçus, tout aussi féroces, dégueulasses que les riches... plein les plages, plein les routes, plein les cimetières, les asticots... ne vous faites pas blesser, accidenter ! l'accident est un sport de riches... le pauvre y geint, souffre, lasse, perd sa place de clown...

 Hardiesse aux riches !
 Platitude aux vils !
 On vous embrasse

Louis

La route est à organiser, les vraies vacances, massacre de pauvres par les riches en autos blindées.

 1. Archives Nimier.
 2. Nimier se rendait régulièrement dans la maison de campagne de Gaston Gallimard à Pressagny-l'Orgueilleux.

564. — À ROGER NIMIER[1]

Le 3 [août 1959]

Mon cher Roger

Bloy à la mort, gueulait : le Saint Esprit ou les Cosaques[2] !

―――

Il écrivait aussi
« l'homme riche est une brute inexorable qui ne peut s'arrêter qu'avec une faux ou un paquet de mitraille dans le ventre »
très juste, mais comme tout pauvre n'a qu'une passion, devenir riche !... Y compris Bloy ! la boutade n'arrange rien !
On vous embrasse
bien emmerdés ! jouisseurs ! on a pitié !

Louis

565. — À ROGER NIMIER[3]

Vendredi [11 septembre 1959]

Mon cher Roger

En bref, j'ai téléphoné à Mondor, la préface ?... il n'a rien fait il se dit qu'il peut attendre puisque cette Pléiade ne doit paraître que *vers Avril* !... autant dire la S*t* Glinglin ! le temps d'être morts lui et moi ! une rigolade ! je pense à Paul Morand si Mondor comme il me paraît flageolle et s'esquive... maintenant, qu'est-il décidé noir sur blanc à la NRF ?... ceux-là aussi sont si intouchables[4] ! Pour mon compte je suis

---

1. Archives Nimier.
2. Voir note 3, p. 63.
3. Archives Gallimard. Original et transcription dactylographiée transmis par Nimier à Gaston Gallimard.
4. Recevant cette lettre, Nimier la transmet à Gaston Gallimard avec le double de sa réponse du 14 et lui écrit : « *Néanmoins, il faudrait bien le fixer* » (archives Gallimard).

au dernier chapitre de *Nord* et foutre ne le leur donnerai que ma *Pléiade* parue ! ainsi que convenu !

Bien affectueusement

Louis

566. — À ODETTE LAIGLE[1]

13/9 [1959]

Chère Madame

Je serais heureux si vous avez l'amabilité de faire envoyer *4 « ballets »*[2] à ces quatre adresses[3], de chauds défenseurs !

Je veux dire *un* livre chacun.

Bien respectueusement

Destouches

567. — À LOUIS-FERDINAND CÉLINE[4]

Paris le 14 Septembre 1959

Docteur Destouches
25ter, route des Gardes
Meudon (Seine & Oise)

Cher Louis,

Je ne pense pas que Mondor écrirait sa préface en quelques semaines seulement. Je suggère de lui laisser encore quelque temps, et s'il traîne exagérément, on pourrait demander à Marcel Aymé.

1. Archives Gallimard.
2. L'édition des ballets a été achevée d'imprimer le 22 mai 1959.
3. Non conservées dans le dossier.
4. Archives Gallimard. Double de lettre dactylographiée.

Vous savez qu'il ne paraît que huit « Pléiade » par an et l'impression se fait assez à l'avance parce qu'elle est délicate. En effet, elle se fait avec des machines appelées monotypes et qui composent les caractères individuellement et non pas des lignes entières. D'où cette impression soignée qui vous fera penser, comme vous le dites, que vous êtes édité chez Levitan.

Je compte bien venir vous voir cette semaine avec ou sans voiture. Je louerai un âne au besoin.

Votre ami.

Roger Nimier

568. — À ROGER NIMIER[1]

Le 7 [octobre 1959]

Mon cher Roger

C'est une loi, désolante mais joliment immuable, qu'à moins de grosse fortune, on peut s'attendre au retour de vacances, à tous les tours de cochon. Pour cela que vous ne m'y voyez jamais partir. Que ce soit Gallimoche ou d'autres !

Meudon ? Certes ! quelle joie de vous y voir ! Bien sûr « qu'on trouve »... mais !... vous savez ce mais, qui nous fait ce que nous sommes... l'infini d'emmmmmm

Nous vous embrassons bien... l'embrassant ami !

Louis

---

1. Archives Nimier.

569. — À LOUIS-FERDINAND CÉLINE[1]

Paris, le 22 Octobre 1959

Docteur Destouches
25ter, route des Gardes
Meudon

Cher Louis,

Les dames de la fabrication n'ont pas à vous répondre pour des questions qu'elles ne connaissent pas et qui ne les regardent pas.

Il n'a jamais été question de faire une réimpression dans Le Livre de Poche[2] sans vous en prévenir et sans qu'elle vous soit payée.

L'accord Hachette Gallimard n'est pas signé pour cette réimpression et vous ne recevrez pas de lettre officielle de la N.R.F. avant que cet accord ne soit conclu.

Nous étudions de notre côté si la diminution des ventes de l'édition Gallimard a été sensible pour « LE VOYAGE AU BOUT DE LA NUIT » depuis que le Livre de Poche existe.

Je vous fais envoyer quelques livres.

Croyez, Cher Louis, à toute mon affection.

Roger Nimier

---

1. Archives Gallimard. Double de lettre dactylographiée.
2. Une réimpression de *Voyage* dans la collection « Le Livre de poche » interviendra en 1960.

570. — À ODETTE LAIGLE[1] ?

23 / Oct[obre 1959]

Chère Madame

Mille fois reconnaissant pour ce splendide envoi de ballets ! Vous pensez à nous, rien n'est perdu ! je ne vais jamais à Paris mais puisque vous me dépêchez ses féeries, je suis, nous sommes, sauvés !

Bien respectueusement votre

LF Destouches

571. — À ROGER NIMIER[2]

le 30 Octobre 1959

CÉLINE s'impatiente pour trois raisons :
1°) *Préface de* MONDOR qu'il n'a pas reçue.
2°) Aucune nouvelle de la *Réimpression du « Voyage au Bout de la Nuit »* dans le Livre de Poche qu'on lui a annoncée.
3°) Bruits qui courent que Louise de Vilmorin ferait les dialogues d'un film tiré de ce même « Voyage au Bout de la Nuit »[3]. Il aimerait avoir des éclaircissements.

Je lui ai promis un coup de téléphone de vous.

Odette Laigle

---

1. Archives Gallimard.
2. Archives Gallimard. Note interne dactylographiée.
3. Louise de Vilmorin, outre ses romans et poèmes, écrivit pour Louis Malle le scénario des *Amants*. Dans une interview pour *Arts* du 2 avril 1958, elle dit à François Truffaut qui lui demande quel est le meilleur écrivain actuel : « *De grand, je ne connais que Céline ; il est le seul écrivain à écrire avec ses tripes. Céline, c'est grand, c'est audacieux, c'est compromettant.* »

572. — À LOUIS-FERDINAND CÉLINE[1]

Paris, le 2 Novembre 1959

Docteur Destouches
25ter, route des Gardes
Meudon

    Cher Louis,

    Odette Laigle me fait part de votre coup de téléphone ; voici les réponses :
1°) Laissez-moi demander tout de même à Gaston si nous abandonnons Mondor au profit de l'infâme Marcel Aymé.
2°) Pour la réimpression du Livre de Poche, vous recevrez une lettre officielle dès que nous aurons entre les mains les propositions d'accord de Hachette : ce ne devrait plus tarder beaucoup.
3°) Je ne sais ce que vous avez lu dans les journaux, mais il s'agit certainement d'une erreur. Louise de Vilmorin et moi avons parlé du « Voyage au bout de la nuit » à un producteur voici quelques semaines en lui expliquant quel film il pouvait en tirer. Ce producteur s'est en effet manifesté ces jours derniers en entrant en rapport avec notre agent, Jean Rossignol[2]. Il semblait vouloir demander une option, mais la chose n'est pas encore signée et rien ne se fera naturellement sans votre accord. Même si le film ne se faisait pas, ce serait toujours de l'argent pour vous — puisque les droits de cinéma sont entièrement à vous. Je crois cependant indispensable que Jean Rossignol — qui est un homme extrêmement honnête (j'insiste sur ce point) — serve d'intermédiaire devant Lourau (il s'agit du producteur), sinon il vous mettra dans sa poche.

    À très bientôt, Cher Louis : je compte venir vous voir cette semaine.

Roger Nimier

---

1. Archives Gallimard. Double de lettre dactylographiée.
2. Jean Rossignol, collaborateur extérieur des Éditions pour les cessions de droits cinématographiques à partir de 1953.

573. — À ROGER NIMIER[1]

4 nov[embre] 59

Mon cher Roger

Très sensible aux termes de votre magnifique lettre je me suis rué sur le téléphone et ai arraisonné Mondor le plus délicatement possible, ainsi ai-je appris qu'il se préparait à œuvrer pour nous sitôt qu'il en aurait fini de son pensum actuel sur Claudel[2]. Je me suis confondu en gratitudes et admirations éperdues. Il vous reste très cher Roger à tisonner ce feu si précieux. La gouvernante qui tenait la maison du maître vient de quitter son service ! depuis 35 ans elle en avait assez ! Vous imaginez en quel état est notre illustre ami ! l'inhumanité de cette fille !

Nous vous embrassons bien et Nadine et Marie et les autres !

Louis Ferd

574. — À LOUIS-FERDINAND CÉLINE[3]

Paris, le 5 Novembre 1959

Docteur Destouches
25ter, route des Gardes
Meudon

Cher Louis,

Voilà de bonnes nouvelles du côté de Mondor. Je le préfère tout de même à Marcel Aymé comme préfacier. Quoi qu'il fasse, Marcel n'est pas académique.

Nous venons de recevoir la lettre du Livre de Poche et nous vous écrivons de notre côté à ce sujet[4].

1. Archives Nimier.
2. Henri Mondor publiera un *Claudel plus intime* chez Gallimard en 1960.
3. Archives Gallimard. Double de lettre dactylographiée.
4. Lettre non retrouvée.

Je sais que Louise de Vilmorin est venue vous voir et que vous vous êtes crêpé le chignon à propos de Gaston.

À dimanche, si Louise de Vilmorin m'emmène chez vous, ce que nous avons prévu.

Roger Nimier

575. — À ROGER NIMIER[1]

Le Mardi [17 novembre 1959]

Mon cher Roger.

Balpeau ! Question réédition poche « Voyage » je saute à la corde ! Ils rééditent en effet *mais* il est paraît-il stipulé dans mon contrat que les rééditions vont au compte, c'est-à-dire que je fais tintin ! Ces voyous n'ont que ça à foutre prévoir l'arnac et fignoler vos contrats ! classique !

Cependant ils ont tous l'air de tomber de la Lune, pas au courant du tout de ci de ça... de la préface Mondor par exemple... ? ? ? ? de ce qu'on va faire pour mon prochain ours ? qui va s'en occuper ? qu'il ne crève pas au premier souffle ? ah ?... ah ?... la Lune ! les vacances ! la neige ! branlés à mort ! Voyez Schwartzbart dans mon cas[2] !

Bien affectueusement

Louis

---

1. Archives Nimier.
2. André Schwarz-Bart va recevoir le Goncourt 1959 pour *Le Dernier des justes.*

576. — À LOUIS-FERDINAND CÉLINE[1]

Paris, le 18 Novembre 1959

Docteur Destouches
25ter, route des Gardes
Meudon

Cher Louis,

Je vous suggère d'écrire un petit mot à Gaston au sujet de cette réimpression dans le Livre de Poche. Il viendra m'en parler et je ferai de mon mieux.

Pour la préface de la Pléiade, l'opinion des Gallimard est qu'il faut obtenir à tout prix un texte de Mondor, même s'il est court. Je vais donc le relancer.

N'en veuillez pas aux personnes que vous pouvez trouver au téléphone si elles ne sont pas toujours au courant de vos affaires. Vous savez que la N.R.F. est un ministère comparable à celui de l'Agriculture.

C'est moi qui m'occuperai de « Nord ». J'espère que je ne le ferai pas trop mal.

Croyez, Cher Louis, à toute mon affection.

Roger Nimier

P.-S. Ci-joint un appel qui vous concerne directement[2].

---

1. Archives Gallimard. Double de lettre dactylographiée.
2. Nous ne savons pas de quoi il s'agit.

577. — À GASTON GALLIMARD[1]

Le 21 11 59

Mon cher Éditeur

Certainement nous ne doutons, ni l'un ni l'autre, que le « Voyage » dans cent ans ne se vende à « bon marché » tout aussi bien que de nos jours, dans les fusées et dans les gares. L'affaire est entendue. *Mais* où ça ne va plus c'est au moment du *règlement* !... Il paraît, d'après contrat, que je « touche » mes droits de réédition (vous aussi sans doute) on ne sait quand ?... jamais sans doute... qu'ils disparaissent dans le déficit[2]... tout ceci est bien mélancolique... vous seriez mille fois aimable de me faire savoir ce que vous en pensez ?

Avec mes sentiments les plus distingués

Destouches

578. — À ROGER NIMIER[3]

30/11 [1959]

Mon cher Roger

Vous avez certainement remarqué, avant moi ! à quel point *Arts* m'est hostile[4] !... pire que l'Express et la Lica[5]... comment irais-je collaborer à un tel édifice de scorpions parfaitement haineux stupides et cacateux ?

---

1. Archives Gallimard.
2. Jusqu'à présent, on l'a vu, Céline a toujours touché ses droits sur les éditions de poche à la mise en vente.
3. Archives Nimier.
4. Depuis le mois de septembre, Nimier appartient au comité directeur d'*Arts* qui est devenu indépendant ; il a certainement demandé à Céline d'y collaborer. Celui-ci, quoi qu'il en dise, n'a pas été maltraité par *Arts*, en particulier grâce à André Parinaud.
5. Bernard Lecache prit souvent Céline à partie dans son journal *Le Droit de vivre*.

Bonnes vacances merveilleux Roger... Barbizon les Charmettes j'allais par là il y a un bon demi-siècle... Dieu que je suis cacochyme ! Marlène était gamine[1]...

Votre fidèle

Louis Ferd

579. — À ROGER NIMIER[2]

Le 4/12 [1959]

Mon cher Roger

Vous avez reçu Dieu merci ! assez d'instruction chrétienne pour ne point méconnaître le plus subtil et perfide des péchés : *par omission*. Oh, que je le trouve dans cet ART[s]. Je veux que son bailleur soit à l'écoute et vigilant ! même chiasse chez Mondor, vous verrez !... panique ! je l'ai rassuré *très minutieusement*... mais enfin les rechutes sont de règle !... d'ailleurs une fois NORD lancé je vous promets un petit pensum peut-être amusant BI *du* BOUT[3] où je compte régler en quelques pages toutes ces contorsions... Jean-Jacques[4] croyait l'*homme bon* moi je le vois *jaune*, très bientôt, bon ou mauvais... consolation de mes derniers jours !... quelles clameurs pour une petite digue qui crève[5] ! Ça sera autre chose, enfin ! avec fusées, bien sûr !

Jouissez en cette Normandie gallimarde[6], comme un enfant, sautillant partout et buvant du lait, seulement...

On vous embrasse

Louis

---

1. Barbizon, après avoir été le lieu de séjour favori des peintres paysagistes, devint un lieu de villégiature très fréquenté.
   Marlene Dietrich est née en 1902.
2. Archives Nimier.
3. Ce qui deviendra *Rigodon*.
4. Rousseau.
5. Le 2 décembre a eu lieu la rupture du barrage de Fréjus.
6. Nimier est probablement chez Gaston Gallimard à Pressagny-l'Orgueilleux près d'Évreux.

580. — À LOUIS-FERDINAND CÉLINE[1]

Paris, le 10 Décembre 1959

Docteur Destouches
25ter, route des Gardes
Meudon

Cher Louis,

Voici une lettre de votre biographe[2] qui viendra vous voir bientôt. Vous voyez qu'il a eu de l'avancement.

Pour la réimpression du « Voyage », voilà ce qu'il en est. Le Livre de Poche, par contrat, ne règle les droits des réimpressions qu'au fur et à mesure des ventes. Comme je connais bien Filipacchi (directeur du Livre de Poche), je vais lui demander exceptionnellement de vous avancer ces droits.

Croyez, cher Louis, à toute mon amitié.

Roger Nimier

581. — À ODETTE LAIGLE[3]

Le 23/12/59

Chère Madame

Vos instants sont si précieux que je n'ai pas voulu vous parler de certains détails pourtant essentiels.

1° D'après mon contrat : à la remise du manuscrit *Nord* je dois il me semble recevoir une certaine somme ?

2° Pour le Voyage « de poche » j'ai eu le temps de vous parler de ce que j'attendais...

---

1. Archives Gallimard. Double de lettre dactylographiée.
2. Marc Hanrez.
3. Archives Gallimard.

3° Pour la *Pléiade* Mondor nous a promis une préface pour le *20 Janvier 1960* notre cher Nimier est attendu par Mondor, mais...

4° Le petit *résumé* de *Nord* dont m'a parlé Festy à imprimer à [la] fin de l'ouvrage[1] ?... J'aimerais beaucoup que Nimier le rédige, je lui écris à ce sujet, mais est-il disposé ?

5° enfin, puis-je vous demander ce qu'il advient du livre sur le « Roi Eugène » de Petit[2] ?

Je vous prie d'agréer Madame l'assurance de mes sentiments très respectueux

Destouches

582. — À ROGER NIMIER[3]

Le 23 [décembre 1959]

Mon cher Roger

Très discrètement et des plus rapides nous avons été Marie moi à la NRF ce matin porter l'ours[4] à Festy. Nous n'allions pas vous déranger ! Vu une minute Mme Laigle entre deux portes ! Mais ne voulez-vous avoir la bonté de rédiger le petit digest coutumier de la fin ? Si ce n'est vous *ce sera moi* les autres éreintent, lourds galapiats !

Nous songeons que Mondor nous a promis une préface pour la Pléiade exactement pour le *20 Janvier*...

Je songe aussi que vous m'avez parlé d'une certaine somme que je dois toucher à la remise du manuscrit de *Nord*...

Je songe encore que je dois toucher une autre somme pour le *Voyage* de poche... Il faut que les galériens mangent de temps en temps...

Vacances à d'autres, mais la gamelle !

On vous embrasse bien

Louis

1. Le prière d'insérer.
2. Probablement Henry-Robert Petit.
3. Archives Nimier.
4. Le manuscrit de *Nord*.

583. — À GASTON GALLIMARD[1]

Le 25/12/59

Mon cher éditeur.

Extrêmement appliqué et ponctuel j'ai remis avant-hier à la NRF, en ses bureaux, le manuscrit de NORD. Monsieur Festy m'a accueilli bien courtoisement et nous aurons à nous revoir. Quant au reste je me suis senti « fournisseur assez mal venu, fâcheux en Synagogue, à recevoir debout et rondement expédier » je n'encombre pas souvent vos couloirs, et j'aurais aimé à ce qu'on me parle de ce qui va se passer financièrement ! Je ne fus pas foutu dehors, mais tout comme ! et pas l'annonce d'un moindre sou, lourd ou léger. Je veux qu'il y ait la hâte de Noël et patati... je ne crois pas au père Noël, vous non plus sans doute ?... Je ne vois plus Nimier, aussi disparu de chez vous que d'ailleurs... qui va s'occuper du lancement par *Match* ? le père Noël ? l'année 60 s'annonce assez déprimante...

Je vous prie de croire à mes très sincères sentiments

Destouches

584. — À LOUIS-FERDINAND CÉLINE[2]

Paris, le 28 Décembre 1959

Docteur Destouches
25ter, route des Gardes
Meudon
(Seine-et-Oise)

Cher Louis,

Vous auriez vraiment pu venir me voir lors de votre descente à Paris.

1. Archives Gallimard.
2. Archives Gallimard. Double de lettre dactylographiée.

Questions pratiques : vous avez dû recevoir pour « NORD » neuf mensualités de 100 000 F à partir du 10 Avril 59 (les mensualités ayant commencé avant la rédaction définitive du contrat qui est du 15 Juin 59). Nous vous devons donc 300 000 F en solde de cette première tranche de mensualités, et je demande à notre comptabilité de vous les envoyer aussitôt.

D'autre part, la seconde tranche de mensualités commencera à partir du premier Janvier 1960.

Pour la réimpression du « Voyage », nous n'attendons plus que le versement anticipé par Hachette de la moitié des droits, qui m'a été promis — soit 150 000 F. Nous aurons cette somme ces jours-ci et je vous la ferai parvenir aussitôt ou je vous l'apporterai.

Enfin, je viens de rappeler à Mondor la préface par une lettre déchirante.

Je ferai naturellement le résumé de « NORD » pour la quatrième page. Je commence seulement « NORD », car je n'ai eu le manuscrit que ce matin.

Croyez, mon Cher Louis, à toute mon affection.

Roger Nimier

585. — À ROGER NIMIER[1]

29 [décembre 1959]

Mon cher Roger

De mon côté j'ai écrit deux lettres explicatives et pathétiques à Mondor qui me demandait des précisions sur ma *vocation*, origine, date, patati... foutre qu'il faut se prendre au sérieux pour gamberger de la sorte !... les « deux magots »[2] sont pleins de confesseux de cette espèce... J'ai fait ce que j'ai pu ! puisse Nord vous porter à l'état de transe ! vous faire œuvrer un petit digest étiquette... suffisant à tous les lecteurs ravis

1. Archives Nimier.
2. Le célèbre café du boulevard Saint-Germain.

de vous, et portent mon ouvrage aux gogs... au feu !... pire ! le retournent à la NRF... là très sûrement enterré...

On vous baise tous et ma petite chérie Marie, surtout !

Louis

586. — À LOUIS-FERDINAND CÉLINE[1]

Paris, le 30 Décembre 1959

Monsieur Destouches
25ter, Route des Gardes
Meudon
Seine & Oise

Cher Monsieur,

Nous avons l'honneur de vous remettre inclus :
1°) Un chèque barré sur la B.N.C.I. n° PW.649.249 de : TROIS CENT MILLE FRANCS (Frs 300.000) représentant le solde de l'avance de 1.200.000 F qui vous est due par contrat à la remise du manuscrit de votre ouvrage : « NORD ».
2°) Un chèque barré sur la B.N.C.I. n° PW.649.253 de : CENT CINQUANTE MILLE FRANCS (Frs 150.000) représentant la moitié de vos droits garantis sur la réimpression 2 à paraître de votre ouvrage : « VOYAGE AU BOUT DE LA NUIT » dans la collection « Le livre de poche », soit :
10.000 exemplaires à 5% de Frs 300.

Veuillez agréer, Cher Monsieur, l'assurance de nos sentiments les meilleurs.

Nicole Ouali

---

1. Archives Gallimard. Double de lettre dactylographiée.

587. — À ROGER NIMIER[1]

Le 31 [décembre 1959]

À vous deux bien chers amis tous nos plus fervents bouillants vœux de frénésie jeune ardente imprévoyante et de sérénité vieillante [*sic*] follement riche égoïste bien vache. Une santé du tonnerre bien sûr pour cent ans... Mettons 110... et 25 ours pour les enfants... je les voudrais tout rose...

tout ce qui reste [de] la tour Eiffel
je vous l'envoie pour vos étrennes

Baisers goulus

Louis

---

1. Archives Nimier.

1960

588. — À ROGER NIMIER [1]

Le 7 [janvier 1960]

Roger

Je vous parie une thune nouvelle que les gens d'Art[s], youtrons s'il en fut ! ou larbins énamourés d'iceux vont me faire vachement la gueule ! comparez-moi à Barbenoire si vous me voulez passer ! même Poulet ne me nomme plus ! Rebatet c'est la panique ! les autres scrofuleux qui chient si profusément n'auront pas trop du « Figaro » pour se remonter l'anu... prolapsu !

Festy est parti pour la montagne... comme Marie à la campagne pour se refaire la mine d'en avoir seulement parlé... et attendez si ça ne saute pas toutes ces vaches supervastiks[2] dont je vais aller maculer toute la synagogue NRF ! autre chose qu'un petit puéril accident d'auto[3] !

On vous embrasse bien

---

1. Archives Nimier.
2. Mot probablement formé à partir de *svastika*.
3. Albert Camus est mort le 4 janvier dans un accident de voiture ; Michel Gallimard, qui conduisait, décédera le 9 janvier.

589. — À ROGER NIMIER[1]

8/1 [1960]

Cher Roger

Tout bien pesé je crois que le mieux est qu'ils se mettent tout de suite à *l'impression*, car même pour *mars* ce sera court ! Pour peu que vous ayez parcouru ce Nord vous avez pu voir qu'il était plein d'embûches et je me vois bien mal surveiller seul l'impression... Peste des dits correcteurs ! Or Marie n'est pas comme moi, figé et dolmen, elle est comme les gens d'à présent pour un rien elle fout le camp et on ne la revoit plus, tous les prétextes ! Une grand-mère dans le Nord, un filleul dans le Midi, une crise de gigite, un vieil ami à Fréjus, un concert à Péronne... la première tartuferie quelconque... foutre le camp !

J'ai peur de l'avenir Roger... l'impression, vite ! et cet acheteur miché[2] ! qu'il m'enlève tout ! et le Mondor et sa préface ! jurée pour le *20* courant !

Bien affectueusement

Louis

590. — À LOUIS-FERDINAND CÉLINE[1]

Paris, le 11 Janvier 1960

Monsieur Destouches
25ter, Route des Gardes
Meudon
Seine & Oise

Monsieur,

Conformément aux prescriptions du Code Général des impôts et afin de vous permettre d'en tenir compte dans l'établissement de la

1. Archives Nimier.
2. Céline a eu l'idée de vendre le manuscrit de *D'un château l'autre*.
3. Archives Gallimard. Original renvoyé par Céline.

déclaration de vos revenus, nous avons l'honneur de vous informer que le montant des sommes qui vous ont été versées du 1er Janvier au 31 Décembre 1959, se décompose comme suit :

Versements par chèques, en espèces,
   ou par virements :   Frs 1.650.000.—
Fournitures par notre magasin (achats de livres) :   Frs   6.550.—

   Total à déclarer :   Frs 1.656.550.—

   Ce total se décompose en :

Droits de source française :   Frs 1.623.526.—
Droits de source étrangère :   Frs   33.024.—

   TOTAL :   Frs 1.656.550.—

En cas de désaccord sur les chiffres mentionnés ci-dessus, nous vous serions obligés de bien vouloir nous en aviser avant le 25 courant, car notre déclaration doit parvenir au Contrôleur des Contributions le 31 Janvier, dernier délai.

Veuillez agréer, Monsieur, l'assurance de nos sentiments distingués.

                                                        Librairie Gallimard
                                                        Comptabilité Auteurs.

P.-S. Les sommes ci-dessus s'entendent en « Anciens Francs[1] ».

---

1. Les nouveaux francs ont été adoptés en 1959. Les comptabilités doivent théoriquement être faites en nouveaux francs depuis le 1er janvier 1960.

591. — À ROGER NIMIER[1]

Le 11/1 [1960]

Mon cher Roger

Je sais par Cosima que vous avez assisté ce matin à de bouleversantes funérailles[2]. Huit jours de larmes... huit ans de procès[3]... Vous me parlez de Canavaggia, je la pratique depuis 25 ans!... attention! je la connais dans tous les coins, en tout bien tout honneur! la gazelle est très dangereuse et pas du tout la scrupuleuse vieille fille qu'elle a l'air! je ne parle jamais sans preuves et vaches preuves! les « événements ne révèlent pas les caractères ils les montre[4] »... or je suis passé par les événements. Ceci dit bien sûr mille grâces! et tant que je suis là tout va!

Voilà!

et baisers, et larmes!

Louis

les corrections sont faites sous ma *dictée* absolument, *les montrer*.

592. — À ROGER NIMIER[5]

12/1 [1960]

Cher Roger

Enculons la mouche! elle le demande! dans ma lettre d'hier une faute d'orthographe, voulue et puis reniée... les événements ne révèlent pas les caractères, elles les montre... non! à lire: les événements,

---

1. Archives Nimier.
2. Celles de Michel Gallimard qui s'est tué en voiture avec Albert Camus.
3. L'enquête sur la mort d'Albert Camus et de Michel Gallimard conclura le 4 avril 1963 que Michel Gallimard conduisait trop vite étant donné l'état et la pression des pneus.
4. Céline rectifie dans sa lettre du 12.
5. Archives Nimier.

l'événement etc... je ne voulais pas de *montrent*, mais la faute est trop lourde, elle ne passe pas... tant pis ! dont acte ! Pas de nouvelles du fuligineux acheteur !... Ces manuscrits m'encombrent... ! autant que les francs lourds ce Nabab !

Baisers

Louis

593. — À CLAUDE GALLIMARD[1]

13/1/60

Voici le manuscrit du nouveau roman de Céline, si vous voulez y jeter un coup d'œil.

C'est un peu conçu comme l'était « D'UN CHÂTEAU L'AUTRE », c'est-à-dire qu'on passe de scènes actuelles aux souvenirs de l'Allemagne de la débâcle. Les scènes montrant Berlin sont extrêmement bien.

Céline voudrait que son manuscrit paraisse au mois de Mars[2].

Je verrai ce qu'on peut faire à « Match » pour le lancement.

Roger Nimier

---

1. Archives Gallimard. Note dactylographiée.
2. Au reçu de cette note, Claude Gallimard la communique à Odette Laigle en ajoutant ces mots : « *à mettre en fabrication après avoir vérifié la situation contractuelle* ». Après la réponse d'Odette Laigle donnant la date du contrat, il rajoute « *En fabrication le 14/1/60* ».

594. — À ROGER NIMIER[1]

[13 janvier 1960]

Cher Roger

Une fois de plus Tintin suis ! moi qui rêvais depuis 30 ans d'aller passer deux heures à Trouville ! Et que ce rasta me retient le manuscrit depuis deux ans[2] !

———

Vous faites lire et lire à Claude tant et tant qu'il aura le certificat d'études et vous fera des accidents. Assez de morts, grand Dieu !

———

Je suis assez satisfait d'avoir bien payé pour avoir un sujet et un style je ne vais pas tout foutre en l'air pour je ne sais quelles billevesées ! je crèverai tel ! ressasseur ! chroniqueur ! en ce pays déjà défunt, litanies...
Bien affectueusement

Louis

595. — À LOUIS-FERDINAND CÉLINE[3]

Paris, le 13 Janvier 1960

Docteur Destouches
25ter, route des Gardes
Meudon

Cher Louis,

Cette histoire de manuscrit est bien assommante.
Si j'en parle à des libraires, cela ne vaudra guère mieux puisqu'ils

1. Archives Nimier.
2. L'acheteur éventuel du manuscrit de *D'un château l'autre* ?
3. Archives Gallimard. Double de lettre dactylographiée.

voudront prendre une énorme commission. Il faut donc trouver le riche amateur, façon Rothschild.

Ce serait bien le moins que « NORD » figure dans les collections Rothschild, précieusement abritées en Suisse.

À vous.

Roger Nimier

P.-S. Quand vous téléphonez chez Gallimard et si je ne suis pas là, vous pouvez vous adresser à ma secrétaire qui s'appelle Mab (diminutif d'un prénom mystérieux) et qui se mettra à votre disposition.

596. — À ROGER NIMIER[1]

Le 14 [janvier 1960]

Cher Roger

Pour retenir l'attention d'un Rothschild il faudrait que je couvre ce pauvre manuscrit de Svastikas et de Juden raus[2] ! quel travail ! bien au-dessus de mes forces !

Vous téléphoner ? je n'ai plus rien à dire... pièce de musée, la vitrine est froide, tout ce que je trouve... Camus conduit par son éditeur a pris le plus court chemin... la belle histoire !

Bien fidèlement

Louis

---

1. Archives Nimier.
2. Lecture incertaine, mais Céline a pu vouloir dire en substance « *Les Juifs à la porte* ».

597. — À LOUIS-FERDINAND CÉLINE[1]

Paris, le 14 Janvier 1960

Docteur Destouches
25ter, route des Gardes
Meudon

    Cher Louis,

    Ce qui serait le plus intéressant pour votre manuscrit, ce serait de trouver une Université américaine, pour laquelle ce serait évidemment une excellente acquisition.
    Quant à Trouville, je vous y emmène quand vous voulez si vous me prévenez 48 heures à l'avance. Je trouverai toujours une voiture. Vous avez tout de même droit à deux heures de vacances et même à une tasse de thé au bord de la mer.
    Croyez, Cher Louis, à toute mon amitié.

Roger Nimier

598. — À LA COMPTABILITÉ DE LA N.R.F.[2]

Le 15/1 60

    Monsieur

    Je vous serais très obligé de m'envoyer un relevé identique à ceux des années précédentes où figure bien ce que *je dois*, la *somme*, à la NRF...
    Avec mes sentiments très distingués

Destouches

1. Archives Gallimard. Double de lettre dactylographiée.
2. Archives Gallimard. Lettre écrite au verso de celle qu'il a reçue du 11 janvier.

599. — À ROGER NIMIER [1]

Le 16/1 [1960]

Mon cher Roger

Tous nos malheurs viennent de ce que nous réglons mal nos rêves, aux proportions de nos âges et ressources... Je ne rêverai plus de travers... au prochain manuscrit « Colin Maillart »[2] j'aurai largement dépassé mes 70 ans... je n'irai plus rêver de lointain Trouville ! Je rêve désormais Bougival, beaucoup plus à ma portée, une consommation au bord de l'eau, pour moi toujours 1/4 Perrier... voilà qui est raisonnable... à défaut de taxi, il faut tout prévoir, l'autobus...

———

Rien à faire avec les Amériques, plus connes et sourcilleuses que Nogent le Rotrou et entièrement sanctionnées par Lévy-Lévy...

———

Salut à Marie ! la mienne de Marie boude déjà, elle ne voit rien venir[3]...

Baisers

Louis

---

1. Archives Nimier.
2. Premier titre prévu pour *Rigodon*.
3. Marie Canavaggia attend les épreuves de *Nord* pour les corriger.

600. — À LOUIS-FERDINAND CÉLINE[1]

Paris, le 21 Janvier 1960

Monsieur Destouches
25ter Route des Gardes
Meudon
Seine & Oise

 Cher Monsieur,
 Comme suite à votre lettre du 5 courant, nous vous prions de vouloir bien trouver inclus un relevé de votre compte[2], arrêté pour la période du 30 Juin 1958 au 30 Juin 1959. À cette dernière date, ce relevé présentait un solde en notre faveur de : Frs 5.873.179 ou NF. 58.731,79.
 Nous vous précisons que la première colonne de chiffres du relevé ci-joint correspond à la vente totale nette de vos ouvrages au 30 Juin 1959.
 Veuillez agréer, Cher Monsieur, l'assurance de nos sentiments les meilleurs.

            Nicole Ouali

601. — À LOUIS-FERDINAND CÉLINE[3]

Paris, le 22 Janvier 1960

Docteur Destouches
25ter, route des Gardes
Meudon

 Cher Louis,
 J'ai eu un coup de téléphone de Mondor m'annonçant qu'il vous envoyait la préface et qu'il m'en adressait également un exemplaire.

---

1. Archives Gallimard. Double de lettre dactylographiée.
2. Le double ne figure pas dans le dossier.
3. Archives Gallimard. Double de lettre dactylographiée.

Il semble avoir écrit 15 pages, ce qui me paraît tout à fait glorieux.

Souhaitez-vous que nous ajoutions au livre une chronologie de votre vie ? Nous pourrions la faire ensemble.

Croyez, Cher Louis, à toute mon affection.

Roger Nimier

602. — À LOUIS-FERDINAND CÉLINE[1]

[Entre le 22 et le 25 janvier 1960]

Cher Ami,

Taillez, allez même jusqu'aux exégèses, et, en tout cas, corrigez ce que vous voudrez. J'ai écrit ces pages pour vous être agréable, pour témoigner de mon admiration pour votre talent et une variété rare de génie. Pour témoigner, aussi, d'un sentiment profond, né pendant vos malheurs, et de ma joie de vous voir en une anthologie jusqu'ici saisissante.

Bien affectueusement à vous et ne vous refusez pas à la bonne humeur, maintenant que vous voici en grande liste. Devais-je écrire, en une ligne, le prénom de l'ange qui vous sauva[2] ?

H[enri] Mondor

---

1. Archives Nimier.
2. Peut-être Elizabeth Craig à qui est dédié *Voyage au bout de la nuit* ?

603. — À ROGER NIMIER[1]

Le 26/1 [1960]

Cher Roger

Cette préface Mondor est plus rigolote que le St Graal. Impossible de la retrouver, ce matin Festy n'en a jamais entendu parler... la magie est partout !... pourvu que le Comité[2] n'ait pas entrepris de la refondre... j'en aurais pour encore dix ans... au moins !

Bien affectueusement

Louis

604. — À ROGER NIMIER[3]

Le 27 [janvier 1960]

Par Zeus ! Roger ! que l'on retrouve cette préface Mondor et que Festy enfin la fasse imprimer ! et tout sera parfait[4] ! Rien de plus, juste Ciel ! Je me suis assez étendu au cours de mes ours sur ma triste personne, pire qu'un prix de beauté, nul besoin de chronologie... sans intérêt !

Votre affectueux, bien

Louis

1. Archives Nimier.
2. Le comité de lecture.
3. Archives Nimier.
4. Céline s'imagine qu'il suffit pour faire un volume de la « Pléiade » de faire composer la préface et ne pense pas que la composition du texte lui-même prend beaucoup de temps parce qu'elle est très minutieuse dans une collection dont le prestige tient notamment à la qualité du travail d'édition.

605. — À ROGER NIMIER[1]

Le 27 [janvier 1960]

Ne vous échauffez pas Roger notre Illustre[2] a envoyé semblables lettres dans toutes les directions... donc à très discrètement ignorer et très bruyamment admirer...

Votre fidèle et vieux (très)

Louis

606. — À LOUIS-FERDINAND CÉLINE[3]

Paris, le 28 Janvier 1960

Docteur Destouches
25ter, route des Gardes
Meudon

Cher Louis,

La préface n'est pas mal. Un peu compliquée peut-être, mais on vous reconnaît bien au passage.

Reconnaissons à Mondor cette qualité, étrange chez un critique littéraire, de bien aimer la littérature.

À vous.

Roger Nimier

1. Archives Nimier.
2. Probablement Henri Mondor.
3. Archives Gallimard. Double de lettre dactylographiée.

607. — À ROGER NIMIER [1]

30/1 [1960]

Oh cher Roger je vous approuve ! mais vous savez aussi bien, mieux que moi, que le lecteur est encore très dépassé ! donc ravi, par la signature ! sacrée, consacrée ! CQFD
Baisers

Louis

608. — À ODETTE LAIGLE [2]

Le 2/2/60

Chère Madame

En désespoir de cause, ne recevant plus de réponse de personne, j'ose m'adresser à vous, espérant que cette lettre vous parviendra...

1° Il m'est impossible, où je m'adresse, d'avoir des nouvelles de la préface d'Henri Mondor... disparue semble-t-il ?...

2° Sur le dernier Relevé je ne trouve aucune trace de *Normance* ce livre a-t-il disparu lui aussi ? La NRF cesse-t-elle de le tenir en vente ?

Donnez-moi, je vous prie très respectueusement, le mot de ces énigmes...

Avec mes très sincères sentiments

Destouches

1. Archives Nimier.
2. Archives Gallimard.

609. – À ROGER NIMIER[1]

Le 2 février 1960

Céline me téléphone à la cadence de deux fois par semaine au sujet de la préface de Mondor.

Il s'agit je crois, de la préface au volume de la Pléiade, lequel n'est pas encore en fabrication et n'est pas prévu au programme de 1960.

Céline s'inquiète. Pouvez-vous me faire le point de cette petite question.

Merci.

J[acques] Festy

610. – À JACQUES FESTY[2]

3/2/60

Je suis au courant des coups de téléphone de Céline. Je sais qu'il vous embête copieusement. Rassurez-le peut-être en lui disant que vous avez la préface (elle est entre les mains de Claude).

Je lui ai écrit que l'ordre de mise en fabrication dépendait de Gaston et de Raymond et que j'espérais qu'il serait effectif prochainement.

Roger Nimier

---

1. Archives Gallimard. Note interne dactylographiée.
2. Archives Gallimard. Note interne dactylographiée.

611. — À LOUIS-FERDINAND CÉLINE[1]

Paris, le 3 Février 1960

Docteur Destouches
25ᵗᵉʳ, Route des Gardes
Meudon (S. et O.)

    Ne vous inquiétez pas, Cher Monsieur, nous avons bien reçu la préface du Professeur Mondor et Roger Nimier doit vous écrire à ce sujet.
    Contrairement à ce que vous pensez, « NORMANCE » figure sur le Relevé de Compte qui vous a été adressé. La jeune comptable qui l'a établi a simplement oublié d'indiquer le véritable titre de « FÉERIE POUR UNE AUTRE FOIS » Tome II.
    Je vous prie de croire, Cher Monsieur, à mes sentiments les meilleurs.

Odette Laigle

612. — À LOUIS-FERDINAND CÉLINE[2]

Paris, le 3 Février 1960

Monsieur Destouches
25ᵗᵉʳ, Route des Gardes
Meudon
Seine & Oise

    Cher Monsieur,
    Nous tenons à apporter une rectification à notre relevé de compte qui vous a été adressé le 21 Janvier dernier.

---

1. Archives Gallimard. Original renvoyé par Céline.
2. Archives Gallimard. Double de lettre dactylographiée.

Nous aurions dû porter en sous-titre pour le tome 2 de « Féerie pour une autre fois » « NORMANCE », et pour lequel nous vous avons crédité de Frs 5.616 de droits d'auteur.

Nous vous prions de vouloir bien nous excuser de cette omission,

Veuillez agréer, Cher Monsieur, l'assurance de nos sentiments les meilleurs.

Nicole Ouali

613. — À LOUIS-FERDINAND CÉLINE[1]

Paris, le 3 Février 1960

Docteur Destouches
25ter, route des Gardes
Meudon

Mon cher Louis,

Votre préface ne risque pas de se perdre. Elle est tapée en quatre exemplaires et Claude Gallimard en a un entre les mains, depuis une semaine.

Ce n'est pas en téléphonant à Festy que la fabrication commencera plus rapidement. C'est Raymond et Gaston Gallimard qui décident des mises en fabrication dans la Pléiade suivant un programme.

Comme j'en parle à Gaston chaque fois que je le vois, j'espère qu'il va fixer une date.

Votre ami.

Roger Nimier

---

1. Archives Gallimard. Double de lettre dactylographiée.

614. – À ODETTE LAIGLE[1]

Le 4 [février 1960]

Chère Madame

Pour un peu gâteux que je me sente, je me souvenais bien que ce fut M. G. Gallimard qui me fit remarquer que Féerie II ferait mal... nous en vînmes à NORMANCE, j'étais désolé de ne pas le retrouver...

Avec l'assurance de mes meilleurs sentiments

LF Céline

615. – À ROGER NIMIER[2]

Le 4 [février 1960]

Ô mon cher Roger, si jeune et subtil, le mal est d'être vieux ! Gaston n'en doute pas... à attendre, remis à l'année prochaine (que la NRF est exténuante d'idioties roublardes, ou soi-disant !) je risque fort d'être décédé avant d'être pléiadé ! Gaston lui est héritier une fois pour toutes de tous et de tout, alors il se dit que moi aussi je le précéderai au trou... Bien fol !

Tendrement

Louis

---

1. Archives Gallimard. Lettre écrite au verso de celle d'Odette Laigle du 3 février.
2. Archives Nimier.

616. — À LOUIS-FERDINAND CÉLINE[1]

Paris, le 5 Février 1960

Docteur Destouches
25ter, route des Gardes
Meudon

Cher Louis,

Vous pensez bien que je suis mille fois de votre avis, sauf en ce qui concerne la date de votre décès, car je compte bien m'en aller le premier afin que vous écriviez 5 lignes nécrologiques dans « ARTS ».

Pour presser le mouvement, je vous suggère d'écrire une lettre gentille à Claude Gallimard. Gardons les engueulades pour Gaston, il y est habitué.

J'espère que Lucette tient parfaitement debout à présent.

À vous.

Roger Nimier

617. — À CLAUDE GALLIMARD[2]

Le 7/2/60

Cher Monsieur

Je m'adresse à vous, puisqu'il m'est confirmé que vous tenez en réserve cette fameuse préface Mondor... je profite de l'occasion pour vous demander que cette publication de mes deux livres dans la Pléiade ne se trouve pas remise à l'année prochaine, autant dire à la St Glinglin. Vous possédez l'immense privilège de la jeunesse pour vous un an n'est rien, pour moi c'est l'infini... Je ne saurais badiner avec douze mois, et encore vaguement annoncés ? très !

Étant d'autre part toujours occupé au manuscrit d'un prochain livre, en prendre à mon aise ne serait-il pas très convenable ?... remettre

---

1. Archives Gallimard. Double de lettre dactylographiée.
2. Archives Gallimard.

la livraison du manuscrit à par exemple trois quatre années ? à l'outre-tombe ? je sais que pour la fabrication « l'auteur est l'ennemi » et saloperie très méprisable... et d'autres gentillesses du même sel... que serait pourtant l'Édition et ses tâcherons, sans les auteurs, même les plus méprisés ? Sur cette pente, échange d'insultes, les auteurs sont tout de même et de loin, les gagnants...

Plus étroitement, pour ce qui me concerne, je vous serais très obligé de secouer cette Pléiade, et de m'y faire publier dès cette année, n'ayant pas à 67 ans[1], le loisir d'attendre je ne sais quel coup d'État... Mondor non plus je crois qui tenait fort à me faire plaisir

Bien amicalement à vous

Destouches

618. — À ROGER NIMIER[2]

Le 10 [février 1960]

Mon cher Roger

À votre conseil j'ai bondi sur la plume, écrit à ce Claude... bien courtoisement... je l'aurais traité bien pourri, y enfoncé dans la tinette, il n'aurait pas moins répondu... mais sait-il écrire ? tout est là !... une courte réponse demande le secours de bien des Comités... d'anancéphales ! j'ai obtenu d'une secrétaire l'avis que rien serait fait pour « Nord » avant 13 jours... quant à la Pléiade nul n'en a entendu parler si ce n'est que la préface Mondor est en sûreté chez Claude... je pouvais la mettre au Crédit Lyonnais ! le Crapouillot est heureusement moins bégueule les pierres de la Rome ancienne sont criblées de graffiti... d'esclaves ! graffitisons !

Bien affectueusement

Louis

Sans compter Mondor que j'alerte ! et comment ! il leur a tous mis le doigt dans le t du c, tous pourris !

1. Né en 1894, Céline n'aura 67 ans que le 27 mai 1961, quelques semaines avant sa mort.
2. Archives Nimier.

619. — À GASTON GALLIMARD[1]

Le 12/2 [1960]

Cher Monsieur

Je reçois une courte lettre[2] de votre fils Claude très aimable, où il m'annonce que vous allez me répondre au sujet de la Pléiade et de la préface Mondor... Je n'ai rien reçu... Je ne possède que le contrat signé par vous... nous ne sommes plus Mondor ni moi ni vous à parler d'années ! à peine de mois !... L'enveloppe de votre fils m'a été adressée par les Postes de Paris, eux savent où je demeure à *Meudon, Seine-et-Oise*[3]...

Avec mes très sincères sentiments

Destouches

620. — À ROGER NIMIER[4]

Le 12 [février 1960]

Vous comprenez Roger ce qui est tout à fait affligeant c'est d'être traité de pair à égal par des idiots et des plates fripouilles comme la clique Brottin. Ces gens sont *décourageants* par leurs roueries inutiles, leurs « subtilités » méfiantes, leur arrogance d'on ne sait d'où... écœurants stupides... travailler pour ces ineptes vous fait trop vomir. Ils ne sont et ne seront jamais qu'à la hauteur des « droit commun » le pire, ils vous assimilent ! Vive n'importe quel Commissaire ! même Aragon !

Bien affectueusement

Louis

1. Archives Gallimard.
2. Non retrouvée.
3. Voir note 2, p. 137.
4. Archives Nimier.

621. — À GASTON GALLIMARD[1]

17/2/00

Bien certainement cher Ami je vous crois[2], mais je crois aussi que s'il s'agissait d'un livre de Malraux ou d'Aragon il serait imprimé dans les trois mois, à Bruges ou en Chine. Enfin je prends bonne note de votre lettre, et de votre excellente volonté, qui se traduira j'espère (pas trop) en Pléiade avant que nous en finissions tous.

Votre bien amical

Destouches

622. — À ROGER NIMIER[3]

Le 18/2 [1960]

Mon cher Roger.

Je n'ai pas encore pu démêler le vrai du faux dans cette comédie Pléiade et j'y renonce, je suis trop vieux...
Pour *Nord* c'est plus net le Festy s'est bien foutu de moi et il continue, il avait beau [jeu] de me prévenir qu'il ne ferait paraître qu'en Avril[4] ! je me serais pas esquinté à livrer le manuscrit pour Noël ! que ces gens sont de foutus grossiers mufles !... il semble que tous ces gens n'ont affaire qu'à des maraîchers ! aux Halles la racaille ! pouah !... qu'ils m'écœurent !

Votre fidèle

Louis

---

1. Archives Gallimard.
2. La lettre de Gaston Gallimard à laquelle répond Céline n'a pas été retrouvée.
3. Archives Nimier.
4. *Nord* sera achevé d'imprimer le 13 mai.

623. — À GASTON GALLIMARD[1]

Le 19/2 [1960]

Mon cher ami

J'ose demander à votre toute-puissance d'intervenir pour qu'enfin on se décide à imprimer NORD. Depuis Noël ce manuscrit traîne dans tous vos bureaux, ce que précisément je ne voulais pas ! Qu'on le mette en vente au moment que vous jugerez opportun, soit ! mais rien n'empêchait de l'imprimer depuis deux mois !

Votre bien amical

Destouches

624. — À LOUIS-FERDINAND CÉLINE[2]

Paris, le 22 Février 1960

Docteur Destouches
25ter, Route des Gardes
Meudon (S. et O.)

Cher Ami,

Votre manuscrit ne traîne pas dans tous les bureaux — Où avez-vous pris ça ? Vous auriez bien de la peine à le trouver dans un seul — Pour la bonne raison qu'il est depuis longtemps chez l'imprimeur.

Je puis même vous annoncer que, demain, vous aurez les épreuves.

Bien amicalement,

Gaston Gallimard

1. Archives Gallimard.
2. Archives Gallimard. Double de lettre dactylographiée.

625. — À ROGER NIMIER[1]

Le 23 [février 1960]

Mon cher très cher ce monde victime de l'alcool des vedettes et de l'auto n'a plus de sens tort ou travers... il n'a plus que des angines, des enfants, et des vacances, et publicité sur le tout... il n'est plus à écouter... Un mot de Gaston aussi évasif prometteur vague, me fait penser qu'il s'en fout comme ! un milliardaire !... À 67 ans bien sûr, même si pauvre, on s'en fout aussi ! le train va partir... lui rigole sur le quai, moi je m'éreinte... là le petit hic ! lui le Guide dans ces cas-là chante la Marseillaise... et touche 1 million par jour... bouillez d'indignation Roger vous serez guéri !

Baisers

Louis

626. — À ROGER NIMIER[2]

Le 25 [février 1960]

Mes Chers Amis cette fin de vie au biberon me semble joliment délectable ! à l'eau, si misérable ! mais la lecture des manuscrits à Gaston[3], mille morts ! tout cet argent perdu ! et chaque année ! impensable !

Mille baisers

Louis

1. Archives Nimier.
2. Archives Nimier.
3. Probablement Céline pense-t-il au manuscrit de *Nord* dont Gaston lui a dit qu'il était en fabrication mais qu'il s'imagine avoir été retardé par la lecture de l'éditeur.

627. — À LOUIS-FERDINAND CÉLINE[1]

Paris, le 3 Mars 1960

Docteur Destouches
25ter, route des Gardes
Meudon
(S. et O.)

Cher Louis,

Vous recevrez jeudi matin, le 8 Mars, à 11 heures, la visite de M. Stromberg.

M. Stromberg est un anglo-saxon, porteur d'un collier de barbe, qui doit faire une page sur vous dans le supplément littéraire du « NEW YORK TIMES »[2].

Je l'accompagnerai au besoin, mais recevez-le surtout comme un de vos admirateurs éperdu et barbu.

Votre Ami

Roger Nimier

628. — À ROGER NIMIER[3]

31 [mars 1960]

Mon cher Roger

Je vous relance, non par manie, mais par frousse. Que peuvent être devenus les manuscrits de mes immortels ballets[4] ? lancés à travers tous ces hystériques impuissants plagiaires ? Je souffre d'y penser ! Un mot si vous revenez le temps d'un soupir sur terre...

à vous pas fier

Louis

1. Archives Gallimard. Double de lettre dactylographiée.
2. Robert Stromberg publiera son interview sous le titre « A Talk with L.-F. Céline » dans *Evergreen Review* de juillet-août 1961 ; elle est reprise en français dans *Cahiers Céline*, 2, pp. 172-177.
3. Archives Nimier.
4. Nous ne savons pas pourquoi, si longtemps après, Céline a soudain pensé à réclamer son manuscrit.

629. – À ROGER NIMIER[1]

Le 3/4 [1960]

Mon cher Roger

enfin du sadique rigolo[2] ! et indiscutable, non romancé, pas de la NRF, petits flagellants, mignards ! du crochet du boucher !
Votre

Louis

630. – À LOUIS-FERDINAND CÉLINE[3]

Paris, le 5 Avril 1960

Docteur Destouches
25ter, route des Gardes
Meudon

Cher Louis,
Ce texte me paraît une fière lecture. Je vous le rendrai quand on l'aura tapé à la machine. Mais je cherche une secrétaire qui ne s'évanouisse pas facilement.
Affectueusement.

Roger Nimier

1. Archives Nimier.
2. Céline communique un texte à Nimier ; nous ne savons pas s'il est de lui.
3. Archives Gallimard. Double de lettre dactylographiée.

631. — À GASTON GALLIMARD[1]

6/4 [1960]

Mon cher Éditeur

J'ose vous demander si vous avez obtenu quelques renseignements au sujet de la parution du « Voyage et M à Créd[it] » dans votre Pléiade, je veux dire si possible avant notre disparition sous les effets de l'âge ou de la bombe ? Je crois beaucoup aux horloges solaires et à leur devise que vous connaissez...

Quant à ce manuscrit que je vous ai remis à Noël, vos services m'affirment qu'à Pâques ou la Trinité il est vraisemblable que vos usines les entreprendront.

Mais les vacances ? Cet événement majeur peut tout bouleverser ! Suprême !

À vous bien amicalement

Destouches

632. — À LOUIS-FERDINAND CÉLINE[2]

Paris, le 8 Avril 1960

Docteur Destouches
25ter, route des Gardes
Meudon
(S. et O.)

Cher Louis,

Voici l'article, qui a été tapé à la machine.
Je vais tâcher de pervertir Gaston. Rien ne peut lui faire plus de bien.
Affectueusement.

Roger Nimier

1. Archives Gallimard.
2. Archives Gallimard. Double de lettre dactylographiée.

633. – À ROGER NIMIER[1]

21/4 [1960]

Cher Roger

Le plus rigolo c'est que nos écrits seront encore bien plus comiques quand ils auront l'âge de ceux d'Hennique[2] ! Déjà Montherlant trouve Cervantès très surfait et Don Quichotte inexistant. Vite Sagan au Panthéon à droite de Gaston.

Enfin une nouvelle sérieuse vous allez être remotorisé[3], les gangsters au kidnap frémissent.

Baisers et tendres

Louis

634. – À LOUIS-FERDINAND CÉLINE[4]

Mercredi [27 avril 1960 ?]

Mon cher Louis,

l'Élysée et la France cherchent un homme, mais pas le même. La France le voudrait velu, l'Élysée imberbe et chauve.

Pourriez-vous nous envoyer votre perroquet, qui ferait sans doute l'affaire ?

Votre

Roger N[imier]

---

1. Archives Nimier.
2. Léon Hennique (1851-1935), écrivain, membre de l'académie Goncourt, il vota pour Guy Mazeline au Goncourt 1932.
3. Nimier a pris la décision de s'acheter une Aston-Martin.
4. Collection particulière.

635. — À ROGER NIMIER[1]

Le 28 [avril 1960]

Cher Roger

Heureusement notre France est éternelle et ce n'est pas un misérable crabe, chinois ou non, qui l'empêchera d'accomplir son destin de nation la plus forte, la plus intelligente, avisée, artiste, alcoolique, bavardeuse, méchante, haïsseuse, boulimique, foutreuse, du monde.

S'il vous arrive de penser à la Pléiade, en vos moments badins, daignez demander à ces ectoplasmes s'ils pensent à m'imprimer, je ne sais où... en Uruguay ? ou Laponie ? ou chez Lipp...

Ils ne seront jamais aussi fantasques que ces gens de cinéma... qui repartent avant d'arriver... qui ne savent que s'en aller... qui n'existent peut-être bien pas ?

Affectueusement

Louis

636. — À LOUIS-FERDINAND CÉLINE[2]

Paris, le 28 Avril 1960

Docteur Destouches
25ter, route des Gardes
Meudon

Cher Louis,

« Paris-Presse », qui s'est toujours montré bien disposé à votre égard, veut publier régulièrement des chroniques.

Ce n'est, Dieu merci, pas votre genre, mais exceptionnellement, je

1. Archives Nimier.
2. Archives Nimier.

voudrais que vous leur fassiez un petit texte — car cela ne me paraît pas mauvais au moment de la sortie du livre.

Le plus simple est que nous agissions de la façon suivante : vous m'écrivez une lettre de trois ou quatre pages, sans gros mots (!!!!), dans laquelle je découperai cette chronique — en vous en soumettant le texte.

Je vous suggère comme sujet : la manie des week-ends et des voitures. Mais vous pouvez choisir autre chose[1].

Naturellement, cette chronique vous sera payée par « Paris-Presse ». Pardon de vous ennuyer et à très bientôt.

Roger Nimier

637. — À LOUIS-FERDINAND CÉLINE[2]

Paris, le 2 Mai 1960

Cher Monsieur,

Roger Nimier étant parti pour les Baléares jusqu'à la fin de cette semaine, il m'a chargée de vous envoyer la 4ème page de « NORD ».

En espérant que ce texte vous conviendra, je vous prie de croire, cher Monsieur, à l'expression de mes sentiments respectueux.

P/ Roger Nimier[3]

---

1. Dans *Paris-presse-L'Intransigeant* du 4 mai, paraîtra la réponse de Céline à une enquête sur ses projets de vacances (Jean-François Devay, « Voici le petit bottin mondain des grandes vacances » ; repris dans *Cahiers Céline*, 2, p. 169) qui tient en quelques lignes : « *Je n'ai pas pris de vacances depuis trente ans. C'est une question d'argent. Et puis j'ai des chiens, des chats, des oiseaux. Je ne pourrais pas laisser mes animaux seuls. Je reste à Meudon* ».
2. Archives Gallimard. Double de lettre dactylographiée.
3. C'est la secrétaire de Nimier qui signe la lettre.

638. — À LOUIS-FERDINAND CÉLINE[1]

Paris, le 3 mai 1960.

Dr Destouches
25ter, route des Gardes
Meudon (S/O)

Cher Monsieur

Vous m'aviez demandé épreuve de la carte qui vient à la fin de « NORD ». Je vous l'envoie ci-joint[2], accompagnée de l'original, que je vous demande de bien vouloir me retourner.

Comme je vous l'ai dit, cette carte est divisée en deux fragments, qui seront placés en vis-à-vis, tout à fait à la fin de votre livre, comme vous me l'aviez recommandé.

J'envoie un autre jeu à Mlle Canavaggia, accompagné d'un double de la présente lettre.

Je vous prie de croire, Cher Monsieur, à mes sentiments distingués.

J[acques] Festy

1. Archives Gallimard. Original renvoyé par Céline.
2. Jacques Festy joint en effet une carte dessinée avec les principaux lieux évoqués dans *Nord*. Elle sera reproduite aux pages 462-463 de l'édition originale mais supprimée dans les éditions suivantes.

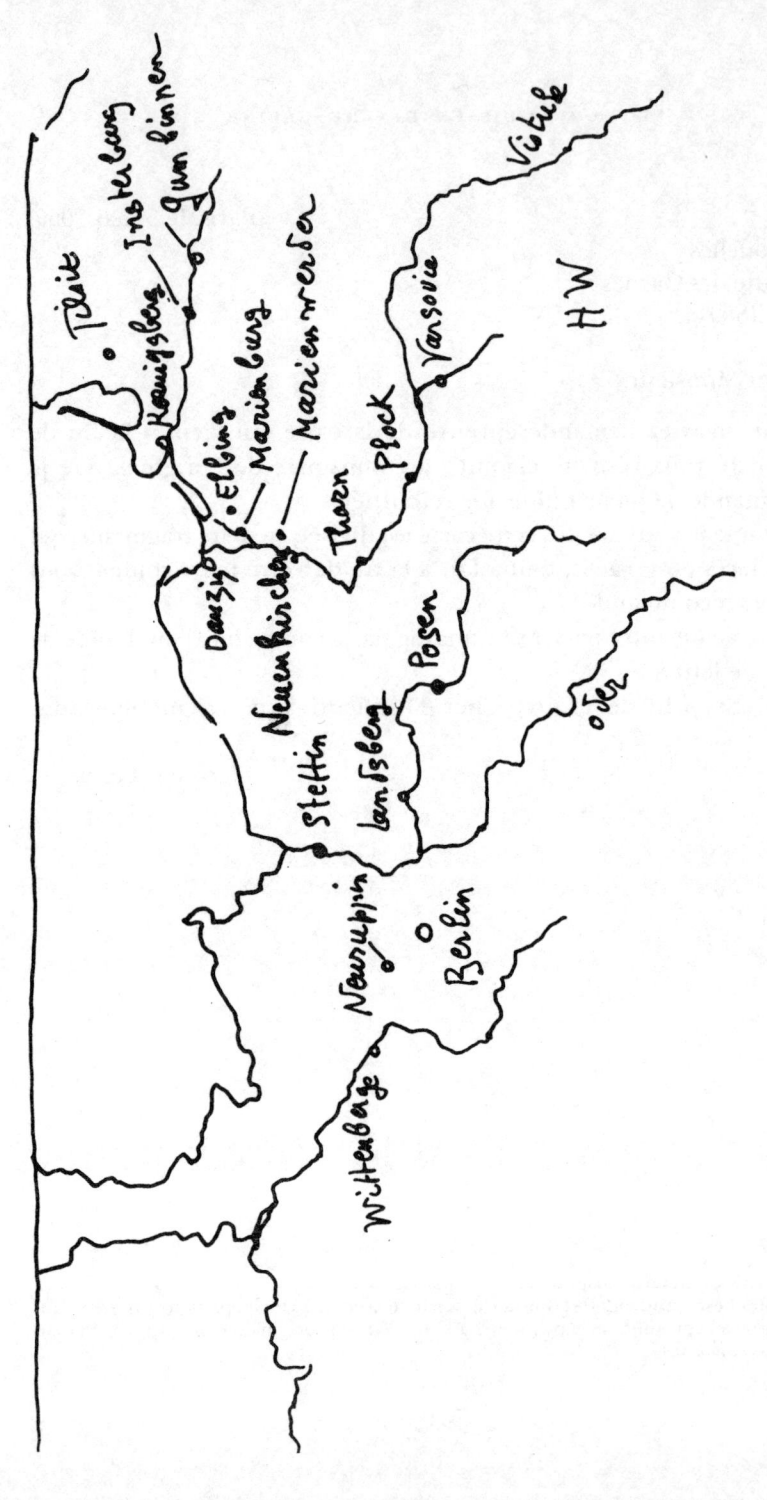

639. — À JACQUES FESTY[1]

4/5/60

parfait !

LFC

640. — À ROGER NIMIER[2]

Le 12 Mai [1960]

Mon cher Roger

Voici je crois ce qui sera très bien si vous voulez bien ajouter votre collection d'étiquettes imprimées[3]... Les dédicaces sont fastidieuses pour l'envoyeur et le receveur de l'ouvrage qu'il ne peut plus vendre ni offrir. Votre admirable « prière d'insérer » suffit à tout.
Bien affectueusement

Louis

1. Archives Gallimard. Céline écrit au verso de la lettre de Jacques Festy du 3 mai.
2. Archives Nimier.
3. Céline envoie les noms et adresses de ceux à qui il veut envoyer *Nord* en service de presse. Pour cela on lui a fourni des étiquettes vierges.

641. — À ROGER NIMIER[1]

Le 12 Mai [1960]

Mon cher Roger

Mais que j'ai plus d'étiquettes ! Voulez-vous être mille fois gracieux ?

    Mlle Madeleine Chapsal
    abs René Julliard
    30 Rue de l'Université

Mille pardons !

LD

642. — À LOUIS-FERDINAND CÉLINE[2]

Paris, le 13 Mai 1960

Docteur Destouches
25{ter}, route des Gardes
Meudon

Cher Louis,

J'ai ajouté l'étiquette de Madeleine Chapsal.

Je vous apporterai les livres pour le service de presse. Il ne sera pas nécessaire de les signer tous.

« Paris-Presse » va publier déjà une photo de vous, que je leur ai donnée[3].

J'ai acheté une voiture pour venir vous voir. C'est ce que je voulais faire ce matin, mais on m'a empêché de vous amener Marie — ce qui me

---

1. Archives Nimier.
2. Archives Gallimard. Double de lettre dactylographiée.
3. « Céline : Lili Robert et moi », *Paris-presse*, 14 mai 1960 ; écho non signé avec photo de Céline annonçant la sortie prochaine de *Nord*.

paraissait bien le plus intéressant. Ce sera donc pour samedi ou dimanche.

Affections.

Roger Nimier

643. – À LOUIS-FERDINAND CÉLINE[1]

Paris, le 17 Mai 1960

Docteur Destouches
25ter, route des Gardes
Meudon

Cher Louis,

Accepteriez-vous, éventuellement, de venir à la télévision pour une émission littéraire très suivie[2]. Mais cela vous obligerait à venir, car cette émission a lieu en direct et elle est effectuée vers 9 heures 1/2 du soir[3].

Naturellement, si vous acceptiez, je viendrais vous chercher en voiture et je vous ramènerais.

Votre ami.

Roger Nimier

644. – À ROGER NIMIER[4]

[18 mai 1960]

puisque c'est vous il va de soi !
Baisers

Louis

---

1. Archives Gallimard. Original renvoyé par Céline et double de lettre dactylographiée.
2. Ce projet n'aura pas de suite.
3. « Lectures pour tous », diffusé le mercredi soir.
4. Archives Nimier.

645. — À ODETTE LAIGLE[1]

19 Mai [1960]

Chère Madame

J'ose me permettre de vous demander si vous avez eu connaissance de la réédition du *Voyage* en livre de poche, accord passé entre Hachette et la NRF. Or je devais toucher la moitié de mes droits d'auteur dès la signature et il me semble bien de rien avoir touché encore[2] ? seriez-vous assez aimable pour demander ce qu'il en est aux Services intéressés. Vous excuserez mon indiscrétion.

Autre audace : M. Gaston Gallimard ne m'a toujours rien répondu quant à ma parution dans la *Pléiade* ? avez-vous une idée des raisons de ce silence ?

Veuillez croire Madame à mes sentiments très respectueux

Destouches

646. — À ROGER NIMIER[3]

25 [mai 1960]

Mon cher Roger

Ça n'a pas dû bicher avec la TV ni avec P-Match[4] pour moi je dirais : tant mieux ! pour l'ours c'est peut-être un peu dommage... peut-être ! Le principal vous savez pour moi c'est que Gaston atteigne vite son second milliard...

---

1. Archives Gallimard. Écrit au verso de la lettre de Nimier du 17.
2. Céline a oublié qu'il a reçu ces droits le 30 décembre 1959.
3. Archives Nimier.
4. Un projet d'interview dans *Paris-match* qui ne sera effectué qu'à la fin de l'été.

Si futile tout le reste !
Votre amical très tendre et très reconnaissant

L Ferd

← menton

647. — À LOUIS-FERDINAND CÉLINE[1]

Vendredi [8 juin 1960]

Cher Louis,

regarder la page une du Bulletin (et votre photo un peu plus loin)[2].
Je travaille comme un Lumumba[3].
Affection

Roger [Nimier]

---

1. Collection particulière.
2. Le *Bulletin de la N.R.F.* de juin. À la page 1 est annoncé « *Céline se souvient* » et page 2 se trouve le prière d'insérer de *Nord* avec la photo de Céline.
3. Patrice Lumumba (1925-1961) devient Premier ministre de la République congolaise lors de l'indépendance.

648. — À LOUIS-FERDINAND CÉLINE[1]

Paris, le 13 Juin 1960

Docteur Destouches
25ter, route des Gardes
Meudon

Cher Louis,

Pourriez-vous mettre un mot gentil sur cet exemplaire de « NORD » et me le renvoyer ?
Affectueusement.

Roger Nimier

649. — À ROGER NIMIER[2]

[12 ou 13 juin 1960]

[...][3]
Il faut un traître ! que tous les autres se sentent durs, purs ! il a l'emploi ! il est ! sérénité ! soupirs ! bonnes tables ! bises partout ! délivrance ! paix des consciences ! qu'il tienne son emploi ! renâcle ? murmure ? croule ? qu'on l'empale !
Inflexibles digestions, pets et variantes !

[Destouches]

1. Archives Gallimard. Double de lettre dactylographiée.
2. Archives Nimier.
3. Le début de la lettre manque, et probablement la fin.

650. — À LOUIS-FERDINAND CÉLINE[1]

Lundi [13 juin 1960]

Cher Louis,

j'ai écrit une page du prochain numéro de *Arts*[2], exprès pour vous. Certes, elle n'a pas toute la distinction que nous donnerons au *Convenable*. Mais c'est une tentative.

Trouvez-moi une maison à Meudon, à la place de Paris. Je vous raconterai, le soir, les sottises de la rue Bottin.

Affection

Roger N[imier]

651. — À LOUIS-FERDINAND CÉLINE[3]

Paris, le 14 Juin 1960

Docteur Destouches
25ter, route des Gardes
Meudon
(S. et O.)

Cher Louis,

Non, cela me paraît insuffisant.

« traître » est un mot faible, « ennemi de l'humanité » n'a été que trop employé. Cherchez dans votre Encyclopédie quelque chose de plus violent.

Marcel Aymé, que j'ai vu hier matin (car il vient à Paris de temps en temps comme un grand), trouve que « Nord » est votre meilleur livre depuis « Mort à Crédit ». Il préfère « Mort à Crédit » au « Voyage ».

1. Collection particulière.
2. Probablement Roger Nimier, « Le Voyage continue », *Arts*, 15-21 juin 1960.
3. Archives Gallimard. Double de lettre dactylographiée.

Pour moi, j'entre mal dans toutes ces comparaisons.
Votre ami.

Roger Nimier

652. — À ROGER NIMIER[1]

15/6/60

Mon cher Roger

Tous ces avis si superflus ! Des goûts des couleurs ! si inutiles ! et moi de même ! *un hic sérieux !* Nadine ne vient plus ici, je suis donc bien incapable de vous renvoyer vos livres avant *mardi* prochain, jour de Lucette[2].

Mille bises reconnaissantes

Louis

653. — À ROGER NIMIER[3]

16 [juin 1960]

que ce Nimier est donc admirable !... sa critique dans *Arts*[4] est un peu reléguée dans l'ombre d'une page mais c'est la faute du Gourion[5]... qui s'allait juste, nabotissime, présenter ce qu'il faut où il faut... mille feux quand même brûlent cette page !... que ce Nimier est admirable que grouille[nt] et se terre[nt], s'enfouissent sous quelle crotte ! tous les non-éblouis ! Les Temps sont venus !

[LFC]

---

1. Archives Nimier.
2. Voir note 2, p. 349.
3. Archives Nimier.
4. Voir note 2, page 527.
5. L'article est sur trois colonnes en haut de page ; nous ne voyons pas ce qui provoque cette réaction de Céline.

654. — À ROGER NIMIER[1]

Le 21 [juin 1960]

Mon cher Roger

Par bien puérile curiosité ! Vous me pardonnerez ! je tente bien furtivement et bien humblement de savoir si NORD se vend ou reste en panne ? Personne n'en sait rien ! bien sûr... bredouillis, birlificots, blablas secs ou grasses esquives, zéro ! Peut-être seriez-vous plus heureux ?... Un risque !... un chiffre ?...

Très très discret votre

LFC

655. — À LOUIS-FERDINAND CÉLINE[2]

Paris, le 22 Juin 1960

Docteur Destouches
25ter, route des Gardes
Meudon

Cher Louis,

Personne ne risque de vous dire quelle est la vente exacte de « Nord » à l'heure actuelle parce que personne, à moins d'être le Diable Boiteux, ne peut le savoir.

Ce que je sais, c'est que nous avons réimprimé[3]. On peut donc considérer le premier tirage de 8 000 exemplaires comme vendu.

Le rythme de vente semble plus rapide que celui « D'Un Château l'Autre ».

Croyez, cher Louis, à toute mon amitié.

Roger Nimier

1. Archives Nimier.
2. Archives Gallimard. Double de lettre dactylographiée.
3. À 5 500 exemplaires.

656. — À ODETTE LAIGLE[1]

Le 9-7 [1960]

Chère Madame

Je ne sais à qui m'adresser avec ces permanentes vacances aussi je me permets une fois de plus de vous importuner.
1° Je voudrais bien recevoir *deux Ballets sans musique*.
2° et vous prierais de faire envoyer un NORD à un journaliste
    M. Jean Silvant
    39 Rue Ernest-Reyer
    Paris
Je vous prie d'agréer Madame mes bien respectueux hommages

LF Céline

657. — À ROGER NIMIER[2]

Le 21 [juillet 1960]

Mon cher Roger je commence, il est temps, à me moderniser, je ne prends plus mes enseignements qu'à la Radio et à la Publicité, or elle m'indique, qu'aucun crabe ne résiste, chinois ou autre, à un Martini coktail, servi dans les règles de l'Art, c'est-à-dire bien « givré »... foin des Croiseurs et autres joujoux ! L'Abervrach est tout près de Lannilis[3], vous y trouverez mon Ex-femme (Lebon) (chez Morvan) et ma fille, qui me sont aussi haineuses que mille crabes chinois... et cornus, toute ! une bonne après-midi !
Vive les vacances ! on vous baise bien !

LF

1. Archives Gallimard.
2. Archives Nimier.
3. Nimier est en vacances dans le Finistère pour toute la deuxième quinzaine de juillet.

658. — À ROGER NIMIER[1]

Le 30 [juillet 1960]

Bien chers Amis vous allez voir, l'hiver n'est pas dur où vous êtes le vent un peu rude mais la mer splendide, vous ne regretterez rien ! et quel Eden pour les enfants ! on vous pleurera un peu à la NRF et à l'Élysée[2], trois larmes aux Galeries, mais vous aurez tout à côté, d'autres joies ! et les dimanches à Lannilis ! une maison d'édition « Les Goémons » vous attirerait tous les manuscrits de France ! et une statue !... *Roger le Décentralisateur...* et son épouse et ses enfants, le couronnant...
Baisers

Louis

659. — À ROGER NIMIER[3]

Le 4 [août 1960]

Mon cher Roger SOS ! il n'y a plus de NORD ni de *Ballet* en librairies, ni à la NRF en stock ! Sabotage ! plus un ! or vous le savez mon contrat expire... et quand tous ces supercons reviendront de leur éternelle vacance ce sera bien pire. Goncourt et le reste ! j'aurai livré à *Noël* mon manuscrit, perles aux cochons ! SOS Roger !
Ce que vous pourrez !
Ah si ces gens pouvaient ne jamais revenir !... envoûtés enfin par leurs vacances...

Louis
baisers

1. Archives Nimier.
2. Nimier a sans doute écrit qu'il n'avait pas envie de rentrer à Paris.
3. Archives Nimier.

660. — À LOUIS-FERDINAND CÉLINE[1]

Paris, le 10 août 1960

Docteur Destouches
25ter, route des Gardes
Meudon
(S. et O.)

Cher Louis,

Voici les tirages et les ventes que me communique Hachette :

Pour les « Ballets », le tirage était de 5 000 exemplaires et il en reste environ 2 800.

Pour « Nord », le tirage et la réimpression se montent à 13 000 exemplaires, qui ne sont pas encore tous vendus.

Nous ferons naturellement une réimpression dès que cela sera nécessaire. Les ventes sont presque toujours insignifiantes au mois d'août et c'est en septembre qu'il faut attendre un nouveau démarrage.

Si des correspondants vous disent qu'ils n'ont pas trouvé « Nord » chez un libraire, il faut nous donner l'adresse de ce libraire pour que nous lui tirions les oreilles.

Croyez, cher Louis, à toute mon affection.

Roger Nimier

661. — À ROGER NIMIER[2]

Le 11 [août 1960]

Mon cher Roger

Vous avez raison, ce NORD se vendra au total plus mal que le Château... les Anti sont si bien organisés ! On essayera d'une piqûre en octobre... et aussi des *Poches* ! et cette foutue *Pléiade*

Mille tendresses

Louis

1. Archives Gallimard. Double de lettre dactylographiée.
2. Archives Nimier.

662. — À ROGER NIMIER[1]

29 Août [1960]

Mon cher Roger

bien malin qui peut savoir si vous êtes là   là   et en vie... je le souhaite vivement et je me risque... Nord est en panne... on l'enterre à la NRF... Goncourt plus les vacances, pensez ! enfin peut-être, on ne sait jamais...

Bien affectueusement

Louis

663. — À LOUIS-FERDINAND CÉLINE[2]

Paris, le 29 août 1960

Docteur Destouches
25ter, route des Gardes
Meudon

Cher Louis,

Voilà en effet une fière admiratrice[3].

Je lui ai répondu à tout hasard ne sachant si vous l'aviez fait.

Vous devriez accorder une audience à cette romancière pour voir si elle est bien faite (opinion de vétérinaire).

Affectueusement.

Roger Nimier

1. Archives Nimier.
2. Archives Gallimard. Double de lettre dactylographiée.
3. Céline a sans doute communiqué à Nimier une lettre qu'il a reçue.

664. — À ROGER NIMIER[1]

Le 31 [août 1960]

Mon cher Roger

les romancières sont faites pour être reçues à la NRF, putain pas par moi ! vétérinairement foutez lui du 3 sur 20, c'est déjà beau ! j'ai perdu 2 jours à recevoir la clique de Match, on ne m'y reprendra pas[2] ! TV et ceux-là dans le même sac, à la vidange !
Très affectueusement

Louis

665. — À ROGER NIMIER[3]

Le Jeudi [1er septembre 1960]

allons-y pour la Radio des goîtreux[4] ! Si elle est encore plus conne que celle des alcooliques, les nôtres, il n'y a qu'à s'incliner, prier, révérer ! À quand Radio Charenton ? qu'enfin on s'exprime !
Votre

LF C

J'ai fait tout l'effort avec Match... méprise... Ils prenaient un peu d'avance... tous les ans, routine ! ma nécrologie !

---

1. Archives Nimier.
2. Un reportage photographique réalisé à Meudon paraîtra dans *Paris-match* du 24 septembre.
3. Archives Nimier.
4. Un projet d'interview à la Radio Suisse.

666. — À ROGER NIMIER[1]

Le 2 [septembre 1960]

Mon cher Roger

Tout de même ! Est-il jeté cet article ?... culturo-sportif ! Ah la « Compacte »[2] est loin de là !
Pas plus de Suisses que de beurre au chose ! la même tinette que la TV, plus Match... Je vais parler d'eux tous dans mon prochain livre... à propos il faudrait nous voir, cinq minutes, mettons quatre, je veux vous interviouwer au sujet de la Pléiade, d'une édition de poche du *Château*, et du contrat de « Colin-Maillard »... et de combien il me reste encore de 1000 NF par mois ?
Bibliquement

LFerdinand

667. — À GASTON GALLIMARD[3]

Le 7 Sept[embre 1960]

Mon cher Éditeur.

Comme je regrette Denoël ! Quel dommage qu'il ait été assassiné ! Si vous aviez à vous renseigner lui au moins vous le trouviez à son bureau ! tout plein de balivernes bien sûr, mais enfin là !... de la NRF je n'obtiens pour ce qui me concerne, je veux dire mes livres, que des silences, et « on vous téléphonera »... en vérité mon cher éditeur je pense que dans un instant de mansuétude vous pourrez peut-être m'envoyer un de vos collaborateurs me voir et vous rapporter ce que j'ai à vous dire... je sais que vous avez comme moi, l'épistole en horreur... cet envoyé pourrait vous renseigner par un croquis...
Veuillez me croire votre très sincère

Destouches

1. Archives Nimier.
2. Nom que Céline donne à *La N.R.F.*.
3. Archives Gallimard.

668. — À ROGER NIMIER[1]

10. Sept[embre 1960]

Bien affectionné ami !

moi dur de la feuille pire que Tchombé[2] je dis que cela : Pléiade patati ne me suffit pas du tout ! que ce n'est là qu'un prospectus torche chose ! Il me la faut *sortie* et *en vente*, pas de *Colin* auparavant ! Zèbi ! Zèbi encore si *auparavant* on ne m'a pas sorti *d'un Château* en *livre de poche*... et en vente ! et aussi un autre contrat, vite, avant que cessent les *avances* ! sans l'avanie des droits de passage ! heu ! heu !

À quoi pouvez-vous Dieu tant œuvrer dans cette latrine ? les colombins viennent bien tout seuls : voir l'article sur NORD dans la Compacte[3] ! plus nul trouducutant haineux ne se peut rêver... Quand la Loi des 12 mois de vacances et du 18ème enfant, que tous ces gens soient occupés ?

Votre très affectueux

Louis

et le plus encore

Lucette

1. Archives Nimier.
2. Moïse Tschombé (1919-1969), chef de l'État sécessionniste du Katanga après l'indépendance du Congo.
3. Jean-Paul Weber, « Louis-Ferdinand Céline : *Nord* », *La N.R.F.*, 1er septembre 1960.

669. — À ODETTE LAIGLE[1]

Le 14 Sept[embre 1960]
Chère Madame

Je viens d'alerter Marie Canavaggia qu'elle passe à la NRF voir ce qu'il en est de ces épreuves de la *Pléiade* et se ruer au labeur, si possible.
1° Vous n'avez pas de réponse pour *d'un Château l'autre* en édition de poche[2] ?... *Essentiel* je trouve ! les jeunes me découvrent aussi dans les gares... ils ne savent pas que j'existe...
les notaires, par la Pléiade me découvriront, par l'autre bout !...
Respectueusement votre

Destouches

670. — À ROGER NIMIER[3]

Le 14 [septembre 1960]
Mon cher Roger

pour vos Tablettes... à tout usages...
1° ces *Paris-Match* qui m'ont emm deux jours se sont effacés, il semble, à jamais.
2° ces *Radio Suisse* n'ont jamais donné signe de vie...
ainsi va-t-il de fouteries en fouteries vous savez
bien affectueusement

Louis

---

1. Archives Gallimard.
2. *D'un château l'autre* ne paraîtra en poche qu'après la mort de Céline.
3. Archives Nimier.

671. — À LOUIS-FERDINAND CÉLINE[1]

Paris, le 15 septembre 1960

Docteur Destouches
25ter, route des Gardes
Meudon
(S. et O.)

Cher Louis,

J'écris au directeur de « Match » pour savoir ce qu'il fabrique.
Pour la radio suisse, ils n'avaient pas encore annoncé leur visite, mais simplement demandé si vous l'accepteriez.
Vous avez cent mille fois raison pour la Pléiade.
Affectueusement.

Roger Nimier

672. — À ROGER NIMIER[2]

15 Sept[embre 1960]

Mon cher Roger

Si sa banque traitait Gaston comme il traite ses auteurs... si les guichets se montraient aussi peu réveillés, tout gâteux qu'il soit, quel ouragan ! mais là que risque-t-il ?... Tout est pèse en ce monde, nous le savons et n'en sommes plus avancés !... « rame cochon et la boucle ! » puisqu'en particulier plus moi si vieux sur cette galère plus je souque jour et nuit malade gâteux plus je m'endette... j'ai fameuse mine !...

Je croirai à cette Pléiade quand je la verrai *en vente*... *Château l'autre* de même ! « de poche », *en vente*... pas un dixième de seconde avant ! et

---

1. Archives Gallimard. Double de lettre dactylographiée.
2. Archives Nimier.

pas de Colin Maillard avant !... J'ai alerté Marie, en vacances en Suisse, qu'elle passe à la NRF, voir ce qu'il en est, de ces bobards...

Bien affectueusement

Louis

673. — À GASTON GALLIMARD[1]

19 Sept[embre 1960]

Mon cher Éditeur

Je suis fort en peine et me demande si je dois changer de bâtiment. Je ne reçois aucune réponse à mes lettres, pourtant très précises. Je vous demandais

1° où en était la Pléiade ? quand la mise en vente ?

2° un nouveau contrat — mêmes termes que celui de *Nord* sauf la *passe*, je ne fais pas de passes.

3° une édition de poche « d'un Château l'autre »...

Il me fut répondu que Théobald était en vacances, Proserpine en cure, Églantine en réparation, etc... etc... vous savez nous sommes à bout de contrat[2] ayez donc cher éditeur la courtoisie de me dire d'aller ramer ailleurs et vous savez que les galères recrutent toujours, hélas !...

Votre bien sincère

LF Destouches

1. Archives Gallimard.
2. En fait « *au bout* » des mensualités que reçoit Céline.

674. — À LOUIS-FERDINAND CÉLINE[1]

Paris, le 20 Septembre 1960

Docteur Destouches
25ter, Route des Gardes
Meudon (S. et O.)

Mon cher Céline,

Pourquoi êtes-vous en peine ?
Madame LAIGLE vous a téléphoné que votre Pléiade était à la composition et elle a prévenu FESTY de la visite de Mlle CANAVAGGIA. On lui remettra donc incessamment des épreuves.

En ce qui concerne votre nouveau contrat, il vous a été dit que Robert GALLIMARD l'établirait dès son retour et que vous le recevriez sans doute cette semaine (mêmes termes que celui de « NORD »).

Pour le livre de poche, vous savez bien que la décision ne dépend pas uniquement de la N.R.F. Il faut l'accord d'HACHETTE.

Je ne sais pourquoi vous êtes si méfiant à mon égard. Rien ne vous permet de penser que j'ai le goût ou l'intérêt à vous déplaire.

Votre,

Gaston Gallimard

675. — À GASTON GALLIMARD[2]

Le 22 [septembre 1960]

Mon cher Ami

Voici une lettre qui me rend un peu d'espoir je vous voyais tous engloutis sous les flots des vacances... une autre houle...

---

1. Archives Gallimard. Double de lettre dactylographiée.
2. Archives Gallimard.

J'attends donc de pied ferme ce « magistrat des contrats » retenu lui aussi par d'infinies vacances... La Pléiade donne alors des petits signes de vie ? j'aurais aimé à passer avant Bernanos, mort, que rien ne hâte, et Montherlant gavé de tous les honneurs...

Pour l'édition de poche Philippachi me répond : c'est Gaston !... pour moi simplet c'est vous deux ! pardi ! tâchez de vous mettre d'accord ! Colin-Maillard ne vous sera remis que ces petits détails réglés.

Deux à trois coups de téléphone ! murmures de Jupiter !

Votre bien appliqué et amical

LF Céline

676. — À ROGER NIMIER[1]

Le 29 [septembre 1960]

Mon cher Roger nous le savons bien celui qui a des sous est toujours gagnant. Foutre hélas de nos mérites tout éclatants qu'ils soient, j'admets... À preuve : le Podestat des Contrats ne m'a donné signe de vie... à moi de me morfondre et crever de faim ou du ciboulot, à mon gré, diantre ! Povoîtes aux Abattoirs ! leur place ! la mienne réservée depuis belle !... Vous auriez vu ici hier Madame Benodet et Marcel Mystique[2] en grand colloque trouducuteux, théâtre, prostate et fibromes aux aveux ! pas que j'aie ouï ni vu du tout... mais n'est-ce pas Grévin est Grévin ! Vous êtes encore aux temps de rire ! Votre cire tient encore !

Mille bises

Louis

1. Archives Gallimard.
2. Renée Bolloré et Marcel Aymé.

677. — À ODETTE LAIGLE[1]

Le 30 Sept[embre 1960]

Chère Madame

N'ayant confiance décidément qu'en vous tant pis pour vous ! je vous harcèle ! je vous serais bien obligé de me faire envoyer
 4 Nord
 4 Ballets
et si vous voulez bien un petit choix de livres des auteurs de la NRF qui sont en lice pour les prix de l'année.

Veuillez agréer Madame l'assurance de mes sentiments bien respectueux

Destouches

678. — À ODETTE LAIGLE[2]

Le 5 [octobre 1960]

Chère Madame

Vous avez eu la bonté de m'envoyer des livres bien merci mais tant pis pour vous, je vais abuser !
 1° Ce M. X. qui rédige les contrats s'est-il perdu en route[3] ?...
 2° cette édition de poche d'un Château l'autre me la refuse-t-on ?

―――

Il paraît que la Pléiade s'occupe de moi, puisse-t-elle aboutir !

―――

1. Archives Gallimard.
2. Archives Gallimard.
3. Aucun contrat ne sera signé avec Céline dans cette période.

Je me suis jeté sur ces romans récents. Seul M. Kern[1] me semble avoir un peu compris, il présente des symptômes de style. Quant au fond même je ne juge pas, je suis incompétent, mais diable qu'ils semblent tous, pédérastes ou pas, avoir le sexe triste... pire, moralisateur !... Vive Paul de Kock[2] !

Bien respectueusement

Destouches

679. — À ODETTE LAIGLE[3]

Le 6. [octobre 1960]

Chère Madame

Cette fois-ci il ne s'agit pas d'un vague ragot...

Grosjean est sérieux et très bien placé à Bordeaux pour savoir ce qui se passe en librairie...

En plus membre éminent de la RÉSISTANCE !

Je vous serais bien reconnaissant de lui envoyer un NORD [4].

Bien respectueusement

Destouches

1. La N.R.F. vient de publier le quatrième roman d'Alfred Kern, intitulé *Le Bonheur fragile*.
2. Charles-Paul de Kock (1793-1871), romancier populaire, connut le succès grâce à un savant dosage de grivoiserie et de moralisme bien pensant.
3. Archives Gallimard.
4. Céline a reçu une lettre de Georges Grosjean, journaliste à *Sud-Ouest* qui lui écrit qu'il a vu un exemplaire de *Nord* au Katanga d'où il revient mais qu'il ne parvient pas à se le procurer dans les librairies de Bordeaux.

680. — À LOUIS-FERDINAND CÉLINE[1]

Paris, le 7 octobre 1960

Docteur Destouches
25ter, route des Gardes
Meudon

Cher Louis,

Je vous recommande Hubert Bassot, qui vous remettra cette lettre.

Hubert Bassot est directeur d'un journal qui s'appelait « VINGTIÈME SIÈCLE, qui va changer de formule et se nommer : « LE SIÈCLE ». Nous ne sommes pas loin du « CONVENABLE » que nous ferons un jour[2].

Croyez, cher Louis, à toute mon affection.

Roger Nimier

681. — À LOUIS-FERDINAND CÉLINE[3]

Paris, le 11 octobre 1960

Docteur Destouches
25ter, route des Gardes
Meudon
(S. et O.)

Cher Louis,

Vous recevrez demain un coup de téléphone d'un photographe suisse qui s'appelle M. Pandel[4].

1. Archives Gallimard. Double de lettre dactylographiée.
2. Nous ne savons pas si ce M. Bassot est allé voir Céline.
3. Archives Gallimard. Double de lettre dactylographiée.
4. Nous ne savons pas si Céline a bien voulu recevoir ce M. Pandel.

C'est un excellent photographe, qui voudrait vous tirer le portrait. Il travaille avec un appareil à soufflet comme les photographes de jadis et il fait tout le contraire de ce que font les journalistes.

Je serais heureux si vous acceptiez de le recevoir, car cela ferait une bonne image de vous pour mon bureau.

Affectueusement.

Roger Nimier

682. — À LOUIS-FERDINAND CÉLINE[1]

Paris, le 12 octobre 1960

Docteur Destouches
25ter, route des Gardes
Meudon

Cher Louis,

J'ai déjeuné hier avec Marcel Aymé. Il porte de petits cheveux de muscadin et une cravate fluorescente sur une chemise-polo bleu pâle : le pédé intégral.

J'ai vu ensuite le même soir Henri Mondor, frais comme les roses qu'il dessine.

Il était content que le livre de la Pléiade soit enfin en fabrication.

Votre ami.

Roger Nimier

1. Archives Gallimard. Double de lettre dactylographiée.

683. — À ROGER NIMIER[1]

Le 15/ oct[obre 1960]

Mon cher Roger

Tant mieux ! Tant mieux si nos mignons sont prêts ! recevront où je pense les jaunes avec enthousiasme nous épargneront leurs horribles fusées ! ces réceptions proustiennes sont propitiatrices (NRF) Rouvrons les bordels pour les deux sexes et nous serons fins parés ! assez d'échecs ! Il nous faut l'Anu national !

Baisers de saison !

Louis

684. — À LOUIS-FERDINAND CÉLINE[2]

Paris, le 27 octobre 1960

Docteur Destouches
25ter, route des Gardes
Meudon
(S. et O.)

Cher Louis,

J'ai le manuscrit de Marc Hanrez sur vous et votre œuvre[3]. C'est intelligent et sérieux.

Avant de donner le livre en fabrication, il faut que je réunisse les illustrations.

Pourriez-vous me confier tout ce que vous avez, y compris une photo (indispensable) de Lucette[4] ?

---

1. Archives Nimier.
2. Archives Gallimard. Double de lettre dactylographiée.
3. L'étude de Marc Hanrez paraîtra dans la collection « La Bibliothèque idéale » en novembre 1961.
4. Ce sera la photo de Céline et Lucette qui figure à la page 181 de l'*Album Pléiade* qui sera retenue.

Ces photos seront contretypées sous ma surveillance et vous seront rendues immédiatement.

Je me suis permis d'écrire à quelques uns de vos amis pour rechercher votre portrait. Je vous dirai ce qu'ont donné mes recherches.

Croyez, cher Louis, à toute mon affection.

Roger Nimier

685. — À ROGER NIMIER[1]

Le 27 [octobre 1960]

Mon cher Roger

Ce jeune belge est délicieux[2], efficient et tout mais il est contaminé par sa fiancée qui œuvre dans le Doctorat en psychologie, et le public relations, toutes les horreurs... d'où que bien sûr il bande pour la photographie, cette abjection ! je l'ai écouté il m'a bien fatigué mais que je suis bien résolu foutre à m'en tenir là ! *Je n'ai pas de photos* ! Aznavour, BB, Nadar ont pris toutes les plaques ! mon local Rue Girardon contenait je crois q[uel]q[ues] horreurs que les pillards ont brûlé avec le reste ! Et vous avez à la NRF toutes les grimaces suffisantes[3] !... le goût belge vous le savez, germano-latin, est infect ! à fuir !

Amoureusement

Louis

1. Archives Nimier.
2. Marc Hanrez.
3. L'appartement que Céline occupait rue Girardon a été, après réquisition, occupé par Yvon Morandat, compagnon de la Libération, et les meubles entreposés dans un garde-meubles. Céline affirma à plusieurs reprises que l'appartement avait été pillé et que des manuscrits qu'il avait laissés avaient disparus.

686. — À LOUIS-FERDINAND CÉLINE[1]

Paris, le 17 Novembre 1960

Docteur Destouches
25ᵗᵉʳ, route des Gardes
Meudon
(S. et O.)

Cher Louis,

Je viens vous voir sans faute samedi, non pas dans un taxi, mais dans ma voiture munie des derniers perfectionnements : chauffage, musique, tout-à-l'égout.

La M[2]., quoique montée sur d'énormes jambes, a toujours montré une tête un peu folle. On ne mange pas assez de haricots rouges et de lentilles.

Votre ami.

Roger Nimier

687. — À LOUIS-FERDINAND CÉLINE[3]

Paris, le 22 novembre 1960

Docteur Destouches
25ᵗᵉʳ, route des Gardes
Meudon

Cher Louis,

La préface de Mondor est à présent chez l'imprimeur.

Depuis un mois un homme nouveau est entré chez Gallimard pour

---

1. Archives Gallimard. Double de lettre dactylographiée.
2. Nom d'une personne proche de sa famille que les héritiers de Roger Nimier ont souhaité supprimer.
3. Archives Gallimard. Double de lettre dactylographiée.

s'occuper de la fabrication de la Pléiade. Il s'appelle Ducourneau[1], ce qui est un fier nom. Il est balzacien et sérieux.

J'attends que mon ami Louis Malle soit rentré à Paris pour lui proposer le « Voyage au bout de la nuit ». L'avantage serait double :

a) C'est un excellent metteur en scène[2].
b) Il a une société de production qui a fait jusqu'ici de très bonnes affaires.

J'ai vu qu'une fois de plus vous aviez manqué le prix Goncourt[3].
À vous.

Roger Nimier

688. — À ROGER NIMIER[4]

Le 25 [novembre 1960]

Mon cher Roger

À parier que ce nouveau prince de la Pléiade ne sera pas « au courant » après quels bafouillages, avant 3 mois, qu'alors il partira en vacances, qu'il sera souffrant, en cure, et qu'on ne le reverra plus...

———

À parier encore que ce Prince du cinéma est parti dans la Lune chercher des idées, qu'il reviendra dans dix ans...

———

Quant aux Princes du flouze ? mieux vaut se taire absolument.
À vous bien tendrement.

Louis

1. Jean Ducourneau (1919-1975), collaborateur du Club du Meilleur Livre à partir de 1952 puis de la « Pléiade » de 1960 à 1966.
2. Louis Malle a déjà réalisé *Le Monde du Silence* en 1955, *Ascenseur pour l'échafaud* en 1957, *Les Amants* en 1958 et *Zazie dans le métro* en 1960.
3. Le prix Goncourt 1960 n'a pas été attribué.
4. Archives Nimier.

689. — À ROGER NIMIER[1]

Le 2 [décembre 1960]

Mon cher Roger

Ce qui manque au mouvement littéraire c'est un prix vraiment superboum, je proposerais le « Grand Prix du Navet » le *plus mauvais livre de l'année*, que ce soit bien avoué, entendu, bien proclamé. Le Goncourt ne viendrait forcément qu'en seconde ligne. Je ferais volontiers parti de cette Académie, si vous en étiez.

Baisers évanescents

Louis

690. — À CLAUDE GALLIMARD[2]

6-12 [1960]

Cher Ami

Vous savez ce que valent les Légendes !... une d'elles veut paraît-il que je me trouve Cerbère dévorant à la porte du Cours de ma femme ! N'en croyez je vous prie rien du tout[3] !

1° je ne suis jamais monté aux Studios de Danse.

2° S'il m'arrive, très très rarement de croiser une élève je m'efface et je me sauve si vite que pour ainsi dire je n'existe pas.

Tout ceci pour éventuellement bien vous rassurer...

Je demeure tout en bas à un autre étage et à la cave...

Bien amicalement à vous

Destouches

1. Archives Nimier.
2. Archives Gallimard.
3. Dans le *Bulletin de la N.R.F.* de mai 1959, un écho préfigurait déjà cette mise au point de Céline : « Céline va publier " Ballets sans musique, sans personne, sans rien ". Sa femme est professeur de danse. Mais, bien avant les ballets roses, il s'est toujours refusé à assister aux leçons. »

691. — À LOUIS-FERDINAND CÉLINE[1]

Paris, le 12 décembre 1960

Docteur Destouches
25ter, route des Gardes
Meudon
(S. et O.)

Cher Louis,

Le commanditaire éventuel est évanescent, ce qui est courant dans le cinéma.

Je vais en parler à d'autres producteurs.

En fait la question de l'acteur est primordiale. On ne peut tout de même pas donner le rôle de Bardamu à Brigitte Bardot.

Votre ami.

Roger Nimier

692. — À LOUIS-FERDINAND CÉLINE[2]

Paris, le 14 décembre 1960

Docteur Destouches
25ter, route des Gardes
Meudon
(S. et O.)

Cher ami,

Je ne pense pas une seconde que vous passiez vos journées au cours de danse de votre femme.

---

1. Archives Gallimard. Double de lettre dactylographiée.
2. Archives Gallimard. Double de lettre dactylographiée.

Je sais au contraire que vous travaillez plus qu'aucun autre auteur et tous les jours.

Je serai d'ailleurs heureux de vous rendre visite et d'accompagner Roger Nimier un jour où il viendra vous voir. Peut-être samedi, m'a-t-il dit.

Croyez à l'assurance de mon affectueuse amitié.

Claude Gallimard

693. — À ROGER NIMIER[1]

19/12 [1960]

Mon cher Roger

Puisque M à Crédit fait lever tant de chichis[2] que ne prend-on *Nord* à la place ?

Bougrement votre

Louis

694. — À LOUIS-FERDINAND CÉLINE[3]

[Fin 1960]

Cher Ami,

Je suis ravi de pouvoir vous dire qu'à la *Pléiade* tout avance. Ce n'est plus qu'une question de mois. Date !

---

1. Archives Nimier.
2. Céline évoque sans doute les difficultés propres à l'édition de *Mort à crédit* dans la « Pléiade ». Dans l'édition originale en effet, Robert Denoël avait exigé de laisser en blancs certains passages jugés par lui trop licencieux. Seuls les exemplaires de tête comprenaient le texte complet. Pour l'édition « Pléiade » il sera décidé de faire réécrire ces passages par Céline afin de ne pas laisser de blancs.
3. Collection particulière.

Une autre : celle de *Nord*. Tout, de votre génie lyrique et de votre art scrupuleux, me paraît revenu. J'en ai une double joie : celle de l'admirateur, et celle du médecin qui s'assure d'une vraie convalescence.

Merci de tous ces plaisirs. Je ne vous vois pas, car je suis assez près d'être aussi solitaire que vous, mais si avec *Roger* N. et Cailleux nous parlons de vous, vous sauriez où l'on vous aime.

Très, très affectueusement et les meilleurs vœux.

H[enri] Mondor

1961

695. — À ROGER NIMIER[1]

              Vendredi [début 1961]
Mon cher NRF

 Deux foutus clanculs sont Parinaud et Charensol[2]. Dieu sait s'ils sont venus et depuis toujours m'emmerder ! Jamais une ligne sur mes livres ou sur Lucette dans leurs torchons... Vous pouvez leur dire qu'ils perdront rien pour attendre : genre mule du pape que je suis que rien est perdu qu'ils seront gentiment gâtés... c'est affaire de temps...
 Votre

                   Louis

---

 1. Archives Nimier. Lettre probablement de début 1961 mais que nous n'avons pas pu dater précisément.
 2. André Parinaud est rédacteur en chef de *Arts* et Georges Charensol est rédacteur en chef des *Nouvelles littéraires*. Georges Charensol faisait partie du jury qui donna le prix Renaudot à Céline en 1932.

696. — À LOUIS-FERDINAND CÉLINE[1]

Paris, le 6 Janvier 1961

Monsieur le Docteur Destouches
25ter, Route des Gardes
Meudon
Seine & Oise

Cher Monsieur,

Nous avons l'honneur de vous remettre ci-inclus un relevé de votre compte de droits d'auteur arrêté, suivant les exemplaires vendus de vos ouvrages, pour la période du 30 Juin 1959 au 30 Juin 1960.

À cette dernière date ce relevé présentait un solde débiteur de NF 47.262,82.

Nous restons à votre disposition pour tous renseignements complémentaires relatifs à ce relevé,

et vous prions d'agréer, Cher Monsieur, l'assurance de nos sentiments les meilleurs.

Nicole Ouali

697. — À ROGER NIMIER[2]

Le 10/1 [1961]

Mon cher Roger

Mondor hier au téléfon me prévenait que vous dirigiez une collection des « Vocations » dont il était lui-même le Pape et s'il me plairait d'y figurer[3] ? Et comment ! tout ce qu'il y a de charmé, convulsé, rugissant d'orgueil ! Pour les détails, bien à vos ordres !

1. Archives Gallimard. Double de lettre dactylographiée.
2. Archives Nimier.
3. La collection « Vocations » (1954-1961) fut créée et dirigée par Henri Mondor. Roger Nimier en assura le suivi éditorial. Mondor l'avait inaugurée par un *Mallarmé lycéen*, et il y eut ensuite des ouvrages sur Gide, Aragon, Chénier, Paulhan, etc.

Lucette se rend jeudi à l'opéra vers 3ʜ d'où elle va se faire joyeusement virer sous mille outrages¹...
Je vous tiendrai au courant.
Votre affectueux

Louis

698. — À LOUIS-FERDINAND CÉLINE²

Paris, le 12 janvier 1961

Docteur Destouches
25ᵗᵉʳ, Route des Gardes
Meudon
(Seine-et-Oise)

Cher Louis,

J'ai dicté deux lettres pour Julien, dont l'une a été signée par Parinaud et l'autre par Gaston Gallimard³. Je suis le Cyrano de tous ces grands hommes (mais c'est le seul moyen d'être sûr que les choses soient faites).

Effectivement, Henri Mondor dirige cette collection « Vocations » chez Gallimard ; et je me rappelle très bien qu'il y a trois mois, lui rendant visite avec mon ami Roland Cailleux⁴, nous lui avions dit qu'une « Vocation de Céline » serait passionnante.

Mais il faudrait trouver un auteur et pour commencer, quelqu'un

---

1. Le 10 décembre 1960, Céline avait écrit à André Malraux, alors ministre des Affaires culturelles, pour lui recommander sa femme qu'il souhaitait voir enseigner à l'Opéra. Malraux donna des instructions et Lucette obtint un rendez-vous avec l'administrateur de la Réunion des Théâtres Lyriques de l'Opéra, A. M. Julien (pseudonyme de Aman Maistre, né en 1903).
2. Archives Gallimard. Double de lettre dactylographiée.
3. Gaston Gallimard écrit dans une lettre du 13 janvier : « *Je tenais à vous dire que je pense le plus grand bien de Lucette Almanzor, que je crois être un excellent professeur de danse. Je serais heureux si vous pouviez faire quelque chose pour elle* » (Archives Gallimard. Double de lettre dactylographiée).
4. Voir note 2, p. 357.

qui ne vous embête pas et à qui vous puissiez parler — puisqu'en fait, il faut que vous racontiez votre jeunesse.

On me dit qu'un journaliste de « Arts » a réussi à trouver les éléments pour une page sur vous à paraître.

Il s'appelle Claude Bonnefoy et doit être un peu le fils de quelqu'un qui était un peu ministre à Vichy[1].

Je vais lire cette page.
Affectueusement.

Roger Nimier

699. — À ROGER NIMIER[2]

13/1/60 [pour 1961]

Mon cher Roger.

Je suis tout à votre plaisir et au mien et bien entendu très désireux de collaborer à *Vocations* à travers le talent de ce jeune écrivain de votre *Arts*.

———

Pour Lucette mille reconnaissances mercis et gratitudes : décidément je traiterai Gaston dorénavant avec toute la délicatesse possible. Ah, il y a un hic, un os en tout ceci... je vous expliquerais c'est le nommé *Lander*[3]. Il vient de Copenhague il est tyran de la danse à l'Opéra, et y est nul, alcoolique, démentiel, paranoïaque, absurde, imposteur, il terrifie cette si vétuste barraque et ses guignols... C'est affaire de choix entre Lucette et lui. Il n'a aucun titre et aucun talent, il bafouille tout, et ne

---

1. L'interview de Claude Bonnefoy, réalisée en 1960, ne paraîtra qu'après la mort de Céline en août 1961.
2. Archives Nimier.
3. Harald Lander, maître de ballet à l'Opéra de Copenhague, au moment où Céline et Lucette Destouches s'y trouvaient. Il interdisait alors à ses danseurs de suivre les cours de Lucette.

parle pas français... le cas est rigolo comme était rigolo Commode[1] à Rome... enfin le profond secret c'est que tout directeur compris est dans ce bazar sous-sous primaire... communistes, juifs, francmacs, ce ne serait rien mais incapables, illettrés, charlatans merdeux injurieux voilà le grave ! ah, décadences !

    Votre affectueux

Louis

700. — À LOUIS-FERDINAND CÉLINE[2]

Paris, le 16 janvier 1961

Docteur Destouches
25ter, route des Gardes
Meudon
(Seine-et-Oise)

    Cher Louis,

    Voici la réponse de Julien à Parinaud[3] ; réponse bien normande.

    Dites-moi à présent ce qu'on peut faire. Il est très probable que Claude Gallimard verra Malraux d'ici la fin du mois. Je lui dirai de parler de Lucette.

    Nous entrons là dans une caverne où il faut de puissants projecteurs pour voir clair.

    Affectueusement.

Roger Nimier

P.J. 1 lettre.

---

  1. Le fils de Marc-Aurèle qui fut empereur de Rome et se rendit célèbre par ses débauches et pour avoir rebaptisé Rome, *Colonia commodiana*.
  2. Archives Gallimard. Double de lettre dactylographiée.
  3. Cette réponse ne nous est pas connue.

701. – À ROGER NIMIER[1]

18/1 [1961]

Mon cher Roger

Il y a vache maldonne ! Lucette a l'air de quémander, c'est tout le contraire... bien gentil de sa part d'offrir son savoir et ses jambes à cet Opéra merdocul et à ce plongeur dépaysé et ce loufiat hystérique et bon à lape.

Réponse est faite aux deux, par poste[2]. Vous recevrez les « doubles »...

———

Pour les films, flouze sur la table ! Sinon tout est blabla, salivage perdu !

Je vous aime

Louis

---

1. Archives Nimier.
2. C'est à cette date que l'on peut situer la lettre que Lucette envoya à A.M. Julien, et qui avait été rédigée par Céline, que François Gibault reproduit (tome 3, pp. 337-338). A. M. Julien avait proposé une classe à Lucette sans comprendre qu'elle souhaitait enseigner selon sa méthode personnelle. Céline en profite pour régler ses comptes avec Harald Lander.

702. — À LOUIS-FERDINAND CÉLINE[1]

Paris, le 19 janvier 1961

Docteur Destouches
25ter, route des Gardes
Meudon
(Seine-et-Oise)

Cher Louis,

Une solution peut-être pour l'Opéra : vous vous inscrivez à la Grande Loge de Meudon. Protégé par Gaston, vous devenez rapidement Royal Prince du Sublime Secret. Malraux vous nomme Grand Quinquin de la Légion d'Honneur. Pierre Lazareff vous donne sa Bentley (je vous servirai de chauffeur, j'ai la casquette voulue). De cette façon, nous forçons tous les barrages.

Pour le cinéma, nous entrevoyons bien un producteur qui donnerait de l'argent pour prendre une option ; mais nous voulons être sûr qu'il est capable de faire un film et qu'il ne va pas bloquer le titre pendant un an à cause de son option.

C'est un film difficile à faire, qui doit être réussi. Il ne faut pas gâcher un si beau titre et qui a tant d'admirateurs avec n'importe quoi.

Affectueusement.

Roger Nimier

---

1. Archives Gallimard. Double de lettre dactylographiée.

703. — À ROGER NIMIER[1]

Le 22 [janvier 1961]

Mon cher Roger

Cette affaire d'Opéra se termine en engueulade, forcément[2]... ça serait meilleur avec les chœurs... on irait !

―――

Les commanditaires sont des animaux furtifs et chacals, ils attendent que je clabote pour se régaler... au présent, zébi !

―――

Une autre rigolade ! j'ai présenté au Président du Conseil municipal ma candidature au grand Prix etc[3]... foutre de parisien je suis, nullement suisse, apatride foireux, né à Courbevoie élevé au Passage Choiseul et à l'école communale Square Louvois... mutilé 75 p. 100, médaille militaire, auteur, qu'on se le dise, de quelques ouvrages... les vieillards sont aussi emmerdants que les mornés, eux en sus ont des vaches souvenances... pensez Cendrars si je le connais !... il ne me connaissait plus, pouah ! j'étais à l'époque secrétaire et livreur du journal des Inventeurs « Eurêka » place Favart (1918)[4] il venait y mendier sa *thune* ! ses véritables maîtres : Abel Gance et Félicien Champsaur[5]... ses idoles de l'époque... il ne les a, dans la merde, jamais dépassés... il fut même toujours très au-dessous... dans ce Conseil municipal je crois posséder aussi un confrère du Dispensaire de Clichy, le Dr Pinocher... nom à peu près...

Votre fidèle[6]

Ferdinand

1. Archives Nimier.
2. Vu le ton de sa lettre à A. M. Julien, il pouvait difficilement en être autrement.
3. C'est probablement en décembre que Céline a écrit au président du Conseil municipal de Paris pour présenter sa candidature au Grand Prix littéraire de la Ville de Paris qui venait d'être attribué à Blaise Cendrars.
4. Voir Gibault, I, pp. 200-202, et Pascal Fouché, *La Sirène*, BLFC, 1985, pp. 47-49.
5. Félicien Champsaur (1858-1934), écrivain que laissa de nombreux romans « fin de siècle ».
6. Si l'on accusa réception de sa lettre à Céline, ce fut pour l'avertir que le prix n'était attribué à un romancier que tous les trois ans et qu'il lui faudrait donc attendre janvier 1964 pour pouvoir y être candidat.

704. — À ROGER NIMIER[1]

Le 24-1 [1961]

Mon cher Roger

Vous est-il possible, avez-vous le temps de me faire envoyer quelques livres de vos magnifiques récentes collections ?... que je lise ce qui est à la mode, au culte de nos belles nouvelles vagues !

Mille baisers

Louis

705. — À LOUIS-FERDINAND CÉLINE[2]

Paris, le 25 janvier 1961

Docteur Destouches
25ter, route des Gardes
Meudon
(Seine-et-Oise)

Cher Louis,

Il paraît que Julien n'est pas très solide sur ses jambes. Son départ pourrait signifier le départ de Lander.

Je crois que Malraux a de bonnes intentions dans cette affaire et qu'il tombe dans un lacis de protections et de privilèges.

J'ai relu hier le début de « L'ÉCOLE DES CADAVRES » avec beaucoup de joie.

Je vous envoie un numéro des « Cahiers Rationalistes ». Il me semble qu'il faudrait que vous fassiez partie d'organismes de ce genre pour vous racheter.

Votre ami.

Roger Nimier

P.J. 1 revue –

1. Archives Nimier.
2. Archives Gallimard. Double de lettre dactylographiée.

706. — À ROGER NIMIER[1]

26/1 [1961]

Mon cher Roger

Que ces nouvelles sont ravissantes, devant que Mao soit là, l'Opéra aura changé de mains ! Bravissimo ! Que tous ces sectaires nous amusent, qu'ils s'estripent, vieille cloche aux gradins que je suis, n'en bouge ! foutre Zeus non ! vive ! vite ! vive ! tout ce qui me sert ! voyeur absolu ! mes contrats, Achille, mes trois points, ma très besogneuse raison d'être et de crever dans une demi-misère, toujours remontant mon rocher, pas encore... pas du tout Sisyphe...

À propos Mao : avez-vous vu ce bide, ces fesses ?...

M. Prudhomme le maître des pensées et des tripes... Vous le savez !

Bien fidèle et résolu

Louis

707. — À ROGER NIMIER[2]

Dimanche [28 janvier 1961]

Mon cher Roger

Croyez-moi très sensible à l'honneur etc... Je n'ai pas voulu toucher aux questions précises, vétilles certes...

1° *Guignols band* n'est-il pas épuisé ?

2° pour les mots censurés de la Pléiade nous en reparlerons bien sûr... vous reviendrez, vous me ferez cet honneur j'espère...

3° Lucette compte passionnément sur les enfants, mères et grand-parents de cette illustre famille, moi plongeur et concierge je trouve que ce serait juste, honorable, et favorable au charbon.

Mille excès !

Louis D

1. Archives Nimier.
2. Archives Nimier.

708. — À ROGER NIMIER[1]

Le 29/1/61

Mon cher Roger

Voici mon candidat à un dépôt de journaux à Issy les M[oulineau]x *Brirot* que je connais depuis trente ans, épicier, devient à présent *libraire* et désire « les journaux »...
Votre fidèle ami

Louis

709. — À LA LIBRAIRIE HACHETTE[2]

Le 29/1/61

M. Brirot, établi épicier à Issy les Moulinaux 28 Rue JP Timbault à Issy ouvre en ce même magasin une librairie et demande un dépôt de journaux. Je connais Brirot depuis 30 ans, je le sais très sérieux, et je recommande fort sa candidature à la maison Hachette.

LF Céline

---

1. Archives Nimier.
2. Archives Nimier.

710. — À ROGER NIMIER [1]

Le 8 [février 1961]

Mon cher Roger

Vous avez à présent une secrétaire très au point la personne comme si vous y étiez, mais absent, métaphysique, métapsychique...

J'aurais voulu savoir c'est tout si le « commanditaire » éventuel ectoplasmique bien entendu avait laissé des empreintes ?

Ésotériquement

Louis

711. — À ROGER NIMIER [2]

10-1 [*pour* février 1961]

Mon cher Roger on peut peut-être STOP vous demander STOP si des fois Hachette STOP vous a rien fait savoir pour mon épicier-libraire STOP et sa demande de dépôt de quotidiens.

STOP à la bonne vôtre STOP et je vous la serre... STOP

Louis

1. Archives Nimier.
2. Archives Nimier.

10-1

Mon cher Roger on peut deut
etre STOP vous demander STOP si
des fois Hachette STOP vous a
rien fait savoir pour mon
epicier-libraire STOP et sa
demande de depot de
quotidiens-

STOP a la bonne votre
STOP et je vous la
serre... STOP

Louis

712. — À LOUIS-FERDINAND CÉLINE[1]

Paris, le 13 février 1961

Docteur Destouches
25ter, route des Gardes
Meudon
(Seine-et-Oise)

Cher Louis,

Je n'ai pas du tout oublié votre ami qui veut être libraire. Mais je n'ai pas encore de réponse de Hachette.
Ce qui compliquera les choses, je pense, c'est qu'il y a déjà d'autres libraires, comme vous me l'avez dit, dans la rue en question. Mais je ferai appuyer la demande, non par moi mais par la maison, ce qui aura plus de poids.
Affectueusement.

Roger Nimier

713. — À ROGER NIMIER[2]

22 [février 1961]

Mon cher Nimier

Sans vouloir du tout vous compromettre pensez-vous qu'une intervention de Lazareff[3] et Meyer[4] pourrait sortir ma pléiade du bourbier ? Il me semble, vous le savez, que ceux-là seuls ont une influence. J'ai tartiné, édulcoré tout ce qu'on a voulu[5], et à l'instant, et puis ce

---

1. Archives Gallimard. Double de lettre dactylographiée.
2. Archives Nimier.
3. Voir note 2, p. 399.
4. Nous ne voyons pas de quel Meyer il s'agit. L'ancien directeur du *Gaulois* est mort depuis bien longtemps.
5. En fait, rempli en une nouvelle rédaction les blancs laissés dans l'édition originale de *Mort à crédit*.

M. Ducourneau a emporté le tout et s'est enfui, et je n'ai pu le joindre, plus jamais... La NRF fabrique des ectoplasmes et des vacanciers en série, je le sais, mais là si prompt ce Ducourneau ? j'en suis un peu interloqué, à mon âge !

Votre, baba

Louis

714. — À LOUIS-FERDINAND CÉLINE[1]

[24 février 1961][2]

Cher Louis,

désespéré de porter mes misères hautaines rue Sébastien Bottin, j'ai été prendre du service chez Madame la Reine d'Angleterre[3].

Voici mon portrait
avec mon affection

Roger N[imier]
Kléber Haedens[4]

715. — À ODETTE LAIGLE[5]

Le 28/2 [1961]

Chère Madame

Puis-je vous demander de me faire savoir ce que devient la parution du *Voyage* et *M à C* dans la Pléiade ? J'ai exécuté avec diligence tout ce

---

1. Collection particulière. Carte postale postée à Londres où Nimier, amateur de rugby, va assister au match France-Angleterre.
2. Cachet de la poste.
3. La carte postale représente un Horse Guard en faction devant Whitehall.
4. La carte postale est écrite par Nimier et cosignée par son ami Kléber Haedens.
5. Archives Gallimard.

qu'on m'a demandé, correction etc. et puis plus rien... aucune information, vide et silence absolus...

Vous me semblez seule et à même de vous retrouver parmi ces ectoplasmes et velléités... aussi je me permets de vous écrire, bien respectueusement

Destouches

716. – À LOUIS-FERDINAND CÉLINE[1]

Paris, le 7 mars 1961

Docteur Destouches
25ter, route des Gardes
Meudon
(S. et O.)

Cher Louis,
Une entrevue a été ménagée entre votre ami M. Brirot et le Secrétaire Général des N.M.P.P. J'espère que le résultat en sera heureux.
Je suis grippé (grippe ramenée de Londres[2]) et je me soigne en buvant des citronnades chaudes.
Affectueusement.

Roger Nimier

1. Archives Gallimard. Double de lettre dactylographiée.
2. Voir note 1, p. 569.

717. — À ROGER NIMIER[1]

8/3 [1961]

Mon cher Roger

mille fois reconnaissant, mais le hic est que ce Monsieur a bien reçu mon épicier libraire mais pour lui dire bien aimablement *qu'il n'y avait rien à faire*!
Voyez marasme!
Que penser?
à quelles mesures?
Votre bien obligé

Ferd

718. — À GASTON GALLIMARD[2]

Le 12-3/61

Mon cher Éditeur et Ami

Le temps passe et je ne vois rien venir, malgré contrat et bonnes paroles. Ma pléiade est en panne et pour tout dire de remise en remise la NRF se fout de moi. Qu'en pensez-vous? Je ne suis plus à l'âge des éternels sursis, vous non plus je pense. Dieu sait si je boude les journalistes mais ils m'affirment que pour le lancement de cet ouvrage je devrais hâter sa parution par quelques articles. Qu'en pensez-vous?
Votre très fidèle auteur

Destouches

1. Archives Nimier.
2. Archives Gallimard.

719. — À ROGER NIMIER[1]

Lundi [13 mars 1961]

Mon cher Roger

La lettre est partie sitôt votre départ[2] ! bafouilleuse, comme il faut... coléreuse même ! voire menaçante in petto... en somme conne à... cons...
Ils m'avaient préparé un épandage merdeux avec M à crédit : chichis, pudeurs etc... j'ai tout ajusté sur place en *une heure* je fous tout dans les *Écoutes* s'ils persévèrent et puis le *Crapouillot* qui ne demandent qu'à rigoler
Votre ami

Louis

720. — À LOUIS-FERDINAND CÉLINE[3]

Paris, le 13 mars 1961

Docteur Destouches
25ter, route des Gardes
Meudon
(Seine-et-Oise)

Cher Louis,
Le manuscrit d'Albert Serouille[4], dont je vous ai parlé, s'appelle bien « CLICHY À TRAVERS LES ÂGES ».
Le jeune belge qui me l'a remis (votre biographe) me dit que Denoël avait édité « BEZONS À TRAVERS LES ÂGES » du même auteur[5].

---

1. Archives Nimier.
2. C'est probablement Roger Nimier qui avait conseillé à Céline d'écrire la lettre du 12 mars à Gaston Gallimard.
3. Archives Gallimard. Double de lettre dactylographiée.
4. Instituteur, puis bibliothécaire à la Bibliothèque municipale de Bezons.
5. Publié en 1944 chez Denoël avec une préface de Céline.

À ses yeux, « CLICHY À TRAVERS LES ÂGES » serait inédit[1].
Croyez, cher Louis, à toute mon amitié.

Roger Nimier

721. — À ROGER NIMIER[2]

Le 15/3 [1961]

Mon cher Roger

Ce belge est idiot. Les livres de Serouille ne valaient un peu que par ma préface, de l'aveu même de ce pauvre vieux que j'ai bien connu (merde après tout !) cette préface a été interdite par la mairie[3] (également superconne et mufle) mais débrouillez-vous dans ce magma et tous mes vœux !
Votre joliment amical

Louis

---

1. Et le restera.
2. Archives Nimier.
3. La préface a pu ne pas être appréciée par la mairie de Bezons mais *a priori* n'a pas été interdite.

722. — À LOUIS-FERDINAND CÉLINE[1]

Paris, le 15 Mars 1961

Docteur Destouches
25ter, Route des Gardes
Meudon (S. et O.)

    Cher Ami,

    La N.R.F. ne se fout pas de vous, ou alors elle se fouterait de moi.
    Je tiens certainement autant que vous à ce que cette Pléiade paraisse — D'abord parce que je vous l'ai promis, ensuite pour mon plaisir, enfin parce que je crois au succès du livre.
    Votre,

Gaston Gallimard

723. — À LOUIS-FERDINAND CÉLINE[2]

Paris, le 16 mars 1961

Docteur Destouches
25ter, route des Gardes
Meudon
(Seine-et-Oise)

    Cher Louis,

    Voici la lettre que j'ai reçue de Hachette à propos de votre protégé[3].
    Il est de fait qu'il vaut mieux qu'il s'installe dans un autre endroit[4]. Les dépositaires de journaux ont un Syndicat extrêmement puissant et sont des gens qui ne se laissent pas faire.

---

1. Archives Gallimard. Double de lettre dactylographiée.
2. Archives Gallimard. Double de lettre dactylographiée.
3. Lettre non retrouvée.
4. Il y avait d'autres dépositaires de journaux dans la même rue.

Je n'ai pas encore eu la réaction de Gaston à propos de votre lettre. À vous.

Roger Nimier

P.J. 1 lettre –

724. — À ROGER NIMIER[1]

19/3 [1961]

Mon cher Roger

Honneur au courage malheureux ! Les miteux se payent avec des mots ! Hachette nous répond flûte ! Gaston après trois lignes de blabla nous dit maaarde ! aucune date ! Amen !

Votre bien affectueux

Louis

725. — À LOUIS-FERDINAND CÉLINE[2]

Paris, le 30 mars 1961

Docteur L.F. Destouches
25ter, route des Gardes
Meudon
(Seine et Oise)

Cher ami,

Je suis heureux de vous confirmer que nous aurons la possibilité de publier « D'UN CHÂTEAU L'AUTRE » dans le LIVRE DE POCHE en 1962[3].

---

1. Archives Nimier.
2. Archives Gallimard. Double de lettre dactylographiée.
3. Le volume paraîtra en fait avant la fin de l'année 1961, sans doute avancé du fait de la mort de Céline.

Les droits seront, comme d'habitude pour cette collection, de 5 % sur un prix de vente de *N.F. 3,30*, et avec une garantie minimum de *60.000* exemplaires, soit une somme de *N.F. 9.900.—*, qui vous sera payée en totalité à la parution.

Je vous envoie, ci-joint, en deux exemplaires, le contrat pour cette édition[1]. Vous serez aimable de m'en renvoyer un exemplaire après l'avoir signé.

Avec toute ma fidèle amitié,

Claude Gallimard

726. — À LOUIS-FERDINAND CÉLINE[2]

Paris, le 4 avril 1961

Docteur Destouches
25ter, route des Gardes
Meudon
(Seine-et-Oise)

Cher Louis,

Pourriez-vous nous renvoyer le contrat du « Livre de Poche » concernant « D'UN CHÂTEAU L'AUTRE ».

Nous vous enverrons l'argent qui vous est dû dès que nous aurons ce contrat.

D'autre part, je vous signale qu'une réimpression de « MORT À CRÉDIT » vient d'avoir lieu dans « Le Livre de Poche » et que nous vous verserons immédiatement la somme correspondant à cette réimpression[3].

Votre ami.

Roger Nimier

---

1. Le contrat porte effectivement la date du 30 mars 1961.
2. Archives Gallimard. Double de lettre dactylographiée.
3. C'est la première réimpression de ce volume paru en 1958, il y en aura onze en tout jusqu'en 1972, date de la reprise en « Folio ».

727. — À ROGER NIMIER[1]

6-4 [1961]

Mon cher Roger

Sitôt mandé sitôt fait ! mais veuillez bien considérer que je suis mon propre et bien surmené et gâteux secrétaire et que j'aurais jamais le secours d'archives impeccables et nuées de diligentes assistantes, donc recours au miracle pour m'y retrouver ! je vois que mes livres de poche partent très bien, enfin du succès entre les wc et guichets ! mais fidèle d'Arts je vois qu'on m'y boude parfaitement. Diantre quand je serai enfin crevé cette clique plumitive reprendra courage[2].

Baisers

Louis

728. — À ROGER NIMIER[3]

7 [avril 1961]

Cher Roger

Je me cherche une situation et je pense à la NRF, *archiviste* aux « contrats » qu'en dites-vous ? Ils ont égaré l'original du Ch. l'autre « de poche »... Cela seul explique qu'on me le réclame, à moi ! ! ! la prochaine fois je répondrai comme Pomme d'apie ! ce que m'a répondu d'ailleurs l'aimable Gaston quand je lui ai demandé de me prêter notre *premier* contrat. Ah Cocteau est un maître, et youpin, qui se fait toujours accompagner par son « conseiller juridique » chez son éditeur...

Vite ce chèque dont on a tant parlé (mais que Galimoche qui n'a rien foutu touche aussi, damné maquereau, et dont il ne parle

---

1. Archives Nimier.
2. Céline à raison, trois mois plus tard le dossier de presse nécrologique sera surabondant.
3. Archives Nimier.

pas, pudique et retors, et vite Triolet[1]! si excitante, qui ramassera tout).

Toutes ces chinoiseries juridiques si mufles, si exaspérantes, quand l'arrêté de nationalisation est tout près! il tient en *deux* lignes, une signature, un coup de tampon.

Mille baisers

Louis

729. — À LOUIS-FERDINAND CÉLINE[2]

Paris, le 7 avril 1961

Docteur Destouches
25ter, route des Gardes
Meudon
(S. et O.)

Cher Louis,

Vous nous avez renvoyé deux fois votre contrat : une fois à Claude Gallimard, une fois à moi. Je vous rends l'exemplaire qui vous appartient.

Je pense que « D'UN CHÂTEAU L'AUTRE » connaîtra le succès des deux autres livres dans la collection de poche.

La comptabilité va vous envoyer l'argent qui vous est promis.

Cher Louis, je vous embrasse ainsi que Lucette.

Roger Nimier

P.J. 1 contrat·

---

1. Elsa Triolet, publiée auparavant par Denoël, est un auteur Gallimard depuis 1956.
2. Archives Gallimard. Double de lettre dactylographiée.

730. — À LOUIS-FERDINAND CÉLINE[1]

Paris, le 7 avril 1961

Docteur L.F. Destouches
25ter, route des Gardes
Meudon
Seine et Oise

Cher ami,

Nous avons réimprimé à 15.000 exemplaires MORT À CRÉDIT dans *Le Livre de Poche*.

La totalité de vos droits pour ce tirage s'élève à *N.F. 2.475,00* et je vous envoie ci-joint un chèque pour cette somme.

Avec toute ma fidèle amitié.

Claude Gallimard

731. — À ODETTE LAIGLE?[2]

Le 9-4 [1961]

Chère Madame

Mille gratitudes ! voici le modèle ! *500* feuilles de ce format, quadrillé, avec les 4 trous perforés.

2° et *100 feuilles papier carbone* pour copies.

Que je suis reconnaissant et ma femme donc !

et mille respects !

LF Céline

---

1. Archives Gallimard. Double de lettre dactylographiée.
2. Archives Gallimard.

732. — À GASTON GALLIMARD[1]

12/4 [1961]

Cher Ami

Tant mieux et béni soit le Ciel si cette Pléiade voit bientôt le jour grâce à vos bons offices[2]. La correctrice il va sans dire, on ne peut plus qualifiée est *Marie Canavaggia*. Elle attend !

———

Puisque vous êtes bien aimable tant pis pour vous !... On m'a beaucoup parlé d'édition de poche d'un *Château l'autre* contrat et patati... que je *recevrais un chèque* ? il doit être en route !... autrefois on me demandait aussi mon avis quant à la couverture illustrée, que toujours j'admire en confiance, mais cette fois je n'ai rien pour m'ébahir[3] !...

Votre ami sincère

LF Céline

733. — À CLAUDE GALLIMARD[4]

Le 15-4 [1961]

Cher Ami

Bien merci pour ce chèque très bienvenu et si promptement ! *mais* il reste à *paraître* cette Pléiade qui a tant traîné pour divers motifs bien vaseux. Si vous ne houspillez en personne nous en avons pour je ne sais combien de vacances et blablas !

Votre sincère ami

LF Céline

---

1. Archives Gallimard.
2. Céline répond sans doute à une lettre de Gaston Gallimard qui ne figure pas au dossier.
3. L'usage veut en effet, même si l'éditeur est seul responsable de la forme que prend le livre publié, que la couverture soit soumise à l'auteur ; dans ce cas c'est beaucoup trop tôt par rapport à la parution prévue.
4. Archives Gallimard.

734. — À LOUIS-FERDINAND CÉLINE[1]

Paris, le 18 avril 1961

Docteur L.F. Destouches
25ter, route des Gardes
Meudon
(Seine et Oise)

Cher Monsieur,

Je vous envoie, ci-joint, un chèque de *N.F. 9.900*—.

Cette somme représente la garantie sur les 60.000 premiers exemplaires due pour la publication dans LE LIVRE DE POCHE de votre ouvrage : D'UN CHÂTEAU L'AUTRE.

Croyez, cher Monsieur, à l'assurance de mes sentiments les meilleurs.

J[ean] O'Neill[2]

735. — À GASTON GALLIMARD[3]

10 Mai 61

Mon cher Ami

Vous savez que dans votre dernière lettre vous étiez assuré que je recevrai (moi ou Canavaggia) les premières épreuves de la Pléiade (annoncée depuis des années) le *15 Mai*.

Diantre, je ne veux pas me mettre en retard ! je veux vous dire que je suis là, prêt à frémir !...

Bien votre ami

Destouches

---

1. Archives Gallimard. Double de lettre dactylographiée.
2. Jean O'Neill, responsable des droits annexes de la N.R.F. de 1959 à 1971.
3. Archives Gallimard.

736. — À ROGER NIMIER[1]

Le 17 [mai 1961]

Mon cher Roger.

Vous voici tuiles sur tuiles qui vous dégringolent... Vous aviez déjà assez[2] ! Que ces femmes et enfants restent en Bretagne et n'en bougent plus et cessent de faire les folles gamines sur les routes elles n'ont ni 10 ni 13 ans grand-mères sont et vous serez moins emmouscaillés de les savoir au crochet et aux crêpes, là bien vieilles en enfin décentes.

———

Si vous avez malgré tout *cinq minutes* et de quoi prendre un taxi je serais heureux de vous parler *cinq minutes* du « Voyage », cinéma, ce qui peut-être présente, ô vaguement, un certain intérêt pour la NRF et pour vous-même...

Autant-Lara se dégonfle pour des motifs divers pas très concluants[3]...

On va présenter *Mein Kampf* sur tous les écrans de France[4] l'armée boche est partout... en France l'horreur du Voyage me semble être un poncif commode...

Votre fidèle

Louis

---

1. Archives Nimier.
2. Nous ne savons pas de quoi il s'agit.
3. C'est en mai 1960 que Céline avait écrit deux lettres à Claude Autant-Lara sur le projet d'adaptation cinématographique de *Voyage*. En septembre, il était toujours question que celui-ci le réalise.
4. Une adaptation cinématographique de *Mein Kampf* est présentée au Studio Bertrand du 10 au 23 mai.

737. — À ROGER NIMIER[1]

Le 21 [mai 1961]

Mon cher Roger

Si la préface Mondor a été bouzillée une fois elle le re-sera si vous n'y veillez sec, ces gens de NRF sont prêts à tout ! gibelins alcooliques fédérés fous jaloux !

———

Claude Descaves me dit qu'il connaît d'énormes bourgeois michés, qu'il va les tâter pour notre chose, il me dit qu'en cas il lui faudrait le scénario *une fois écrit*, et non pas une fois le film tourné... Gi ! que je lui ai dit...

À vous bougrement

Louis

738. — À ROGER NIMIER[2]

27 [mai 1961]

Mon cher Roger

Bien affectueusement touché par votre si jolie visite, cette si jolie voiture anglaise[3], et tous ces cadeaux mille et une nuitins, nous en pantelons encore, regardons et n'osons pas encore y toucher, mais ça viendra...

———

1. Archives Nimier.
2. Archives Nimier.
3. Nimier vient de se racheter une Aston-Martin neuve.

Le mieux, bien mieux, foin des chichis perdeurs de temps et de talents, serait que Gaston et son fils, bougent, montent une société pour le film, trouvent les 200 briques le reste ira tout seul... nos génies réunis bien entendu¹, ils retrouveront leur blé...
Bien affectueusement

Louis

739. — À ROGER NIMIER²

30 Mai [1961]

Mais certainement cher Roger l'avenir est aux pédérastes enthousiastes, chargés de familles nombreuses, alcooliques et cocaïnomanes et forcément Prix Cognacq et Monthyon³, la machine à écrire va de soi !
Une autre rose capitonnée « pompadour » est recommandable⁴ j'ai connu de tels lions de Pairs qui ne roulaient pas autrement... Dearly, de Max...⁵
Votre admiratif

Louis

---

1. Nimier a déjà participé à l'écriture de scénarios de films, peut-être a-t-il proposé à Céline de l'aider à écrire l'adaptation de *Voyage* pour le cinéma.
2. Archives Nimier.
3. Le prix Monthyon est bien un prix de l'Académie française. Les prix de la fondation Cognacq-Jay sont attribués par l'Académie française à des familles nombreuses.
4. L'Aston-Martin de Nimier est rouge.
5. Max Dearly (1874-1942) et Édouard Alexandre De Max (1869-1924), célèbres acteurs.

740. — À ROGER NIMIER[1]

7/6 [1961]

Cher Ami.

Je n'ose plus me considérer dans les miroirs ! Je suis trop beau, trop jeune ! irrésistible ! grâce à vous ! je me prends à m'aimer ! Ainsi vêtu il le fallait, 20 ans plus tôt, j'enlevais les Folies Bergères et la Banque [de] France ! L'Arc de Triomphe décollait ! et me suivait partout ! j'en couvrais le général et génial Lazareff ! je vous donnais le choix entre Napoléon, sa Coupole, et l'autre et ses 40 fauteuils pour vous tout seul[2]! Gaston en huissier, au balai, aux chiotts ! Comme on rigolait !

Toute ma reconnaissance pour ce vêtement resplendissant, magique, unique !

Destouches

1. Archives Gallimard.
2. Le tombeau de Napoléon se trouve sous la coupole des Invalides ; les quarante membres de l'Académie Française se réunissent sous la coupole de l'Institut.

741. — À JACQUES FESTY[1]

Le 13 [juin 1961]

Cher Ami

Bien merci pour ce splendide catalogue[2], mais vous avez sûrement noté que dans la Table des Matières je suis pudiquement omis alors que Malraux et Montherlant...
Je suis luxé[3] ! une fois de plus
Bien votre ami

LFC

742. — À LOUIS-FERDINAND CÉLINE[4]

[24 juin 1961[5]]

Cher Louis,

voici quelques lectrices de Françoise Sagan. Elles ont été un peu déçues par son dernier roman[6].
L'Auvergne tient encore bon. La Bretagne aussi. C'est tout ce qui reste comme ossature à la France, si molle et apathique.
Affection

Roger N[imier]

---

1. Collection Marc Laudelout. Lettre passée en vente sur le Catalogue de la Librairie C. Coulet et A. Faure, n° 141, 1974, s/n° 893.
2. Probablement un catalogue de la « Bibliothèque de la Pléiade ».
3. Au sens de : battu.
4. Collection particulière.
5. Cachet de la poste. Carte postale envoyée de Châtelguyon.
6. La carte postale représente des vaches sur les pâturages des Hauts-Plateaux du Mont-Dore.

743. — À ROGER NIMIER[1]

30 Juin [1961]

Cher Roger.

J'ai vu, à peine, cette dame romancière[2], je n'ai pas une minute à perdre, je veux passer la 70ᵉ borne en plein effort[3], en trombe, au diable, le public !

Ah quel admirable conseil, j'écris céans à Gaston et vive les 1 500 NF[4] ! j'en suis ! De moi tout est appelé à se vendre bien puisque les autres s'entêtent en Bourget, Maizeroy[5], je n'y suis pour rien, ces acharnées vieilles nouvelles vagues me tiennent en perpétuelle nouveauté !

Affection

Louis

Pas *Colin Maillard Rigodon*[6] le prochain
vous savez je cogite très lentement mais des années d'avance, déjà la bande
Par ci ! vite ! par là !

---

1. Archives Nimier.
2. Nous ne savons pas de qui il s'agit.
3. Céline est décédé le lendemain.
4. Céline envisage d'ici à ce qu'il remette son roman d'obtenir une mensualité de la N.R.F.
5. René Maizeroy, que le *Larousse du XXᵉ siècle* donne pour un « romancier français né en 1856, auteur de peintures élégantes et scabreuses de la vie parisienne ».
6. Ce sera le titre adopté pour la publication du roman en 1969.

744. — À GASTON GALLIMARD[1]

30 Juin [1961]

Mon cher Éditeur et ami.

Je crois qu'il va être temps de nous lier par un autre contrat, pour mon prochain roman « RIGODON »... dans les termes du précédent sauf la somme — *1 500* NF au lieu de 1 000 — sinon je loue, moi aussi, un tracteur et vais défoncer la NRF, et pars saboter tous les bachots !
Qu'on se le dise !
Bien amicalement votre

Destouches

1. Archives Gallimard.

30 Juin

Mon cher Editeur
et ami –

Je crois qu'il va être temps de nous lier par un autre contrat – pour mon prochain roman "RIGODON"... dans les termes du précédent sauf la somme – 1500 NF au lieu de 1000 – sinon je loue, moi aussi, un tracteur et vais défoncer la NRF, et vais saboter tous les bachots ! Qu'on se le dise !

Bien amicalement votre
Destouches

INDEX
DES NOMS DES PERSONNES CITÉES

Pour les noms faisant l'objet d'une note biographique, les renvois aux pages correspondantes figurent en **gras** ; dans les cas de simple allusion, ils apparaissent en *italique*.

À Bikini : 224.
Abetz, Otto : 52, 106.
Abetz, Suzanne : 106.
Alexandrov, Victor : 317.
Allais, Alphonse : 466.
Allary (Mme) : 184.
Almansor, Lucie. *Voir* : Destouches, Lucette.
Altman. *Voir* : Rath, Ernst von.
Amiot-Dumont (Éditions) : 135, 136, 139, 140, 143.
Ancel, Jacques : 85.
Andersen, Hans Christian : 73.
Annibal : 378.
Anouilh, Jean : 374.
Apollinaire, Sidoine : 78.
Aragon, Louis : 51, 358, 509, 510, 556.
Arland, Marcel : **XXI**, 24, 234, 256, 257, 261, 274, 275, 280, 314, 323, 324, 360, 361, 364, 370.
Arletty : 75, 82, 164, 315, 324, 396.
Arthaud (Éditions) : 390, 392.
Arthur. *Voir* : Le Vigan, Robert.
Aubert de La Rüe, Edgar : 82.
Aubin-Poirier (Affaire) : 57.
Auriant : 89.
Auriol, Vincent : 70, 83, 113, 416.
Aury, Dominique : **269**, 351.
Ausone : 78.
Autant-Lara, Claude : 315, 582.

Aveline, Claude : 65.
Aymé, Marcel : 70, 98, 114, 130, 147, 351, 374, 383, 472, 476, 477, 527, 541, 545.
Aznavour, Charles : 547.

Bailby, Léon : 311.
Balzac, Honoré de : 79, 82.
Banine : 126.
Barbenoire : 489.
Barbier, Pierre : 347.
Barbusse, Henri : 287.
Bardèche, Maurice : **87**.
Bardot, Brigitte [B. B.] : 547, 551.
Barrès, Maurice : 103.
Barry (Comtesse du) : 122.
Bassano (Duc de) : 368.
Bassot, Hubert : 544.
Bata [Chausseur] : 245.
Baurès, Guy : 93.
Beauvoir, Simone de : 383.
Bébert (Mme) : 102.
Bedel, Maurice : **67**.
Bell, Marie [Jeanne Belon] : 368.
Ben Gourion, David : 337, 355.
Ben Jonson. *Voir* : Jonson, Benjamin.
Bendz, Ernst : **87**.
Benoist-Méchin, Jacques : 463, 464.
Bergson, Henri : 87, 132, 282.
Berl, Emmanuel : **25**.
Bernanos, Georges : 103, 354, 541.

BIDAULT, Georges : 48, 62, 68, 94, 97.
BIDAULT (Mme Georges) : *68*.
BLACHE, Jules : 82.
BLOY, Léon : 63, 102, 471.
BLUM, Léon : 62.
BOFA, Gus [Gustave BLANCHOT] : 246, 247.
BOILEAU, Nicolas : 61.
BÖKENKAMP, Werner : 393, 397, *398*, 399, *457, 458*.
BOLIVAR, Simon : 102.
BOLLORÉ, Anne : 425.
BOLLORÉ, Gwen-Aël : 422.
BOLLORÉ, Renée [Renée COSIMA] : 422, 425, 458, *492*, 541.
BONABEL, Charles : 436.
BONABEL, Éliane : **436**, 437, 438, 439, 442, 443, 444, *445*, 446, 447, 450.
BONET, Paul : 147, 158, 200, 236, 246.
BONNEFON, Charles : **91**.
BONNEFOY, Claude : 558.
BONVILLIERS, Jean : 130, 131, 147.
BORDAS (Professeur) : 240, *241*.
BOSSARD (Éditions) : 16.
BOURDET-PLÉVILLE, Michel : 392.
BOURGET, Paul : 72, 89, 587.
BOUSSAC, Marcel : 279.
BRABANT, Charles : 425.
BRAQUE, Georges : 260.
BRASILLACH, Robert : 55, 87, 370, 403, 404, 405.
BRASSEUR, Pierre : 396.
BRENNER, Jacques : 204.
BRIANT, Théophile : 185, 303, 304.
BRIDEL. *Voir* : DEBÛ-BRIDEL, Jacques.
BRIROT, M. : 565, *568*, 570, *571*, 574.
BRISSON, Pierre : 279.
BRONTË (Sœurs) : 358.
BROUILLETTE, Benoît : 85.
BRUEGEL, Pieter : 260.
BUFFET, Bernard : 184, 186, 187.
BUISSON, Albert : 292.
BUNTING (Chausseur) : 245.
BUTOR, Michel : 406.
BYRON, George : 448.

CAEN, Édouard : **388**.
CAHEN : 104.
CAILLEUX, Roland : 357, 553, 557.

CAILLOIS, Roger : 463.
CAIN, Julien : 104.
CAMUS, Albert : 309, 354, 374, 489, 492, 495.
CAMUS, Clément : **50**.
CANAVAGGIA, Marie : *37*, 39, *41*, 42, 44, 45, 46, 49, 50, 52, 59, *76*, 98, 107, 140, 141, 143, 144, 145, 146, 148, 151, 155, 242, 271, 350, 354, 357, *358*, 430, 437, *438*, 458, *483*, *489*, *490*, 492, 497, 519, 537, *539*, 540, 580, 581.
CANAVAGGIA (Sœurs) : *358*, *438*.
CANET (D^r) : 451.
CAPOT-REY, Robert : 87.
CARCO, Francis : 88, 89, 104.
CASTETIS, Jean : 234.
CAU, Jean : 44.
CENDRARS, Blaise : 98, 562.
CERVANTÈS, Miguel de : 282, 425, 516.
CÉSAR, Jules : 72.
CHAIX (Éditions et distribution) : 110, 127, 128, 132, 138, 139, 141.
CHAMBRIAND (Éditions) : 81, 128, **135**, 138, 139, 140, 151, 429.
CHAMPFLEURY, Robert : 426.
CHAMPSAUR, Félicien : 562.
CHANEL, Coco : 392.
CHAPLIN, Charlie [CHARLOT] : 72, 430.
CHAPSAL, Madeleine : 365, 522.
CHARBONNIÈRES. *Voir* : GIRARD DE CHARBONNIÈRES, Guy.
CHARENSOL, Georges : 555.
CHARLES IX : 66.
CHARLES XI : 430.
CHARLOT. *Voir* : CHAPLIN, Charlie.
CHATTÉ, Robert : 226.
CHATTO AND WINDUS (Éditions) : 167, *168*.
CHAUTEMPS, Camille : **58**.
CHÉNIER, André : 556.
CHEVASSON, Louis : **11**, 16, 17, 18, 19, 21, 28.
CHRISTINÉ, Henri : 42.
CLAUDEL, Paul : 55, 204, 279, 282, 441, 461, 477.
CLÉBERT, Jean-Paul : 181.
CLUB DU MEILLEUR LIVRE : 218, *219*, *223*, *226*, 232, 308, 329.
COCTEAU, Jean : 292, 577.
COLETTE, Sidonie Gabrielle : 105, 106.
COMITÉ NATIONAL DES ÉCRIVAINS : **51**, 65.
COMMODE : 559.

COQUILLAUD, Robert. *Voir* : LE VIGAN, Robert.
CORNEILLE, Pierre : 73.
CORNU, Albert : 180, 181, 184.
COTY, René : 285, 426.
COUPERIN, François : 54.
COURBET, Gustave : **113**.
COURTELINE, Georges : 341.
COUSTEAU, Pierre-Antoine : **416**.
CRAIG, Elizabeth : 499.
CRÉATOR (Éditions) : 416.
CRÉMIEUX, Benjamin : **19**, 20, 21, 37.
CRÉMIEUX, Francis : 19.
CROMWELL, Oliver : 57.
CUSTINE, Adam, comte de : 91.

DABIT, Eugène : 24, 49.
DAMIENS, Robert François : 435.
DANGEAU, Philippe de COURCILLON, marquis de : 255.
DANIEL-ROPS, Henri : 292.
DARAGNÈS, JEAN-GABRIEL : **41**, 43, 75, 81, 98, 107, 111, 112, 252.
DASSIN, Jules : 382.
DAUDET, Léon : 65, 260.
DAUDET, Philippe : 65.
DAUTRY, Marc : 249.
DAUVILLIERS, Jean. *Voir* : BONVILLIERS, Jean.
DE MAX, Édouard Alexandre : 584.
DEARLY, Max : 584.
DEBRESSE (Éditions) : 408.
DEBÛ-BRIDEL, Jacques : **51**, 65.
DEFFONTAINES, Pierre : 105.
DELLY : 244, 245, 247, 268, 287, 300, 362, 373.
DENOËL (Éditions) : 61, 67, 69, 93, 94, 108, 110, 115, 122, 128, 156, 157, 176, 181, 184, 267, 391, 429, 572, 578.
DENOËL, Cécile : *61*, 94.
DENOËL, Robert : 23, 31, 37, 61, 69, 75, 93, 116, 122, 184, 252, 267, 300, 430, 535, 552.
DENOËL ET STEELE (Éditions) : 16, 18, 20, 21, 29, 30, 50, 374.
DERAIN, André : 227.
DÉROULÈDE, Paul : *55*.
DESCAVES, Claude : 583.
DESCAVES, Lucien : **68**.
DESHAYES, Charles : **44**.

DESTOUCHES, Auguste : 269.
DESTOUCHES, Colette : 420, *530*.
DESTOUCHES, Lucette [Lucie ALMANSOR] : 78, 102, 104, *107*, *111*, *112*, *145*, *146*, 147, *152*, 154, *183*, 229, *234*, *279*, 288, 292, 297, 321, *332*, 333, *345*, *348*, 349, *352*, *384*, *420*, *432*, 436, *438*, *444*, *454*, *455*, *464*, *465*, *507*, *528*, *536*, *546*, *550*, *551*, *555*, 557, 558, *560*, 564, *578*, *579*.
DESTOUCHES, Marguerite : *115*.
DESTOUCHES, René : **89**.
DEVAY, Jean-François : 408, 518.
DIDIER, M. : 369.
DIETRICH, Marlène : 481.
DISRAELI, Benjamin : 89.
DOMAT-MONCHRESTIEN (Éditions) : 122.
DOMINICI, Gaston : 285.
DORGELÈS, Roland : 88, 89.
DOS PASSOS, John : 185, 350, 351.
DOSTOÏEVSKI, Fedor : *14*, 361.
DOYON, René-Louis : 400.
DREYFUS, Alfred : 97, 397.
DREYFUS (M.) : 398.
DRIEU LA ROCHELLE, Pierre : 35.
DROUET, Minou : 373.
DUBOIS, André : 108.
DUBUFFET, Jean : 111, 112, 260.
DUCHÉ, Lucie [Mère de Gaston GALLIMARD] : *241*.
DUCONGET, Suzanne [Suzanne MÉLÈNE] : **196**.
DUCOURNEAU, Jean : *548*, *549*, 569.
DUHAMEL, Georges : 103, 311.
DULLIN, Charles : 130.
DUMAYET, Pierre : 368.
DUMUR, Guy : 434.
DUPONT : 48.
DUPRÉ, Ernest : 72, 88.
DUTOURD, Jean : 181, **286**, 287.
DUTOURD (Mme Jean). *Voir* : LEMERCIER, Camille.
DUVIVIER, Julien : 64.

EINAUDI (Éditions) : 293.
EISENHOWER, Dwight David : 120.
EPTING, Karl : 60, 90, 106.
ESPIAU, Marcel : 74.
EYGUN, M. : 464.

Fagon, Guy-Crescent : 255.
Fallet, Bernard : 234.
Farabeuf, Louis-Hubert : 71.
Fasquelle (Éditions) : 328, 336, 390, 391, 392.
Fasquelle, Charles : 61.
Faulkner, William : 185, 351.
Fautrier, Jean : 260.
Fayard, Jean : 89.
Ferdonnet, Paul : **66**.
Fernandez, Ramon : **28**, 31.
Festival [Disques] : 396.
Festy, Jacques : **29**, 33, 34, 145, 155, 156, 163, 172, 219, 221, 223, 229, 236, 237, 242, 271, 286, 287, 288, 291, 292, 294, 297, 321, 333, 350, 370, 371, 382, 409, 411, 450, 483, 484, 489, 500, 503, 505, 519, 521, 540, 586.
Figuière (Éditions) : 16.
Filipacchi, Henri : **94**, 311, 421, 482, 541.
Flammarion (Éditions) : 170, 244, 245, 317, 448.
Flammarion (Librairie de détail) : 170.
Flammarion, Camille : 108.
Flaubert, Gustave : 82.
Florenne, Yves : 227.
Florian, Jean-Pierre Claris de : 41.
Foch, Ferdinand : 239.
Follain, Jean : 62, *71*.
Fontanarosa, Lucien : 246.
Fouret, Edmond : 311.
Fouret, Jacques : 311.
France, Anatole : 103.
François-Poncet, André : **55**.
Frédéric IV [de Danemark] : 74.
Frémanger, Charles : *76*, 81, 84, 93, 110, 115, 127, 129, 132, 138, 139, 140, 141, 143.
Froissart (Éditions) : 81, 127, 138, 139, 144.

Gallieni, Joseph Simon : 239.
Gallimard (Éditions) : 93, 121, 128, 129, 135, 142, 143, 144, 156, 157, 160, 167, 176, 182, 196, 197, 201, 211, 217, 218, 226, 240, 244, 257, 267, 269, 289, 294, *300*, 309, 311, 312, 323, 334, 340, 360, 366, 371, 374, 376, 381, 388, 412, 434, 442, 447, 467, *473*, 474, 476, 477, 491, 510, 548, 557, 578.
Voir aussi : N.R.F. ; *Nouvelle Revue française (La)*.
Gallimard (Famille) : 227, 237, 351, *385*, *462*, 470, 479.
Gallimard (Librairie). *Voir* : Gallimard (Éditions).
Gallimard (Librairie de détail) : 247.
Gallimard, Claude : **XXI**, 123, *128*, 143, 144, 146, 147, 151, *153*, 154, 156, 158, 160, 162, *168*, 169, 172, *173*, *175*, 179, 181, 182, 183, 185, 187, 201, 203, 205, 207, 210, 211, *257*, 329, *353*, 427, 428, 458, 465, 493, *494*, *503*, 505, 507, *508*, *509*, 550, 552, 559, 576, 578, 579, 580, *584*.
Gallimard, Gaston : **XXI**, 11, 16, 17, 18, 25, 27, 31, 32, 68, *80*, *81*, *84*, *108*, 109, 110, *115*, *116*, *117*, *120*, 126, 127, 129, 130, 132, 135, 136, 137, *138*, 139, 141, *142*, 148, 149, 150, 151, 152, 153, 157, 158, 159, 168, 169, 174, 175, 176, 177, 178, 179, 180, 181, 184, 187, 191, *192*, 195, *201*, *204*, *207*, 210, 211, 213, 214, 215, 216, 218, 219, 220, 221, 223, 224, 225, *226*, 227, *233*, 234, *235*, *236*, 238, *239*, *240*, *241*, *242*, 244, 246, 247, 248, 249, 251, 252, 253, 254, 257, 259, 260, 263, 266, 268, 269, 274, 275, *276*, 279, 282, 283, 284, 285, 290, 291, 292, 294, 296, 298, 299, 300, 301, 302, 303, 304, 306, 307, 308, 309, 310, 311, 312, 313, 314, 315, *316*, 317, 318, 319, 320, 321, 322, 323, *324*, 325, 326, 327, 329, 330, 331, 332, 335, 336, 337, 338, 339, *340*, *341*, 343, 344, 345, 347, *348*, 349, *350*, 352, *353*, 355, 356, *357*, *358*, *359*, *360*, 362, 363, 364, *368*, *369*, *371*, *372*, *376*, *379*, *385*, 389, 393, *394*, 395, *396*, *397*, *399*, *400*, 401, 403, 404, 405, *406*, *407*, *411*, 412, *414*, *415*, *419*, *420*, *422*, *423*, *431*, *445*, *447*, *448*, *450*, *455*, 458, 459, *464*, *465*, *467*, 470, 471, *476*, 478, *479*, 480, 481, 483, 484, 495, *503*, 505, 506, *507*, 509, 510, 511, *512*, 515, *516*, 524, 535, 538, 539, 540, 541, 557, *558*, *561*, *564*, 571, 572, 574, *575*, *577*, 580, 581, *584*, *585*, *587*, 588.
Gallimard, Michel : 356, *390*, 489, 492, *495*.

GALLIMARD, Raymond : **29**, 33, 34, *353*, *503*, 505.
GALLIMARD, Robert : 145, 159, 163, 164, 165, 166, 167, 168, 169, 170, 171, *178*, 188, 189, 190, 191, 192, 193, 200, 212, 237, 326, *327*, 356, 412, 450, 540, *541*.
GALLIMARD, Simone : *146*, *147*.
GALLUP, George : 264.
GALTIER-BOISSIÈRE, Jean : 407, 408.
GANCE, Abel : 315, 562.
GAPONE, Gueorgui : *57*.
GARÇON, Maurice : **68**, 160, 161, 224, 266.
GAULLE, Charles de : 48, 62, 426.
GAUTHIER, Georges : 242.
GENET, Jean : 99, 108, 185, 224, 287, 351.
GEOFFROY, Georges : 82.
GERVAISE : 54.
GIDE, André : 49, 78, 79, 103, 105, 185, 256, 282, 309, 311, 556.
GIONO, Jean : 204, 206, 237, 351, 463.
GIRARD DE CHARBONNIÈRES, Guy : **48**, 132.
GIRAUDOUX, Jean : 42, 106, 185.
GOBINEAU, Arthur de : 86.
GODEMERT, Albert : 160, 161.
GOEBBELS, Joseph : 66.
GORDON (Mme) : 359.
GOUDEKET, Maurice : 106.
GOULD, Florence : 209.
GOULD, Frank Jay : 209.
GRALL, Monique : *397*.
GRASSET (Éditions) : 70, 87.
GRASSET, Bernard : **70**.
GRAU SALA, Émile : 246.
GROSJEAN, Georges : 543.
GRUAULT, Paul : **199**, 202, 230, 231, 232, 257, 261, 262, 263, 270, 271, *277*, 278, 280, 281, 282, 289, 293, 305, 315, 316, 344, 359.
GRYNSPAN, Herschel : 394.
GUARESCHI, Giovani : *245*.
GUERLAIN (Parfumeur) : 245.
GUILLOU, Céline : **100**, *270*.
GUITRY, Sacha : 245.
GUY, Joseph : 398.

HACHETTE (Éditions, diffusion, distribution) : 94, 201, 203, 218, 225, 242, 279, 280, 282, 283, 284, 300, 304, 309, 311, 312, 319, 325, 334, 336, 357, 362, 363, 371, 372, 379, 391, 392, 394, 403, 414, 415, 417, 419, 420, 474, 476, *477*, 485, 524, 532, 540, 565, 566, 568, *570*, *571*, 574.
HAEDENS, Kléber : 366, 569.
HANOTEAU, Guillaume : 366, 417.
HANREZ, Marc : 439, *440*, 441, 461, 482, 546, 547, 572, *573*.
HASHAGEN (D^r) : 369.
HAVAS (Agence) : 66.
HECQUET, Stephen : 369, 398, 402.
HEIDEGGER, Martin : 390.
HENNIQUE, Léon : 516.
HENRI (Comte de Paris) : 48.
HENRI IV : 91.
HÉRIAT, Philippe : **30**, 237.
HERVÉ, Pierre : 75.
HEURES CLAIRES (Éditions) : 249.
HINDUS, Milton : **45**, 54, 77, 101, 175.
HIRSCH, Louis-Daniel : **31**, 171, 188, 264, 356.
HITLER, Adolf : 52, 53, 54, 62, 65.
HOLBERG, Ludwig : 73.
HOUDIN, Robert : 100.
HOUSSAY, Bernardo A. : 170.
HOWE, Irving : 78.
HUGO, Jean : 442.
HUGO, Victor : 82.
HUGUENIN, Bernard : **144**, *182*, 183, *187*, 195, 449, 451.
HUGUETAN, Jean-Henri : 73, 74.
HURET, Jules : **55**.
HYMANS, Max : 192.

IONESCO, Eugène : 463.
IRGOUN : **56**.
INTELLIGENCE SERVICE : 66.

J.B.S. *Voir* : SARTRE, Jean-Paul.
JACOB, Madeleine : 238.
JACQUOT, André : **64**.
JAMBLAN [Jean BLANVILLAIN] : 281.
JANEQUIN, Clément : 54.
JANET, Pierre : 72.
JARRY, Alfred : 266.
JEANNE D'ARC : 394.
JENSEN (Ensemblier) : 106.
JENSEN, Johannès Vilhelm : 75.
JÉSUS : 122.
JOANOVICI, Joseph : 394, 397, 416.

JOINVILLE, Jean sire de : 125.
JONQUIÈRES, Charles de : 43, 429.
JONSON, Benjamin *dit* BEN : 51.
JOUHANDEAU, Marcel : 129.
JOUVENEL, Bertrand de : 106.
JOYCE, James : 185, 201, 350.
JOYEUX, Odette : 188.
JULIEN, A. M. [Aman MAISTRE] : 557, 559, 560, 562, 563.
JULLIARD (Éditions) : 124, 125, 149, 207, 300, 359.
JULLIARD, René : 373, 522.
JÜNGER, Ernst : 124, 126, 129, 149.

KAPLAN, Jacob : 149.
KEMP, Robert : 401.
KERN, Alfred : 543.
KEUN, Irmgard : *25*.
KIPLING, Rudyard : 283.
KOCH, Robert : 314.
KOCK, Charles-Paul de : 543.

LA GUARDIA, Fiorello : 239.
LABÉ, Louise : 83.
LABRIC, Pierre : **243**.
LACRETELLE, Jacques de : 103, 287.
LAFAYETTE (Mme) : 370.
LAIGLE, Odette : **234**, 235, 236, 237, 238, 242, 243, 251, 296, 301, 347, 445, 472, 475, 476, 482, 483, 493, 502, 504, 506, 524, 530, 537, 540, 542, 543, 569, *570*, 579.
LAMARTINE, Alphonse de : 120.
LANAUVE DE TARTAS, Pierre : 39.
LANDER, Harald : 558, 560, 563.
LANDRU, Henri : 256.
LANGLET, M. : 383.
LARBAUD, Valery : 103, 351, 353, 405.
LATUDE. *Voir* : MAJERS DE LATUDE.
LAUBREAUX, Alain : 66.
LAUGHLIN, James : 175, 176, 201.
LAURENT, Jacques : 236.
LAVAL, Pierre : 46, 54, 55.
LAVEDAN, Pierre : 85.
LAZAREFF, Pierre : 399, 420, 561, 568, 585.
LE BON, Gustave : 108.
LE VIGAN, Robert : **63**, 64, 114, 201.
LÉAUTAUD, Paul : 461.

LEBON, Édith [Édith FOLLET, puis DESTOUCHES] : 427, *429*, 430, *431*, 432, 433, *435*, 530.
LECACHE, Bernard : 238, 386, 480.
LECOQ, Georges : 299, *300*.
LEDUC, Alphonse : 197, 198.
LEFÈBRE, Henri : 225, 227.
LEIBOVICI : 106.
LEIBOVICI (Mme) : 106.
LEMAÎTRE, Maurice : 97.
LEMERCIER, Camille : 189, *190*.
LEROI-GOURHAN, André : 85.
LEONARD DE VINCI : *411*.
LESCA, Charles : 404, 405.
LEVITAN : 346, 473.
LÉVY, Paul : 82.
LIFAR, Serge : 106.
LIPP (Brasserie) : 517.
LÖCHEN, François : 170.
LOIRET. *Voir* : BONVILLIERS, Jean.
LOLLOBRIGIDA, Gina : 382.
LONGANESI (Éditions) : 293.
LOT, Ferdinand : 63.
LOTI, Pierre : 82.
LOUIS IX : *125*.
LOUIS XIV : 53, 74, 107, 211, 214, 255.
LOURAU [Producteur] : 476.
LOVITON, Jeanne : **61**, 122, 267.
 Voir aussi : VOILIER, Jean.
LUCAS, Marcel. *Voir* : VITA, Jean.
LUCHAIRE, Jean : 74.
LUMUMBA, Patrice : 525.

M. (Mme) : 548.
MAB : 495.
MAC ORLAN, Pierre : 74, 386, 432.
MACGREGOR, Robert : 427, *428*.
MAHOMET : 358.
MAÏTOU. *Voir* : PINSON (Mme).
MAIZEROY, René : 587.
MALHERBE, François de : 258.
MALLE, Louis : 475, 549.
MALRAUX, André : **25**, 103, 123, 246, 282, 311, 430, 467, 510, 557, 559, 561, 563, 586.
MALRAUX, Clara : *25*.
MAO ZE DONG : 564.
MARC-AURÈLE : 559.
MARIN, Jean : 66.

Marks, John H. P. : 167.
Marteau, Paul : 126, 127, 128, 129, 130, 134, 136, 137, *142*, 153, 155, 161, 162, 168, 238, 279.
Marteau (Mme Paul) : 283.
Mascolo, Dionys : **197**, 198, 232.
Masers de Latude, Jean Henri *dit* : 107.
Massignon, Louis : 390.
Masson, Marie-Ange : 455.
Massu, Jacques : 426.
Mastroianni, Marcello : 382.
Matisse, Henri : 246.
Mauriac, François : 60, 103, 204, 279, 287, 311, 370, 448.
Maurois, André : 89.
Maurras, Charles : 204, 404.
Mayer, René : **97**, 98, 99, 115, 119, 120, 236.
Mayer (Mlle) : 106.
Mazeline, Guy : 103, 311, 516.
Mélène, Suzanne. *Voir* : Duconget, Suzanne.
Merline [*ou* Merlin] : 124, 129.
Meunier du Houssoy, Robert : 311.
Meyer (M.) : 568.
Michel (Éditions Albin) : 463, 464.
Mikkelsen, Thorvald : **39**, 44, 49, 62, 67, 71, 74, 75, 79, 90, 92, 100, 102, 108, 112, *121*.
Mikkelsen (explorateur, frère du précédent) : 74.
Miller, Henry : 185, 205.
Minuit (Éditions de) : 51.
Mirabeau (Comte de) : 43.
Mistinguett : 106.
Mitchell, Margaret : 245.
Moch, Jules : 60, 120, 121.
Molotov : 62.
Mondor, Henri : **68**, 262, 466, 468, 471, 472, 475, 476, 477, 478, 479, 481, 483, 485, 490, 498, 499, 500, 501, 502, 503, 504, *505*, 507, 508, 509, 545, 548, 554, 556, 557, 583.
Monnier, Pierre : *76*, 81, 88, 90, 98, 108, 114, 121, 127, 128, 132, 135, 139, 140, 143, 185, 429.
Montherlant, Henry de : 204, 225, 226, 227, 282, 287, 311, 349, 374, 395, 403, 404, 463, 516, 541, 586.

Montrouge-Vendôme (Duc de). *Voir* : Mayer, René.
Morand, Paul : 88, 287, 367, 432, 471.
Morandat, Yvon : 547.
Morvan (Mme Augustin) : *430*.
Morvan, P. : 432, 530.
Morvan, Yves. *Voir* : Marin, Jean.

N.M.P.P. *Voir* : Hachette.
N.R.F. (Éditions de la) : 9, 13, 16, 17, 18, *21*, 27, *29*, 30, *34*, 37, 61, 62, 69, *76*, *79*, *84*, 94, 105, *110*, 121, 130, 134, 137, 139, 142, 145, 147, 149, 150, 151, 159, *171*, 173, 174, 176, 178, 179, 182, 188, 193, 196, 201, 206, 207, 208, 209, 212, 217, 221, 225, 235, 236, 241, *242*, 244, 246, 265, 276, 278, 281, 284, *285*, 287, 294, 295, 304, 308, 319, 323, 324, 326, 327, 329, 332, 334, 347, 349, 351, 354, 355, 356, 357, 358, 364, 366, 368, 370, 375, 376, 377, 386, 387, 388, 395, 396, 403, 404, 407, 426, 429, 431, 434, 436, 451, 453, 460, 471, 474, 479, 483, 484, 485, 489, 496, 502, 506, 514, 524, 531, 533, 534, 535, 537, 539, 540, 542, 545, 547, 555, 569, 571, 574, 577, 582, 583, 587, 588.
Voir aussi : Gallimard (Éditions).
Nadar, Félix Tournachon *dit* : 547.
Nadaud, François : 47.
Napoléon Ier : 341, 368, 585.
Napoléon (Mme) : 326, 327.
Nasser, Gamal Abdel : 332, 403.
Naud, Albert : 38, **46**, 50, 68, 98, 113, 115, 120.
Neufchâteau (M. de) : 284.
New Directions (Éditions) : 175, 201, 427.
Nimier, Marie : 380, *381*, *382*, *383*, *384*, *388*, *395*, *408*, *463*, *477*, *486*, *487*, *497*, *522*, *531*, *548*, *564*.
Nimier, Martin : 340, *388*, *392*, *395*, *408*, *487*, *531*, *548*, *564*.
Nimier, Nadine [Nadine Raoul-Duval] : 340, *345*, *350*, *358*, *373*, 380, *382*, *383*, *384*, *395*, *397*, *401*, *407*, *408*, *419*, *420*, *438*, 451, *454*, *455*, *464*, *477*, *487*, *512*, *528*, *531*.
Nimier, Roger : **XXI**, 113, 279, **340**, 341, 345, 346, 347, 348, 349, 350, 351, 353, 356, 357, 358, 360, 361, 362, 363, 365, 366, 367, 368, 369, 370, 371, 372, 373,

374, 375, 376, 377, 378, 379, 380, 381, 382, 383, 384, 385, 386, 387, 388, 389, 390, 391, 392, 393, 394, 395, 396, 397, 398, 399, 400, 402, 404, 405, 406, 407, 408, 411, 413, 414, 415, 416, 417, 418, 419, 420, 422, 423, 425, 426, 427, 428, 429, 430, 431, 432, 433, 434, 435, 436, 437, 438, 439, 440, 441, 442, 443, 444, 445, 446, 447, 448, 450, 451, 452, 453, 454, 456, 457, 458, 459, 460, 461, 462, 463, 464, 465, 466, 467, 468, 469, 470, 471, 473, 474, 475, 476, 477, 478, 479, 480, 481, 482, 483, 484, 485, 487, 489, 490, 492, 493, 494, 495, 496, 497, 499, 500, 501, 502, 503, 504, 505, 506, 507, 508, 509, 510, 512, 513, 514, 515, 516, 517, 518, 521, 522, 523, 524, 525, 526, 527, 528, 529, 530, 531, 532, 533, 534, 535, 536, 537, 538, 541, 544, 545, 546, 547, 548, 549, 550, 551, 552, *553*, 555, 556, 558, 559, 560, 561, 562, 563, 564, 565, 566, 568, 569, 570, 571, 572, 573, 575, 576, 577, 578, 582, 583, 584, 585, 586, 587.
Nizan, Paul : 56, *57*.
Noguères, Louis : 356.
Nouvelle Revue française (La) [*La N.R.F.* ; aussi *La Nouvelle Nouvelle Revue française, La N.N.R.F.*] : 23, 35, 49, 111, 176, 204, 209, 210, 226, 228, 229, 233, 234, 236, 239, 240, *244*, 255, *256*, *257*, *259*, *261*, *267*, *269*, *273*, 274, *275*, 283, *285*, 290, *301*, *314*, 317, 323, 324, 328, 350, 351, 361, *399*, 535, 536.

O'Neill, Jean : **581**.
Offenbach, Jacques : 42, 97.
Orlando, Walter [Robert Poulet] : 175.
Ouali, Nicole : **421**, **424**, *425*, 452, 456, 462, 486, 498, 505, 556.
Ovadia, Jacques : 295, 296, 298.

Pagnol, Marcel : 351.
Paillart (Imprimerie F.) : *290*.
Pandel (Photographe) : 544, *545*.
Paraz, Albert : 37, 38, 41, 43, 75, **76**, 84, 90, 91, 98, 103, 171, 179, 189, 190, 191, 234, 358, 377, 378.

Parinaud, André : 367, 369, 384, 385, 408, 409, 429, 430, 434, 440, 480, 555, 557, 559.
Pascal, Blaise : 59.
Passy, Frédéric : 73.
Pasternak, Boris : 443.
Pasteur, Louis : 314.
Paul, Gen : 130, 184, 243, 247.
Paul-Boncour, Joseph : 90, 91.
Paulhan, Jean : **XXI**, 23, 37, 38, 39, 41, 42, 43, 44, 45, 46, 47, 49, 50, 52, 53, 56, 57, 59, 60, 61, 63, 65, 67, 68, 69, 71, 72, 73, 75, 76, 77, 78, 79, 82, 84, 85, 88, 89, 90, 92, 93, 94, 97, 98, 99, 100, 101, 102, 103, 104, 105, 107, 108, 109, 111, 112, 114, 115, 116, 119, 121, 122, 123, 124, 125, 127, 129, 132, 134, 142, 150, 179, 184, 187, 209, 210, 223, 225, 226, 277, 228, 229, 230, 233, 234, 236, 238, 239, 240, 241, 244, 250, 255, 256, *257*, 258, 259, 260, 261, 273, 275, 276, 284, 285, 301, 341, 345, 351, *399*, 445, 455, 463, 556.
Pepys, Samuel : 51.
Perret, Jacques : 346, 381, 383.
Perrin, Armand : 85.
Perros, Georges : 240, 273.
Perrot : *180*, 181, 192.
Perrot, Évelyne (Fille du précédent) : 192.
Perrot, Jean : 154.
Pétain, Philippe : 54, 58, 80, 91.
Petiot (D^r) : *53*.
Petit, Henry-Robert : 483.
Petitjean, Armand : 126.
Petitjean de La Rosière, Frédéric et Marie. *Voir* : Delly.
Pfimlin, Pierre : 426.
Philippe : 446.
Philippon, Henri : 61.
Pia, Pascal : 366.
Picasso, Pablo : 246, 279.
Pinocher (D^r) : 562.
Pinson (Mme) : 147.
Pisan, Christine de : 83.
Pivert (Parfumeur) : 245.
Pline l'Ancien : 210, 254.
Plon (Éditions) : 392.
Poincaré, Raymond : 106.
Pompadour (Mme de) : 107.
Ponson du Terrail, Pierre : 245.

PONTCHARTRAIN, Louis PHÉLYPEAUX, comte de : 62.
POULET, Robert : 234, 367, 408, 489.
    Voir aussi : ORLANDO, Walter.
PRASSINOS, Mario : 147.
PRASTEAU, Jean : 390, 394.
PRAT, Henri : 92, 105, *134*.
PRISUNIC : 392.
PROPAGANDA STAFFEL : 404.
PROUST, Marcel : 75, 79, 88, 103, 173, 185, 256.
PUBLICITÉ LITTÉRAIRE (La) : 299.
PUISSESSEAU, René : 395.

QUENEAU, Raymond : 354.

RABELAIS, François : 361.
RACINE, Jean : 53, 60, 116.
RAINILAIARIVONY : 239.
RAMUZ, Charles-Ferdinand : 287.
RANAVALONA III : 239.
RASPAIL, François-Vincent : 108.
RATH, Ernst von : 394.
REBATET, Lucien : 489.
RECLUS, Élisée : 84.
REGNARD, Jean-François : 73.
REUILLARD : 114.
REVERZY, Jean : 264.
RILKE, Rainer Maria : 351.
RIMBAUD, Arthur : 361.
ROBBE-GRILLET, Alain : 323.
ROLAND (Neveu de CHARLEMAGNE) : 66.
ROLLAND, Romain : 78, 103.
ROMAINS, Jules : 51, 78, 103, 105, 287, 441.
ROOSEVELT, Franklin : 62, 66.
ROSSIGNOL, Jean : **476**.
ROTHSCHILD : 60, 495.
ROUSSEAU, Jean-Jacques : 481.
ROUX, François de : **29**, 30.
ROWOHLT (Éditions) : 393, *396*, *398*, *412*, *413*, *415*, *457*, 458, *468*.
RUTILIUS NAMATIANUS, Claudius : 78.

SAGAN, Françoise : 359, 360, 362, 373, 384, *397*, 398, *441*, 516, 586.
SAINT-EXUPÉRY, Antoine de : 309, 461.
SAINT-IDEUC, Jean-Marie de [Théophile BRIAND] : 303.
SAMPAIX, Lucien : 47.

SARRAUT, Albert : 104, **105**.
SARTRE, Jean-Paul : 38, 39, 44, 46, 47, 58, 69, 103, 105, 121, 185, 264, 287, 309, 354, **356**, 432.
SAUVAGE, Léo : *71*.
SCHIAPARELLI, Elsa : 106.
SCHIFFRIN, Jacques : 282, 329.
SCHŒLLER, Guy : 311, 392, 395.
SCHŒLLER, René : 311.
SCHUMAN, Robert : 60, 62, 66, 68.
SCHWARTZ-BART, André : 398, 478.
SCHWARZBART, Isaac : 398.
SCONIN, Jeanne : 60.
SÉCHAN : 126, 127.
SEELIGMANN, Pierre : **31**, 32.
SERGE, Jean : 443, 444.
SEROUILLE, Albert : 572, 573.
SEURAT, Georges : 374.
SHAKESPEARE, William : 86, 356, 386, 432.
SHAW, Bernard : **51**.
SHELLEY, Percy Bysshe : 89.
SILVANT, Jean : 530.
SIMENON, Georges : 365.
SIMON, Michel : 315, 324.
SOCIÉTÉ DES GENS DE LETTRES : 67, 68, 300.
SOLLAR, Fabien : 42.
SOPHOCLE : 425.
SOREL, Cécile : 239.
STALINE, Joseph : 355.
STIBIO, André : **47**.
STROMBERG, Robert : 513.
STULPNAGEL, Otto von : 121.
SUARÈS, André : 70.
SWIFT, Jonathan : 445.
SYNDICAT DES ÉCRIVAINS : 425.
SYNOPS (Société) : **28**.

TAILHEFER, André : 229.
TARDI : 249.
TAVANNES (Maréchal de) : 66.
TCHÉRINA, Ludmilla [Monique TCHEMERZINE] : 444, *446*.
TESSIER, Valentine : 238, *239*.
TEXCIER, Jean : **56**, 57, 58, 59, 63, 64, 65, 70, 85, 87.
THIELLAND, Robert : 224.
THOMAS, Henri : 126.
THOREZ, Maurice : 62.
TINOU : **64**.

Tixier-Vignancour, Jean-Louis : 113, 120, 124, 128, 129, 132, 133, 140.
Toesca, Maurice : 108.
Tosi, Guy : **67**, 93.
Trénet, Charles : 137.
Triolet, Elsa : 51, 468, 578.
Truffaut, François : 475.
Truman, Harry S. : 62.
Tschombé, Moïse : 536.
Tual, Roland : **28**.

Ullmo, Benjamin : 397.
Utrillo, Maurice : 247.

Vacher de Lapouge, G. : 463, 464.
Vailland, Roger : 276, 279, 376, 377, 378, 379, *382*, *384*, 386, 387, 389, 390, 395, 406, 407, *415*.
Vallès, Jules : **51**.
Vanel, Charles : 425.
Vanino, Maurice : 416.
Vellard, Jean-Albert : 85.
Vernillat, France : 347.

Veron (Dr) : 443.
Véry, Pierre : 93, 224, 266.
Veuzit, Max du [Alphonsine Simonet] : 245.
Villars (duc de) : 107.
Villon, François : 83.
Vilmorin, Louise de : 442, 475, 476, 478.
Vision Press (Éditions) : 167, *168*, 175, 176, 199, 202, 230, *231*, 289.
Vita, Jean [Marcel Lucas] : 185.
Voilier, Jean [Jeanne Loviton] : **61**, 67, 68, 69, *70*, 93, 122, 176, *267*.
Voltaire : 58, 66.

Weber, Jean-Paul : 536.
Willemetz, Albert : 42.
Willemin (Dr) : 451.

Zay, Jean : 31.
Zévaco, Michel : 245.
Zola, Émile : 25.
Zuloaga, Antonio : 82.
Zweig, Stefan : 51.

TABLE DES MATIÈRES

Préface, *par Philippe Sollers*   I
Introduction   XVII
Notices sur les principaux correspondants de Céline   XXI
Références bibliographiques   XXI

CORRESPONDANCE

1.	Aux Éditions de la N.R.F., 9 décembre [1931]	9
2.	Louis Chevasson à Céline, 14 décembre 1931	10
3.	Aux Éditions de la N.R.F. [peu avant le 14 avril 1932]	13
4.	[Louis Chevasson] à Céline, 14 avril 1932	16
5.	Aux Éditions de la N.R.F., 25 avril [1932]	16
6.	Gaston Gallimard à Céline, 29 avril 1932	17
7.	Aux Éditions de la N.R.F., 13 [juin 1932]	17
8.	Gaston Gallimard à Céline, 13 juin 1932	18
9.	Aux Éditions de la N.R.F., 29 [juin 1932]	18
10.	Louis Chevasson à Céline, 2 juillet 1932	19
11.	À Benjamin Crémieux, 2 [juillet 1932]	20
12.	Louis Chevasson à Céline, 7 juillet 1932	21
13.	À Jean Paulhan [18 janvier 1933]	23
14.	À Marcel Arland [6 mars 1933]	24
15.	André Malraux à Céline, 8 septembre 1933	25
16.	Roland Tual à Gaston Gallimard, 24 janvier 1935	27
17.	Louis Chevasson à Céline, 21 mars 1935	28
18.	Raymond Gallimard à Céline, 30 avril 1936	29
19.	Aux Éditions de la N.R.F. [peu avant le 4 mai 1936]	30
20.	Jacques Festy à Céline, 4 mai 1936	30
21.	Pierre Seeligmann à Gaston Gallimard, 1er septembre 1936	31
22.	Pierre Seeligmann à Céline, 4 septembre 1936	32

23.	Raymond Gallimard à Céline, 15 janvier 1937	33
24.	Raymond Gallimard à Céline, 7 septembre 1937	34
25.	À Pierre Drieu La Rochelle, 5 [mai] 1941	35
26.	À Jean Paulhan, 26 [octobre 1947]	37
27.	À Jean Paulhan, 10 décembre 1947	38
28.	À Jean Paulhan, 19 [décembre 1947]	38
29.	À Jean Paulhan, 27 décembre [1947]	39
30.	À Jean Paulhan, 7 janvier [1948]	41
31.	À Jean Paulhan [8 janvier 1948]	42
32.	À Jean Paulhan, 15 janvier [1948]	43
33.	À Jean Paulhan, 17 janvier [1948]	44
34.	À Jean Paulhan, 4 février [1948]	45
35.	À Jean Paulhan, 5 février [1948]	46
36.	À Jean Paulhan, 18 février [1948]	46
37.	À Jean Paulhan [février 1948]	49
38.	À Jean Paulhan [28 mars 1948]	50
39.	À Jean Paulhan [mars ou avril 1948]	50
40.	Jean Paulhan à Céline [peu avant le 15 avril 1948]	52
41.	À Jean Paulhan, 15 avril [1948]	53
42.	À Jean Paulhan, 7 mai [1948]	56
43.	À Jean Paulhan [9 mai ? 1948]	57
44.	À Jean Paulhan [mai 1948]	59
45.	À Jean Paulhan, 18 mai [1948]	59
46.	À Jean Paulhan, 18 [mai 1948]	60
47.	À Jean Paulhan, 20 mai [1948]	61
48.	À Jean Paulhan, 28 [mai 1948]	63
49.	À Jean Paulhan [mai ou juin 1948]	65
50.	À Jean Paulhan, 24 juillet [1948]	67
51.	À Jean Paulhan, 27 juillet [1948]	68
52.	À Jean Paulhan [août 1948]	69
53.	À Jean Paulhan [août 1948]	71
54.	À Jean Paulhan, 24 août [1948]	72
55.	À Jean Paulhan, 29 [été 1948]	73
56.	À Jean Paulhan, 16 [septembre 1948]	74
57.	Jean Paulhan à Céline, 1er décembre [1948]	75
58.	À Jean Paulhan [4 décembre 1948]	76
59.	À Jean Paulhan, 4 [début 1949]	77
60.	À Jean Paulhan, 17 [début 1949]	78
61.	À Jean Paulhan, 10 [janvier 1949]	79
62.	À Jean Paulhan, 16 [janvier 1949]	79
63.	À Jean Paulhan, 19 [janvier 1949]	82
64.	À Jean Paulhan, 21 [janvier 1949]	84
65.	À Jean Paulhan, 1er [février ? 1949]	85
66.	À Jean Paulhan, 27 [février ? 1949]	85

67.	À Jean Paulhan, 30 [printemps 1949]	88
68.	À Jean Paulhan, 30 [avril 1949]	90
69.	À Jean Paulhan, 4 [mai ? 1949]	90
70.	À Jean Paulhan, 3 août [1949]	92
71.	À Jean Paulhan, 18 [septembre ou octobre 1949]	93
72.	À Jean Paulhan [fin 1949]	94
73.	À Jean Paulhan, 5 [janvier 1950]	97
74.	À Jean Paulhan, 10 [janvier 1950]	98
75.	À Jean Paulhan, 16 [janvier 1950]	99
76.	À Jean Paulhan, 6 [février 1950]	100
77.	À Jean Paulhan, 2 [mars 1950]	101
78.	À Jean Paulhan, 27 [avril 1950]	102
79.	À Jean Paulhan, 29 [mai 1950]	103
80.	À Jean Paulhan, 2 [juin 1950]	104
81.	À Jean Paulhan, 5 [juin 1950]	105
82.	À Jean Paulhan, 22 [juin 1950]	107
83.	À Jean Paulhan, 2 septembre [1950]	108
84.	À Jean Paulhan, 19 [septembre 1950]	109
85.	À Jean Paulhan, 28 [septembre 1950]	109
86.	Jean Paulhan à Céline, 14 octobre [1950]	110
87.	À Jean Paulhan, 16 [octobre 1950]	112
88.	À Jean Paulhan, 7 [décembre 1950]	114
89.	À Jean Paulhan, 26 décembre [1950]	115
90.	À Jean Paulhan, 27 [décembre 1950 ?]	116
91.	À Jean Paulhan, 12 [janvier 1951]	119
92.	À Jean Paulhan, 31 [janvier 1951]	120
93.	À Jean Paulhan, 30 [avril 1951]	121
94.	À Jean Paulhan, 1er [mai 1951]	123
95.	André Malraux à Claude Gallimard, 26 mai 1951	123
96.	À Jean Paulhan, 22 [octobre 1951]	124
97.	À Gaston Gallimard, 24 octobre [1951]	126
98.	Jean Paulhan à Céline, 25 octobre 1951	126
99.	À Gaston Gallimard, 27 octobre [1951]	127
100.	Gaston Gallimard à Céline, 2 novembre 1951	128
101.	À Jean Paulhan [8 novembre 1951]	129
102.	À Gaston Gallimard, 11 novembre 1951	130
103.	Gaston Gallimard à Céline [12 novembre 1951]	131
104.	À Jean Paulhan, 15 novembre [1951]	132
105.	À Jean Paulhan, 2 décembre [1951]	134
106.	À Gaston Gallimard, 4 décembre [1951]	135
107.	Gaston Gallimard à Céline, 6 décembre 1951	136
108.	À Gaston Gallimard, 12 décembre 1951	137
109.	Gaston Gallimard à Céline, 18 décembre 1951	138
110.	À Gaston Gallimard, 20 décembre [1951]	139

111.	À Gaston Gallimard, 2 janvier 1952	141
112.	À Jean Paulhan, 9 janvier 1952	142
113.	À Claude Gallimard [13 janvier 1952]	143
114.	À Claude Gallimard, 19 janvier [1952]	144
115.	À Claude Gallimard, 30 janvier [1952]	144
116.	Claude Gallimard à Céline [6 février 1952]	145
117.	À Claude Gallimard [peu après le 6 février 1952]	146
118.	À Claude Gallimard, 16 février [1952]	147
119.	À Gaston Gallimard, 17 [février 1952]	148
120.	À Gaston Gallimard, 21 février 1952	149
121.	À Gaston Gallimard, 29 [février 1952]	150
122.	À Jean Paulhan, 3 mars [1952]	150
123.	Gaston Gallimard à Céline, 5 mars 1952	151
124.	À Gaston Gallimard [6 mars 1952]	152
125.	Gaston Gallimard à Paul Marteau, 14 mars 1952	153
126.	À Claude Gallimard, 17 [mars 1952]	154
127.	Jacques Festy à Céline, 18 mars 1952	155
128.	Jacques Festy à Céline, 21 mars 1952	156
129.	Aux Éditions de la N.R.F., 3 avril 1952	156
130.	À Gaston Gallimard, 3 avril [1952]	157
131.	Gaston Gallimard à Céline, 7 avril 1952	158
132.	Robert Gallimard à Claude Gallimard, 25 avril 1952	158
133.	À Gaston Gallimard, 21 [mai 1952]	159
134.	Claude Gallimard à Céline, 29 mai 1952	160
135.	[Albert Godemert] à Claude Gallimard, 28 mai 1952	160
136.	Gaston Gallimard à Paul Marteau, 29 mai 1952	161
137.	À Claude Gallimard, 30 mai [1952]	162
138.	À Jacques Festy [mai 1952]	163
139.	Robert Gallimard à Céline, 10 juin 1952	163
140.	À Robert Gallimard, 1er [juillet 1952]	164
141.	À Robert Gallimard, 2 [juillet 1952]	164
142.	Robert Gallimard à Céline, 3 juillet 1952	165
143.	À Robert Gallimard, 6 juillet [1952]	165
144.	À Robert Gallimard, 9 [juillet 1952]	166
145.	Robert Gallimard à Céline, 11 juillet 1952	167
146.	À Robert Gallimard, 11 [juillet 1952]	168
147.	Robert Gallimard à Céline, 15 juillet 1952	169
148.	À Robert Gallimard, 18 [juillet 1952]	169
149.	À Robert Gallimard, 28 juillet [1952]	170
150.	À Robert Gallimard, 10 août [1952]	171
151.	[Jacques Festy] à Claude Gallimard, 9 septembre 1952	172
152.	À Claude Gallimard, 12 septembre [1952]	172
153.	Gaston Gallimard à Céline, 17 septembre 1952	173
154.	À Gaston Gallimard [19 septembre 1952]	175

155. [Le Service des Droits étrangers] à Gaston Gallimard [peu après le 19 septembre 1952]	176
156. À Gaston Gallimard, 20 septembre [1952]	177
157. À Gaston Gallimard, 7 octobre [1952]	177
158. Gaston Gallimard à Céline, 10 octobre 1952	178
159. À Gaston Gallimard, 10 octobre [1952]	178
160. Aux Éditions de la N.R.F. [probablement le 15 octobre 1952]	179
161. À Claude Gallimard, 16 octobre [1952]	179
162. Gaston Gallimard à Céline, 21 octobre 1952	180
163. À Claude Gallimard, 22 octobre [1952]	181
164. À Gaston Gallimard, 23 octobre [1952]	181
165. Claude Gallimard à Céline, 23 octobre 1952	182
166. Claude Gallimard à Bernard Huguenin, 23 octobre 1952	183
167. À Claude Gallimard, 24 octobre [1952]	183
168. Gaston Gallimard à Céline, 27 octobre 1952	184
169. Jean Paulhan à Gaston Gallimard [début novembre 1952]	184
170. À Claude Gallimard, 3 [novembre 1952]	185
171. Claude Gallimard à Céline, 14 novembre 1952	186
172. À Claude Gallimard [peu après le 14 novembre 1952]	187
173. À Gaston Gallimard, 23 novembre 1952	187
174. Robert Gallimard à Louis-Daniel Hirsch, 24 novembre 1952	188
175. Robert Gallimard à Camille Lemercier, 24 novembre 1952	189
176. Camille Lemercier à Robert Gallimard, 25 novembre 1952	189
177. Robert Gallimard à Céline, 3 décembre 1952	190
178. À Robert Gallimard, 5 décembre [1952]	190
179. À Robert Gallimard, 8 décembre [1952]	191
180. Robert Gallimard à Céline, 9 décembre 1952	192
181. Robert Gallimard à Céline, 12 décembre 1952	192
182. À Gaston Gallimard, 1er janvier 1953	195
183. À Suzanne Mélène, 12 janvier [1953]	196
184. Aux Éditions de la N.R.F., 27 janvier 1953	196
185. Dionys Mascolo à Céline, 30 mars 1953	197
186. À Dionys Mascolo, 2 [avril 1953]	198
187. À Dionys Mascolo [2 avril 1953]	198
188. Paul Gruault à Céline, 21 septembre 1953	199
189. Robert Gallimard à Céline, 22 septembre 1953	200
190. À Claude Gallimard, 23 septembre 1953	201
191. Paul Gruault à Céline, 2 octobre 1953	202
192. Claude Gallimard à Céline, 9 octobre 1953	202
193. À Claude Gallimard, 10 octobre [1953]	203
194. Claude Gallimard à Céline, 19 octobre 1953	205
195. À Claude Gallimard, 21 octobre [1953]	207
196. À Jean Paulhan [janvier ou février 1954]	209
197. À Claude Gallimard, 26 février 1954	210

198.	À Gaston Gallimard, 11 mars 1954	211
199.	Robert Gallimard à Céline, 23 mars 1954	212
200.	Gaston Gallimard à Céline, 24 mars 1954	213
201.	Gaston Gallimard à Céline, 26 mars 1954	214
202.	Gaston Gallimard à Céline, 29 mars 1954	215
203.	À Gaston Gallimard, 30 mars [1954]	216
204.	Aux Éditions de la N.R.F., 2 avril 1954	217
205.	Gaston Gallimard à Céline, 14 avril 1954	218
206.	À Gaston Gallimard, 16 avril 1954	219
207.	Gaston Gallimard à Céline, 21 avril 1954	219
208.	À Gaston Gallimard, 22 avril [1954]	220
209.	Jacques Festy à Céline, 11 mai 1954	221
210.	À Jacques Festy, 12 mai 1954	223
211.	À Gaston Gallimard, 19 mai 1954	223
212.	À Gaston Gallimard, 6 juin 1954	225
213.	À Gaston Gallimard, 13 juin 1954	225
214.	À Jean Paulhan, 14 juin 1954	226
215.	Jean Paulhan à Céline, 16 juin [1954]	227
216.	À Jean Paulhan [16 juin 1954]	228
217.	À Jacques Festy, 16 juin [1954]	229
218.	À Jean Paulhan, 20 juin [1954]	229
219.	Paul Gruault à Céline, 24 juin 1954	230
220.	À Jean Paulhan, 25 juin [1954]	230
221.	À Paul Gruault, 25 juin 1954	231
222.	Paul Gruault à Céline, 28 juin 1954	231
223.	Paul Gruault à Céline, 1er juillet 1954	232
224.	À Jean Paulhan, 17 [juillet 1954]	233
225.	À Jean Paulhan, 21 juillet [1954]	233
226.	Odette Laigle à Céline, 23 juillet 1954	234
227.	À Odette Laigle, 29 juillet [1954]	235
228.	Odette Laigle à Céline, 3 août 1954	235
229.	À Jean Paulhan, 3 [août 1954]	236
230.	À Odette Laigle, 4 août [1954]	237
231.	Odette Laigle à Céline, 5 août 1954	237
232.	À Jean Paulhan, 6 août [1954]	238
233.	À Jean Paulhan, 17 août [1954]	240
234.	À Jean Paulhan, 25 août [1954]	241
235.	À Odette Laigle, 1er septembre [1954]	242
236.	Gaston Gallimard à Céline, 14 septembre 1954	243
237.	À Gaston Gallimard, 15 septembre 1954	244
238.	Gaston Gallimard à Céline, 16 septembre 1954	245
239.	À Gaston Gallimard, 17 septembre [1954]	247
240.	À Gaston Gallimard, 27 septembre [1954]	248
241.	Gaston Gallimard à Céline, 27 septembre 1954	248

242.	À Gaston Gallimard, 28 septembre [1954]	249
243.	Gaston Gallimard à Céline, 29 septembre 1954	250
244.	À Gaston Gallimard, 30 septembre 1954	251
245.	Odette Laigle à Céline, 1er octobre 1954	251
246.	À Gaston Gallimard, 2 octobre 1954	252
247.	Gaston Gallimard à Céline, 4 octobre 1954	253
248.	Gaston Gallimard à Céline, 5 octobre 1954	254
249.	À Gaston Gallimard, 7 octobre 1954	254
250.	À Jean Paulhan, 8 novembre [1954]	255
251.	À Jean Paulhan, 18 novembre [1954]	256
252.	À Marcel Arland, 19 novembre [1954]	257
253.	À Paul Gruault, 21 novembre 1954	257
254.	À Jean Paulhan, 22 novembre [1954]	258
255.	À Gaston Gallimard [23 novembre 1954]	259
256.	Gaston Gallimard à Céline, 24 novembre 1954	259
257.	À Jean Paulhan, 24 novembre [1954]	260
258.	À Marcel Arland, 30 novembre [1954]	261
259.	Paul Gruault à Céline, 3 décembre 1954	261
260.	À Paul Gruault, 4 décembre 1954	262
261.	Paul Gruault à Céline, 8 décembre 1954	262
262.	À Gaston Gallimard, 8 décembre 1954	263
263.	Gaston Gallimard à Céline, 10 décembre 1954	265
264.	À Gaston Gallimard, 11 décembre 1954	266
265.	Gaston Gallimard à Céline, 14 décembre 1954	268
266.	À Gaston Gallimard, 15 décembre [1954]	269
267.	À Paul Gruault, 15 décembre [1954]	270
268.	Jacques Festy à Céline, 17 décembre 1954	271
269.	Paul Gruault à Céline, 22 décembre 1954	271
270.	À Jean Paulhan, 11 janvier 1955	273
271.	Jean Paulhan à Céline, 14 janvier [1955]	274
272.	À Gaston Gallimard, 19 janvier 1955	275
273.	Au service Comptabilité, 19 janvier 1955	277
274.	Paul Gruault à Céline, 21 janvier 1955	277
275.	À Paul Gruault, 22 janvier 1955	278
276.	À Gaston Gallimard, 22 janvier 1955	279
277.	Paul Gruault à Céline, 24 janvier 1955	280
278.	À Marcel Arland, 28 janvier 1955	280
279.	À Paul Gruault, 4 février 1955	281
280.	Paul Gruault à Céline, 7 février 1955	282
281.	À Gaston Gallimard, 8 février 1955	282
282.	Gaston Gallimard à Céline, 11 février 1955	283
283.	À Gaston Gallimard, 12 février 1955	283
284.	Gaston Gallimard à Céline, 15 février 1955	284
285.	À Gaston Gallimard, 16 février 1955	285

286.	À Jacques Festy, 17 février 1955	286
287.	À Jacques Festy, 18 février 1955	286
288.	À Jacques Festy, 19 février [1955]	287
289.	À Jacque Festy, 3 mars [1955]	288
290.	Paul Gruault à Céline, 3 mars 1955	289
291.	À Gaston Gallimard, 8 mars 1955	290
292.	Jacques Festy à Céline, 11 mars 1955	290
293.	Gaston Gallimard à Céline, 14 mars 1955	291
294.	À Gaston Gallimard, 15 mars [1955]	292
295.	Jacques Festy à Céline, 15 mars 1955	292
296.	Paul Gruault à Céline, 28 mars 1955	293
297.	Jacques Festy à Céline, 31 mars 1955	294
298.	À Gaston Gallimard, 2 avril 1955	294
299.	À Odette Laigle, 3 avril 1955	296
300.	Gaston Gallimard à Céline, 4 avril 1955	296
301.	À Jacques Festy [début avril 1955]	297
302.	Jacques Festy à Céline, 12 avril 1955	297
303.	À Gaston Gallimard, 18 avril 1955	298
304.	À Gaston Gallimard, 23 avril [1955]	298
305.	Gaston Gallimard à Céline, 27 avril 1955	299
306.	À Gaston Gallimard, 29 avril [1955]	300
307.	À Gaston Gallimard, 11 mai [1955]	300
308.	Gaston Gallimard à Céline, 12 mai 1955	301
309.	À Gaston Gallimard, 13 mai [1955]	302
310.	À Gaston Gallimard, 18 mai [1955]	303
311.	Gaston Gallimard à Céline 20 mai 1955	304
312.	Paul Gruault à Céline, 20 juin 1955	305
313.	À Gaston Gallimard, 20 juin 1955	306
314.	Gaston Gallimard à Céline, 24 juin 1955	307
315.	À Gaston Gallimard, 25 juin [1955]	308
316.	Gaston Gallimard à Céline, 23 septembre 1955	309
317.	À Gaston Gallimard, 24 septembre 1955	310
318.	À Gaston Gallimard, 28 septembre 1955	310
319.	À Gaston Gallimard, 30 septembre 1955	311
320.	Gaston Gallimard à Céline, 3 octobre 1955	312
321.	À Gaston Gallimard, 11 octobre 1955	312
322.	Gaston Gallimard à Céline, 14 octobre 1955	313
323.	À Marcel Arland, 27 octobre [1955]	314
324.	À Gaston Gallimard, 8 novembre 1955	314
325.	Paul Gruault à Céline, 2 décembre 1955	315
326.	À Gaston Gallimard, 12 décembre 1955	315
327.	Paul Gruault à Céline, 29 décembre 1955	316
328.	À Gaston Gallimard, 25 février [1956]	317
329.	À Gaston Gallimard, 19 avril 1956	318

330. À Gaston Gallimard, 4 mai 1956	318
331. Gaston Gallimard à Céline, 15 mai 1956	319
332. À Gaston Gallimard, 6 [mai] 1956	319
333. À Gaston Gallimard, 20 mai 1956	320
334. Gaston Gallimard à Céline, 23 mai 1956	320
335. À Gaston Gallimard, 24 mai 1956	321
336. Jacques Festy à Céline, 8 juin 1956	321
337. À Gaston Gallimard, 17 juin 1956	322
338. Gaston Gallimard à Céline, 19 juin 1956	322
339. À Gaston Gallimard, 20 juin [1956]	323
340. À Marcel Arland, 10 juillet [1956]	323
341. À Marcel Arland, 12 juillet [1956]	324
342. À Marcel Arland, 25 août [1956]	324
343. À Gaston Gallimard, 26 août [1956]	325
344. Robert Gallimard à Céline, 7 septembre 1956	325
345. À Gaston Gallimard, 20 septembre 1956	326
346. Gaston Gallimard à Céline, 1er octobre 1956	327
347. À Gaston Gallimard, 2 octobre [1956]	327
348. Claude Gallimard à Céline, 23 octobre 1956	328
349. À Gaston Gallimard, 24 octobre [1956]	329
350. Gaston Gallimard à Céline, 25 octobre 1956	330
351. À Gaston Gallimard, 26 octobre 1956	331
352. À Gaston Gallimard, 27 octobre [1956]	331
353. À Gaston Gallimard, 2 novembre 1956	332
354. Jacques Festy à Céline, 6 novembre 1956	333
355. Gaston Gallimard à Céline, 14 novembre 1956	334
356. À Gaston Gallimard, 18 novembre 1956	335
357. Gaston Gallimard à Céline, 20 novembre 1956	336
358. À Gaston Gallimard, 21 novembre [1956]	337
359. Gaston Gallimard à Céline, 22 novembre 1956	337
360. À Gaston Gallimard, 28 novembre 1956	338
361. À Gaston Gallimard, 3 décembre 1956	338
362. À Gaston Gallimard, 12 décembre 1956	339
363. À Roger Nimier, 19 décembre [1956]	340
364. À Roger Nimier, 21 décembre [1956]	341
365. À Gaston Gallimard, 15 janvier 1957	343
366. Gaston Gallimard à Céline, 16 janvier 1957	343
367. Paul Gruault à Céline, 17 janvier 1957	344
368. À Gaston Gallimard, 18 janvier 1957	344
369. À Roger Nimier, 24 janvier [1957]	345
370. À Roger Nimier, 22 février [1957]	346
371. À Roger Nimier, 23 février [1957]	347
372. À Roger Nimier, 25 février [1957]	347
373. À Roger Nimier, 26 février [1957]	348

374.	À Roger Nimier, 28 février [1957]	349
375.	À Gaston Gallimard, 1er mars [1957]	349
376.	À Roger Nimier, 13 mars 1957	350
377.	À Roger Nimier, 13 mars [1957]	350
378.	À Roger Nimier, 14 mars [1957]	351
379.	À Gaston Gallimard, 14 mars 1957	352
380.	À Roger Nimier, 17 mars [1957]	353
381.	À Roger Nimier, 20 mars [1957]	353
382.	Gaston Gallimard à Céline, 20 mars 1957	354
383.	À Gaston Gallimard, 21 mars 1957	355
384.	À Roger Nimier, 29 mars [1957]	356
385.	À Roger Nimier, 30 mars [1957]	357
386.	À Roger Nimier, 2 avril [1957]	357
387.	À Roger Nimier, 6 avril [1957]	358
388.	À Roger Nimier, 20 avril 1957	358
389.	Paul Gruault à Céline, 24 avril 1957	359
390.	À Roger Nimier, 27 avril [1957]	360
391.	Marcel Arland à Céline, 3 mai [1957]	360
392.	À Roger Nimier, 4 [mai 1957]	361
393.	À Marcel Arland [mai 1957]	361
394.	À Roger Nimier, 9 mai [1957]	362
395.	À Gaston Gallimard, 17 mai 1957	362
396.	Gaston Gallimard à Céline, 21 mai 1957	363
397.	À Gaston Gallimard, 25 mai 1957	364
398.	Gaston Gallimard à Céline, 28 mai 1957	364
399.	À Roger Nimier, 1er juin [1957]	365
400.	Roger Nimier à Céline, 24 juin 1957	365
401.	À une employée de la N.R.F., 27 juin 1957	366
402.	Roger Nimier à Céline, 4 juillet 1957	366
403.	À Roger Nimier, 6 juillet 1957	367
404.	À Roger Nimier, 8 juillet [1957]	368
405.	À Roger Nimier, 8 juillet [1957]	369
406.	À Roger Nimier, 9 [juillet 1957]	369
407.	À Roger Nimier, 10 juillet [1957]	370
408.	Roger Nimier à Céline, 11 juillet 1957	371
409.	À Roger Nimier, 12 [juillet 1957]	372
410.	Roger Nimier à Céline, 16 juillet 1957	372
411.	À Roger Nimier, 17 [juillet 1957]	373
412.	À Roger Nimier, 19 [juillet 1957]	373
413.	À Roger Nimier, 30 juillet [1957]	374
414.	Roger Nimier à Céline, 30 juillet 1957	374
415.	À Roger Nimier, 31 juillet [1957]	375
416.	À Roger Nimier, 3 août [1957]	375
417.	À Roger Nimier [4 août 1957]	376

418.	À Roger Nimier, 7 août [1957]	376
419.	Roger Nimier à Céline, 9 août 1957	377
420.	À Roger Nimier, 11 [août 1957]	378
421.	À Roger Nimier, 21 [août 1957]	379
422.	À Roger Nimier, 26 [août 1957]	380
423.	Roger Nimier à Céline, 26 août 1957	380
424.	Roger Nimier à Céline, 27 août 1957	381
425.	À Roger Nimier, 29 [août 1957]	382
426.	Roger Nimier à Céline, 29 août 1957	383
427.	À Roger Nimier, 1er septembre [1957]	384
428.	À Roger Nimier, 6 [septembre 1957]	384
429.	À Roger Nimier, 10 septembre [1957]	385
430.	À Roger Nimier, 10 [septembre 1957]	386
431.	À Roger Nimier, 13 septembre [1957]	386
432.	À Roger Nimier, 17 [septembre 1957]	387
433.	Roger Nimier à Céline, 17 septembre 1957	387
434.	À Roger Nimier, 17 [septembre 1957]	388
435.	À Roger Nimier, 19 [septembre 1957]	389
436.	Roger Nimier à Céline, 20 septembre 1957	390
437.	À Roger Nimier, 25 septembre [1957]	390
438.	À Roger Nimier, 25 [septembre 1957]	391
439.	Roger Nimier à Céline, 27 septembre 1957	392
440.	À Gaston Gallimard, 4 octobre [1957]	393
441.	À Roger Nimier, 7 [octobre 1957]	393
442.	À Roger Nimier, 16 octobre [1957]	394
443.	À Roger Nimier, 20 octobre [1957]	395
444.	À Gaston Gallimard, 20 octobre 1957	395
445.	À Roger Nimier, 23 octobre [1957]	396
446.	À Roger Nimier, 27 [octobre 1957]	397
447.	Roger Nimier à Céline, 29 octobre 1957	397
448.	À Roger Nimier, 8 [novembre 1957]	398
449.	À Roger Nimier, 8 [novembre 1957]	399
450.	Roger Nimier à Céline, 12 novembre 1957	400
451.	À Roger Nimier, 14 novembre [1957]	400
452.	Gaston Gallimard à Céline, 15 novembre 1957	401
453.	Roger Nimier à Céline, 20 novembre 1957	401
454.	À Roger Nimier [22 novembre 1957]	402
455.	Gaston Gallimard à Céline, 28 novembre 1957	403
456.	À Roger Nimier, 28 [novembre 1957]	404
457.	À Gaston Gallimard, 30 novembre [1957]	404
458.	À Gaston Gallimard, 30 novembre [1957]	405
459.	À Roger Nimier, 2 décembre [1957]	405
460.	Roger Nimier à Céline, 3 décembre 1957	406
461.	À Roger Nimier, 4 [décembre 1957]	407

462.	À Roger Nimier, 16 [décembre 1957]	407
463.	Roger Nimier à Céline, 18 décembre 1947	408
464.	À Roger Nimier, 20 décembre [1957]	408
465.	À Roger Nimier, 16 janvier [1958]	411
466.	À Robert Gallimard, 16 janvier 1958	412
467.	Roger Nimier à Céline, 3 février 1958	412
468.	À Roger Nimier, 4 février [1958]	413
469.	À Roger Nimier, 5 [février 1958]	414
470.	À Roger Nimier, 11 février [1958]	414
471.	Roger Nimier à Céline, 18 février 1958	415
472.	À Roger Nimier, 20 février 1958	415
473.	À Roger Nimier, 25 [février 1958]	416
474.	À Roger Nimier, 25 [février 1958]	417
475.	Roger Nimier à Céline, 27 février 1958	417
476.	À Roger Nimier, 5 [mars 1958]	418
477.	Roger Nimier à Céline, 6 mars 1958	418
478.	À Roger Nimier, 12 mars [1958]	419
479.	Roger Nimier à Céline, 13 mars 1958	419
480.	À Roger Nimier, 14 mars [1958]	420
481.	À Roger Nimier, 21 mars [1958]	420
482.	Nicole Ouali à Céline, 21 mars 1958	421
483.	Roger Nimier à Céline, 27 mars 1958	422
484.	À Roger Nimier, 27 mars 1958	422
485.	Roger Nimier à Céline, 1er avril 1958	423
486.	À Roger Nimier, 3 avril [1958]	423
487.	Nicole Ouali à Céline, 4 avril 1958	424
488.	Roger Nimier à Céline, 14 avril 1958	424
489.	À Roger Nimier, 16 [avril 1958]	425
490.	À Roger Nimier, 20 avril [1958]	426
491.	À Roger Nimier, 17 [mai 1958]	426
492.	À Roger Nimier, 20 mai [1958]	427
493.	Roger Nimier à Céline, 21 mai 1958	428
494.	À Roger Nimier, 31 mai [1958]	428
495.	À Roger Nimier, 9 juin [1958]	429
496.	À Roger Nimer, 23 juin [1958]	429
497.	À Roger Nimier, 25 [juin 1958]	430
498.	À Roger Nimier, 10 [juillet 1958]	431
499.	À Roger Nimier, [17 juillet 1958]	431
500.	À Roger Nimier, 21 [juillet 1958]	432
501.	[Une secrétaire de la N.R.F.] à Céline, 21 juillet 1958	433
502.	À Roger Nimier, 26 [juillet 1958]	433
503.	À Roger Nimier, 28 [juillet 1958]	434
504.	À Roger Nimier, 9 août [1958]	435
505.	Roger Nimier à Céline, 11 août 1958	435

506.	À Roger Nimier, 13 août 1958	436
507.	Roger Nimier à Céline, 26 août 1958	437
508.	À Roger Nimier, 27 [août 1958]	437
509.	À Roger Nimier, 12 [septembre 1958]	438
510.	À Roger Nimier, 19 [septembre 1958]	438
511.	Roger Nimier à Céline, 19 septembre 1958	439
512.	À Roger Nimier, 20 [septembre 1958]	440
513.	Roger Nimier à Céline, 1er octobre 1958	440
514.	À Roger Nimier, 3 [octobre 1958]	441
515.	Roger Nimier à Céline, 21 octobre 1958	441
516.	Roger Nimier à Céline, 31 octobre 1958	442
517.	Roger Nimier à Céline, 4 novembre 1958	443
518.	À Roger Nimier, 6 [novembre 1958]	443
519.	À Roger Nimier, 16 [novembre 1958]	444
520.	À Roger Nimier, 18 [novembre ou décembre 1958]	445
521.	À Roger Nimier, 27 [novembre 1958]	445
522.	À Roger Nimier, 28 [novembre 1958]	446
523.	À Roger Nimier, 1er décembre [1958]	446
524.	Roger Nimier à Céline, 2 décembre 1958	447
525.	À Roger Nimier, 16 [décembre 1958]	447
526.	Roger Nimier à Céline, 23 décembre 1958	448
527.	Bernard Huguenin à Céline, 13 janvier 1959	449
528.	À Roger Nimier, 13 [janvier 1959]	450
529.	Roger Nimier à Céline, 14 janvier 1959	450
530.	À Roger Nimier, 15 [janvier 1959]	451
531.	À Bernard Huguenin, 16 janvier [1959]	451
532.	Nicole Ouali à Céline, 23 janvier 1959	452
533.	À Roger Nimier, 27 janvier [1959]	452
534.	À Roger Nimier, 28 [janvier 1959]	453
535.	Roger Nimier à Céline, 9 février 1959	454
536.	À Roger Nimier, 11 février [1959]	454
537.	Marie-Ange Masson à Céline, 20 février 1959	455
538.	Nicole Ouali à Céline, 9 mars 1959	456
539.	À Roger Nimier, 20 [mars 1959]	456
540.	À Roger Nimier, 7 [avril 1959]	457
541.	Roger Nimier à Céline, 8 avril 1959	457
542.	Roger Nimier à Céline, 13 avril 1959	458
543.	À Roger Nimier, 13 [avril ? 1959]	459
544.	Roger Nimier à Céline, 15 avril 1959	459
545.	À Roger Nimier, 28 avril [1959]	460
546.	Roger Nimier à Céline, 28 avril 1959	460
547.	À Roger Nimier, 29 [avril 1959]	461
548.	À Roger Nimier, 2 [mai 1959]	462
549.	Nicole Ouali à Céline, 6 mai 1959	462

550. À Roger Nimier, 9 [mai 1959] 463
551. Roger Nimier à Céline, 12 mai 1959 464
552. À Roger Nimier, 15 [mai 1959] 464
553. Roger Nimier à Céline, 27 mai 1959 465
554. À Roger Nimier, 28 [mai 1959] 465
555. À Roger Nimier, 4 [juin 1959] 466
556. Roger Nimier à Céline, 18 juin 1959 466
557. À Roger Nimier, 19 [juin 1959] 467
558. À Roger Nimier, 19 [juin 1959] 467
559. À Roger Nimier, 25 [juin 1959] 468
560. À Roger Nimier, 29 [juin 1959] 468
561. À Roger Nimier, 8 [juillet 1959] 469
562. À Roger Nimier, 23 [juillet 1959] 469
563. À Roger Nimier, [1er août 1959] 470
564. À Roger Nimier, 3 [août 1959] 471
565. À Roger Nimier [11 septembre 1959] 471
566. À Odette Laigle, 13 septembre [1959] 472
567. Roger Nimier à Céline, 14 septembre 1959 472
568. À Roger Nimier, 7 [octobre 1959] 473
569. Roger Nimier à Céline, 22 octobre 1959 474
570. À Odette Laigle [?], 23 octobre [1959] 475
571. Odette Laigle à Roger Nimier, 30 octobre 1959 475
572. Roger Nimier à Céline, 2 novembre 1959 476
573. À Roger Nimier, 4 novembre 1959 477
574. Roger Nimier à Céline, 5 novembre 1959 477
575. À Roger Nimier [17 novembre 1959] 478
576. Roger Nimier à Céline, 18 novembre 1959 479
577. À Gaston Gallimard, 21 novembre 1959 480
578. À Roger Nimier, 30 novembre [1959] 480
579. À Roger Nimier, 4 décembre [1959] 481
580. Roger Nimer à Céline, 10 décembre 1959 482
581. À Odette Laigle, 23 décembre 1959 482
582. À Roger Nimier, 23 [décembre 1959] 483
583. À Gaston Gallimard, 25 décembre 1959 484
584. Roger Nimier à Céline, 28 décembre 1959 484
585. À Roger Nimier, 29 [décembre 1959] 485
586. Nicole Ouali à Céline, 30 décembre 1959 486
587. À Roger Nimier, 31 [décembre 1959] 487
588. À Roger Nimier, 7 [janvier 1960] 489
589. À Roger Nimier, 8 janvier [1960] 490
590. La Comptabilité Auteurs à Céline, 11 janvier 1960 490
591. À Roger Nimier, 11 janvier [1960] 492
592 À Roger Nimier, 12 janvier [1960] 492
593. Roger Nimier à Claude Gallimard, 13 janvier 1960 493

594.	À Roger Nimier [13 janvier 1960]	494
595.	Roger Nimier à Céline, 13 janvier 1960	494
596.	À Roger Nimier, 14 [janvier 1960]	495
597.	Roger Nimier à Céline, 14 janvier 1960	496
598.	À la Comptabilité, 15 janvier 1960	496
599.	À Roger Nimier, 16 janvier [1960]	497
600.	Nicole Ouali à Céline, 21 janvier 1960	498
601.	Roger Nimier à Céline, 22 janvier 1960	498
602.	Henri Mondor à Céline [entre le 22 et le 25 janvier 1960]	499
603.	À Roger Nimier, 26 janvier [1960]	500
604.	À Roger Nimier, 27 [janvier 1960]	500
605.	À Roger Nimier, 27 [janvier 1960]	501
606.	Roger Nimier à Céline, 28 janvier 1960	501
607.	À Roger Nimier, 30 janvier [1960]	502
608.	À Odette Laigle, 2 février 1960	502
609.	Jacques Festy à Roger Nimier, 2 février 1960	503
610.	Roger Nimier à Jacques Festy, 3 février 1960	503
611.	Odette Laigle à Céline, 3 février 1960	504
612.	Nicole Ouali à Céline, 3 février 1960	504
613.	Roger Nimier à Céline, 3 février 1960	505
614.	À Odette Laigle, 4 [février 1960]	506
615.	À Roger Nimier, 4 [février 1960]	506
616.	Roger Nimier à Céline, 5 février 1960	507
617.	À Claude Gallimard, 7 février 1960	507
618.	À Roger Nimier, 10 [février 1960]	508
619.	À Gaston Gallimard, 12 février [1960]	509
620.	À Roger Nimier, 12 [février 1960]	509
621.	À Gaston Gallimard, 17 février 1960	510
622.	À Roger Nimier, 18 février [1960]	510
623.	À Gaston Gallimard, 19 février [1960]	511
624.	Gaston Gallimard à Céline, 22 février 1960	511
625.	À Roger Nimier, 23 [février 1960]	512
626.	À Roger Nimier, 25 [février 1960]	512
627.	Roger Nimier à Céline, 3 mars 1960	513
628.	À Roger Nimier, 31 [mars 1960]	513
629.	À Roger Nimier, 3 avril [1960]	514
630.	Roger Nimier à Céline, 5 avril 1960	514
631.	À Gaston Gallimard, 6 avril [1960]	515
632.	Roger Nimier à Céline, 8 avril 1960	515
633.	À Roger Nimier, 21 avril [1960]	516
634.	Roger Nimier à Céline [27 avril 1960 ?]	516
635.	À Roger Nimier, 28 [avril 1960]	517
636.	Roger Nimier à Céline, 28 avril 1960	517
637.	[La Secrétaire de Roger Nimier], 2 mai 1960	518

638. Jacques Festy à Céline, 3 mai 1960 — 519
639. À Jacques Festy, 4 mai 1960 — 521
640. À Roger Nimier, 12 mai [1960] — 521
641. À Roger Nimier, 12 mai [1960] — 522
642. Roger Nimier à Céline, 13 mai 1960 — 522
643. Roger Nimier à Céline, 17 mai 1960 — 523
644. À Roger Nimier [18 mai 1960] — 523
645. À Odette Laigle, 19 mai [1960] — 524
646. À Roger Nimier, 25 [mai 1960] — 524
647. Roger Nimier à Céline [8 juin 1960] — 525
648. Roger Nimier à Céline 13 juin 1960 — 526
649. À Roger Nimier [12 ou 13 juin 1960] — 526
650. Roger Nimier à Céline [13 juin 1960] — 527
651. Roger Nimier à Céline, 14 juin 1960 — 527
652. À Roger Nimier, 15 juin 1960 — 528
653. À Roger Nimier, 16 [juin 1960] — 528
654. À Roger Nimier, 21 [juin 1960] — 529
655. Roger Nimier à Céline, 22 juin 1960 — 529
656. À Odette Laigle, 9 juillet 1960 — 530
657. À Roger Nimier, 21 [juillet 1960] — 530
658. À Roger Nimier, 30 [juillet 1960] — 531
659. À Roger Nimier, 4 [août 1960] — 531
660. Roger Nimier à Céline, 10 août 1960 — 532
661. À Roger Nimier, 11 [août 1960] — 532
662. À Roger Nimier, 20 août [1960] — 533
663. Roger Nimier à Céline, 29 août 1960 — 533
664. À Roger Nimier, 31 [août 1960] — 534
665. À Roger Nimier [1er septembre 1960] — 534
666. À Roger Nimier, 2 [septembre 1960] — 535
667. À Gaston Gallimard, 7 septembre [1960] — 535
668. À Roger Nimier, 10 septembre [1960] — 536
669. À Odette Laigle, 14 septembre [1960] — 537
670. À Roger Nimier, 14 [septembre 1960] — 537
671. Roger Nimier à Céline, 15 septembre 1960 — 538
672. À Roger Nimier, 15 septembre [1960] — 538
673. À Gaston Gallimard, 19 septembre [1960] — 539
674. Gaston Gallimard à Céline, 20 septembre 1960 — 540
675. À Gaston Gallimard, 22 [septembre 1960] — 540
676. À Roger Nimier, 29 [septembre 1960] — 541
677. À Odette Laigle, 30 septembre [1960] — 542
678. À Odette Laigle, 5 [octobre 1960] — 542
679. À Odette Laigle, 6 [octobre 1960] — 543
680. Roger Nimier à Céline, 7 octobre 1960 — 544
681. Roger Nimier à Céline, 11 octobre 1960 — 544

682.	Roger Nimier à Céline, 12 octobre 1960	545
683.	À Roger Nimier, 15 octobre [1960]	546
684.	Roger Nimier à Céline, 27 octobre 1960	546
685.	À Roger Nimier, 27 [octobre 1960]	547
686.	Roger Nimier à Céline, 17 novembre 1960	548
687.	Roger Nimier à Céline, 22 novembre 1960	548
688.	À Roger Nimier, 25 [novembre 1960]	549
689.	À Roger Nimier, 2 [décembre 1960]	550
690.	À Claude Gallimard, 6 décembre [1960]	550
691.	Roger Nimier à Céline, 12 décembre 1960	551
692.	Claude Gallimard à Céline, 14 décembre 1960	551
693.	À Roger Nimier, 19 décembre [1960]	552
694.	Henri Mondor à Céline [fin 1960]	552
695.	À Roger Nimier [début 1961]	555
696.	Nicole Ouali à Céline, 6 janvier 1961	556
697.	À Roger Nimier, 10 janvier [1961]	556
698.	Roger Nimier à Céline, 12 janvier 1961	557
699.	À Roger Nimier, 13 janvier [1961]	558
700.	Roger Nimier à Céline, 16 janvier 1961	559
701.	À Roger Nimier, 18 janvier [1961]	560
702.	Roger Nimier à Céline, 19 janvier 1961	561
703.	À Roger Nimier, 22 [janvier 1961]	562
704.	À Roger Nimier, 24 janvier [1961]	563
705.	Roger Nimier à Céline, 25 janvier 1961	563
706.	À Roger Nimier, 26 janvier [1961]	564
707.	À Roger Nimier [28 janvier 1961]	564
708.	À Roger Nimier, 29 janvier 1961	565
709.	À la Librairie Hachette, 29 janvier 1961	565
710.	À Roger Nimier, 8 [février 1961]	566
711.	À Roger Nimier, 10 [février 1961]	566
712.	Roger Nimier à Céline, 13 février 1961	568
713.	À Roger Nimier, 22 [février 1961]	568
714.	Roger Nimier et Kléber Haedens à Céline [24 février 1961]	569
715.	À Odette Laigle, 28 février [1961]	569
716.	Roger Nimier à Céline, 7 mars 1961	570
717.	À Roger Nimier, 8 mars [1961]	571
718.	À Gaston Gallimard, 12 mars [1961]	571
719.	À Roger Nimier [13 mars 1961]	572
720.	Roger Nimier à Céline, 13 mars 1961	572
721.	À Roger Nimier, 15 mars [1958]	573
722.	Gaston Gallimard à Céline, 15 mars 1961	574
723.	Roger Nimier à Céline, 16 mars 1961	574
724.	À Roger Nimier, 19 mars [1961]	575
725.	Claude Gallimard à Céline, 30 mars 1961	575

726. Roger Nimier à Céline, 4 avril 1961 — 576
727. À Roger Nimier, 6 avril [1961] — 577
728. À Roger Nimier, 7 [avril 1961] — 577
729. Roger Nimier à Céline, 7 avril 1961 — 578
730. Claude Gallimard à Céline, 7 avril 1961 — 579
731. À Odette Laigle, 9 avril [1961] — 579
732. À Gaston Gallimard, 12 avril [1961] — 580
733. À Claude Gallimard, 15 avril [1961] — 580
734. Jean O'Neill à Céline, 18 avril 1961 — 581
735. À Gaston Gallimard, 10 mai 1961 — 581
736. À Roger Nimier, 17 [mai 1961] — 582
737. À Roger Nimier, 21 [mai 1961] — 583
738. À Roger Nimier, 27 [mai 1961] — 583
739. À Roger Nimier, 30 mai [1961] — 584
740. À Roger Nimier, 7 juin [1961] — 585
741. À Jacques Festy, 13 [juin 1961] — 586
742. Roger Nimier à Céline [24 juin 1961] — 586
743. À Roger Nimier, 30 juin [1961] — 587
744. À Gaston Gallimard, 30 juin [1961] — 588

Œuvres de Louis-Ferdinand Céline (suite)

CAHIERS CÉLINE
    I. CÉLINE ET L'ACTUALITÉ LITTÉRAIRE, I. 1932-1957.
    II. CÉLINE ET L'ACTUALITÉ LITTÉRAIRE, II. 1957-1961.
    III. SEMMELWEIS ET AUTRES ÉCRITS MÉDICAUX.
    IV. LETTRES ET PREMIERS ÉCRITS D'AFRIQUE (1916-1917).
    V. LETTRES À DES AMIES.
    VI. LETTRES À ALBERT PARAZ (1947-1957).
    VII. CÉLINE ET L'ACTUALITÉ (1933-1961).
    VIII. PROGRÈS *suivi de* ŒUVRES POUR LA SCÈNE ET L'ÉCRAN.

Aux Éditions Futuropolis

VOYAGE AU BOUT DE LA NUIT. *Illustrations de Tardi.*
CASSE-PIPE. *Illustrations de Tardi.*
MORT À CRÉDIT. *Illustrations de Tardi.*

Composition Traitext.
Reproduit et achevé d'imprimer
par l'Imprimerie Floch
à Mayenne, le 28 septembre 1991.
Dépôt légal : septembre 1991.
Numéro d'imprimeur : 31215.
ISBN 2-07-072139-6 / Imprimé en France.

53315